미래를 여는
한국인史

미래를 여는 한국인史

- 정치사회 편: 분단, 병영국가, 공존을 위한 투쟁

지은이 ㅣ 박세길
펴낸이 ㅣ 김성실
기획편집 ㅣ 이소영 · 박성훈 · 김하현 · 김성은 · 김선미
마케팅 ㅣ 곽홍규 · 김남숙
표지 ㅣ 오필민
제작 ㅣ 한영문화사
펴낸곳 ㅣ 시대의창
출판등록 ㅣ 제10-1756호(1999. 5. 11)

초판 1쇄 펴냄 ㅣ 2010년 4월 30일
초판 2쇄 펴냄 ㅣ 2014년 6월 23일

주소 ㅣ 121-816 서울시 마포구 연희로 19-1 (4층)
전화 ㅣ 편집부 (02) 335-6125, 영업부 (02) 335-6121
팩스 ㅣ (02) 325-5607
이메일 ㅣ sidaebooks@hanmail.net

ISBN 978-89-5940-178-9 (04910)
ISBN 978-89-5940-177-2 (전2권)

미래를 여는 한국인 史

박세길 지음

정치
사회

분단, 병영국가, 공존을 위한 투쟁

서 문

　1990년대 접어들어 민주화는 정착단계에 접어들었으며 경제건설의 성과가 본격적으로 가시화되기 시작했다. 아울러 극단적 이념대결을 수반했던 국제적인 냉전체제도 해체되어갔다. 1980년대 이전과는 확연히 다른 상황이 만들어졌던 것이다. 그러한 상황변화 속에서 이후 한국사회의 운명을 좌우할 가장 중요한 사건이 발생했다. 바로 신세대가 등장했던 것이다.

　신세대는 구세대의 패러다임을 뒤집으면서 등장하였다. 그래서 신세대라 일컫기도 하였다. 무엇보다도, 신세대는 각자가 세계의 중심이며 그러한 중심이 다양하게 존재할 수 있다고 보았다. 이러한 사고는 다양한 중심 간의 소통과 연대를 속성으로 하는 온라인 활동을 통해 비약적인 숙성과정을 거쳤다. 마침내 신세대의 속성은 독립적 개체인 '촛불'이 수평적으로 연대하는 촛불시위로 형상화되기에 이르렀다.

　이 모든 것은 이전의 시기, 그 어느 곳에서도 찾아볼 수 없었던 전혀 새로운 현상이었다. 가히 인류역사의 새 장이 열린 것이다. 그에 따라 현상을 분석하고 해석하는 틀 또한 새로워지지 않으면 안 되는 상황이 되었다.

다양한 중심의 존재를 인정하는 신세대 특유의 다원주의(혹은 다극주의) 사고, 온라인의 속성, 촛불시위를 관통하는 것은 '공존의 패러다임'이었다. 공존의 패러다임은 '개성 넘치는 다양한 중심이 함께 존재하는 가운데, 한편으로 경쟁하면서 다른 한편으로 소통하고 연대하는 것'을 가장 바람직한 상태로 본다. 그런 만큼 공존의 패러다임은 좌익독재로서 프롤레타리아 독재, 우익독재로서 군사독재 모두를 다양성을 파괴하는 것으로 간주하고 거부한다. 마찬가지로, 승자독식의 신자유주의는 다양한 존재의 공존을 파괴하는 것으로 보고 철저한 극복의 대상으로 삼는다.

공존의 패러다임은 존재하는 모든 것이 세계의 중심일 수 있다고 보며, 그런 점에서 생명의 가치를 존중하는 생태주의를 포괄한다. 또한 공존의 패러다임은 다양한 중심을 전제로 하기 때문에 수직적 위계질서를 거부하고 수평적 소통과 연대를 지향한다. 그런 만큼 공존의 패러다임은 권력의 장악을 놓고 다투는 것을 넘어 권력 자체를 해체하고 재구성함으로써 사회 구성원 모두가 권력행사의 주체가 되는 것을 목표로 삼는다.

이 책은 이러한 공존의 패러다임을 바탕으로 1945년 이후 한국 현대사에 대한 재해석을 시도하였다. 이는 곧 신세대 입장에서 한국 현대사를 어떻게 볼 수 있는지를 제기하고 그 답을 찾아 나선 것이기도 하다.

분단을 막을 수 없었던 결정적 요인은 민족 내부 다양한 세력 간의 공존을 거부한 것이었다. 또한 오랫동안 한국사회를 짓눌렀던 군사독재는 공존의 조건을 파괴한 것이었으며, 이를 뚫고 전개된 민주화 투쟁은 공존의 조건을 회복하기 위한 것이었다. 6·15공동선언 이후 남북관계 역시 공존을 전제로 통일을 모색하는 방향으로 전개되었다.

이렇듯 공존의 조건이 어느 정도 회복되어가는 바로 그 순간, 때맞추어 공존의 패러다임으로 무장한 신세대가 등장했던 것이다.

구세대는 피와 눈물로 얼룩진 세월을 보내면서 민주화와 경제건설을 동시에 성공시켰다. 그럼으로써 신세대가 출현할 수 있는 조건을 창출할 수 있었다. 하지만 구세대는 공존의 조건을 파괴하는 승자독식의 신자유주의 흐름을 저지하는 데 실패하였다. 그럼으로써 한국사회 위에는 다시금 어두운 절망과 좌절의 그림자가 짙게 드리워졌다

허나, 희망의 노래는 절망의 끝자락에서 울려 퍼지게 마련이다. 구세대가 창조력이 바닥나면서 지치고 힘들어할 때 신세대가 촛불이라는 이름의 희망의 불꽃을 밝혔다. 이는 곧 신세대가 신자유주의를 넘어서는 새로운 세계를 창조하는 데에서 선도적 역할을 할 수 있음을 강하게 암시하는 것이었다.

다만, 한국경제가 어떠한 과정을 거쳐 신자유주의 흐름으로 편입되었고, 신자유주의 이후 새로운 세계를 창조할 신세대 혁명이 그 뒤를 기다리고 있는지는 경제 편에서 살펴볼 것이다. 이 점을 염두에 두고 읽어주기 바란다.

CONTENTS

왜 분단을 막지 못했는가

역사를 추상적으로 이해하면, 인간의 힘으로는 어쩔 수 없는 거대한 힘에 의해 움직이는 것처럼 느껴진다. 그로부터 숙명적 역사관이 탄생한다. 그러나 구체적으로 파고들면, 역사는 수많은 사람들의 판단과 선택이 엮어져 만들어진다는 사실을 발견할 수 있다. 이는 곧 사람들의 판단과 선택이 달라지면 역사는 얼마든지 다른 방향으로 흐를 수 있음을 의미하는 것이다. 그렇지 않으면, 지금 이 순간 사람들이 올바른 판단과 선택을 하기 위해 애를 쓸 필요가 없다.

이러한 맥락에서, 우리는 역사를 그저 관조하는 것이 아니라 능동적으로 개입해 들어갈 필요가 있다. 독자들은 분단으로 치닫던 역사의 기로에서 수많은 인물들이 무언가를 선택해야 하는 상황을 만나게 될 것이다. 그럴 때마다 자신을 그 인물들에 대입시켜보기 바란다. 나라면 그 상황에서 어떤 선택을 하였을까. 그러한 노력을 통해, 분단은 피할 수 없는 숙명과도 같은 것이었는지에 대해 스스로 해답을 찾아보기 바란다.

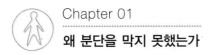

Chapter 01
왜 분단을 막지 못했는가

몇 년 전의 일이다. 10대 학생들과 대화를 나누던 중, 어쩌다 분단의 원인이 무엇인지에 대해 설명할 기회가 있었다. 나의 이야기는 자연스럽게 누가 분단을 주도했는가에 초점을 맞추게 되었다. 한참을 듣던 학생 한 명이 눈빛을 반짝이며 질문을 했다.

"무슨 이야기인 줄 알겠는데요. 그런데 왜 분단을 막지 못했죠?"

이 짧은 한마디의 질문은 나로 하여금 분단의 원인에 대해 새로운 고민을 시작하도록 만들었다. 결론적으로, 분단은 피할 수 없는 숙명이 결코 아니었다. 그럼에도 불구하고 분단을 막지 못했던 것은 통일정부를 지향하였던 지도자들의 편향, 오판, 무능력 때문이었다.

1. 자기 문제로부터의 완벽한 소외

1945년 해방이 되자마자 한반도에는 다시금 38선이 그어지고, 2차 세계대전 이후에 세계를 양분한 미국과 소련이 각각 군대를 진주시켰다. 그로부터 한국인은 자기 문제를 결정할 수 있는 권한을 박탈당했고, 한반도의 진로는 일차적으로 미국과 소련의 손에 의해 크게 좌우되기에 이르렀다.

이러한 조건에서 민족 구성원 모두에게 가장 절실했던 것은 사상과 이념의 차이를 뛰어넘어 공존의 길을 걸으면서, 폭넓은 연대를 바탕으로 '자기 결정권'(민족의 진로를 자신이 결정할 수 있는 권한)을 회복하기 위해 노력하는 것이었다. 하지만 결과는 전혀 다르게 나타나고 말았다.

정말 재수 없는 38선

1945년 2월 4일 얄타에서 루스벨트·스탈린·처칠 등 미·소·영 3개국 수뇌가 회동하였다. 이 자리에서는 주로 소련의 대일본 참전과 전후 처리에 관한 문제가 논의되었다.

당시 미국은 일본의 항복시기를 2년 후인 1947년으로 예측하고 있었으며, 그 때까지 피아간에 100만 명 이상의 인명손실이 불가피하다고 판단하였다. 특히, 일본군 최정예 부대로 알려진 만주 지역의 1백만 관동군은 상당히 곤혹스러운 대상이었다. 미국은 소련이 대일본전에 참전함으로써 그러한 부담을 덜어주기를 간절히 원했다.

스탈린은 주저 없이 미국의 요구를 수용했다. 스탈린은 대일본전 참전을 통해 극동지역에서 많은 이권을 확보할 수 있을 것으로 기대하였다. 그에 따라 스탈린은 대일본전 참전의 조건으로 1905년 러일전쟁에서 일본에 빼앗긴 사할린 남부와 연안 도서, 쿠릴 열도 등을 소련으로 귀속시키고 과거 러시아가 만주 지역에서 행사했던 권리(만주철도 운영권과 대련·여순항에 대한 조차권)를 복원시켜줄 것을 제시하였다. 이러한 스탈린의 요구는 미·소·영 3개국 수뇌가 작성한 비밀 합의문(얄타 협정)에 액면 그대로 반영되었다.

소련은 얄타 회담에서의 합의를 바탕으로 대일본전 참전을 위한 작업을 착착 진행시켰다. 유럽 주둔 소련군을 은밀하게 동쪽으로 이동시켰고, 시베리아 강제노동수용소 죄수들로 새로운 부대를 편성했다. 아울러, 일본에게는 1941년 4월에 체결된 불가침조약을 연장하지 않을 것임을 통보했다.

그러던 중 7월 16일, 미국은 뉴멕시코 주의 알라모고르도 군사지구에서 첫 원자폭탄 실험에 성공하였다. 미국 수뇌부는 곧바로 원자폭탄을 사용하기로 하였다. 미국 수뇌부가 원폭사용을 결심한 결정적 이유는 전쟁을 오래 끌수록 대일본전 참전을 통해 소련이 보다 많은 몫을 가질 가능성이 컸기 때문이었다. 아울러, 미국은 자신이 일본을 패망시킨 주역임을 확실히 함으로써 일본의 침략을 받은 아시아 민족과의 관계에서 지배적인 위치를 차지할 수 있을 것으로 내다보았다.

7월 26일, 일본의 무조건 항복을 촉구하는 포츠담 선언이 발표되었다. 일본은 3일 뒤인 29일, 이를 무시하겠다는 입장을 표명하였다. 천황제에 대한 확고한 보장이 없다는 것이 주된 이유였다.

그러자 미국의 대통령 트루먼은 곧바로 일본에 원폭을 투하할 것을 지시했다. 마침내 8월 6일 히로시마에 최초의 원폭이 투하되었고, 3일 뒤인 9일 나가사키에 두 번째 원폭이 투하되었다. 히로시마에서는 시내에 있던 42만 명의 38퍼센트인 약 15만 9천 명이, 나가사키에서는 약 7만 4천 명이 뜨거운 열과 급성 방사선장애로 사망했고, 그 후에도 방사능에 의한 사망자가 속출했으며 오랜 세월 동안 많은 사람이 후유증으로 고통을 받았다.

히로시마에 원폭이 투하되자 '기회'를 상실할지 모른다고 판단한 소련은 8월 8일, 미국에 통보도 하지 않고 곧바로 일본에 선전포고하였다.

다음날인 9일, 소련군은 독일과의 전쟁에서 습득한 최강 육군의 전력을 바탕으로 외몽고, 만주, 한반도 동북단, 남부 사할린, 쿠릴 열도 등으로 노도와 같이 밀고 내려왔다. 소련군은 약 8천여 명의 인명이 희생되는 가운데 미국이 예측했던 것과는 달리 단 2주 만에 관동군을 궤멸시키고 말았다. 관동군의 궤멸과 함께 일본군의 저항은 일순간에 무력화되었다. 그것은 곧 겁 없이 아시아 일원을 유린했던 일본 제국주의가 처참하게 무너져내리는 순간이기도 했다.

긴박한 상황에서 일본은 독일의 선례를 떠올렸다. 독일은 연합국에 의해 분할점령이 되었고, 그 결과 동·서독으로 분단되고 말았다. 이러한 분단은 전범국가인 독일에 대한 국제사회의 응징이자 재범을 방지하기 위한 조치이기도 하였다. 독일의 선례에 따르면, 전범국가인 일본 역시 미·소 연합국에 의한 분할점령을 거쳐 두 개의 국가로 분단시키는 것이 합당할 수도 있었다. 소련군의 사할린 점령은 일본이 그러한 과정을 거칠 수도 있음을 암시하는 것이었다. 바로 이 상황에서 일본은 분단을 면하기 위해 필사적인 노력을 기울였다.

그 당시 일본이 선택할 수 있는 유일한 카드는 서둘러서 미국의 단독점령을 받아들이는 것이었다. 결국 일본은 8월 10일, 무조건 항복을 요구한 포츠담 선언을 수용하겠다는 의사를 밝혔다. 그러자 정작 당황해한 것은 미국이었다. 일본이 그처럼 빨리 항복할 것이라고는 미처 예상하지 못했던 것이다.

미국은 서둘러서 광범위하게 흩어져 있는 일본군의 항복절차를 마련함과 동시에 통보도 없이 발 빠른 행보를 보였던 소련군의 남진을 최대한 저지하기 위해 부심하였다.

사실, 미국으로서는 소련의 행보가 더없이 불안스러울 수밖에 없었다. 소련군은 이미 한반도 동북지역에 진주해 있었고 일본 홋카이도를 넘볼 수 있는 위치에 있었다. 반면, 미군은 이제 겨우 한반도로부터 600마일이나 떨어져 있는 오키나와에서 일본 본토의 남단인 큐슈에 상륙할 준비를 하고 있는 중이었다. 소련군이 한반도 전체를 점령하거나 그 동안 스탈린이 빈번하게 내비쳐왔던 대로 홋카이도의 일부를 점령한다고 해도 미국으로서는 속수무책일 수밖에 없는 상황이었던 것이다.

긴박한 상황이 이어지는 가운데 미국은 8월 11일에 일본군의 항복조건을 명시한 '일반명령 1호'를 공표하였다. 일반명령 1호는 38선을 경계로 미군과 소련군이 한반도를 분할점령하는 안을 포함하고 있었다. 미국은 결코 한반도 전체가 소련의 영향권 안으로 들어가는 것을 용납할 수 없었던 것이다.

미국은 소련이 일반명령 1호에 대해 어떤 반응을 보일지 촉각을 곤두세웠다. 그런데 소련은 미국의 우려와 달리 38선 확정을 포함해서 일반명령 1호를 전격 수용했다. 소련이 제시한 부대조건은 일본의 홋카이도 북부지역을 소련군이 점령할 수 있도록 허용해야 한다는 것이었다. 소련의 일본점령 참여요구에 대해서 미국은 "단 며칠 동안 전쟁에 참여한 나라로서 점령군 정부에 참여하는 것은 절대로 받아들일 수 없다"고 단호하게 거부하였다. 이러한 미국의 태도에 대해 영국과 소련은 반대의 입장을 표명했지만 소용이 없었다.

스탈린은 자신의 요구가 받아들여지지 않으면 한반도 전체를 점령하겠다는 제스처를 취하기도 했지만, 결국 미국의 결정을 넘어서는 그 어떤 행동도 취하지 못했다. 그에 따라 38선은 최종적으로 확정되었고 개성과 춘천 등 38선 이남지역에 진주해 있던 소련군은 38선 이북으로 되돌아갔다.

소련이 38선 확정을 별다른 이의 없이 받아들인 배경에 대하여 논자들 사이에서는 큰 견해차이가 없다. 특히, 한반도는 처음부터 소련의 주된 관심대상이 아니었다는 점에서 대체로 의견이 일치하고 있다.

당시 소련이 주된 관심을 두었던 것은 얄타 협정에서 확인된 만주 지역에서의 이권을 확보하는 것이었다. 소련은 자국의 군대가 만주를 점령하자 곧바로 중국 국민당 정부를 설득하여 과거 러시아가 누렸던 권리를 보장받는 협정을 체결하였다. 그 대가로 소련은 (공산당이 각축전을 벌이고 있는 상황임에도) 국민당 정부를 중국의 유일 합법정부로 인정하였다. 그만큼 소련은 만주에 절대적인 중요성을 부여하고 있었다.

소련군이 한반도 북부지역에 진주한 것도 조선 주둔 일본군이 만주의 소련군을 배후에서 공격하는 것을 차단하기 위한 방편이었다고 보는 경우가 많다. 같은 맥락에서, 소련은 미국의 38선 제안을 만주에 대한 완충지대로서 한반도 북부를 보장하는 것으로 이해하고 받아들였을 가능성을 배제할 수 없다.

이러한 과정 속에서 한반도가 겪어야 하는 운명은 참으로 얄궂기 짝이 없는 것이었다. 전범국가인 일본은 분할점령을 피하고, 도리어 일제에 의해 가혹한 식민지배를 경험한 한반도가 분할되는 어처구니없는 사태가 빚어지고 만 것이다.

미군정과 친일파의 부상

1948년 9월 8일, 하지 중장이 이끄는 미 24군단이 인천항을 통해 상륙하였다. 미군은 맥아더 사령관 명의의 포고문 1호를 통해 자신들은 점령군임을 분명히 밝히고 들어왔다. 그 연장선에서 38선 이남에 대한 점령정책을 수행하기 위한 기관으로서 미군의 군정이 수립되었다. 미군정은 자신이 유일한 합법기관임을 분명히 하였고, 그에 따라 해방 직후 전국적으로 형성되었던 민중자치기관으로서 인민위원회는 모두 불법화되었다.

미군정은 여러 모로 일제 시대의 총독부를 계승하였다. 미군정은 일제 총독부로부터 정식으로 권력을 넘겨받았으며, 그 연장선에서 일본인 소유의 공장과 토지를 자신의 수중에 넣었다. 그러나 미군정이 물려받은 식민지 유산 중에서도 가장 중요한 것은 사람, 즉 친일파였다. 미군정은 친일파들을 대거 등용, 군정업무를 뒷받침하도록 했던 것이다.

미군정은 친일파들이 식민지 시대에 습득한 능력을 자신들을 위해 발휘하기를 원했고, 일제에 충성했던 것처럼 자신들에게도 충성할 것을 기대하였다. 사실, 좌익과 민족주의 세력에 의해 혐오의 대상이 되고 있던 친일파 입장에서 살 수 있는 길은 미군정에 충성하는 것뿐이었다. 미군정은 이를 정확히 꿰뚫어 보았고 최종적으로 친일파를 전략적 동반자로 선택하기에 이르렀다.

군대의 경우를 예로 들어보자. 1946년 국방경비대로부터 출발한 한국군은 창설과정에서부터 구 일본군과 (일본이 세운 괴뢰국인 만주국의 군대였던) 만주군 출신들이 주축을 이루었다. 36세의 젊은 나이에 육군 참모총장의 지위에 오른 정일권도 만주군 출신이었다.

경찰 역시 마찬가지였다. 〈표 1〉에 나타나 있는 것처럼 경찰간부의 압도적 다수는 친일경찰로 채워졌다. 미군정은 경찰의 채용과 승진과정에서 친일 경력자를 적극 옹호한 반면 민족주의 성향의 경찰을 배제하였다. 이 사실은 최능진 사건을 통해서도 잘 드러나고 있다.

최능진은 해방 전에 '동우회' 사건으로 옥고를 치르는 등 반일운동을 전개하였고 해방 이후에는 건국준비위원회 평남지부에서 치안대장을 역임한 인물이었다. 그 후 최능진은 미군정 시절 경찰에 진출, 용케도 수사국장의 지위에까지 올랐는데, 결국 친일경찰을 옹호하는 조병옥과 논쟁을 벌이다가 미군정에 의해 파면되고 말았다. (이후, 최능진은 이승만 반대운동을 전개하다 이승만의 심복인 김창룡에 의해 살해되었다.)

당시 미군정이 친일경찰을 옹호하면서 내세운 논리는 "Pro-Jap(친일) no! Pro-Jab(직능) yes!"였다. 요컨대, 친일이라는 경력이 아니라 그들이 지니고 있는 직업적 능력이 중요하다는 것이었다.

〈표 1〉 **친일경력을 가진 경찰의 수 (1946년 11월 현재)**

지위	총계	친일 경력을 가진 자	비율
총 감	1	1	100%
관 구 장	8	5	63%
도정국장	10	8	80%
총 경	30	25	83%
경 감	139	104	75%
경 사	969	806	83%

출전: 군정 한미관계자회의에서 매그린 대령이 브리핑한 내용(XXIV Corps Historical File). 브루스 커밍스, 《한국전쟁의 기원》상, 280쪽.

미군정이 친일파를 대거 등용한 것은 일제가 친일파 양성을 통해 조장했던 민족 내부의 분열을 재차 격화시킬 가능성이 큰 매우 위험천만한 조치였다.

여기에서 잠시, 해방 직후 민족지도자들이 친일파 문제를 어떻게 처리하고자 했는지 살펴보자. 가령 이병주의 소설 《산하》는 민족지도자의 한 명인 여운형이 해방 직후 자기 앞에서 긴장하고 있던 친일 재계 인사들을 향해 다음과 같이 말한 것으로 묘사하고 있다.

"기왕에 독립운동을 한 사람인데도 민족의 앞날에 해독을 끼칠 우려가 있는 사람이 있고, 독립운동을 하지 않았는데도 앞으론 민족에 유용할 사람이 있다 이겁니다. 독립운동을 한 사람에겐 물론 상을 줘야지요. 훈장도 주어야지요. 그 공로는 무시될 수 없습니다. 그러나 기왕의 일만 가지고 오늘의 문제를 결정지을 수는 없는 것입니다.

기왕의 공로를 내세워 오만한 자보다, 기왕의 잘못을 반성한 사람이 지금에 있어선 더욱 유용하다는 말입니다. 죄를 지었다고 해서 단죄만을 기다릴 것이 아니라 여러분의 처지에 알맞은 애국 행동을 함으로써 적극적으로 죄를 보상하는 방법을 모색하고 연구해야 할 것이라고 믿습니다."

여운형은 친일파 처리와 관련하여 최소한의 기준을 제시하고 있다. 독립운동가들의 공로를 인정할 것, 친일의 잘못을 반성할 것, 각자의 처지에 맞게 애국할 수 있는 방법을 찾을 것 등이 그것이다. 이는 해방 직후 민족역량을 최대한 결집하여 조속히 자주적인 독립국가를 건설해야 하는 입장에서 내려진 사려 깊은 판단이었다. 여운형은 친일파 문제로 극단적인 분열이나 대립이 발생함으로써 신생 독립국가 건설에 차질을 빚는 것을 결코 원치 않았던 것이다.

이러한 여운형의 기대가 실현되기 위해서는, 무엇보다도 해방과 함께 친일파들 스스로 자숙하는 자세를 보여주어야 했고 악질 민족반역자들은 기꺼이 처벌을 받을 각오를 해야 했다. 이는 조선 민중이 친일파들을 재차 포용하면서 공존의 길로 접어들도록 할 수 있는 최소한의 전제조건이었다.

그런데 미군정의 친일파 등용이 그러한 가능성을 제거해버리고 말았다. 미군정의 등용과 함께 친일파들은 일거에 기가 살아났고 자숙하기는커녕 일제때 이상으로 기고만장해지고 말았던 것이다.

헝클어지는 역사

해방 이후 38선 이남의 정치상황은 수많은 정당들이 난립한 상태에서 매우 복잡하기 그지없었다. 이러한 상황은 당시 주요 정치 지도자와 세력들이 서울에 집중해 있었던 것과도 무관하지 않았다. 하지만 해방정국 초기에 초점을 맞추면, 38선 이남의 정치지형은 크게 두 세력을 주축으로 형성되었다고 할 수 있다.

해방 직후 가장 강력한 힘을 보유하고 있던 세력은 사회주의를 지향하고 있던 좌익이었다. 좌익은 식민지 시대 비타협적 투쟁을 통해 폭넓은 대중적 기반을 확보하고 있었고, 조직력 또한 우익을 압도하고 있었다. 좌익은 해방정국 초기에 중요한 정치세력의 한 축으로 자리잡기에 조금도 부족함이 없었던 것이다.

이러한 가운데 김구·김규식 등이 주축이 된 임시정부 세력도 귀환을 서두르고 있었다. 하지만 유일 합법정부를 자임하고 있던 미군정은 임정이 하나의 정부기구로서 귀환하는 것을 허락하지 않았다. 결국 임정세력은 개인자격으로 귀국해야 했다. 김구는 "내가 귀국했을 때 대한민국 정부도 귀국했다"고 일갈했지만 애초에 원했던 모습과는 매우 거리가 먼 것이었다.

임정세력은 오랫동안 해외운동에 주력한 나머지, 국내에 이렇다 할 조직적 기반을 구축하고 있지 못했다. 하지만 우익의 진영에서 거의 유일하게 비타협적인 민족해방운동을 견지했다는 점에서 임정세력이 갖고 있는 상징성은 대단한 것이었다. 이는 해방정국 초기 우익진영이 '임정봉대'를 내세우면서 대거 임정의 주위에 결집하였다는 점에서 확연하게 드러난다. 친일 지주를 기반으로 성립된 한국민주당(한민당) 역시 초기에는 임정봉대를 명분으로 활동을 전개하였다. 덕분에, 임정세력은 해방정국 초기 우익진영을 대표하는 정치세력으로 자리를 잡으면서 상당한 영향력을 행사할 수 있었다.

그리하여 해방정국 초기의 양상은 좌익 그리고 임정세력을 중심으로 한 우익이 정국 주도권을 둘러싼 치열한 각축전을 벌이는 것으로 나타났다. 하지만 좌익과 우익 사이의 관계가 반드시 대립적인 것은 아니었다. 특히, 중앙과 달리 지역의 경우는 두 세력이 격의 없이 협력하는 분위기가 강했다. 가령 인천 지역에서 1946년 3·1운동 기념행사를 좌·우익이 함께 개최한 것은 그러한 분위기를 반영한 것이었다. 통일된 독립국가 건설이 무엇보다도 긴급했던 상황에서 좌·우익 간의 이념 차이가 크게 부각되지 않았던 것이다.

그렇다면 과연 이러한 조건에서 분단을 극복하고 통일에 이를 수 있는 길은 무엇이었을까? 분명한 것은 통일의 길이 존재했으며 노력 여하에 따라 통일이 충분히 가능했다는 사실이다. '민족공존 전략에 입각한 통일방안'(민족공존 통일방안)이라고 일컬을 수 있는 그 길은 대략 다음과 같이 요약할 수 있을 것이다.

첫째, 미·소 양군이 철퇴하는 조건에서 조선인의 힘으로 통일정부를 수립한다. 조선의 문제는 조선인의 손으로 해결해야 한다는 원칙에 비추어 볼 때, 이는 가장 올바르기도 하거니와 결과적으로 냉전이 격화됨에 따라 미·소 간의 합의가 불가능한 조건에서 현실적으로도 유일하게 가능한 통일의 길이었다.

둘째, 좌·우익을 망라한 제 세력이 평화적으로 공존하면서 경쟁할 수 있는 민주적인 정치의 틀을 마련한다. 이는 좌·우익이 힘을 합쳐 자주적으로 통일정부를 수립할 수 있는 필수조건이었다.

셋째, 자본주의와 사회주의를 적절히 결합한 혼합경제 체제를 지향한다. 이는 다양한 세력의 공존을 보장함과 동시에 냉전의 틈바구니에서 가장 유리한 위치를 확보할 수 있는 길이기도 하였다. 자본주의와 사회주의 진영 모두와 정면대결을 피하고 원활하게 소통할 수 있는 체제이기 때문이다. 이 점에 관해서는 스웨덴, 핀란드 등 북유럽 국가들이 냉전시기 사회민주주의 체제를 유지하면서 자본주의와 사회주의 진영 모두로부터 이익을 취했던 사실을 참고할 필요가 있다. (좌우익 간에 사회주의 요소와 자본주의 요소 중 어느 쪽을 강화할 것인가를 놓고 다툼이 있을 수 있으나, 이는 어디까지나 공존의 틀을 깨지 않는 범위 안에서 이루어져야 할 것이다.)

넷째, 미국과 소련에 대해 등거리를 유지하는 가운데 자주적 외교전략을 구사한다. 어느 한 쪽을 일방적으로 추종하거나 어느 쪽도 배제하지 않으면서 미국과 소련으로 하여금 한반도에 대한 영향력 행사를 놓고 자유롭게 경쟁하도록 하는 것이다. 이러한 중립화 전략을 통해 미국과 소련으로부터 가해지는 압력을 완화함과 동시에 한반도가 지닌 전략적 가치를 극대화할 수 있었다.

한마디로, 민족공존 통일방안은 불리한 상황을 유리한 것으로, 약점을 강점으로 전환시키는 지혜의 소산이라고 할 수 있다. 미국과 소련의 경쟁이 격화될수록 한반도는 자신의 가치를 상승시킬 수 있기 때문이었다. 이러한 관점에서 보자면, 좌익과 우익은 서로가 서로를 필요로 하는 관계가 될 수도 있었다. 좌익이 있음으로써 사회주의 진영과 원활하게 소통할 수 있고, 우익이 있음으로써 자본주의 진영과 원활하게 소통할 수 있기 때문이었다.

그러면 여기에서 좌익과 임정세력이 힘을 합쳐 민족공존 전략에 입각한 통일정부 수립을 추진했다고 가정해보자. 그럴 경우, 미국과 소련은 어떤 태도를 취했을까. 소련은, 잠시 뒤에 살펴보겠지만, 1947년 하반기 이후에 미·소 양군이 철수하고 조선의 문제를 조선인에게 맡기자고 주장했던 만큼 충분히 동의할 가능성이 있었다. 문제는 미국이었다.

미군정은 여러 모로 일제 식민통치를 계승했지만 둘 사이에는 중요한 차이점이 있었다. 당시 한반도의 정치동향, 미국 내의 여론, 국제정세의 흐름에 비추어 볼 때, 미군정은 절대 오래 지속될 수 있는 성질의 것이 아니었다. 아울러, 미국은 38선 이남에서 비록 형식적이라고 하더라도 보통선거를 포함한 민주적 선거제도를 도입할 수밖에 없는 처지였다. 이 모든 것은 미국이 단독정부를 추진하는 과정을 통해 액면 그대로 입증되었다.

이러한 조건에서 미국에게 절실했던 것은 남한 내부에 전략적 동맹세력을 확고하게 구축하는 것이었다.

미군정은 초기에 김구를 위시한 임정세력을 중심으로 한 정국운영을 모색하기도 하였다. 하지만 김구가 1946년 초와 1947년 3월 두 차례에 걸쳐 미군정을 접수하기 위한 쿠데타를 시도하는 등 강한 민족주의 성향을 보이자, 태도를 180도 바꾸고 말았다. 또한 미군정 내 자유주의 세력은 김규식을 주축으로 좌우익 내 온건세력을 규합하는 좌우합작을 추진하기도 하였으나 이 역시 실패하였다. 결국 전략적 동맹세력이 될 만한 세력은 친일파 이외에는 존재하지 않는다는 것이 뚜렷해졌다.

이러한 조건에서 좌익과 임정세력이 손을 잡고 친일파에게 결정적인 정치적 타격을 가함으로써 미국의 전략적 동맹세력으로서 더 이상 기능할 수 없게 만들었다면 어떻게 되었을까. 결론적으로, 한반도 전체가 미국의 영향력에서 벗어날 가능성이 매우 큰 상황이 조성되었을 것이다. 미국은 38선 이남에서 전략적 동맹세력을 안정적으로 구축하고 있지 못한 상황에서 남과 북 모두 미국에 비협조적인 세력이 득세를 하고 있었기 때문이었다. 이러한 조건에서 미국이 취할 수 있는 유일한 카드는 한반도를 중립지대로 만드는 것뿐이었다. 요컨대, 민족공존 통일방안을 수용한 다음에 그 후의 대책을 마련하는 것이 최선의 길이었던 것이다.

결국 친일파만 제압했다면, 미국 역시 민족공존 통일방안을 수용할 수밖에 없었던 것이다.

그렇다면 친일파 청산은 가능하였는가. 이후 '반민특위' 활동을 통해서도 확인되었지만 친일파 청산에 대한 여론의 지지는 가히 압도적이었다. 이러한 조건에서 좌익과 임정세력이 함께 손을 잡고 노력했다면 친일파를 제압하는 것은 결코 어려운 일이 아니었다. 하지만 그러한 기대는 전혀 엉뚱한 곳에서 깨져나가고 말았다.

1945년 12월 16일에서 25일에 걸쳐 미국·소련·영국 3국의 외상이 모스크바에서 회동하여 전후의 처리와 관련된 여러 가지 사안을 논의하고 27일에 그 결과를 공표하였다. 한반도 문제도 그러한 사안 중 하나였다.

이 모스크바 삼상회의에서 한반도 문제에 대한 해결책을 마련하였는데, 그 요지는 조선민주주의임시정부 수립을 추진하되 이를 담당할 미소공동위원회를 운영하며, 미소공동위원회는 구체적 방안을 결정하는 과정에서 미·소·영·중 4개국 정부의 최종심의를 받아야 하는 것으로 되어 있었다.

상당히 애매하고 불안정한 내용을 담고 있었던 모스크바 삼상회의 결정은 두 가지 가능성을 동시에 품고 있었다. 먼저, 모스크바 삼상회의 결정은 미군과 소련군이 분할 점령하고 있는 조건에서 국제사회의 상호견제와 협력을 통해 한반도에 통일된 독립국가가 수립되는 길을 열어줄 수 있었다. 반대로, 모스크바 삼상회의 결정은 그 애매성으로 인해 미·소 간의 의견대립은 물론 조선 내 좌·우익 간의 갈등을 촉발시킬 가능성이 농후했다. 불행하게도 결과는 후자쪽으로 기울어지고 말았다.

무엇보다도, 모스크바 삼상회의 결정에 대한 이행의 필수조건인 미·소 간의 원활한 협조는 냉전이 격화됨으로써 그 여지가 급속히 축소되기 시작했다. 모스크바 삼상회의 결정을 전후하여 그 때까지 미국 외교가를 지배하던 국제주의 노선이 후퇴하고 소련과의 대결을 강조하는 냉전주의 흐름이 급격히 부상하였던 것이다.

이렇듯 실현 가능성이 희박했음에도 불구하고 모스크바 삼상회의 결정은 한반도의 정치풍향을 좌우하는 결정적 요소로 작용하였다. 무엇보다도, 친일파 단죄를 위해 협력해야 할 좌익과 임정세력이 모스크바 삼상회의 결정을 둘러싸고 정면대립하기 시작했다.

모스크바 삼상회의 결정에 대한 소식이 전해지자, 김구가 이끄는 임정세력은 이를 신탁통치로 규정하고 즉각적인 반대운동을 전개했다. 임정세력이 주도한 '반탁운동'은 폭발적인 호응을 얻을 수 있었는데, 심지어 다수의 군정청 직원까지 합류하기도 하였다.

반면, 좌익은 소련의 요구를 받아들여 모스크바 삼상회의 결정을 적극 지지하는 입장을 취했다. 이러한 좌익의 선택은 내부에서조차 상당한 반발에 봉착했으며 종래에는 적지 않은 지지세력이 이탈하는 것으로 이어졌다. 모스크바 삼상회의 결정은, 어찌 되었든 즉각 독립하기를 갈망했던 조선인들의 열망을 무시한 것이었고, 4개국 정부가 최종심의권을 행사하는 등 신탁통치의 요소가 깃들여 있었던 것이 사실이었기 때문이었다.

결국, 좌익과 임정세력은 모스크바 삼상회의 결정을 둘러싸고 정면대립으로 치닫고 말았다. 김구는, 좌익의 모스크바 삼상회의 결정 지지를 조선으로 하여금 소연방에 편입시키기 위한 음모라고 보았다. 결국 곳곳에서 김구의 지시 아래 좌익을 겨냥한 테러가 난무했고, 그에 맞서 좌익은 김구를 파시스트로 규정하는 등 맹비난을 퍼부었다. 이렇듯 두 진영 사이의 대립이 갈수록 격화되자 좌·우익 간에 비교적 원만한 협력관계를 유지했던 지역마저도 갈등에 휩싸이기 시작했다. 그 와중에서 친일파들은 대거 반탁운동에 합류함으로써 일시에 즉각독립을 주장하는 세력으로 변신하였다. 모스크바 삼상회의 결정 덕분에 친일파들은 정치적 회생을 위한 결정적 기회를 맞이한 것이다.

이렇게 하여 친일파의 입지는 급격히 넓어지는 데 반해, 친일파 청산을 위해 협력해야 할 좌익과 임정세력은 서로를 공격하는 데 시간과 정력을 소모하는 최악의 상황이 벌어지고 말았다.

한편 좌익과 임정세력의 관계가 극도로 악화되는 가운데 모스크바 삼상회의 결정의 이행을 목적으로 미소공동위원회가 1946년, 1947년 두 차례에 걸쳐 개최되었다. 하지만 미소공동위원회는 말싸움만 하다가 아무런 성과 없이 끝나고 말았다. 그리하여 모스크바 삼상회의 결정은 좌·우익 간의 대립만을 격화시킨 채 완전 물 건너가고 말았다. 참으로 허망하기 그지없는 상황이 벌어진 것이다.

사실, 모스크바 삼상회의 결정은 조선의 문제를 조선인에게 맡기지 않고 강대국이 임의적으로 재단한 결과라는 점에서 민족자결의 원칙을 훼손한 것이었다. 모스크바 삼상회의 결정은 강대국이 문제해결의 주체가 되고 조선인을 객체로 전락시킨 전형적인 경우였던 것이다.

따라서 모스크바 삼상회의 결정에 대한 대응은 '조선의 문제는 조선인에게 맡기고 미소 양군은 즉시 철군할 것을 요구하는 것'이었다. 즉, 민족자결의 원칙을 일관되게 견지했어야 하는 것이다. 1947년 소련과 좌익은 뒤늦게 그러한 입장으로 선회하였으나 이미 때늦은 선택이었다.

결국 좌익은 소련에 의존하여 자신들이 주도하는 통일정부를 수립할 요량으로 모스크바 삼상회의 결정을 지지하였지만, 이는 치명적 오류로 기록될 수밖에 없었다.

2. 분단으로 치닫는 한반도

미소공동위원회가 결렬되는 과정은 미국과 소련이 애초부터 한반도에 통일정부를 수립할 능력도 의지도 없었음을 생생하게 입증하는 것이었다. 미국과 소련은 공통적으로 자신들의 통제가 가능한 정부를 수립하는 데에만 관심을 보였고, 이를 위해서 한반도의 절반이라도 확실하게 장악하고자 하였다. 미국과 소련의 영향력은 전적으로 분단을 촉진하는 방향으로 작용했던 것이다.

그럼에도 불구하고, 좌익과 우익은 (모두가 그런 것은 아니었지만) 미국과 소련에 의존하여 자신의 문제를 해결하고자 하였다. 모스크바 삼상회의 결정을 둘러싼 혼란도 그 연장선에서 발생한 것이라고 할 수 있다. 민족의 구체적 현실을 기반으로 냉전을 정면으로 돌파하지 못하고 도리어 그에 편승한 것이다. 과연 그러한 과정이 빚어낸 최종결과는 어떤 것이었을까.

잘못된 해석

그 동안 누가 분단을 주도하였는가, 즉 분단의 일차적 책임이 어디에 있는가를 놓고 첨예한 입장대립이 있어왔다.

오랫동안 남한을 지배해온 공식입장은 소련의 사주 하에 북한에 공산정권이 수립됨으로써 한반도가 분단되었다는 것이었다. 이러한 입장은 최근에 이르러서도 새로운 근거를 보충하면서 보다 세련된 형태로 재생되어왔다. 이와 관련해서 '뉴라이트 계열'을 대표하는 학자 중 한 사람인 이영훈 교수는 자신이 편집진으로 참여한 《해방 전후사의 재인식》에서 다음과 같은 견해를 피력한 바 있다.

한국의 좌파 민족주의 역사학은 남한의 미군정과 그의 협력자들에게 분단의 책임을 전가하고 있지만, 비밀이 해제된 모스크바의 문서들은 북한을 점령한 소련군과 그의 협력자들이 남쪽보다 훨씬 일찍 확고부동하게 독자적인 국가의 건설에 매진했음을 잘 보여주고 있다. 그에 비한다면, 남쪽의 미군정은 협력자를 선택하는 데 오히려 유동적이었으며, 냉전과 분단이 더 이상의 여지가 없을 정도로 명백해지자 비로소 협력자를 결정하는 늑장을 부렸다.

요컨대, 분단의 책임은 일차적으로 소련과 북한에 있으며 미군정과 그 협력자들은 어쩔 수 없이 분단상황을 수긍하고 뒤쫓아 갔을 뿐이라는 것이다. 이영훈 교수의 이러한 주장을 뒷받침하고 있는 것은 같은 책 2권에 실려 있는 이정식 교수의 논문이다.

이정식 교수는 자신의 논문에서 1945년 9월 20일 스탈린이 북한에 '부르주아 민주주의 정권을 수립할 것'을 지시했다는 사실을 소개하면서, 스탈린의 지시를 북한 지역에 단독정부를 세우라는 지침으로 해석하고 있다. 그런데 스탈린의 지시가 정확히 어떤 맥락에서 나온 것이며 그것이 북한 지역에서 어떻게 적용되었는지에 대해서는 충분한 설명이 없다. 단지 스탈린의 9월 20일 지시로 북한의 5도행정위원회의 위상이 높아졌고 그로부터 북한의 단독정부 수립이 시작되었다고 주장할 뿐이다.

과연 이정식 교수의 주장은 어느 정도 타당한 것일까? 먼저, 이정식 교수는 스탈린의 9월 20일 지시의 맥락을 잘못 이해하고 있다. 스탈린의 9월 20일 지시는 북한 주둔 소련군에게 내린 것으로, 정확하게는 '반일적인 민주주의 정당·단체의 광범한 동맹에 기초하여 북조선에 부르주아 민주주의 정권을 수립하는 데 협조할 것'이었다. 그런데 이 구절의 앞 1항에는 '북조선 영토 내에 소비에트나 소비에트 정권의 다른 기관을 수립하거나 소비에트 제도를 도입하지 말 것'이라는 내용이 나온다. 종합하면, 북한 지역에서 부르주아 세력과 연합하는 온건한 전략이 실현될 수 있도록 유도하라는 것이었다. 그렇다면 스탈린은 왜 이런 지시를 내렸을까.

1945년 9월 당시, 스탈린은 극동지역에서의 소련의 이권을 보장한 얄타 협정의 원활한 실현을 위해서 미국 및 중국 국민당 정부와의 협조체제를 유지한다는 입장을 견지하고 있었다. 스탈린의 9월 20일 지시 또한 같은 맥락에서 나왔다고 볼 수 있다. 요컨대, 스탈린은 당시 상황에서 북한 지역에 미국과의 정면대결을 야기할 수 있는 정권이 수립되어서는 절대 곤란하다고 판단을 내린 것이다.

어느 모로 보나, 스탈린의 9월 20일 지시는 북한에서 단독정부 수립을 기도한 것과는 직접적인 관계가 없는 것이었다.

그러면 38선 이북에서 실제 어떤 상황이 벌어졌는지를 간략히 살펴보자. 1946년 2월, 38선 이북 지역 전체를 포괄할 수 있는 행정기관으로서 북조선임시인민위원회가 수립되었다. 이는 해방 직후 전국적으로 건설된 인민위원회가 북한 지역에서는 해체되지 않고 그대로 발전한 결과였다. 더불어, '임시'기관으로 간주한 것은 통일정부가 수립되기 이전에 수립된 것이기 때문이었다. 요컨대, 북한만의 단독정부가 아님을 강조한 것이었다.

소련군은 (인민위원회를 강압적으로 해체하고 군정을 실시했던) 미군과 달리 군정을 실시하지 않은 채 임시인민위원회가 실질적인 권력을 행사할 수 있도록 방조하는 입장을 취했다. 이를 두고 일각에서는 한층 '교활한 통치방식'이라고 비난했지만 군정을 실시한 미군보다 한결 나은 선택을 한 것은 분명했다.

북조선임시인민위원회는 크게 두 가지 임무를 수행했다. 친일파 청산과 토지개혁이 바로 그것이었다. 이를 두고 한편에서는 한반도 전체의 운명을 좌우할 사안을 독자적으로 처리한 것 자체가 단독정권 수립의 일환이라고 비판하고 있다. 하지만 친일파 청산과 토지개혁은 남북을 막론하고 거역할 수 없는 지상과제로 제기된 사안들이었다. 이는 이후 남한에서 이 두 가지 과제를 제헌헌법의 조항으로 명시했다는 사실에서도 뚜렷이 확인된다.

이렇듯 일각에서 북한이 단독정부 수립에 앞장섰다는 증거로 제시하고 있는 것들은 당시의 시대상황에서 비교적 자연스러운 과정에 해당하는 것들이었다. 북조선임시인민위원회는 전국적으로 건설되었던 인민위원회의 발전적 결과였으며, 친일파 청산과 토지개혁 역시 남북 모두가 반드시 해결해야 할 과제를 조금 앞서 해결했을 뿐이다. 물론 방식의 차이가 있을 수 있었으나 그것이 절대적인 것일 수는 없었다.

그렇다면 분단의 일차적 책임은 누구에게 있는가. 그에 대한 해답을 찾기 위해서는 불가피하게 38선 이남으로 눈을 돌릴 수밖에 없다.

'단정동맹'의 형성

미국은 1947년 미소공동위원회가 결렬될 조짐을 보이자 일찌감치 남한만의 단독정부를 수립하는 것으로 방향을 잡았다. 이는 미국의 입장에서 볼 때, 상당 정도 선택의 여지가 없는 것이었다.

미국은 소련과의 협력을 통한 통일정부 수립이 가능하지 않을 뿐만 아니라 바람직하지도 않다고 판단하였다. 소련과의 협력유지는 궁극적으로 소련의 영향력 확대를 초래할 뿐이라고 본 것이다. 그렇다고 하여 조선의 문제를 조선인에게 맡길 수도 없는 형편이었다. 미국에 충성을 바쳤던 우익세력이 정국을 주도할 가능성이 매우 희박했기 때문이다. 미국 입장에서는 38선 이남에 자신이 통제할 수 있는 단독정부를 수립하는 것이 한반도에 대한 영향력을 유지하고 그 다음을 기약할 수 있는 유일한 길이었던 것이다.

이러한 배경에서 미국이 단독정부 수립으로 방향을 돌리기 시작하자, 그에 적극 동조하는 세력이 등장하였다. 미국을 주축으로 한 '단정동맹'이 구체화되기 시작한 것이다. 이러한 단정동맹 형성을 향해 가장 발 빠르게 움직인 인물은 이승만이었다.

이승만은 일제 때 상해 임시정부에서 탄핵을 받아 대통령 자리에서 물러난 뒤, 식민지 시절의 대부분을 미국에서 체류하였다. 이러한 과정을 거쳐 이승만은 미국 중심의 사고를 내면화했으며, 그 누구보다도 미국 대외정책의 기조를 정확히 파악할 수 있는 안목을 갖추었다. 미국의 의중을 한걸음 앞서 실천할 준비가 되어 있는 인물이었던 것이다.

뿐만 아니라, 이승만은 정치적 계산이 매우 빠른 인물이었다. 이승만은 미주에서의 오랜 망명생활로 인해 국내에 뚜렷한 지지세력을 갖고 있지 않았다. 좌익처럼 탄탄한 조직력을 갖고 있었던 것도 아니었고, 임정세력처럼 상징성을 바탕으로 정국을 주도할 조건을 갖추고 있지도 않았다. 해방정국에서 이승만이 목소리를 낼 수 있었고 지위를 인정받을 수 있었던 유일한 이유는 미국과 통할 수 있는 인물이라는 점이었다.

이러한 조건에서 이승만은 향후 정국의 향방에 따라 자신의 정치적 입지가 어떻게 달라질지를 면밀하게 검토하였다.

다시 한 번 확인하지만 당시의 상황에서 실현가능했던 통일방안은 미소 양군이 물러나고 조선의 문제를 조선인의 손으로 해결하는 것뿐이었다. 그 이외에 다른 방안이 있을 수 없었다. 그런데 미소 양군이 물러난 조건에서 통일정부를 추진할 경우, 좌익과 임정세력이 정국을 주도할 가능성이 절대적이었다. 반면, 미국의 주도 아래 단독정부가 수립되면 상황이 크게 달라질 수 있었다. 미국은 좌익을 철저히 배제할 것이 분명했고, 임정세력은 단독정부 수립에 불참할 가능성이 컸기 때문이다. 이승만이 주도적인 위치에 서기에 매우 유리했던 것이다.

이러한 맥락에서 이승만은 단독정부 추진으로 마음을 굳히고 서둘러 움직이기 시작했다. 1차 미소공동위원회가 결렬될 조짐을 보이자 이승만은 미군정 사령관 하지와의 장시간 회담을 거친 후에 일본에 있는 맥아더를 방문했으며, 마침내 미소공동위원회 결렬 직후인 1946년 6월 3일 정읍에서 다음과 같은 발언을 하였다.

"우리는 무기 휴회된 공위가 재개될 기세도 보이지 않으며 통일정부를 고대하나 여의케 되지 않으니, 남쪽만이라도 임시정부 혹은 위원회 같은 것을 조직하여 38선 이북에서 소련이 철퇴하도록 세계언론에 호소하여야 할 것이니, 여러분도 결심하여야 할 것입니다."

이승만의 이러한 발언은 당시로서는 실권 없는 한 정치가의 발언에 불과한 것으로 볼 수도 있었다. 하지만 결과를 놓고 보았을 때, 정읍 발언은 이승만이 미국의 의중을 정확히 읽고 사전에 계산된 행보를 하는 과정에서 돌출된 것이었다. 다시 말해서, 이승만은 단독정부 수립의 길목을 지킴으로써 향후 정국을 장악하고자 기도했던 것이다.

이승만과 함께 단독정부 수립에 적극 나선 것은 한민당을 중심으로 한 친일파였다. 친일파의 처지 또한 이승만의 그것과 매우 흡사했다. 미소 양군이 물러난 조건에서 조선인의 손으로 통일정부를 수립한다면 지금까지 유지해오던 지위를 상실하는 것은 물론 가혹한 심판을 피할 수 없었다. 친일파들에게 통일정부는 무덤이나 다름없었던 것이다. 반면, 미국의 주도 아래 단독정부가 수립되면 변함없이 주류로 남을 수 있었다. 친일파를 적대시했던 좌익과 임정세력은 자연스럽게 배제될 것이며 미국은 군정시절에 그러했던 것처럼 친일파를 계속해서 포용할 것이기 때문이었다.

친일파는 이 모든 것을 본능적으로 꿰뚫고 있었다. 그로부터 친일파는 단독정부 수립에 결사적으로 매달렸고, 그 과정에서 정치적 이해가 일치했던 이승만과는 혈연적 관계를 형성하였다. 덕분에 뚜렷한 지지 세력이 없었던 노 망명객 이승만은 친일파를 기반으로 정국을 헤쳐 나갈 수 있었다.

이렇듯 이승만과 친일파가 단독정부 수립에 앞장선 밑바탕에는 철저하게 자신들의 입지를 중심으로 한 정치적 계산이 깔려 있었다.

단정 추진세력의 그와 같은 모습은 통일정부 수립을 갈구했던 인사들에게는 상당한 모멸감을 안겨다주고도 남음이 있었다. 김구가 단정 추진세력을 향해 "미군 주둔의 연장을 자기네 생명의 연장으로 인식하는 무지 몰각한 도배들은 국가와 민족의 이익을 염두에 두지 아니하고 박테리아가 태양을 싫어함이나 다름없이 통일정부 수립을 두려워하는 것"이라고 질타한 것도 이러한 배경에서였다.

농락당하는 한반도

미소공동위원회가 완전 결렬되자 소련은 1948년까지 미소 양군이 한반도에서 철수하는 조건에서 조선의 문제를 조선인에게 맡기자고 제안하였다. 뒤늦게나마 민족자결의 원칙을 옹호하기 시작한 것이다. 물론 소련이 이러한 제안을 할 수 있었던 밑바탕에 미소 양군이 철수할 경우 자신에게 우호적인 좌익이 정국을 주도할 것이라는 계산이 깔려 있었음은 두말할 필요가 없었다.

예상했던 대로 미국은 소련의 제안을 가볍게 무시해버렸다. 그 다음으로 미국이 선택한 것은 한반도 문제를 유엔에 상정하는 것이었다. 결국, 유엔 총회는 1947년 11월 14일 미국이 제안한 대로 '유엔한국임시위원단의 감시 하에 인구비례에 따른 남북 총선거를 실시하고 선출된 대표로서 통일정부를 구성한다'는 안을 채택했다. 미소 양군이 즉시 철수하는 조건에서 조선의 문제를 조선인에게 맡기자는 소련의 주장은 소수의 지지를 얻는 데 그쳤다.

유엔한국임시위원단은 중화민국(국민당 정부), 필리핀, 엘살바도르, 프랑스, 시리아, 인도, 캐나다, 호주, 우크라이나공화국의 9개국으로 구성될 예정이었다. 미국에 우호적인 나라들이 절대다수를 차지하고 있었던 것이다. 극단적으로 유엔한국임시위원단 감시하의 총선거는 미국 감시하의 총선거와 동일한 의미를 가질 수 있었던 것이다. 결국 소연방 공화국의 하나였던 우크라이나는 임시위원단이 지나치게 친미적이라며 불참을 선언하고 말았다.

예상대로 소련과 북한 역시 유엔의 결정에 반대의사를 밝혔고, 1948년 1월 유엔한국임시위원단이 38선 이북의 방문을 타진하자 이를 거부하였다. 유엔은 한반도 문제를 다룰 자격이 없으며, 유엔한국임시위원단은 그 구성에서 드러나듯이 미국에 의해 일방적으로 이용당할 가능성이 크다는 것이 그 이유였다.

38선 이북 지역에서 선거를 실시할 수 없으리라는 것이 분명해지자 유엔한국임시위원단 내부에서 타개책을 둘러싸고 의견차이가 발생했다. 중화민국, 필리핀, 엘살바도르는 접근 가능한 지역에서라도 선거를 실시하자는 의견이었던 데 반해 호주, 캐나다, 인도, 시리아 대표는 그러한 조치는 현존하는 적대관계를 심화시키면서 영구분단을 초래할 가능성이 크다고 주장했다.

결국 임시위원단은 쉽게 결론을 내리지 못한 채 1948년 2월 유엔 총회의 자문기관인 소총회에 의견을 물었다. 소련과 그 동맹국 5개국이 불참한 가운데 유엔 소총회는 유엔한국임시위원단이 임무를 수행할 수 있는 지역에서라도 선거를 실시하자는 미국의 안을 31 대 2(기권 11)로 가결했다. 반대표를 던진 나라는 캐나다와 호주였으며 반대이유는 한반도 전 지역에서 선거를 실시하기로 한 총회 의결사항을 자문기관에 불과한 소총회가 뒤집을 수 없다는 것이었다. 캐나다와 호주의 주장대로 소총회 결정은 유엔의 의사결정 구조를 위반한 명백한 불법이었다.

이렇듯 구속력을 갖는 의결기관이 아닌 소총회에서 총회 의결사항을 번복하는 결정을 하자 소총회 결정의 실행을 둘러싸고 유엔한국임시위원단 내부에서 마지막 논쟁이 벌어졌다. 논쟁은 좀처럼 좁혀지지 않았고 결국 3월 12일 유엔 소총회 결정을 수용할지 여부를 놓고 표결을 실시하기에 이르렀다. 표결의 결과, 호주와 캐나다가 역시 반대했고 프랑스와 시리아가 기권한 가운데 중화민국, 필리핀, 엘살바도르, 인도의 찬성으로 38선 이남에서의 단독선거 실시가 결의되었다. 8개국 중 4개국만이 찬성한 것이다. 그나마 임시위원단 단장이었던 인도 대표 메논이 찬성입장을 취한 것은 자국 정부의 중립방침을 위반한 것이었다.

메논의 이러한 방침위반은 친일 여성시인인 모윤숙의 적극적 공략의 결과인 것으로 알려졌다. 이와 관련하여 모윤숙은 자신의 회상기에서 '만일 나와 메논 씨와의 우정이 없었더라면 남한만의 단독선거는 아마 없었을지도 모른다'라고 밝힌 바 있다. 메논 또한 자서전을 통해 '이것이 나의 업무에 있어 감정이 이성을 지배한 유일한 때였다'며 모윤숙의 영향이 결정적이었음을 인정했다.

이렇게 하여 남한에서의 단독선거가 결정되었고 최종적으로 1948년

5월 10일로 선거일정이 잡혔다.

5·10단독선거는 결코 자유로운 분위기 속에서 추진되지 못했다. 먼저 공정해야 할 중앙선거관리위원회는 적극적인 단정 추진세력인 한민당 요인들이 15명의 위원 중 13명을 차지하고 있었다. 선거가 강압적으로 추진되었음은 선거인 등록과정에서도 뚜렷하게 드러났다.

당시 대부분의 유권자들 사이에서는 영구분단으로 치닫게 될 단독선거를 거부하는 분위기가 매우 강했다. 미군정은 이러한 유권자들에 대해 경찰력을 동원하여 강제로 선거인 등록에 나서도록 만들었다. 그 결과, 공식적인 선거인 등록률은 79.9퍼센트를 기록할 수 있었다. 하지만 1948년 4월 12일 한국여론협회가 실시한 여론조사 결과는 이 수치가 어떻게 만들어진 것인지를 여실히 보여주고 있다.

등록 대 미등록: 934(74%) 대 328(26%)
자발적 등록 대 강요당한 등록: 84(9%) 대 850(91%)

1948년 5월 10일, 제주도를 위시하여 남한 전역에서 치열한 반대투쟁이 전개되고 좌익세력과 중간파, 김구 등 우익 민족주의 세력 상당수가 선거불참을 선언한 가운데, 남한만의 단독선거가 강행되었다.

선거 당일 비상계엄이 발효됨과 동시에 부산과 인천 앞바다에는 급파된 미국 군함이 위협시위를 벌이고 있었다. 또한 하늘에는 미 공군기가 가공스러운 공포 분위기를 자아냈으며 무장한 경관과 준경찰 조직인 향보단 단원이 요소요소에 배치되어 살벌한 두 눈을 번뜩이고 있었다. 검거선풍이 몰아치는 가운데 유권자들을 강압적으로 투표장에 내모는 조치들이 잇달아 취해졌다.

당시 20여 명으로 구성된 유엔한국임시위원단은 경호 아닌 감시의 상태에 있었고 전체 선거구의 불과 2퍼센트만을 스치듯이 살필 수 있었다. 그럼에도 불구하고, 임시위원단의 눈에 비친 5·10단독선거는 불법으로 가득 찬 것이었다. 결국 5월 13일, 유엔한국임시위원단은 새로이 단장을 맡은 시리아 대표 시갈의 이름으로 선거에 대한 평가를 유보하는 제59호 성명을 냈다. 다음은 그 내용의 일부이다.

> 향보단 단원들이 투표소 안과 바깥에 머무르고 있는 것을 목격하였다. ……어떤 장소에서는 경찰들이 투표소 안에 있었다. 또한 청년단체의 회원들이 어떤 때는 사복으로, 어떤 때는 제복을 입은 채·투표소 안과 밖에 진을 치고 있었다. 대표들 중 일부는 어떤 투표소에서 개인의 비밀과 선택권이 보장되지 않음을 목격했다.…… 투표의 진행 효율성에 대한 평가에 우리의 주의와 유보를 할 필요를 느낀다.

하지만 이러한 유엔한국임시위원단의 입장은 미국의 압력으로 얼마 안 가 뒤집어지고 말았다. 6월 25일 임시위원단은 "1948년 5월 10일 선거의 결과는 위원단의 활동을 허용하고, 한국인구의 3분의 2가 거주하는 지역 내 유권자의 자유로운 의사를 정당하게 표현한 것이다"라고 공식 발표했다.

단독선거를 통해 선출된 제헌국회는 이승만 계의 독립촉성국민회의가 55석을 차지하였고, 김성수 계의 한국민주당이 29석, 이청천 계의 대동청년단이 12석, 이범석 계의 조선민족청년단이 6석, 기타 군소정당이 13석을 차지하였으며, 나머지 85석은 무소속이었다.

제헌국회는 이승만을 임시의장으로 선출한 뒤, 헌법 기초작업에 들어갔다. 그로부터 몇 달 뒤, 임기 2년의 국회에서 임기 4년의 대통령을 선출하는 것을 골자로 제헌헌법이 제정되었다. 이어서 국회는 이승만을 초대 대통령으로 선출하였고 마침내 8월 15일 '대한민국' 정부의 수립이 선포되었다.

같은 해 12월 12일, 유엔 총회는 미국의 주도 아래 한국 관련 결의안을 48 대 6(기권 1)으로 통과시켰다. 결의문은 '유엔한국임시위원단이 관찰하고 협의할 수 있었고 전체 한반도 사람의 절대 다수great majority가 거주하는 한반도의 한 부분 위에 효과적인 통치와 관할권을 갖는 합법적 정부가 수립되었다'고 언급하였다. 요컨대, 대한민국 정부는 유엔한국임시위원단 관할 아래 선거가 실시된 38선 이남에서 유일한 합법정부라는 것이었다. 한반도의 유일 합법정부로 표현하지 않은 점에 유의할 필요가 있다.

한편, 남한에서 단독정부가 수립되자 북한은 즉각 별도의 정부를 수립할 목표로 최고인민회의 대의원을 선출하는 선거를 실시하였다. 북한은 이 과정에서 자신들의 정부가 남북한 모두를 대표한다는 것을 확인시키기 위해 남한의 대의원들도 함께 선출하였다. 다만, 당시 남한의 사정을 감안하여 비공개적인 간접투표를 통해 대의원을 선출하였다. 그 결과, 1948년 8월 25일 남북한에서 선출된 최고인민회의 대의원 572명이 최종 확정되었다. 이를 바탕으로 최고인민회의는 9월 8일 헌법을 만장일치로 채택하고 '조선민주주의인민공화국'의 수립을 선포하였다.

이렇게 하여 남과 북에 각기 다른 정부가 들어섰고, 그럼으로써 분단의 장벽은 쉽게 넘을 수 없으리만큼 높아지고 말았다.

3. 친일파에게 맥없이 당한 그들

친일파의 주도 아래 남한만의 단독정부가 수립되었지만 친일파 단죄 요구는 여전히 시퍼렇게 살아 있었다.

결국 제헌국회는 제헌헌법 제101조에 '이 헌법을 제정한 국회는 1945년 8월 15일 이전의 악질적인 반민족 행위를 처벌하는 특별법을 제정할 수 있다'고 명시해야만 했다. 이를 근거로 1948년 9월 7일 국회 본회의에서 재적의원 140명 중 찬성 103표, 반대 6표의 절대다수의 동의로 전문 3장 32조의 '반민족행위처벌법'(반민법)이 통과되었다. 이승만 정권은 처음에는 이 법에 대해 거부권을 행사하기로 했지만, 여론에 떠밀려 공표할 수밖에 없었다.

국회는 곧바로 김상덕을 위원장으로, 김상돈을 부위원장으로 하는 '반민족행위특별조사위원회'(반민특위)를 구성하였다. 반민특위는 1949년 1월 5일 중앙청에 사무실을 내고 본격적인 활동에 돌입했다.

반민특위는 박흥식 체포를 시작으로 뒤이어 이종형과 최린 등 거물급 친일파들을 속속 체포하였다. 체포된 고종의 당질 이기용은 자기 집 무실에 일왕의 사진을 걸어놓고, 일 왕실로부터 받은 훈장 30여 개를 진열해놓고 있어서 조사관들을 놀라게 하기도 하였다.

반민특위 활동에는 열광적인 지지와 성원이 잇따랐다. 1월 9일자 〈서울신문〉의 사설은 '3천만 국민을 대신해서 민족정기에 입각해서 … 임무를 수행키를 바라는 바이다'라고 격려하고는, '처단의 대상이 되는 자 중에는 벌써 갖은 간계와 …으로써 처단을 모면코자 하며 외국으로 … 꾀하는 자까지 있다고 전한다'고 경고했다.

친일파의 반격은 국회에서 반민법을 제정한 지 얼마 후 노골화되었

1949년 1월 9일자 〈서울신문〉 사설

'반민행위자 적발 개시—처단 모면의 간계를 방지하라'는 제목의 이 사설은 해방 당시에 이루어졌
어야 할 친일파 청산이 우리 힘으로 독립하지 못한 탓에 이제까지 미루어졌음을 개탄하며, 반민특
위의 수사망을 빠져나가려는 친일파의 반발을 경계했다.

다. 친일파는 9월 23일 '반공구국 총궐기 및 정권이양 축하 국민대회'라는 것을 개최하고 반민법 제정을 격렬하게 비난했다.

그와 함께 노덕술을 위시한 친일경찰들은 반민특위 간부 15명을 38선까지 유인해 살해한 뒤, 이들이 월북하려 해 사살한 것으로 위장하려는 음모를 꾸미기도 하였다. 이 음모는 일행 중의 한 명이었던 백민태가 양심고백을 함으로써 실현되지 못했지만, 당시 친일파들이 어떻게 움직이고 있었는지를 단적으로 드러냈다고 할 수 있다.

그러던 중 악질적 친일경찰로 이름이 높았던 노덕술마저 반민특위에 체포되고 말았다. 노덕술은 해방 이후에도 박성근이라는 청년을 고문, 치사하게 만든 후에 시체를 한강 얼음구멍에 처넣는 등 식민지 시대의 행태를 그대로 반복하고 있었다. 이에 아랑곳없이 이승만은 노덕술이 수도경찰청 수사과장 재직 시에 직접 자신의 집으로 불러 "자네같은 애국자가 있어 내가 발을 뻗고 잔다"고 격려하였다. 바로 그 노덕술이 반민특위에 의해 체포되자, 이승만은 자칫하면 자신의 수족이 모두 잘려나갈 수 있다는 위기의식을 느꼈다.

특별재판부는 1949년 3월 28일부터 반민족행위자에 대한 재판을 시작하였다. 그 와중에 돌연 '국회 프락치 사건'이 터졌다.

국회가 휴회중이던 1949년 5월 17일, 국회 소장파 의원인 최태규, 이규수 의원을 시작으로 8월 14일까지 국회부의장 김약수를 포함하여 모두 15명의 소장파 의원들이 (1948년 12월 1일 제정된) 국가보안법 위반으로 구속되었다. 구속된 의원들은 모두 반민법 제정과 반민특위 설치를 주도했던 인물들이었다. 또한 이들은 외국군 철수와 평화통일을 주장해왔는데 이승만 정권은 이를 남로당의 국회 프락치 공작에 의한 것으로 간주하고 구속해버린 것이다.

당시 검찰에 따르면, (38선 이남에 위치한) 개성에서 남로당 특수공작원인 정재한이라는 여인을 검거하였는데 (평양에 머무르고 있던) 박헌영에게 보내는 국회공작보고서를 소지하고 있었다. 검찰은 이 보고서를 유일한 증거로 소장파 국회의원을 구속, 기소했는데 정작 정여인은 재판에 출석하지 않았다. 정여인을 알고 있거나 본 사람 역시 아무도 없었다. 정여인이라는 유령을 증거로 사건이 만들어진 것이었다.

국회 프락치 사건으로 반민특위를 뒷받침해줄 국회 내 세력이 크게 약해진 가운데 1949년 6월 6일 새벽, 친일파들은 반민특위를 향해 결정적인 공격을 가했다. 공격은 이승만의 지시로 이루어졌다. 반민특위가 양주삼 목사를 민족반역행위로 구속하자 미국 감리교에서 항의해왔고, 이 사실을 보고받은 이승만은 지체 없이 반민특위 공격을 명령한 것이다.

일요일인 이 날 아침 7시경, 중부경찰서장 윤기병이 인솔하는 무장경찰대가 반민특위 본부를 포위하고 아침에 출근하던 반민특위 요원과 직원 35명을 체포하여 시내 각 경찰서에 수감하였다. 경찰대는 급히 현장에 달려온 검찰청장 권승렬에게까지 총을 들이대고 권총을 압수했다. 수감된 특위 요원들은 심한 고문을 받았고, 석방되었을 때에는 23명이 1주일에서 1개월 이상 치료를 받아야 했다.

경찰의 반민특위 습격사건은 특위의 활동에 결정적 타격을 주었다. 사태는 6월 21일 국회 프락치 사건 2차 검거로 소장파 핵심의원들이 대량으로 구속되었고, 이어 6월 26일에는 소장파의 정신적 지주였던 김구마저 암살되면서 악화일로를 걸었다. 계속되는 탄압 속에서 특위는 그 의지와 활동이 크게 위축되었다. 이런 분위기 속에서 국회는 7월 6일 친정부계 의원들을 주축으로 1950년 6월 20일로 되어 있는 반민법의 공소시효를 1949년 8월 31일로 단축시키는 개정안을 발의하여 통과시

컸다. 이는 사실상 반민특위의 활동을 중단시키는 것이나 다름없었다.

반민특위는 1년도 채 안 되는 기간 동안 682건을 조사하여 특별검찰부에 570건을 송치했고, 특검은 이 중 280건을 기소했다. 하지만 정작 재판이 종결된 것은 40건밖에 되지 않았고 실형이 언도된 것은 12건뿐이었다. 그나마도 나중에는 모두 풀려났다. 사실상 제대로 형을 산 친일파는 한 명도 없는 꼴이 되고 만 것이다.

국회에서 절대다수의 찬성으로 반민법이 제정되고 반민특위가 구성된 것은 친일파 청산에 최상의 조건이 마련된 것이었다. 당연히 친일파를 반대하는 세력은 모든 힘을 반민특위 활동을 뒷받침하는 데 집중했어야 했다. 한편으로는 전폭적인 여론의 지지를 바탕으로 장내와 장외가 연계를 맺고 효과적인 투쟁을 전개하는 동시에 악질 민족반역자를 단죄하는 것에 초점을 맞추면서 나머지를 포용하는 유연한 정책을 구사했다면, 분위기를 압도하고도 남음이 있었을 것이다.

하지만 좌익을 포함하여 친일파 단죄를 강력히 희망했던 세력은 반민특위 활동을 뒷받침하는 데 무관심했거나 혹은 무능력했다. 그 결과, 반민특위 활동은 소장파 의원들과 특위 요원들의 외로운 투쟁으로 일관해야 했다. 단적으로, 반민특위가 친일경찰로부터 공격을 받았을 때 그 어떤 대중적 저항도 없었다. 이승만 정권의 가공할 억압정책을 감안한다 해도 반민특위를 둘러싼 상황을 이보다 더 잘 보여주는 장면이 또 어디 있겠는가. 임정세력은 지리멸렬했고, 좌익은 교조적 계급투쟁에 매몰되어 반민특위 활동의 중요성을 주목하지 못했다.

한 번의 공격기회를 놓치면 반드시 역습당하는 것이 싸움의 이치이다. 아니나 다를까. 이승만 정권과 친일파는 반민특위라는 위기를 극복하자마자 자신의 반대파에 대한 전면적인 반격을 가하기 시작하였다.

1949년 10월, 이승만 정권은 국가보안법을 근거로 남로당, 근민당, 인민당 등 133개 정당과 사회단체를 불법화시켰다. 이와 함께 1949년 한 해 동안에만 무려 11만 8,621명을 국가보안법 위반으로 처형시켰다. 처형된 사람들의 절대다수는 좌익에 속해 있었지만 임정세력 또한 상당수 포함되어 있었다. 심지어 반탁운동 과정에서 임정세력에 충성을 맹약했던 경찰서장들마저 좌익으로 몰려 처형당했다.

하지만 이와 같은 사태는 어디까지나 더 큰 비극을 향한 서막에 불과했다. 친일파들의 머릿속을 지배하고 있던 극단적 배제논리가 끝내 자신을 위협하는 세력들을 깨끗이 쓸어버리는 수준으로 발전하였던 것이다. 한국전쟁이 발발하면서 그러한 청소작업은 절정에 이르렀다.

4. 좌익, 자멸의 길을 걷다

남한만의 단독정부가 추진되자 미군정의 극심한 탄압 속에서도 '단선단정 반대투쟁'이 무장을 수반하면서 매우 극렬한 형태로 전개되었다. 그에 따라 서울에서는 '행동대'가 조직되었고, 지방에서는 무장부대로서의 면모를 어느 정도 갖춘 '야산대'가 조직되었다. 그 수는 지방에 따라 차이는 있었으나, 대체로 1개 군에 50~100명 정도로 추산되었다.

이러한 가운데 제주에서는 1948년 4월 3일을 기해 전면적인 무장투쟁이 시작되었다. 4·3제주민중항쟁은 미군정의 극심한 탄압으로 사지에 몰린 제주의 민중이 최후의 수단으로 선택한 것이었다. 이러한 선택은 당시 좌익의 지도조직이었던 남로당(남조선노동당) 중앙의 방침과 아무런 관련이 없는 것이었다. 그럼에도 불구하고, 미군정과 이승만 정권은 섬 전체를 피로 물들일 정도로 야수적인 탄압을 가했다. 그로 인해 발생한 민간인 희생자수는 최대 8만 명 정도에 이르렀다.

한편 4·3제주민중항쟁이 발생한 지 6개월 뒤인 10월 19일, 여수에 주둔하고 있던 14연대가 좌익계열의 주도 아래 제주 출병을 거부하며 반란을 일으켰다(여순사건). 이 역시 남로당 중앙의 방침과 무관하게 긴박한 상황에서 자연발생적으로 일어난 것이었다.

반란군은 여수와 순천 지역 일대를 점령하고 민중봉기를 유도하는 등 급격히 세력을 확대하였다. 하지만 반란은 미 군사고문단이 지휘하는 토벌군에 의해 잔혹하게 진압되고 말았다. 그 과정에서 정부측 발표에 따르더라도 약 6,000여 명의 희생자가 발생하였다. 하지만 반란군의 상당수는 탈출에 성공할 수 있었고, 곧바로 산악지대를 배경으로 빨치산 투쟁을 전개하기 시작했다.

미군 정보보고서에 따르면, 11월 19일 당시 여순사건에 참가했던 무장부대가 백운산 방면에 350명, 벌교 200명, 고흥 150명, 보성 300명 정도가 산재해 있었다. 또 다른 자료에 따르면, 여순사건 직후 지리산과 백운산을 중심으로 2천여 명의 무장세력(반란군 출신 700명, 민간인 출신 1,300명)이 형성되어 있었던 것으로 파악되었다.

여순사건이라는 우발적 계기로 유격대(빨치산 부대) 형태의 좌익 무장세력이 급격히 늘어나자, 기존 야산대 또한 활동을 적극 강화하면서 본격적인 빨치산 투쟁에 나섰다. 그에 따라 도처에서 빨치산 투쟁이 불을 뿜기 시작했다. 빨치산 투쟁이 격화되자 농촌지역에서 비합법적으로 활동을 전개하던 좌익계열의 청년조직들이 산악지대로 이동하여 야산대에 합류하는 현상이 널리 확산되었다. 이를 바탕으로 호남의 군 대부분과 태백산 일대, 영남의 상당수 군에 유격 전투구가 형성될 수 있었다.

이러한 분위기 속에서 남로당 중앙은 1949년 7월 산하조직에 무장투쟁으로 전면 전환하고 총공세를 가할 것을 지시하였다. 그에 따라 1949년 9월 이후 남한 각지의 유격대는 전면적인 공세로 전환하였다. 공격양상 또한 탈취한 박격포, 로켓포 등의 중무기로 무장한 채 경찰본서와 대도시를 공격하는 이른바 '적의 아성을 향한 소탕전'으로 발전하였다. 〈표 2〉는 이와 같은 빨치산 투쟁이 얼마나 빈번하고도 격렬하게 진행되었는지를 잘 보여주고 있다.

〈표 2〉 유격활동 통계 (1949년 5월~11월)

	5	6	7	8	9	10	11
동원 인원	17,730	23,037	30,023	44,256	77,256	89,924	77,900
교전 횟수	502	594	657	759	1,776	1,330	1,260
경찰서 습격	−	−	−	6	15	−	−
지서 습격	52	33	50	62	110	−	−
군경 사살	1,140	1,059	1,302	810	1,272	1,512	1,800
무기 노획	129	288	218	523	1,300	951	637

출전: 김점곤, 《한국전쟁과 노동당 전략》, 244쪽.

빨치산 투쟁의 규모와 격렬함에 비추어 볼 때, 1949년 남한은 이미 내전상태에 돌입한 것이나 다름없었다. 좌익이나 이승만 정권 모두 총력전의 태세로 임하였고, 그 결과에 따라 각자의 운명이 결정될 수도 있는 상황이었다.

좌익은 빨치산 투쟁이 종국적으로 자신들에게 승리를 안겨다 줄 수 있을 것이라고 확신하고 있었다. 무엇보다도 비슷한 시기에 중국 공산당이 국민당과의 무장대결에서 승리를 거두고 있는 점이 그 같은 확신을 뒷받침해주었다. 하지만 1949년 하반기 총공세에서 절정을 보였던 빨치산 투쟁은 시간이 흐르면서 급격히 세가 위축되기 시작하였다. 그 이유는 대략 다음과 같은 세 가지였다.

첫째, 빨치산 투쟁에 필수적인 은신, 훈련, 보급 등을 보장할 안정적인 근거지 확보가 불가능하였다.

빨치산 투쟁은 안정적인 근거지가 확보되었을 때만이 장기전을 바탕으로 상대편 역량을 소모시키면서 최종승리를 거둘 수 있다. 그런데 남한의 자연조건은 의병투쟁 이후 줄곧 확인되었던 바처럼 빨치산 투쟁을 뒷받침할 근거지로서 적합하지 않았다. 항일무장투쟁 시기에 안정된 근거지 역할을 한 것으로 알려진 백두산의 산자락 넓이가 8천 평방킬로미터가 넘은 데 반해 지리산의 경우는 384평방킬로미터밖에 되지 않았다.

유격대는 대부분 산악지대를 근거지로 빨치산 투쟁을 전개했으나, 이러한 조건에서 군경이 포위공격을 하면 꼼짝없이 당할 수밖에 없었다. 여기에 덧붙여, 군경 토벌대가 지리산 등 유격 근거지 인근지역 주민들을 강제로 이주시킨 뒤에 부락을 모두 소거해버림으로써 빨치산 부대는 속수무책인 상황으로 내몰려야 했다.

이렇듯 안정적 근거지 확보가 어려운 조건에서 남한의 빨치산 투쟁을 장기전으로 끌고 가는 것은 처음부터 불가능한 일이었다. 시간을 끌면 끌수록 불리한 경우라고 할 수 있었다. 이러한 문제점은 얼마 지나지 않아 좌익 지도자들도 뚜렷이 인식하기 시작하였다. 예컨대, (비전향 장기수 선생들의 증언에 따르면) 한국전쟁 중에 김일성은 남한의 유격대들에게 빨치산 투쟁이 적절하지 않음을 지적하고, 지상으로 내려와 '정치사업'에 매진할 것을 지시하였는데, 그 결정적 이유 역시 안정적 근거지 확보의 어려움에 있었다.

둘째, 후방지원을 담당했던 남로당 조직이 계속 파괴되면서 유격대의 고립이 갈수록 심화되었다.

분단은 이중적 의미에서 남한 좌익세력의 고립을 재촉했다. 분단은 통일정부 추진세력이 내부분열로 인해 단독정부 추진세력과의 대결에서 패배한 결과였다. 그런 만큼 단정수립과 함께 좌익과 임정세력 모두 각개 격파당할 가능성이 컸다. 여기에 덧붙여, 분단의 장벽이 높아짐에 따라 남북 좌익의 단절이 갈수록 심화되었다. 단적으로, 남한의 대중운동이 심각한 곤란을 겪는다 해도 북한의 대중운동이 손을 쓸 수 없는 상황이었던 것이다.

생사를 건 정치투쟁에서 고립은 곧 죽음을 의미하였다. 예상했던 대로 이승만 정권은 출범과 함께 좌익에 대한 무차별 공격을 가하기 시작했다. 공격은 앞서 확인했듯이 반민특위 파괴에 성공하면서 가히 절정을 향해 치닫기 시작했다. 이승만 정권이 국가보안법 위반으로 처형했던 수많은 인사들 중 절대다수가 남로당과 관련되어 있었음은 굳이 설명할 필요가 없을 것이다.

피바람이 몰아치는 극심한 탄압 속에서 투항과 전향이 끝없이 이어졌다. 남로당 서울시당의 경우는 핵심대열이 한꺼번에 투항하기도 하였다. 마침내 조직의 핵심이었던 김삼룡·이주하가 검거되자 남로당 조직은 거의 붕괴되었고, 좌익 계열의 인사들 대부분은 이승만 정권의 관리 아래 들어가고 말았다. 그 결과, 유격대는 남로당으로부터 더 이상 조직적인 후원을 기대하기 힘든 상태가 되고 말았다.

셋째, 1949년 하반기 (적어도 10월까지 계속된) 9월대공세 과정에서 무모한 전술구사로 심각한 역량손실이 발생했다.

빨치산 투쟁은 유리한 지형조건을 배경으로 유인, 매복, 기습 등의 전술을 구사함으로써 역량파손을 최소화함과 동시에 상대편을 끈질기게 물고 늘어지는 지구전을 기본속성으로 삼고 있다. 그런데 9월대공세는 통상적인 빨치산 투쟁에서 벗어나 평야지대로 진출하여 도시를 공격하는 양상을 띠었다. 당시 남로당 중앙은 곧 북한의 인민군이 진격할 것이라며 전면공세를 부추겼다. 하지만 인민군은 진격하지 않았고 9월대공세는 무모하기 짝이 없는 자살행위로 귀결되고 말았다.

이상과 같은 요인들로 인해 유격대는 이승만 정권의 대대적인 토벌전을 감당하지 못하고 빠르게 세력이 약화되어갔다. 특히, 인근지역 주민이 모두 강제 이주된 상태에서 이루어진 동계 토벌작전은 감당하기 힘들 만큼 가혹한 것이었다. 비록 적지 않은 유격대가 끈질긴 생명력을 과시하면서 생존을 이어갔지만 전체적인 세력약화는 피할 수 없었다.

그에 따라 1950년에 이르러 빨치산 투쟁은 소규모 투쟁이 산발적으로 전개되는 데 그치는 사실상의 소강상태에 접어들었다.

어느 모로 보나, 남한에서의 빨치산 투쟁은 최종적인 답이 아니었다. 그에 따라 새로운 활로를 찾아야 할 요구가 절실해졌다. 바로 이 지점에서 한걸음 앞서 나간 것은 일반민중이었다.

이승만 정권의 극심한 탄압에 의해 좌익 계열의 조직이 붕괴되고 빨치산 투쟁이 위축되어가고 있을 때, 민중은 이 모든 과정을 침묵 속에서 응시했다. 심지어 유격대와 토벌대 사이에서 견디기 힘든 고초를 겪은 민중들은 지치다 못해 냉담해지기까지 하였다.

민중이 이 상황에서 할 수 있는 일은 별로 없어 보였다. 이승만 정권은 투쟁을 이끌 인물들을 처형하거나 관리하고 있었고 민중이 움직일 공간 또한 빈틈없이 제거해버렸다. 그렇다고 하여 민중이 정세의 압력에 완전 굴복한 것은 아니었다. 혹독한 상황에서도 민중은 이승만 정권에 대해 효과적으로 반격할 수 있는 지점을 물색하였다. 마침내 다수의 민중이 발견한 것은 1950년 5월 30일에 실시된 2대 국회의원 선거였다.

1948년에 실시된 5·10선거는 단독선거라는 압도적 규정에 의해 그 의미가 가려졌지만 우리 역사상 처음으로 (성인이라면 누구나 동등하게 투표권을 행사하는) 보통선거 제도가 도입된 선거였다. 두말할 필요 없이 보통선거 제도는 거저 주어진 것이 아니었다. 유럽 등 다른 나라에서 그러했던 것처럼 남한에서의 보통선거제 도입 역시 일제 시대 이후 지속된 치열한 민중투쟁이 없었다면 결코 얻어질 수 없는 것이었다. 민중은 바로 이 점을 중시했다.

그런데 민중이 선거에 주목하기 시작한 것은 중요한 지점에서의 패러다임의 전환을 바탕으로 한 것이었다.

그 동안 좌익의 사고를 지배하고 있었고 동시에 민중 속에서 강력한 영향을 미치고 있었던 것은 마르크스-레닌주의의 핵심요소의 하나인 프롤레타리아 독재론이었다. 프롤레타리아 계급이 부르주아 계급을 배제하고 권력을 독식하는 것이야말로 혁명의 지름길이라고 파악한 것이다. 바로 이러한 프롤레타리아 독재론의 영향으로 적대계급 일소를 목표로 한 비타협적 투쟁이 쉽게 정당화될 수 있었던 것이다.

하지만 민중은 그 동안의 경험을 통해 그러한 투쟁은 너무나 끔찍한 희생을 초래할 뿐이라는 사실을 깨달았다. 그로부터 민중의 사고는 좌우익이 서로의 존재를 인정하고 공정하게 경쟁하는 것이 바람직하다는 쪽으로 흐르기 시작하였다. 민중은 새롭게 도입된 보통선거제가 바로 그러한 공존의 정치를 보장하는 틀이 될 수 있을 것으로 내다보았던 것이다.

그렇다면 남로당 중앙은 5·30선거에 대해 어떤 방침을 갖고 있었는가. 결론적으로, 남로당 중앙의 방침은 '망국적인 5·30단독선거를 파탄시켜라'였다. 하지만 남로당 방침은 전혀 이행되지 않았다. 5·30선거를 위협할 만한 그 어떤 사건도 발생하지 않았던 것이다. 방침을 이행할 조직이 거의 파괴된 상태이기도 했지만, 더욱 중요한 것은 다수의 민중이 남로당의 방침과는 정반대로 선거에 적극적 의미를 부여하고 있었기 때문이었다.

이렇게 되자, 남로당과 민중은 완전히 엇갈리는 길을 걸으면서 남로당은 민중으로부터 빠르게 유리되어갔다. 이는 곧 남로당이 돌이킬 수 없는 자멸의 길을 걷고 있었음을 말해주는 것이었다.

5·30선거는 2년 전의 5·10선거와 비교해볼 때, 몇 가지 차이점이 있었다. 먼저 5·10선거의 경우에는 좌익과 중간파 그리고 김구 계열의 민족주의 세력이 선거를 보이콧하면서 불참했지만 5·30선거에는 적극 참여하였다. 다만 좌익계열의 정당과 단체가 모두 불법화된 조건에서 다수의 진보적 인사들이 무소속으로 출마하였다. 이와 함께 5·10선거 때는 단정수립 추진세력이 큰 갈등 없이 선거에 임했는데 5·30선거 때에는 집권 이승만 세력과 야당인 민주국민당(민국당, 한민당의 후신) 사이에 첨예한 대립이 빚어졌다.

이러한 상황에서 민중은 좌익과 중간파 혹은 민족주의 계열에 속하는 진보적 성향의 후보들에게 적극 투표함으로써 이승만 정권, 나아가 단정세력 전체를 응징했다.

5·30선거 결과는 여야를 가리지 않고 우익진영 모두를 합쳐도 전체 의석의 38퍼센트인 81석에 그친 것으로 나타났다. 그 중에서 이승만 직계인 대한국민당과 민국당은 각각 24석씩을 얻는 데 그쳤다. 단독정부 추진세력이 참패를 겪은 것이다. 그에 반해, 무소속은 1대 국회의원 선거 때보다도 크게 늘어난 126석에 이르렀다. 이는 전체의석의 60퍼센트에 해당하는 것이었다.

무소속의 성향에 대해서는 논자에 따라 입장이 다양하다. 실제로도 다양한 성향을 갖고 있었을 것으로 짐작된다. 그럼에도 불구하고, 5·10선거에 비해 진보·중도의 비중이 크게 증가한 것은 분명했다. 우리는 몇 가지 사례를 통해 5·30선거에서 진보·중도 진영이 정치적으로 큰 성공을 거두었음을 확인할 수 있다.

서울 성북구에 사회당 후보로 출마한 임시정부 계의 조소앙은 미군정 하에서 경무부장을 지낸 조병옥을 압도적 표차로 누르고 전국 최다 득표를 기록했다. 중도좌익으로 여운형과 함께 근로인민당을 이끈 바 있었던 장건상은 옥중출마에도 불구하고 부산에서 전국 2위의 최다득표를 하였다. (김규식이 이끌었던) 민족자주연맹 소속으로 서울 중구에 출마한 원세훈은 서울시장이자 대한국민당 최고위원이었던 윤치영을 눌렀다. 이 밖에도 진보·중도를 대표하던 엄항섭, 윤기섭, 조봉암, 여운홍, 안재홍, 윤길중 등이 의회에 진출하였다. 반면, 단독정부 추진세력이었던 대한국민당과 민주국민당의 지도급 간부인사들 다수가 낙선의 고배를 마셨다.

5·30선거 결과에 대해서 다양한 분석과 평가가 있어왔지만 누구도 쉽게 부인 못하는 사실 하나가 있었다. 그것은 바로 5·30선거 결과로 이승만이 심각한 정치적 위기에 봉착했다는 점이었다.

이승만을 지지하는 세력은 대한국민당 24석, 국민회 14석을 포함하여 최대한 모은다 해도 57석을 넘지 않았다. 게다가, 함께 단정을 추진했던 민국당마저 야당으로 탈바꿈하여 이승만과 대립하고 있는 실정이었다. 이러한 조건에서 무소속 의원들 상당수와 원내에 진출한 사회당과 민족자주연맹 등이 민국당과 연합하여 이승만을 실각시킬 가능성이 절대적이었다. 다시 한 번 확인하자면, 당시 헌법체계에 따라 대통령은 국회에서 선출하도록 되어 있었다.

　　하지만 이승만은 곧이어 발발한 한국전쟁을 통해 그러한 위기에서 극적으로 탈출할 수 있었다. 5·30선거의 결과로 맞이한 또 한 번의 절호의 기회가 한국전쟁과 함께 사라져버린 것이다.

최악의 선택, 한국전쟁

한국전쟁은 공개적 무대에서 대중적 토론을 거쳐 결정된 것이 아니었다. 한국전쟁은 당사국들의 핵심 수뇌부들이 은밀하게 추진하거나 혹은 은밀하게 대응하는 방식으로 이루어졌다. 모두가 최고의 정보력과 판단력을 갖추었다고 자임하는 사람들 사이에서 일어난 일이었다. 그런 만큼 그들 각자는 자신감을 갖고 자신들이 원하는 최상의 시나리오를 만들어냈다.

　그러나 결과는 애초의 시나리오와는 전혀 다르게 나타났다. 그 과정에서 헤아릴 수 없이 많은 사람들이 희생을 겪었고 이루 말로 표현할 수 없는 후유증을 남겼다. 그런 점에서 한국전쟁은 권력 수뇌부들의 판단 착오가 얼마나 끔찍한 결과를 초래할 수 있는지를 생생하게 보여준다.

Chapter 02
최악의 선택, 한국전쟁

민중과 유리된 가운데 몰락의 길을 걷고 있던 남로당이 마지막 희망으로 가슴 속에 품고 있었던 것은 '인민군의 남하'였다. 남로당은 정치투쟁에서 실패를 거듭할수록 군사적 수단에 의한 문제해결에 더욱 목을 걸었다. 단적으로, 남로당은 1948년 이후 긴박한 상황이 발생할 때마다 북한의 인민군 남하를 언급하였다. 인민군 남하는 당시의 상황에서 최고의 선동소재였던 것이다.

그런데 전쟁은 그 속성상 공존의 가능성을 완전히 제거하는 것으로 이어진다. 전쟁은 적대세력을 죽이는 것으로써 문제를 해결하는 방법이니만큼 그 결과에 관계없이 두 세력은 상당히 오랜 기간 동안 불구대천의 원수가 될 수밖에 없기 때문이다. 이러한 점에 비추어 볼 때, 인민군 남하에 모든 것을 걸었던 좌익세력은 민족공존의 가능성을 조금도 염두에 두지 않았음을 알 수 있다.

그렇다면 과연 남로당이 마지막 반전의 기회로 삼았던 인민군 남하가 모든 문제를 해결해주었을까, 아니면 모든 것을 잃도록 만들었을까?

1. 전쟁의 소용돌이 속으로

한국전쟁은 내전으로부터 출발하여 국제전으로 비화된 경우이다. 참가국만도 최대 20여 개국에 이른다. 이렇듯 복잡한 구조로 인해 그 동안 한국전쟁의 발발원인에 대해서도 다양한 입장이 존재해왔다. 논쟁의 초점이 되었던 부분은, 1950년 6월 25일 전면전을 주도한 것은 누구인가였다. 이에 대해 남과 북은 '남침'과 '북침'으로 극단적인 입장차이를 보여왔고, 미국의 일부 수정주의 역사가들은 '남침유도설'을 제기하기도 하였다.

그러나 (1994년 김영삼 대통령이 러시아를 방문했을 때, 옐친 러시아 대통령이 한국측에 건넨) 한국전쟁 관련 소련 외교문서, 새롭게 공개된 미국 정부의 문서, 한국전쟁 중에 미군이 노획한 (현재 미국 메릴랜드 국립문서보관소에 보관중인) 북한 기밀문서가 연구되면서 진상은 어느 정도 윤곽이 잡혔다고 볼 수 있다. 적어도 남침인가 북침인가 혹은 남침을 유도한 것인가 하는 논쟁은 상당정도 무의미해졌다.

하지만 누가 먼저 공격을 개시했는가 하는 문제는 한국전쟁 발발원인의 한 부분에 불과할 뿐이다. 전쟁은 상대의 대응에 따라 개전 여부를 포함하여 그 양상이 크게 달라질 수 있기 때문이다. 따라서 전쟁의 발발원인을 제대로 밝히려면 전쟁의 당사자들이 어떻게 움직이고 있었는지를 두루 살피지 않으면 안 된다.

일정에 오른 무력통일

그 동안 많은 연구자들이 앞서 언급한 한국전쟁 관련문서를 정밀하게 분석함으로써 한국전쟁의 발발기원을 밝혀왔다. 그 중에서도 사료의 풍부함에서나 분석의 정확성에서 단연 돋보이는 것은 박명림 교수의 《한국전쟁의 발발과 기원》1, 2이다. 자세한 내용은 이 책을 참조하기를 바라면서, 그 동안 연구된 내용을 요약하면 대략 다음과 같다.

한반도를 무력으로 통일할 것을 결심하고 이를 주도한 인물은 김일성이었다. 김일성은 식민지 시대에 아무런 국가적 지원 없이 강대한 일본군에 맞서 빨치산 투쟁을 성공적으로 전개한 경험이 있다. 그런데 해방이 되자 국가적 차원에서 식민지 시대와는 비교할 수 없는 막강한 무장력을 확보할 수 있었다. 더욱이, 함께 무장투쟁을 전개했던 중국 공산당이 한걸음 앞서 대륙을 석권하는 데 성공하였다. 김일성 입장에서는 무력통일에 강하게 이끌릴 수밖에 없는 상황이었다.

김일성이 무력통일을 결심하는 데 결정적 영향을 미친 것은 남로당 총책이었던 박헌영이었다. 박헌영은 인민군이 진격하면 20만 남로당 당원을 주축으로 남조선 민중이 봉기를 일으킬 것이기 때문에 승리는 필연적이라고 호언장담했다. 여러 정황에 비추어 볼 때, 김일성은 이러한 박헌영의 주장을 액면 그대로 받아들였을 뿐만 아니라 무력통일 감행 여부를 판단하는 데 매우 중요한 근거로 삼은 것으로 보인다.

김일성이 스탈린에게 무력통일 의사를 처음 밝힌 것은 1949년 3월 5일 모스크바 회담에서였다. 다음은 소련 외교문서에 기록된 김일성과 스탈린의 대화내용이다.

김일성: 스탈린 동지, 이제 상황이 무르익어 전국토를 무력으로 해방할 수 있게 됐습니다. 남조선의 반동세력들은 절대로 평화통일에 동의하지 않을 것입니다. 그들은 자신들이 북침을 하기에 충분한 힘을 확보할 때까지 분단을 고착화하

려고 합니다. 우리의 군대는 강하고 남조선에는 강력한 빨
치산 부대의 지원이 있습니다.

스탈린: 남침은 불가합니다. 첫째, 북조선 인민군은 남조선군에
대해 확실한 우위를 확보하지 못하고 있습니다. 수적으로
도 열세이지요. 둘째, 남조선에는 아직 미군이 있습니다. 전
쟁이 나면, 그들이 개입할 것입니다. 셋째, 소련과 미국 사
이에 아직도 38도선 분할점령이 유효함을 기억해야 합니
다. 이를 우리가 먼저 위반하면, 미국의 개입을 막을 명분이
없습니다.

김일성: 그렇다면 가까운 장래에 조선의 통일기회는 없다는 말씀
인가요. 남조선 인민들은 하루빨리 통일을 해 미 제국주의
자들의 속박에서 벗어나고 싶어합니다.

스탈린: 적들이 만약 침략의도가 있다면 조만간 먼저 공격해올 것
이오. 그러면 절호의 반격기회가 생깁니다. 그 때는 모든 사
람이 동지의 행동을 이해하고 지원할 것이오.

(박명림, 《한국전쟁의 발발과 기원》 1, 98쪽)

스탈린이 김일성의 무력통일 방안에 대해 신중하면서도 소극적인 태
도를 취한 것은 두 가지 이유에서였던 것으로 짐작된다. 먼저 스탈린은
2차 세계대전을 거치면서 침략에 대한 반격을 통해 명분에서의 우위를
확보하는 것이 전쟁에서 대단히 중요하다는 것을 깨달았다. 이러한 스
탈린의 생각은 이후에도 변함없이 이어졌다. 이와 함께, 스탈린은 얄타
협정을 바탕으로 미국과의 협력관계를 계속 유지하고자 하였으며, 내심
미국과의 대결을 야기할 전쟁을 매우 부담스러워했을 가능성이 컸다.

스탈린의 이와 같은 태도는 미군이 남한에서 철수한 1949년 6월 이후까지 이어졌다. 가령, 1949년 9월 24일 소련 공산당 중앙위원회는 북한 지도부에, 성급한 개전을 반대한다는 입장을 전달했다. 소련 공산당 중앙위원회는 현재의 대내외적인 상황으로 보아 남한에 대한 무력공격은 시기적으로 적절치 못하며, 미국이 유엔으로부터 남한에 파병승인을 얻어낼 구실을 제공할 수 있다는 것을 강조하였다. 더불어, 종국에는 남한에 대한 외국군 점령의 장기화로 조선의 통일이 지연되는 결과를 초래할 것이라고 지적하였다.

그러나 1949년 10월, 중국 공산당이 대륙석권에 최종적으로 성공하자 무력통일론을 둘러싼 분위기는 급속히 바뀌기 시작하였다. 북한 수뇌부의 무력통일에 대한 의욕은 더욱 커졌고, 중국 또한 북한을 지원할 수 있는 여유가 생겼다. 반면, 미국과 소련의 관계는 더 이상 협력의 여지가 없을 만큼 대결 분위기로 치닫고 있었다. 그에 따라 신중론을 견지하던 스탈린 역시 국제정세의 변화를 인정하면서 입장을 바꾸었다.

1950년 1월 22일, 스탈린은 마오쩌둥과의 회담에서 얄타 협정을 폐기하기로 결심했음을 통보하고 미국에 대항해서 싸워야 할 것임을 강조했다. 그로부터 얼마 후인 1월 30일, 스탈린은 김일성의 무력통일 방안에 대해 최종적으로 동의하는 의사를 밝혔다. 단, 최종적인 결정은 중국과의 논의를 거쳐 이루어져야 하며 중국이 반대할 경우에 모든 계획은 연기되어야 한다고 못을 박았다. 아울러, 스탈린은 무력통일 시도는 반드시 남한의 공격에 대한 반격의 형식을 띠어야 함을 재차 강조하였다.

마오쩌둥은 스탈린의 의사를 확인한 후에 김일성에게 만약 미군이 한국전쟁에 개입한다면 중국이 병력을 파견하여 돕겠다는 약속을 했다. 마오쩌둥은 중국 내부의 불안정한 사정으로 스탈린의 요구를 받아들이기까지는 상당한 우여곡절을 겪었지만, 일단 결심을 굳힌 다음부터는 매우 적극적인 자세로 나왔다.

김일성, 스탈린, 마오쩌둥 3자 사이에 한반도 무력통일 방안이 최종 합의되자, 소련과 중국은 북한에 대한 군사지원을 본격화했다. 그에 따라 탱크, 야포, 전투기 등 소련제 무기가 집중적으로 북한으로 유입되었다. (1949년 자국 군대에 소속되어 있었던 조선인 2개 사단을 북한에 보낸 바 있던) 중국은 추가적으로 1만 4천 명의 조선인 군인을 북한 인민군에 편입시켰다.

북한 자체적으로도 1946년 토지개혁 이후에 경제가 안정적으로 발전함으로써 군사력을 증강할 수 있는 여력이 확보되고 있었다. 북한의 공업 생산력은 해방 이전인 1944년보다 20퍼센트 향상되었으며 농업의 생산도 같은 시기보다 1.4배 증가함에 따라 국민총생산이 크게 늘었다.

마침내 개전 하루 전인 1950년 6월 24일, 북한 인민군 일선부대에는 전면적인 공격에 대비한 각종 명령이 하달되었다.

장비에 대한 최종점검과 분배가 이루어졌고, 북에서 남으로 향하는 진격로에 대한 최후의 근접정찰 명령이 떨어졌다. 또한 공병부대는 38선 일대에 매설된 지뢰를 제거하라는 명령을 받았다. 이는 전적으로 남진을 보장하기 위한 것이었다. 한국군의 북진을 저지하기 위해 지뢰를 제거하는 일은 있을 수 없기 때문이었다. 최종단계에서 서부전선의 인민군에 대해서는 동부전선에서의 한국군의 공격에 대한 대항조치로, 동부전선의 부대에는 그 반대의 경우로서 전면적인 공격명령이 내려졌다.

한편 브루스 커밍스 등 수정주의 역사학자들은 일부 한국군이 해주로 진격한 사실을 근거로 '남침유도설'을 제기해왔다. 수정주의 역사학자들은 북한이 남한의 선제공격에 대응하는 과정에서 전면적인 남진으로 전환하였다고 본 것이다. 하지만 이러한 주장은 설득력을 상실한 지이미 오래이다.

한국군의 해주 진격은 일부 한국군 장교의 발언과 그에 뒤이은 6월 26일자 남한 언론의 보도를 근거로 한 것이었다. 그런데 정작 북한은 한국군의 해주 진격을 허무맹랑한 날조로 일축했으며, 도리어 해주 방면을 담당했던 인민군 지휘관 최현·방호산 등을 개전 초기 전공으로 승진까지 시킨 바 있다. 참고로 춘천 지역으로의 진격에서 차질을 빚은 인민군 지휘관은 해임을 당했다.

그렇다면 이것으로 한국전쟁의 기원과 발발원인에 대한 설명은 충분한가. 보수적인 역사학자들은 예외 없이 한국전쟁 발발원인과 관련하여 더 이상 나아가려 하지 않는다. 기껏해야 김일성과 스탈린 중 누가 주도적이었는가를 놓고 다툴 뿐이다. 심지어 진보적 학자들조차 '남침론'이 의심할 여지가 없는 확고한 사실로 굳어지자, 그에 압도당한 나머지 비슷한 태도를 취하고 있는 경우가 많다.

하지만 전쟁은 한 편에서 의도한다고 해서 곧바로 발발하는 것은 아니다. 반대편에서 전쟁 가능성을 사전에 인지하고 충분한 대비책을 세우면 일어나지 않을 수 있기 때문이다. 가령 미국이 북한을 향해 북한이 남침할 경우, (그 정당성 여부를 떠나) 전면 개입할 것임을 경고하면서 한국군의 전력강화를 위한 조치를 취했다면 상황은 크게 달라졌을 것이다.

따라서 우리는 전쟁의 주요 당사자인 미국의 움직임을 함께 주목해야 하며 부수적으로 이승만의 입장에 대해서도 살펴볼 필요가 있다.

벌려진 맹수의 아가리

한국전쟁이 발발하기까지 미국의 움직임에 대해 알기 위해서는 잠시 하리마오라는 인물과 그의 책에 대해 살펴보는 것이 도움이 될 것이다.

하리마오는 본명이 박승억으로서 일제 시대 춘천에서 고아로 지내다 유복한 일본인에게 입양되어, 이후에 미국 CIA 극동본부 고위간부를 지낸 특이한 전력의 인물이다. 하리마오는 CIA 활동에서 얻은 정보를 기초로《38선도 6·25 한국전쟁도 미국의 작품이었다!》라는 책을 쓰기도 하였다. 책의 내용 중에는 사실관계에서 부정확한 것도 많지만 한국전쟁과 관련하여 매우 중요한 이야기들이 많이 포함되어 있다.

하리마오는 자신의 책에서 CIA의 탁월한 정보능력을 자랑스럽게 이야기하고 있다. 그는 마음만 먹으면 스탈린의 심장에 나 있는 털의 수와 길이까지도 정확히 알 수 있다고 말하고 있다. 하리마오는 CIA가 이러한 정보능력을 바탕으로 한국전쟁 발발 전에 북한이 어떻게 전쟁을 준비하고 있었는지 손바닥 위에 올려놓고 보듯이 훤히 꿰뚫고 있었음을 강조하고 있다. 심지어 1950년 6월 25일 새벽에 공격이 개시될 것이라는 사실도 사전에 파악하고 있었다고 한다. 당연히 입수된 정보는 반복해서 '상부'에 보고되었다.

그런데 하리마오에 따르면, 미국 정부의 상층부는 이러한 보고를 애써 무시했으며 심지어 보고자료를 소각하기까지 하였다 한다. 북한의 남침을 막기 위한 노력 또한 전혀 이루어지지 않았다.

하리마오는 그러한 미국 상층부의 움직임에 대해 강한 의구심을 표시하고 있다. 하리마오는 그의 책에서 이렇게 이야기하고 있다. '미국의 핵심의중은 전혀 다른 곳에 있었다. 한국을 벌거숭이로 만들어놓고 북한이 남침해올 수 있는 여건을 조성한 뒤, 강 건너 불구경하듯 D-

Day를 기다리던 미국. 어째서 무엇 때문에 미국이 그처럼 행동했을까?' 바로 여기에서, 하리마오가 책제목 그대로 한국전쟁을 미국의 작품이라고 간주하는 이유가 무엇인지가 암시된다.

그렇다면 '어째서 무엇 때문에 미국이 그처럼 행동했을까?'에 대한 해답을 찾아보도록 하자. 하리마오는 매우 중요한 의문을 던졌지만 스스로 해답을 제시하지는 못했다. 그만큼 난해한 문제였던 것이다. 그런데 이 문제에 대한 결정적 실마리를 제공하고 있는 곳이 있었다. 바로 한국전쟁 당시 미군의 후방 병참기지 역할을 맡았던 일본이다.

애초에 미국의 일본 점령정책은 전쟁도발 가능성을 제거하기 위해 민주적인 일본을 만드는 것으로 방향을 잡고 있었다. 그러나 1948년부터 일본인들이 '역 코스'라고 부른 급격한 변화가 일어났다. 일본으로 하여금 공산주의를 견제하는 아시아의 기지로 만드는 데 모든 초점이 맞추어진 것이다. 우익 국가주의자들을 제거하는 작업이 중단되고 구시대 정치인들이 대거 복귀하였다. 거꾸로, 다수의 진보주의자들은 미국의 '국익'에 위협이 된다는 이유로 밀려나기 시작하였다. 이와 함께 아시아 침략을 뒷받침했던 재벌체제 해체작업도 중단되었다.

1949년이 되자, 군사분야에서도 심상치 않은 양상이 벌어지기 시작하였다. 먼저 일본에 주둔하고 있었던 미8군은 1949년부터 본격적인 전투훈련에 돌입하였다. 그 해 8월 8일, 맥아더 사령관은 '험난한 지역에서 작전을 수행할 사단의 훈련을 위해' 후지산 근방에 훈련지역을 마련하였다. 이와 함께 일본에 설치되어 있는 미군의 군사기지에서 대폭적인 시설확장과 보수사업이 추진되었다. 더불어, 일본 내 군수품 공급능력을 강화하기 위한 일련의 조치가 취해졌다. 이를 위해, 1949년 4월 16일 일본 국회는 일본인의 조세를 군수품 생산에 투입될 수 있도록 한 '대충

자금 특별회계법'을 통과시켰다.

이 같은 준비과정은 한국전쟁 기간 동안 상당한 빛을 발휘하였다. 한국전쟁 당시 미군 비행기는 일본 비행장을 이륙하여, 니시데키 회사에서 생산한 네이팜탄을 한국에 떨어뜨렸다. 미국의 대포는 방대한 양의 일본제 포탄을 쏘아댔고, 미국의 제7함대는 일본항을 출발하여 한국 해안선에 근 3년간 포격을 퍼부었다. 아울러 주일 미8군은 즉각적으로 한국으로 이동, 결정적인 역할을 수행하였다.

이러한 가운데 미국의 국무장관 애치슨은 1950년 1월 20일 동아시아에서의 미국의 방어선을 명시한 이른바 '애치슨 라인'을 발표하였다. 한국과 대만은 애치슨 라인 안에 포함되어 있지 않았다. 이는 표면상 미국이 한국에 대한 방어를 포기하는 것으로 해석될 소지가 많았다. 일각에서 애치슨 라인을 '남침 초대장'이라고 부르는 이유이기도 했다.

그런데 애치슨 라인은 어디까지나 프로그램의 일부만을 공개한 지극히 계산된 표현이었다.

1949년 12월 13일 미국의 국가안전회의NSC에 제출된 자료에 따르면, 애치슨 라인과 동일한 의미를 갖는 필리핀, 오키나와, 일본 본토 등 아시아 해안의 섬 사슬에 대해 '우리의 첫 방어 라인, 그리고 우리가 그곳으로부터 공산 지배지역의 감소를 모색할지도 모르는 첫 공격 라인'으로 정의하고 있다. 이는 한반도와 대만은 방어선이 아니라 진격의 교두보가 될 수 있음을 강하게 암시하는 것이었다.

애치슨 라인이 발표된 지 얼마 후인 1950년 4월 8일, 미국은 NSC-68 (국가안전회의 68번 각서)을 통해 국방비를 종래의 135억 달러에서 500억 달러로 급속히 증대시키는 계획을 비밀리에 추진하였다. 이 계획은 결국 한국전쟁의 발발을 배경으로 전격 실현될 수 있었다.

전체적으로 볼 때, 미국은 북한의 공격계획을 사전에 파악하고 있었을 뿐만 아니라 반격을 위한 반만의 준비를 갖추고 때만 기다렸다고 할 수 있다. 이와 관련해서 브루스 커밍스는 기밀이 해제된 미국 정부의 자료를 바탕으로 다음과 같이 증언하고 있다.

> 미 국방부와 중앙정보부 등 일부에서 공산주의에 대한 반격전략을 주장하고 대상지역으로 동아시아가 자주 거론되었다. 미 국방부는 1950년 6월 중순 북한이 침략할 경우에 신속히 후퇴해 다시 세력을 결집한 뒤 인천항으로 상륙, 반격작전을 편다는 전쟁계획을 마련했다.
>
> (〈한겨레 신문〉 1990. 12. 15일자)

그런데 우리는 여기에서 심각한 의문을 제기하지 않을 수 없다. 미국은 왜 북한의 공격계획을 사전에 저지하고자 노력하지 않고 도리어 기다리고 있었는가?

만약 미국이 진심으로 북한의 공격을 저지할 의사가 있었다면, 사전에 조치를 취했어야 했고 이를 위해 동원할 수 있는 수단은 매우 많았다. 그런데 미국은 그렇게 하지 않고 북한의 선제공격을 기다리고 있었다. 이는 미국의 궁극적인 목적이 북한의 남침을 저지하는 데 있지 않았음을 강하게 암시하는 것이었다. 그렇다면 미국의 목표는 도대체 무엇이었을까?

미국은 20세기 세계 지배국가로서 언제나 원대한 전략구도 아래 움직여왔다. 한반도에 대한 정책은 그러한 전략의 일부였을 뿐이다. 북한의 공격저지를 넘어서는 훨씬 큰 목표가 미국을 이끌고 있었던 것이다. 그것은 궁극적으로 사회주의 진영을 제압하는 것이었다.

사회주의 진영을 제압하고자 하는 미국의 전략에서 핵심을 이루었던 것은 초강대국인 소련과 중국을 분리해서 대응하는 것이었다. 그에 따라 1960년대까지의 미국의 대사회주의 전략은 되도록 소련을 자극하지 않으면서 중국을 포위하여 압박하는 데 주력하는 것으로 나타났다.

좀 더 구체적으로 살펴보면, 미국은 '패전국인 일본을 아시아의 후방 병참기지로 전환시키고 한반도, 대만, 베트남을 각각 군사적 진공을 위한 교두보로 삼으며 중국 대륙의 회복을 최종목표로 한다'는 전략방침을 수립하고 이를 실행에 옮겼다. 앞서 소개한 브루스 커밍스의 증언이 담고 있는 내용 중 '공산주의에 대한 반격전략을 주장하고 대상지역으로 동아시아가 자주 거론되었다'라는 구절은 이러한 미국의 원대한 전략을 암시하는 것으로 해석할 수 있다. 1954년 2월 미국 하원에서 로버트슨 국무차관보가 행한 "종래와 같이 중국을 회복하기 위해 직접 행동에 나설 것이 아니라 중공 내부에 붕괴가 일어나기를 기대하며 중공 주변에 무력공격의 위협을 가해야 한다"는 발언 역시 이러한 미국의 전략을 확인해준다고 볼 수 있다.

이러한 맥락에서, 한국전쟁과 관련한 미국의 의도는 북한의 공격을 계기로 한반도에 군사적 진격을 단행하고 한반도 북부를 점령한 다음, 최종적으로 중국을 압박하는 데 있었다고 결론을 내릴 수 있다.

그렇다면 한반도를 향한 미국의 군사적 진격은 상당 정도 예고된 것이라고 할 수도 있다. 북한이 먼저 공격을 개시하지 않았더라도 미국은 어떤 형태로든지 무력침공을 감행했을 가능성이 컸던 것이다. 1960년대 미국이 통킹만 사건을 조작함으로써 베트남전에 전면 개입한 사실은 이 점을 우회적으로 입증하고 있다.

이와 관련해서 놓쳐서는 안 되는 또 한 가지 요소는 이승만의 호전적 태도였다. 이승만은 1949년 한 해만 해도 1월 21일 기자회견, 7월 2일 국회연설, 10월 7일 UP통신 부사장과의 인터뷰, 10월 21일 기자회견, 10월 31일 세인트 폴 호 선상 발언, 12월 30일 신년사 등 모두 여섯 차례에 걸쳐 북진통일론을 피력했다. 물론 이승만의 발언들을 한낱 제스처에 불과하다고 보는 견해도 있지만, 미국이 내내 이승만이 먼저 도발하지 않을까 우려한 점을 보면 단순한 제스처로 보기도 어렵다.

여러 정황에 비추어 볼 때, 이승만은 전쟁을 기회로 미국의 전면개입을 등에 업고 정치적 위기를 해소하고자 하는 강한 욕구를 품고 있었음이 분명했다. 필요하면 한국군으로 하여금 전면전을 야기함으로써 미군이 개입할 수밖에 없도록 만들었을 가능성도 배제할 수 없다.

이러한 맥락에서 보자면, 한국전쟁은 피해 가기 쉽지 않은 사건이었다. 그럼에도 불구하고, 누가 먼저 공격을 개시했는가의 문제는 여전히 중요했다. 선제공격을 누가 주도했는가에 따라 전쟁의 양상과 결과가 크게 달라질 수밖에 없었기 때문이었다.

기묘했던 1950년 6월

미국은 1949년 6월 500여 명의 비전투병으로 구성된 군사고문단만을 남겨놓은 채 남한에 주둔해 있던 전투병력을 모두 철수시켰다. 그에 따라 미 군사고문단은 맥아더 극동군 총사령부의 지휘에서 벗어나 미 국무부에 배속되었다. 군사고문단장인 브라운 준장 역시 애치슨 국무장관에게 직접 보고하고 지시를 받았다. 이 점은 매우 중요한 의미를 갖고 있었는데, 그 이유는 이런 것이었다.

미국이라는 거대국가는 결코 동질적이지 않다. 행정부 안에는 다양한 의견 그룹이 있어 서로 경쟁 혹은 대립하기도 한다. 많은 경우, 같은 행정부 안에서도 극도의 비밀유지 속에서 일을 추진하면서 다른 그룹에 대해서는 의도된 기만조치를 취하기도 한다. 이러한 조건에서 전략구상을 공유하는 집단은 극소수에 불과하며 최종적으로 대통령의 지지를 통해 자신들의 구상을 관철시킬 수 있는 조건을 확보한다.

그런데 애치슨은 바로 1947년 이후 냉전전략을 입안하고 지휘한 핵심인물로서 트루먼 대통령의 적극적인 지지를 받고 있었다. 애치슨의 특별고문인 존 포스터 덜레스, CIA의 핵심간부이자 덜레스의 동생인 앨런 덜레스, 공산주의 봉쇄정책의 입안자로 유명한 조지 캐넌 등 전후 미국의 냉전전략을 입안하고 추진한 주요 인물들이 모두 애치슨 주변에 포진되어 있었다.

한국전쟁에 대한 종합적 대응전략도 애치슨을 중심으로 한 이들 냉전 그룹에 의해 기획되고 추진되었을 가능성이 매우 높다. 관심을 끄는 것은 주한 미 군사고문단장 브라운이 바로 이러한 애치슨에게 직접 보고하고 그의 지휘를 받았다는 사실이다. 말하자면 브라운은 미국 정부 내 핵심 그룹의 의중에 맞게 행동할 수 있는 위치에 있었던 것이다.

하리마오의 증언에 따르면, 브라운은 북한의 공격계획을 소상히 파악하고 있었으며, 전쟁이 시작되면 한국군이 형편없이 패배할 것이라는 것을 누구보다도 잘 알고 있었다. 하지만 브라운이 주로 한 역할은 군 수뇌부와 정부 요로에서 반복해서 제기되고 있는 남침의 우려를 불식시키는 것이었다. 똑같은 맥락에서, 한국군 수뇌부가 호소한 군사지원을 이런 저런 핑계를 대며 묵살하는 것 역시 브라운의 몫이었다. 그러면서도 브라운은 유사시 남한에 거주하고 있는 미국인들이 신속히 피신할 수 있는 대책을 빈틈없이 수립했다. 이를 위해 매달 1회씩 점검회의를 개최하기까지 하였다.

전쟁 개시 이틀 전인 6월 23일, 미 군사고문단장 직무대리를 맡고 있던 헨리 대령은 채병덕 육군 참모총장으로 하여금 그 때까지 유지되고 있었던 전군 비상경계령을 6월 24일 0시를 기해 해제하도록 권유하였다. 이유는 6월 24일 밤 미 군사고문단과 한국군 주요 지휘관들이 육군 참모학교 구내 장교구락부 개관을 축하하는 파티를 개최하기 위해서였다.

비상경계령 해제명령은 각급 부대로 하달되었고, 많은 장병들이 그간의 긴장상태에서 벗어나 모처럼 주말(6월 24일, 토요일)을 즐기러 휴가를 나왔다. 그 결과, 서울 시내의 극장가는 온통 장병들로 넘쳐났다.

이러한 가운데 6월 24일 저녁, 육군 수뇌부와 일선 지휘관 50여 명이 참석한 가운데 화려한 파티가 진행되었다. 파티는 장소를 바꾸어가면서 새벽 2시까지 계속되었고 결국 파티 참석자들은 대부분 고주망태가 되어 인사불성 상태에서 곯아떨어졌다. 하리마오가 확인한 바에 따르면, 헨리 대령의 이와 같은 일련의 행동은 6월 10일 군사고문단장을 퇴임한 후 일본 도쿄에 머무르고 있던 브라운의 지시에 따른 것이었다.

한국군 수뇌부의 파티가 마감되고 난 지 두 시간 뒤인 1950년 6월 25일(일요일) 새벽 4시, 북한 인민군은 전면적인 공격을 단행했다. 북한 내무성은 이와 관련하여 두 차례 공식보도를 발표하였는데 공통적으로 남한의 공격에 대한 반격으로 표현하고 있었다. 다음은 그 중 하나이다.

조선민주주의인민공화국 경비대는 오늘 6월 25일 이른 새벽 38도선 부근 전지역에 걸쳐 38도선 이북지역에 대한 불의의 공격을 개시한…… 인민군 부대와의 합동작전으로 공화국 경비대는 38도선 이북지역으로 침입한 적을 완전히 격파하고 반격전으로 들어갔다. 6월 25일 현재 공화국 인민군과 경비대는 다수의 지역에서 38도선 이남지역으로 5~10km까지 전진하였다. 전투는 계속되고 있다.

여기에서 두 가지 흥미로운 사실이 발견된다. 그 동안 38선 경비를 경비대가 책임지고 있었고, 전쟁개시 사실을 내무성이 발표하였다는 것이 바로 그것이다. 이는 북한이 38선을 국경선이 아닌 '국내'에 존재하는 특별한 경계선으로 간주하였음을 말해주는 것이었다.

북한 인민군의 전면 공격개시 사실은 즉각 워싱턴에 보고되었다. 그 무렵, 트루먼 미 대통령은 고향에서 휴가를 즐기고 있었다. 대통령이 없는 상황에서 애치슨 국무장관은 한국전쟁에 대한 작전 지휘권을 맥아더가 맡으며, 북한의 침략을 유엔에 제소한다는 등의 중요한 결정을 내린 뒤, 즉각적으로 유엔 안전보장이사회 소집을 요청했다. 미국 시각으로 25일 새벽 2시, 애치슨은 이 사실을 트루먼에게 보고하였고, 트루먼은 취침중 전화보고를 받은 뒤 다시 돌아누워 잠들었다.

당시 애치슨이 무슨 권한으로 그토록 중차대한 문제를 신속하게 처리할 수 있었는지 오늘날까지도 많은 사람들이 의문을 제기해왔다. 그러면서도 미국 군부조차 그 같은 애치슨의 역할이 매우 적절한 것이었다고 인정해왔다. 이 모든 것은 애치슨이 한국전쟁과 관련한 전략지휘에서 핵심적 위치에 있었음을 입증해주는 것이었다.

한편 북한 인민군의 공격을 받은 남한은 걷잡을 수 없는 혼란에 빠져들었다. 한국군은 후퇴하기에 바빴고, 후원 연못에서 한가하게 낚시를 하던 이승만은 북한 야크기가 경무대를 폭격하자 급히 서울을 떠났다. 하루가 지나 월요일이 되자 서울의 특권층은 아침 일찍 은행에서 돈을 찾아 서둘러 피란길에 나섰다.

1950년 6월 28일 폭파된 한강 인도교
이 사진을 제공한 연합뉴스 측의 설명에 따르면, 한강 인도교가 성급히 폭파되면서 당시 강을 건너
던 사람 500~800명과 차량 50대마저 희생되고 말았다.

그러던 중 28일 새벽 2시, 북한군 전차 2대가 서울 시내로 진입하고 있다는 보고를 들은 채병덕 육군 참모총장은 대기하고 있던 공병감에게 즉각 한강 인도교를 폭파시킬 것을 명령했다. 한국군의 주력이 여전히 한강 이북에 머물러 있었고, 대부분의 중화기나 장비, 보급품이 운송되지 않은 상황에서 벌어진 일이었다. 더욱이 북한 인민군이 서울 시내 중심부에 진입한 것은 오후 3시였다. 한강교 폭파를 6~7시간 정도 연기해도 충분했던 것이다.

한강 인도교 조기폭파는 한강 이북의 한국군 대열을 붕괴시켰고, 다량의 보급품을 고스란히 인민군에게 헌납하는 결과를 초래했다. 이에 많은 사람들이 한강 인도교 폭파의 배경에 대해 의혹을 제기해왔다. 한국전쟁은 그렇게 수많은 비밀을 품고서 대회전을 향해 치달아갔다.

빗나간 계산

북한과 소련의 한국전쟁 관련자료를 종합해볼 때, 김일성은 무력통일을 구상하면서 미군이 개입할 가능성이 희박하다고 보았음이 분명했다. 미국은 소련과 중국이 배후에 버티고 있는 조건에서 한반도 내의 대규모 전쟁에 개입하는 것을 부담스러워할 것으로 예상한 것이다. 스탈린 역시 이러한 김일성의 판단에 일정하게 동의한 것으로 확인되고 있다. 소련 정보기관이, 미국의 전반적 분위기는 타국의 전쟁에 개입하기를 꺼려하는 쪽으로 흐르고 있다고 보고한 것이 그러한 판단에 적지 않은 영향을 미쳤다.

김일성은 설령 미군이 개입한다고 하더라도 본토 병력이 투입되기까지는 한 달 반 정도의 시간이 걸릴 것이며, 그 전에 충분히 전쟁을 끝낼 수 있을 것으로 확신하였다. 무엇보다도 김일성은, 인민군이 서울을 점령하기만 하면 (박헌영이 확신에 차서 주장했던 대로) 20만 남로당 당원을 주축으로 남한의 민중이 봉기를 일으킬 것이므로 나머지 지역은 손쉽게 장악할 수 있을 것으로 기대했다. 그에 따라 인민군 병사들에게는 최소량의 군수물자만 지급하였고 동계전투에 대해서는 전혀 대비하지 않았다.

하지만 막상 전면적인 공격이 시작되자 실제상황은 애초에 전제했던 것과는 사뭇 다르게 흐르고 말았다.

인민군은 진격을 미룬 채 서울에서 3일 간 머무르며 민중봉기가 일어나기를 기다렸다. 그러나 민중봉기는 그 어느 곳에서도 일어나지 않았다. 여러 가지 원인이 있었지만 무엇보다도 이승만 정권이 한걸음 앞서 그 가능성을 제거해버렸다. 뒤에서 살펴보겠지만, 이승만 정권은 농지개혁을 통해 농민의 '혁명성'을 약화시켰으며 개전과 함께 민중봉기의 주축이 될 세력을 대거 '청소'해버렸던 것이다.

군사작전 역시 뜻대로 진행되지 않았다. 춘천 지역으로의 진격작전이 차질을 빚었고 조기에 붕괴시킬 수 있을 것으로 믿었던 한국군은 빠르게 전열을 재정비하면서 저항태세를 구축했다. 무엇보다도 한국전쟁의 풍향을 좌우할 미군이 예상보다 빨리 개입했고 또한 강력한 힘을 발휘하였다.

500여 기가 넘는 전투기를 보유하고 있던 주일 미국 공군은 개전 직후 한반도로 출격하였고, 일거에 북한의 공군력을 무력화시키면서 제공권을 장악하였다. 그로부터 미 공군기는 남진하는 인민군과 평양 등 북한 지역에 대한 집중적인 폭격을 가했다. 당시 인민군은 미공군의 공격에 대해 아무런 대비도 하지 않고 있던 상태였다. 방공장비도 전혀 없었을 뿐만 아니라 전술 또한 준비되어 있지 않았다. 그 결과, 인민군은 주간작전이 어려워지면서 진격속도가 크게 떨어지고 말았다. 더불어, 일본에 주둔하고 있던 미8군 지상군은 신속하게 한반도로 이동, 한국군과 더불어 낙동강 전선을 사수함으로써 미국 본토에서 대규모 병력이 투입될 수 있는 시간을 벌었다.

김일성이 이러한 주일 미군의 역할을 사전에 충분히 계산에 넣지 못한 것은 치명적인 착오였다.

주일 미군이 신속하게 한반도로 진격, 자신의 역할을 빈틈없이 수행하고 있을 무렵에 미국 본토 또한 비상하게 움직이고 있었다.

개전 초기, 미국은 남한 군대의 거듭되는 패배를 부각시킴으로써 개입에 필요한 국내 여론을 조성할 수 있었다. 아울러, 미국은 유엔에서 한국전쟁 참전의 결의를 이끌어내는 데 성공했다. 다행히도 거부권을 갖고 있던 소련은 대만이 중국의 대표권을 행사하는 것에 문제를 제기하면서 유엔 회의 참여를 거부하고 있던 중이었다.

7월 7일, 유엔은 한국에서 작전을 전개할 유엔군을 결성하고 최고사령부 구성의 권한을 미국에 부여하는 결의를 채택했다. 그에 따라 16개국이 참여한 유엔군이 결성되었고, 미군은 유엔군의 일원으로 한국전쟁에 참여할 수 있었다. 그러나 유엔군 중 공군 98퍼센트, 해군의 83.3퍼센트, 지상군의 88퍼센트는 미군이 차지하고 있었다. 사실상 미군이라는 몸에 유엔군이라는 옷을 입힌 것이나 다름없었다. 더욱이, 일본 주둔 미군은 이미 유엔의 결정 이전에 한국전쟁에 참여하여 작전을 전개하고 있던 차였다. 백악관으로부터 맥아더 극동사령관에게 출동명령이 떨어진 것은 전쟁발발 직후인 26일 밤 10시였다. 이는 군대의 해외파견에 대한 의회승인의 절차조차 거치지 않은 것으로서, 엄밀한 의미에서 보자면 불법적인 것이었다.

그렇다면 왜 미국은 군이 유엔군으로 옷을 갈아입고 한국전쟁에 참여하고자 하였을까. 이는 한국전쟁이 당시까지는 국제적 분쟁이 아닌 내전으로서의 성격을 지니고 있었기 때문이었다. 내전은 당사자 해결을 우선적인 원칙으로 삼고 있다. 그런 점에서 미군의 한국전쟁 참전은 외부세력의 부당한 개입에 해당하는 것이었다. 이러한 문제점을 해소하기 위해 선택한 것이 유엔의 의결에 따른 유엔군 결성이었던 것이다.

이렇듯 참전명분을 유효적절하게 확보한 뒤, 미군은 사전에 계획했던 대로 인천상륙 작전(1950년 9월 15일)을 통해 대반격에 나섰다.

미군의 인천상륙 작전은 신속한 서울 탈환(1950년 9월 28일)과 함께 남쪽으로 진출해 있던 인민군을 북한 지역과 분리시키는 효과를 가져왔다. 그 결과, 한반도 남부로 깊숙이 진격해 있었던 인민군은 일순간에 고립되면서 처참하게 붕괴되고 말았다. 결국, 인민군은 상당수가 포로가 되어야 했으며 삼삼오오 태백산맥을 타고 북한 지역으로 이동하거나 지리산 등에서 유격대 활동을 전개해야 했다.

일거에 전세를 역전시키는 데 성공한 미군은 한국군(당시 한국군은 이승만이 작전지휘권을 맥아더에게 넘김에 따라 미군의 지휘를 받고 있었다)과 더불어 '38선의 원상회복'이라는 유엔의 결의를 무시하고 곧바로 북한 지역으로 진격했다. 이는 미국 자신이 한국전쟁 개입의 합법성을 유엔 결의에서 찾았던 것에 비추어보면 명백히 이율배반적인 것이었다.

미군은 막강한 화력을 앞세워 파죽지세로 북한 지역을 점령했다. 미군은 한국군과 더불어 압록강 가까이 진격함으로써 북한 전역을 손에 넣는 듯했다. 그러나 한국전쟁은 북한 지역에서 유격전이 치열해지는 가운데 중국이 전격적으로 참전함으로써 새로운 국면을 맞이하였다.

북한군과 중국군은 산악지대를 통해 이동하면서 야간기습을 하여 백병전을 전개하거나 상대편의 후방으로 진격한 뒤 포위공격을 가하는 등의 전술을 통해 미군을 일거에 무력화시켰다. 극심한 혼란에 빠진 미군은 1951년 초부터 정신없이 후퇴를 거듭해야 했고 결국 평택까지 밀리는 수모를 겪어야 했다. 그러던 중 새로이 부임한 미8군 사령관 리지웨이 주도 아래 전열을 재정비하고 인명살상을 위주로 하는 '몰살작전'을 전개함으로써 미군은 가까스로 전세를 역전시킬 수 있었다.

이렇듯 한국전쟁은 밀고 당기는 과정을 반복한 끝에 지금의 휴전선을 사이에 두고 지루한 소모전에 돌입했다. 그에 따라 휴전압력이 높아졌고 판문점에서 또 다시 양 측은 지루한 공방전을 거듭한 끝에 1953년 7월 27일 휴전협정에 조인하기에 이르렀다.

2. 비극의 주인공이 된 민중

전쟁은 대부분의 사람들에게 끔찍한 기억으로 남는다. 인간이 겪을 수 있는 가장 고통스러운 순간이 전쟁이기 때문이다. 하지만 모든 사람이 전쟁으로 인해 출혈을 겪는 것은 아니다. 거꾸로 전쟁을 통해 막대한 이익을 얻는 사람들도 있다.

2차 세계대전 당시 거대하게 팽창했던 미국의 군수산업은 종전과 함께 가동률이 크게 떨어져 있었다. 이는 미국 경제 전체를 불황에 빠뜨릴 정도로 심각한 것이었다. 그런데 한국전쟁 덕분에 국방예산이 급속하게 팽창하면서 군수산업의 가동률 역시 빠르게 상승할 수 있었다. 이러한 이유로 한국에서 전쟁이 발발했다는 소식이 전해지자 미국의 종합주가지수는 급격히 상승했다.

일본 역시 한국전쟁에서 크게 한몫 잡은 경우에 속한다. 일본은 2차 세계대전에서의 패배로 인해 경제적으로 몹시 피폐해져 있었다. 하지만 일본의 경제는 한국전쟁에 군수물자를 공급하면서 도약의 계기를 마련할 수 있었다. 실제로 한국전쟁 당시 일본의 무역흑자 80퍼센트 정도가 한국전쟁 특수로부터 발생한 것이었다.

한국전쟁의 덕을 가장 크게 본 것은 아무래도 이승만일 것이다. 앞서 확인했듯이 이승만은 5·30선거 결과 심각한 정치적 위기에 직면해 있었다. 이승만은 위기에서 탈출하기 위해 국회에 직선제 개헌안을 제출하였다. 하지만 결과는 재적의원 163명 중 찬성 18표, 반대 143표, 기권 1표의 압도적인 표차로 부결되었다. 곧이어 123명 국회의원의 연서명으로 내각제 개헌안이 제출되었다. 국회 내 이승만의 지지기반이 극히 취약하다는 것이 다시 한 번 드러난 것이다.

결국 이승만은 전시중인 1952년 7월 4일 임시수도인 부산 일원에 계엄령을 선포한 후, 직선제에 내각제 요소 일부를 첨가한 이른바 발췌개헌안을 강압적으로 통과시켰다. 이른바 부산 정치파동이 발생한 것이다. 당시 국회 회의장은 군과 경찰이 에워싸고 있었고 표결은 기립투표로 이루어졌는데 반대의사를 표명하는 의원은 즉시 목숨이 달아날 수 있는 살벌한 분위기였다. 덕분에 반대의사를 표명한 국회의원은 단 한 명도 없었다. 전쟁이라는 비상한 상황이 아니면 결코 있을 수 없는 일이 벌어진 것이다. 한국전쟁이 다 죽은 이승만을 극적으로 살려준 셈이다.

두말할 필요도 없이 이러한 '이익'은 그 반대편에서 나타난 이루 말로 표현할 수 없을 만큼의 고통을 대가로 한 것이었다.

영국의 세계적인 역사학자 에릭 홉스봄은, 2차 세계대전 이후 미국이 직간접적으로 관계한 전쟁에서 목숨을 잃은 사람의 수는 대략 2천만 명 정도인데 그 중 4분의 1인 5백만 명 정도가 한국전쟁 가운데 죽은 것으로 파악하였다. 이처럼 엄청난 수의 희생은 다양한 요인이 작용한 결과였다. 다수의 군인이 교전중에 사망했고, 군사작전 수행중에 수많은 민간인들이 억울하게 목숨을 잃어야 했다. 빨치산 토벌과정에서 발생한 민간인 희생도 그 중 일부라고 할 수 있다. 또한 뒤에서 좀 더 살펴보겠지만, 정치적 이유에 따른 학살이 광범위하게 이루어졌다.

그런데 한국전쟁 체험자들의 공통적인 증언에 따르면, 개전 초기 남한에 진주한 인민군이 민간인에게 입힌 피해는 생각보다는 많지 않은 것으로 나타나고 있다. 하지만 미군이 진주하면서 양상이 크게 달라졌다. 군사작전으로 인한 민간인 피해가 급증하기 시작한 것이다. 도대체 미군의 개입과 민간인 희생의 급격한 증가 사이에는 어떤 함수관계가 있었던 것일까?

한국전쟁은 단순히 국가와 국가의 대결이 아니었다. 그것은 전세계적 차원에서의 사회주의와 자본주의 두 진영이 대결을 벌인 이념전쟁의 성격을 갖고 있었다. 이 점은 두 진영 간의 군사작전의 차이에서도 액면 그대로 확인되었다.

한국전쟁 당시 사회주의 진영은 기본적으로 인민의 지원과 협력을 바탕으로 전쟁을 수행하는 인민전쟁론을 견지했다. 이는 중국군의 참전과정에서도 고스란히 나타났다. 그들은 북한 인민의 지원과 협력으로 산악지대를 통한 적의 후방침투와 야간기습 등을 자유자재로 구사함으로써 한때 미군을 엄청난 혼란에 빠뜨릴 수 있었다.

이와 달리, 미국을 중심으로 한 자본주의 진영은 압도적인 생산력 우위를 바탕으로 한 물량공세를 위주로 전쟁을 수행하였다. 한국전쟁 당시에 뛰어난 성능의 미 공군기들은 제공권을 장악한 뒤 빈틈없이 폭탄을 쏟아 붓는 '융단폭격'을 전개하였고, 지상군은 막강한 화력을 앞세워 인명살상 위주의 '몰살작전'을 수행하기도 하였다.

문제는, 미군이 물량공세 위주의 전쟁을 수행하는 과정에서 엄청난 민간인의 희생이 발생하였다는 데 있었다.

미군의 물량공세 중에서 가장 위력(?)을 떨친 것은 단연 미 공군기의 폭격이었다. 폭격은 기본적으로 군사시설과 민간인 시설을 가리지 않고 무차별적으로 이루어졌고 그에 따라 민간의 희생은 필연적일 수밖에 없었다.

이러한 미 공군기의 무차별 폭격은 특히 북한 지역에서 극심하게 이루어졌다. 미 공군기의 북한 지역 폭격이 목표한 것은 북한의 전쟁수행 능력을 원천적으로 고갈시키는 것이었다. 이는 곧 인간에게 유용한 모든 것이 파괴대상이 되었음을 의미하는 것이었다. 가령, 도시의 공장은 군수물자를 생산 공급할 수 있다는 이유로 그리고 들녘의 곡식은 적군의 군량미로 공급될 수 있다는 이유로 모두 파괴의 대상이 되었다.

미 공군기의 폭격은 미군 장교들의 표현대로 북한 전체를 석기시대로 되돌려놓으려는 기세였다. 그에 따라 북부의 산악지대 일부를 제외하고는 인간이 만들어놓은 시설들, 가령 공장, 도로, 교량, 댐, 병원 등이 모두 파괴되고 말았다. 평양의 경우는 건물 두 채만 남긴 채 완벽하게 잿더미로 변하였다.

상황이 이러하다보니 무수히 많은 인명이 희생될 수밖에 없었다. 한국전쟁 관련자료들은, 대체적으로 북한 지역에서 남한에 비해 두 배 정도 많은 인명피해가 발생한 것으로 파악하고 있다. 이는 북한의 인구수가 남한의 절반 정도임을 감안하면, 남한에서 1명 죽을 때 북한에서는 4명꼴로 목숨을 잃었다는 이야기이다.

그렇다면 '아군지역'이라고 할 수 있는 남한은 어떠하였는가. 개전 직후부터 출격한 미 공군은 남하중인 인민군이 사용 가능한 시설을 제거한다는 이유로 남한 지역에 있던 다량의 건물과 도로, 교량 등을 파괴하였다. 그 과정에서 수많은 주택과 학교, 공장 등이 함께 파괴되었다.

한국은행의 《경제연감》에 따르면 전쟁으로 인해 남한이 입은 피해는 1953년 국민총수입의 1.7배에 이른다. 주택과 교육시설의 46퍼센트, 제조업 시설의 42퍼센트, 철도의 75퍼센트가 파괴되었다. 물론 이 모든 피해가 미 공군기의 폭격에 의한 것은 아니었지만, 한국전쟁 체험자들의 증언에 따르더라도, 압도적으로 많은 부분이 미 공군기의 작전수행 과정에서 파괴되었음은 분명한 사실이다. 재산파괴의 대부분이 공중폭격에 의한 것이었고 제공권을 장악하고 있었던 것은 미 공군기였기 때문이다.

한국전쟁에 참여한 미군은 국제 공산주의 세력과 전쟁을 하고 있다는 관점을 확고히 갖고 있었다. 미군 스스로 한국전쟁을 이념전쟁으로 인식하고 있었던 것이다. 마찬가지로, 미군장교들은 인민전쟁에 대해서도 충분히 파악하고 있었으며 매사를 그 기준으로 판단하였다.

미군은, 남한의 민중이 북한 인민군의 조종을 받고 있으며, 이를 바탕으로 인민군이 민간인 부락에 은신하거나 피란민으로 위장하여 전선 돌파를 시도할 것이라고 보았다. 미군은 특히 북한 인민군과 남한 민중이 생김새나 사용하는 말이 똑같다는 점에서 그럴 가능성이 매우 높다고 판단하였다. 더욱이 미군 내에 축적된 한국 민중에 관한 수많은 정보들은 한결같이 해방 이후 민중이 좌익과 긴밀히 연계되어 있었음을 말해주고 있었다. 이래저래 미군의 눈에 비친 민중은 처음부터 불신과 경계의 대상이 될 수밖에 없었던 것이다.

이러한 불신과 경계는 결국 충북 영동 노근리에서 미군이 다수의 주민을 학살하는 참변을 낳고 말았다.

1950년 7월, 미군은 노근리 근처의 임계리와 주곡리 주민 5백여 명을 안전한 곳으로 피란시켜주겠다고 속인 뒤 노근리로 끌고 갔다. 당시 미군은 상부로부터 피란민일지라도 의심나는 사람은 모조리 죽이라는 명령을 받고 있었다. 미군은 피란민들을 철로 위에 세워놓고 소지품을 검사한 뒤 어디론가 연락을 취했다. 곧바로 미 공군기가 나타나 피란민들을 향해 20분간 폭격을 가했다. 순식간에 철로는 엿가락처럼 휘고 사람과 소가 쓰러지면서 일대는 아비규환의 현장이 되고 말았다.

비극은 여기에서 끝나지 않았다. 미군은 살아남은 400여 명의 피란민들을 이번에는 쌍굴다리 밑으로 몰아넣었다. 그런 다음, 근처 야산에 기관총을 설치하고 3일 동안 총탄세례를 퍼부어댔다. 입구에 시체가 계속 쌓여가는 가운데 피란민들은 탈출을 시도하였고, 그 과정에서 다시금 많은 사람들이 목숨을 잃었다. 이런 식으로 철로와 쌍굴다리에서 희생된 사람은 줄잡아 3백 명 정도나 되었다. 그 중에서는 상당수의 어린이가 포함되어 있었다. 쌍굴다리에서 태어난 갓난아기는 부모가 그 곳을 탈출한 후에도 1주일간 홀로 버티다 끝내 숨지고 말았다.

노근리 사건은 먼 훗날 미국 정부가 사실을 인정하고 대통령까지 나서 유감을 표명하였지만 그 배경이 충분히 설명되지 않고 있다. 작전수행의 일환이라고 하기에는 너무나 극단적이었기 때문이다.

문제는 노근리에서의 비극이 한 번에 그치지 않았다는 데 있다. 개전 초기, 미군이 인민군의 낙동강 전선 돌파를 저지하는 과정에서 유사한 사건이 수없이 발생한 것이다. 앞서 언급했듯이 미군은 인민군이 피란민으로 위장하여 전선을 돌파할 가능성이 크다고 보고 피란민 전체를 불신과 경계의 대상으로 삼았다. 그 같은 불신과 경계가 끝내 민간인에 대한 무차별 학살로 이어졌던 것이다.

당시 미군의 민간인 학살은 노근리 사건과 마찬가지로 우발적인 것이 아닌, 지휘부의 명령에 따라 사전에 계획된 것이었다. 1999년 9월 30일자 〈한겨레신문〉에 실린 다음의 기사는 이 점을 분명하게 확인해주고 있다.

― 1950년 7월 24일, 미 1기갑사단 명령(당일 휘하 8기갑 연대 통신문): 피란민이 (방어)전선을 넘지 못하도록 하라. 넘으려 하면, 그가 누구든 발포하라. 여자와 어린이의 경우, 분별력 있게 대처하라.

– 7월 26일 아침 미8군 본부 통신명령: 반복하지 않겠다. 언제 어떤 피란민도 전선을 넘는 것을 허용하지 말라.

– 7월 26일 미 보병 25사단 통신문: 사단장 윌리엄 킨 소장은 전투지역에서 움직이는 모든 민간인을 적으로 간주하고 발포해야 한다고 지시했다.

– 7월 27일 미 보병 25사단장 윌리엄 킨 소장 (재차)명령: (남한 양민들은 한국경찰에 의해 전투지역에서 소개되었기 때문에) 전투지역에서 눈에 띄는 모든 민간인은 적으로 간주될 것이며 그에 따른 조치를 취할 것이다.

그리하여 전쟁 초기, 미군의 공격에 의해 집단적인 희생이 발생한 곳은 2000년 말 현재 확인된 곳만도 전국적으로 60여 곳이 넘는다. 경북 고령군 고령교, 경북 예천군 보문면, 경북 구미 형곡동, 경북 칠곡군 왜관읍 왜관교, 경남 함안군 군북면, 경남 의령군 용덕면, 경남 사천시 곤명면 등이 그러한 지역 중 일부이다. 주로 낙동강 전선 인근부락에서 집단학살이 발생했음을 알 수 있다.

비슷한 양상이 또 일어났다. 평택 근처까지 밀고 내려온 북한군과 중국군에 대해 미군이 재반격을 가하는 과정에서 발생했던 것이다.

1951년 초, 미8군 사령관 리지웨이는 북한군과 중국군의 주둔지를 찾기 위해 직접 비행기를 타고 '적'의 점령지를 시찰하였다. 그러나 북한군과 중국군의 흔적은 그 어느 곳에서도 발견되지 않았다. 리지웨이는 즉각 북한군과 중국군이 민가에 은신하고 있는 것으로 판단하였다.

그로부터 미 공군기들은 북한군과 중국군이 점령하고 있는 38선 이남지역 부락에 대한 집중적인 폭격을 가하기 시작했다. 그 과정에서 수

많은 부락들이 화염에 휩싸여 초토화되었고 주민들은 일시에 숯덩이로 돌변해야 했다. 안양의 어느 고아원에서는 수십 명의 어린이들이 뛰어놀던 모습 그대로 까만 시체가 되기도 했다.

민간인을 향한 미군의 무차별 폭격으로 야기된 비극 중에서 결코 빼놓을 수 없는 것은 엄청난 수의 이산가족의 발생이었다. 미 공군기의 무차별 폭격의 와중에서 이리 뛰고 저리 뛰다가 가족들이 뿔뿔이 흩어지고 만 것이다. 신경림 시인이 1990년 6월 28일자 〈한겨레신문〉에 발표한 다음의 글은 이러한 정황의 일단을 잘 드러내고 있다.

1983년 KBS 텔레비전에서 이산가족 찾기 운동을 벌였을 때이다. 60대의 사내가 카메라 앞에 나와 자기 가족이 뿔뿔이 흩어진 경위를 얘기하고 있었다.

"비행기가 피란민들을 향해 마구 폭탄을 퍼붓는 거예요. 그래서 논에고 밭에고 아무 데나 들어가 숨었지요. 폭격이 끝나고 나와보니, 어머니도 아이도 없어요. 그 때 헤어져서 이렇게 33년 동안 만나지 못했습니다."

"그러니까 인민군 비행기가 폭격을 해서 뿔뿔이 흩어졌단 말이지요?"

아나운서가 물었다.

"아니지요, 미군 비행기였지요."

"잘못 보셨지요, 미군 비행기가 우리 피란민한테 폭격을 할 리가 있나요?"

"인민군이야 비행기가 있었나요. 틀림없이 미군 비행기였어요. 그들이 폭격할 때 어디 가려서 했나요. 사람만 보면 그냥 폭탄을 내리부었지요."

참고로, 한국전쟁중에 다수의 북한 지역 거주자들이 월남하였는데 가장 큰 원인은 1951년 초 후퇴하던 미군의 원자폭탄 투하위협이었다. 원자폭탄이 투하될지도 모른다는 소문이 돌자, 북한의 주민들 상당수가 급히 남쪽으로 피란을 떠났던 것이다. 이들은 대부분 3개월 정도 지난 뒤에 고향으로 되돌아간다는 생각을 갖고 떠났지만, 결국 휴전선에 가로막혀 가족과 생이별을 하는 아픔을 겪어야 했다.

3. 극단적 대결의 끝

북한 수뇌부는 개전과 함께 남한에서 민중봉기가 일어날 것으로 확신했으나, 결과는 전혀 다르게 나타났다. 그렇다면 봉기의 주축이 될 것으로 기대하였던 20만 남로당 당원과 열성 지지자들은 모두 어디로 간 것일까.

이미 살펴본 대로, 이승만 정권은 1949년 한 해 동안 12만 명에 가까운 사람들을 국가보안법 위반으로 처형하였다. 그들 중 절대다수가 남로당 당원이거나 열성 지지자이었음은 이미 확인한 대로이다. 이와 함께, 이승만 정권은 다수의 좌익 인사들을 감옥에 가두었다. 한국전쟁 발발시 얼마나 많은 좌익 인사들이 수감되어 있었는지 정확히 그 수를 알 수는 없지만 적어도 수만 명이 넘었을 것으로 보인다.

좌익 세력에 대한 이승만 정권의 조치는 여기에 그치지 않았다. 1949년 6월, 검찰과 경찰 요인들이 주도하여 국민보도연맹을 조직하였다. 가입대상은 주로 남로당, 민애청 등 좌익 계열의 정당 및 사회단체 성원이었다가 전향한 사람들이었다. 보도연맹 가입자 수에 대한 공식 기록은 없다. 다만, 당시 신문자료와 책임자들의 증언을 바탕으로 한국전쟁 직전 대략 33만 5,000명에 이르렀던 것으로 학자들은 추정할 따름이다.

이렇듯 한국전쟁은 이승만 정권이 남한의 좌익 세력 대부분을 조직, 관리하고 있던 중 발발했다.

그런데 개전 초기, 남쪽으로 후퇴하던 이승만 정권은 좌익 세력을 그대로 두면 민중봉기를 선동하는 등 인민군에 적극 협력할 것으로 예상하였다. 이승만 정권이 이러한 우려를 불식시키기 위해 최종적으로 선택한 것은 살아남은 좌익 세력을 모두 없애버리는 것이었다. 이승만 정권은 끔찍하기 짝이 없는 이 같은 계획을 주저 없이 실행에 옮겼다.

마침내 남한 전역에서 좌익 인사들에 대한 광범위한 집단학살이 시작되었다. 다만, 인민군의 신속한 남하로 미처 손을 쓸 수 없었던 한강 이북지역만이 그 같은 참화에서 벗어날 수 있었다. 대규모 학살이 도리어 민중봉기를 자극하는 계기가 될 수도 있었지만, 그럴 가능성은 거의 없었다. 좌익은 이미 민중 속에서 뿌리 뽑힌 채 고사상태에 접어들고 있었기 때문이었다.

그리하여 북한 수뇌부가 민중봉기를 통해 결정적 승리를 보장할 것으로 기대하였던 그들은 정반대로 이승만 정권에 의해 집단학살당하는 운명을 겪고 말았다. 한국전쟁이 북한 수뇌부의 기대와 전혀 다르게 흐르게 된 결정적 요인의 하나가 바로 이렇게 만들어졌다.

학살의 광풍이 몰아치면서 형무소에 수감되어 있던 좌익수들은 사형언도라는 법적 절차 없이 학살현장으로 내몰렸다. 다만, 서울 서대문형무소는 한강 이북에 위치해 있었던 덕분으로 화를 모면할 수 있었다. 서울에 진주한 인민군은 곧바로 서대문형무소에 수감되어 있는 정치범들을 석방시켰다.

수감된 좌익 인사들에 대한 최대규모의 학살은 대전형무소에서 발생했다. 한국전쟁 발발 당시, 대전형무소에는 약 3천여 명의 좌익 인사들이 수감되어 있었다. 그 중 2천여 명은 여순사건 관련자였고 나머지는 4·3제주민중항쟁이나 그밖의 빨치산 투쟁에 관계된 사람들이었다. 핵심인물들은 체포 직후 처형된 상태였기 때문에 이들은 당시 실정법에 비추어보더라도 죄질이 가볍거나 무고하게 수감된 경우였다고 할수 있다. 또한, 수감자의 다수는 10대 후반에서 20대 초반이었는데 그중 상당수는 여순사건에 참여한 군장병과 학생들이었다.

대전형무소에 수감중인 좌익 인사들에 대한 학살은 그 당시 대덕군 산내면 낭월리 골령 골짜기에서 10일 간에 걸쳐 이루어졌다. 매일같이 수감자들이 트럭에 짐짝처럼 실려 왔다. 수감자들은 이미 넋이 나간 상태에서 산 송장이나 다름없었다. 학살장소에 도착하는 즉시 군인들이 개머리판으로 때리고 발로 차면서 끌어내리면, 수감자들은 돼지새끼 구르듯이 굴려 내렸다.

학살은 처음 3일 동안은 사형목을 사용하여 신사적(?)으로 이루어졌으나, 그 다음부터는 구덩이 앞에 10명씩 엎어놓은 채 총살하는 식으로 진행되었다. 곧바로 시체가 된 수감자들을 구덩이 속으로 던져 넣고 구덩이가 다 차면 대기하고 있던 소방대원들이 매장을 하였다. 그러한 과정이 반복되었다.

동일한 성격의 집단학살이 전주·진주·원주·청주·대구형무소 등 전국 주요 형무소에서 수백 명 단위로 이루어졌다. 그 중에서도 대구형무소는 다른 곳에 비해 규모가 큰 경우에 해당하였다. 1960년 6월 국회 '진상조사특위'는 1950년 대구교도소에 수감중이었다가 군경에 신병이 인도된 1,402명의 명단을 확보하였는데, 그들은 모두 사형언도와 같은 절차도 없이 인근 경산에 있는 코발트 광산 등에서 학살된 것으로 확인되었다.

이러한 가운데 한국전쟁 중 최대규모의 '좌익청소'가 보도연맹원들을 대상으로 이루어졌다. 보도연맹원들에 대한 학살은 군경 합동작전 아래 이루어졌으며 한강 이북을 제외한 남한 전역에서 시군 단위로 수백 명이 한꺼번에 학살되는 참극이 벌어졌다. 몇 가지 사례를 들어보자.

거제에서는 1950년 7월과 8월 사이에 보도연맹 가입자 수백 명을 4~5명씩 철사로 묶은 뒤, 사람 사이사이에 돌덩이를 달아 지심도 앞바다에 수장했다. 주민들에 따르면, 동풍이 불 때마다 해변가에는 떠밀려 온 시신 10~15구가 발견되었다고 한다. 주민들은 시신을 거두어 한 곳에 합장했는데 그 수만도 수백 구쯤 되었다.

청주의 경우, 당시 경찰과 행정공무원을 지낸 사람들의 증언에 비추어 볼 때, 보도연맹원 수는 약 500명 정도로 추정되고 있다. 이들은 개전 직후인 7월 초부터 청주경찰서로 연행되었다. 예비검속 소식을 들은 가족들이 청주경찰서 앞으로 몰려들었을 때, 이들은 이미 군용트럭에 태워져 있었다. 가족들이 아우성을 치자 헌병들은 이들을 먼저 남쪽으로 피란시켜준다며 안심시켰고, 이에 가족들은 음식과 옷이 담긴 보퉁이를 건네며 안부를 빌었다. 하지만 그 순간이 모두에게 마지막이 되고 말았다. 보도연맹원들은 곧바로 보은, 미원 방면 국도변 근처로 끌려가 모두 학살되었던 것이다.

4월혁명 직후인 1960년, 국회 차원에서 보도연맹 학살사건에 대한 진상조사가 이루어졌다. 그에 따르면, 보도연맹 학살로 인해 최소한 10만 명 이상이 희생되었을 것으로 추정되었다. 그러나 보도연맹 가입자가 최대 33만 명에 이르렀고 살아남은 자가 극소수에 불과했음을 감안할 때, 희생자 수는 그보다 훨씬 많은 30만 명 가까이 될 것으로 보는 견해가 많다.

　이 밖에도 수없이 많은 좌익 인사들이 아무런 재판절차도 거치지 않은 채 임의적으로 학살되었다. "너 빨갱이지!"라는 말 한 마디이면 모든 것이 끝나버리는 상황이었다. 그리하여 얼마나 많은 사람들이 이승만 정권에 의해 학살당했는지 모른다. 참고로, 한홍구 교수는 한국전쟁 중에 학살된 민간인 숫자는 적어도 50만에서 많게는 100만 명에 이를 것이라고 추정하기도 하였다. 한홍구 교수의 표현대로 대한민국이라는 나라 자체가 거대한 공동묘지 위에 서 있었던 셈이다.

　물론 한홍구 교수가 추정한 민간인 학살의 숫자에는 좌익으로 분류하기 힘든 경우가 상당히 많이 포함되어 있었다. 정치적으로 우익에 속하는 경우도 적지 않았으며, 정치적 성향이 불분명한 민간인들이 다수 포함되어 있었던 것이다. 따라서 학살된 민간인 모두를 좌익으로 규정하는 것은 매우 위험할 수 있다. 그럼에도 불구하고, 좌익 인사들이 학살대상의 주류를 이루었음은 분명했다.

　일제 시대와 해방 그리고 분단을 거치면서 거센 역사의 풍랑을 헤쳐나왔던 좌익 인사들은 대규모 학살과정을 통해 비운의 삶을 마감해야 했다. 하지만 그들의 불행은 여기에서 끝난 것이 아니었다. 좌익 인사들이 겪어야 하는 불행은 그 가족에게까지 미치면서 세대를 뛰어넘어 계속되었던 것이다.

학살되거나 월북한 좌익 인사들은 호적에 '행방불명자'(행불자)로 기록되었고, 살아남은 가족들은 연좌제에 묶여 극심한 고통을 겪어야 했다. 4·3제주민중항쟁 유족들의 경우는 설문조사 결과 86퍼센트 정도가 연좌제로 인해 고통을 받아온 것으로 확인되었다.

연좌제는 아무런 법적 근거가 없는 것이었다. 엄밀히 말해, 그것은 민주국가에서는 있을 수 없는 지극히 야만적인 제도였다. 그렇기 때문에 박정희 정권 이후 역대 정권은 기회가 있을 때마다 연좌제 폐지를 약속하거나 폐지를 선언하였다. 그럼에도 불구하고, 연좌제는 끈질기게 살아남아서 가족들을 괴롭혔다.

연좌제가 적용된 가족들은 공직진출, 사회활동, 해외여행, 유학 등에서 많은 제약을 받았다. 육군사관학교나 공무원을 지망했다가 연좌제로 좌초된 경우가 허다했고, 1980년대 후반 어느 노동자가 해외 건설 현장에 진출하려다 연좌제로 막혀버리자 스스로 목숨을 끊기까지 하였다. 일반 기업체에서조차 직원을 채용할 때 신원조회라는 이름으로 연좌제 적용 여부를 확인하기도 하였다.

여기에 머무르지 않고, 연좌제가 적용된 가족들은 일상적으로 관계 기관의 감시를 받아야 했다. 아버지가 좌익 활동을 한 이유로 연좌제 적용을 받았던 소설가 이문열의 이야기를 들어보자.

"가정교사를 하고 있는데 내가 학교에 간 사이에 경찰이 와서 주인한테 내가 이상한 짓 하지 않던가 하고 물으면, 어떤 집주인이건 간에 나를 경계할 수밖에 없다. 경찰이 와서 동태를 파악하는 종류의 인간이니까. 그러면 그 집에 더 이상 있지 못한다. 나중에 직장을 가졌을 때에도 상사나 사주한테 가서 내게 이상한 점이 없느냐고 묻고……. 차라리 정확하게 자기들 목적을 밝히고 하면 덜할 텐데, 막연하게……. 그러면 주변의 경계를 사는 원인이 된다."

무엇보다도 좌익의 가족을 고통스럽게 만드는 것은 그들이 피해자가 아니라 가해자의 가족으로 탈바꿈된 것이었다. 이승만 정권에 의해 자행된 광범위한 정치학살이 오랫동안 은폐되거나 좌익의 소행인 것으로 왜곡시킨 결과였다.

어둠 속에 가려져 있던 사건의 진상이 햇빛 아래로 나오기 시작한 것은 1987년 민주화 이후였다. 1987년 이후 《말》지 등을 중심으로 민간인 학살에 대한 진상규명 작업이 꾸준히 이루어졌고, 곳곳에서 유족회가 결성되어 활동하기 시작하였다. 이를 바탕으로, 2000년에 '한국전쟁 전후 민간인학살 진상규명 범국민위원회'가 결성되어 체계적인 진상규명 작업을 전개할 수 있었다.

그 결과, 민간인 학살의 전모가 한층 분명하게 드러날 수 있었고, 부분적으로는 명예회복을 위한 정부차원의 조치를 이끌어내기도 하였다.

4. 극한으로 치달은 남북의 양극화

한국전쟁은 무력통일이라는 애초의 목적과 달리 남북 사이의 거리를 더욱 멀어지도록 만들었다. 한국전쟁을 계기로 세력, 체제, 이념 등에서 남북 사이에 극단적인 양극화가 진행된 것이다. 그리하여 한국전쟁은 분단을 고착화시키고 장기화시키는 결정적 계기로 작용하고 말았다.

첫째, 세력의 양극화.

앞서 확인했듯이, 이승만 정권은 한국전쟁 초기 대량학살을 통해 남한 내 좌익 세력을 깨끗이 '청소'하였다. 그 결과, 한국전쟁은 남한 좌익 운동이 최종적인 패배를 맞이하면서 자신의 역사에 마침표를 찍는 계기가 되었다. 이승만 정권은 좌익의 청소를 통해 피로 가득 찬 승리의 축배를 들었고, 반면 좌익 세력은 피울음을 삼키며 패자의 운명을 맞이했던 것이다. 이러한 가운데 극적으로 학살을 모면한 좌익 인사들은 우익의 보복을 피하거나 혹은 정치적 이유로 후퇴하는 인민군과 함께 월북하였다.

참고로, 퇴각의 길에 오를 수밖에 없던 인민군은 우익 인사를 포함해 다수의 남한 인사들을 이른바 '모시기 공작'의 일환으로 북으로 데려갔다. 남한의 저명인사들을 포괄함으로써 북한의 대표성을 강화하고자 한 것이 주된 목적이었다. 그리하여 김규식, 최동오, 조소앙 등 임정계 인사들과 인민군에 의해 석방된 국회 프락치 사건 관련 국회의원 14명 그리고 조선일보 사장 방응모 등이 그러한 방식으로 북행길에 올랐다. 자발적인 월북인 경우도 있었고 강제적으로 납북된 경우도 함께 있었던 것으로 보인다. 아마도 가장 불행했던 것은, 북으로 이동하던 중 미군 폭격에 의해 사망한 경우일 터인데, 그 중에는 방응모 조선일보 사장도 포함되어 있었다.

한편 한국전쟁중 북한에 남아 있던 우익 세력은 후퇴하는 미군과 한국군을 따라 대거 남쪽으로 이동했다. 그 결과, 한국전쟁을 거치면서 북한 지역에는 적어도 의미 있는 세력을 형성할 만한 우익은 더 이상 존재하지 않게 되었다.

이러한 과정을 거쳐 남한은 우익이, 북한은 좌익이 배타적으로 지배하기에 이르렀고, 이를 통해 남북 간의 세력 양극화는 더할 나위 없이 확연해지고 말았다.

둘째, 체제의 양극화.

세력의 양극화가 진행되면서 사회체제 역시 같은 방향으로 양극화되었다. 한국전쟁은 기존의 낡은 체제의 인적·물적 기반을 파괴하면서 북한은 사회주의로, 남한은 자본주의 체제로 치달려가도록 만들었던 것이다.

북한은 해방과 함께 일제가 소유하고 있던 기업을 국유화시켰고, 그에 따라 공업의 83퍼센트 정도를 국영기업이 담당하게 되었다. 이러한 과정에 대해 스칼라피노와 이정식 등 보수적인 정치학자들도 "자연스러울 뿐만 아니라 비교적 간단했다.…… 사회주의적 행위인 만큼 민족주의적인 것이었다"고 평가하였다.

이렇듯 국영기업이 공업을 지배하였던 것에 반해 농업과 중소 상공업의 경우는 개인 소유를 그대로 유지하고 있었다. 그런 점에서 한국전쟁 시기까지 북한은 자본주의와 사회주의의 중간지점에 존재하는 사회였다고 할 수 있다. 그런데 한국전쟁이 이 모든 것을 급격히 변화시키고 말았다.

농업의 경우, 한국전쟁을 거치면서 농지가 극도로 황폐화되었고 관개시설과 장비 또한 폭격으로 대부분 파괴되었으며 사망자 증가로 인력마저 절대적으로 부족한 상태였다. 북한 지도층은 이러한 상황을 타개하기 위해서는 집단적 노력을 바탕으로 농지와 관개시설을 복구함과 동시에 기계화를 함께 추진해야 한다고 판단했다. 이를 뒷받침하기 위해 협동농장으로의 대대적인 통합이 추진되었으며, 그 결과 농업의 사회주의적 개조가 빠른 시일 안에 실현되었다.

개인경영에 의존하던 중소 상공업의 경우 또한 마찬가지였다. 전쟁 중 개인이 경영하던 공장이나 상점은 대부분 파괴되었다. 그 결과, 남아 있는 소수의 중소 상공인들 또한 힘을 합치지 않으면 더 이상 버틸 수 없는 상황이 되었다. 도리 없이 중소 상공업 역시 협동조합 형태로 전환할 수밖에 없었다.

이처럼 한국전쟁은 북한이 빠른 속도로 사회주의 체제로 전환하도록 만들었다. 남한 역시 한국전쟁을 거치면서 상당한 폭의 변화를 겪었다. 무엇보다도 종전까지 지배적 위치에 있었던 지주계급이 급속히 몰락했다.

해방정국을 강타한 격렬한 민중투쟁의 근저에 토지개혁에 대한 강렬한 욕구가 용솟음치고 있었다는 것은 누가 보아도 분명한 사실이었다. 그렇기 때문에 농지개혁의 절박성은 폭넓게 공유될 수 있었고, 제헌헌법 제86조에 농지개혁을 반드시 해결해야 할 과제로 명시하기에 이르렀다. 특히 이승만 입장에서 볼 때, 농지개혁은 지주를 주된 기반으로 하고 있었던 민국당(구 한민당)을 약화시킴과 동시에 농민을 남로당으로부터 분리시켜 자신의 지지기반으로 끌어들일 수 있는 방안이기도 하였다.

이러한 맥락에서 1949년부터 연간 수확량의 1.5배를 농지대금으로 상환하는 '유상몰수 유상분배' 형태로 농지개혁을 추진했다. 농지개혁은 관계법령이 충분히 마련되지 않은 조건에서도 농지분배 예정통지서를 발부하는 것으로 한국전쟁 직전에 효과를 발생하기 시작했다. 그 결과, 북한 인민군이 진주하여 토지개혁을 진행했음에도 불구하고 기대했던 농민의 전폭적인 지지를 얻는 데는 이르지 못했다.

지주에 대한 보상은 농민이 정부에 상환곡을 바치면 정부가 법정미가를 기준으로 하여 현금보상하는 방식이었다. 그런데 정부는 한국전쟁 중 농민으로부터 상환곡과 각종 세금 등으로 생산물의 절반 이상을 징수하면서도 지주에 대한 보상은 매우 소극적으로 진행했다. 그 결과, 1955년까지 지가보상이 모두 끝나야 하는데 실제보상은 전체의 28퍼센트에 불과하였다. 그나마도 법정미가가 실제미가의 30~40퍼센트밖에 되지 않은 데다 전쟁기간 동안 연간 물가상승이 100퍼센트를 상회하는 여건에서 현금보상은 거의 푼돈이나 다름없었다.

그럼에도 불구하고, 전쟁이라는 특수한 상황에서 지주들은 그 같은 정부의 조치에 대해 아무런 항의도 할 수 없었다. 게다가, 지주에서 자본가로 변신할 수 있는 길마저도 거의 막혀 있었다. 지가상환 증서인 지가증권은 융자의 담보로 인정되지 않았으며, (미군정으로부터 넘겨받은 구 일본인 소유의 재산인) 귀속업체 불하를 받으려면 400석 이상을 보상받아야 하는데 그러한 자격을 지닌 지주는 전체의 2.2퍼센트에 불과하였던 것이다. 이렇게 하여 대부분의 지주들은 한국전쟁을 거치면서 몰락의 길을 걷고 말았다.

지주계급의 몰락과 함께 자본주의 발전의 장애물이었던 봉건적 유습 또한 상당 정도가 붕괴되었다. 대규모 인구이동을 수반하는 극심한 혼란 속에서 농촌사회를 중심으로 근근이 유지되고 있던 전통적인 질서는 거의 파괴되었다. 특히 젊은 군인들이 시대의 주역으로 부상하면서 연장자를 무조건 우대하는 유교적 전통이 크게 약화되었다. 반면, 한국전쟁은 자본주의 문화를 단기간 안에 이식시키는 계기가 되었다. 무엇보다도 많은 사람들이 대구와 부산 등 피란지에서의 생활을 통해 약육강식의 자본주의 사회를 극단적 형태로 체험할 수 있었다.

이러한 가운데 한국전쟁중 벌어진 '전쟁특수'를 바탕으로 자본가 계급이 급속히 성장하였다.

전쟁이 터지자, 남한 정부는 긴급한 전쟁비용 조달을 이유로 귀속업체 불하를 서둘렀다. 귀속업체 불하는 정부 사정가격의 50~60퍼센트 수준에서 이루어졌으며, 불하대금 상환은 법에 전액을 일시에 내는 것으로 되어 있었으나 실제로는 최고 15년 간에 걸쳐 분할상환하는 것이 허용되었다. 이는 당시 높은 물가상승을 감안하면 거의 거저나 다름없었는데, 그마저도 특혜융자를 받아서 갚는 경우가 일반적이었다. 이렇게 귀속업체를 불하받은 자본가들은 정권과의 긴밀한 협력을 바탕으로 전쟁물자 유통에 개입함으로써 빠르게 부를 축적할 수 있었다. 그리하여 자본가들은 단기간 내에 기존 지주계급을 대신하는 지배계급으로서 지위를 확보해갔다.

이렇게 하여 한국전쟁을 거치면서 남한 사회는 반봉건적 요소를 떨쳐내고 급속히 자본주의 사회로 전환해갔다.

셋째, 이념의 양극화.

한국전쟁을 거치면서 남과 북은 지배이념에서도 양극화되는 현상을 보였다. 북한은 반미와 사회주의가 지배이념이 된 반면, 남한은 정반대인 친미·반공이 지배이념으로 자리를 잡았다. 이념에서도 남과 북은 대척점에 선 것이다.

먼저, 북한부터 살펴보자. 북한사회가 빠르게 사회주의 체제로 전환됨으로써 자연스럽게 사회주의는 북한사회를 이끄는 이데올로기가 되었다. 북한은 시종일관 사회주의의 우월성과 종국적 승리를 강조하면서 인민 전체가 이를 공유할 수 있도록 필사적인 노력을 기울였다.

사회주의와 함께 북한의 인민을 통합시킨 강력한 이념은 반미였다.

반미는 미국이 자본주의 진영의 중심국이라는 점에서 사회주의 이념에서 연역된 것이기도 하였지만, 일차적으로 한국전쟁의 경험으로부터 비롯된 것이었다.

북한의 인민들은 한국전쟁중 벌어진 미 공군기의 무차별 폭격, 기총소사, 집단학살 등을 경험하였다. 특히 구월산 유격대에 대한 보복으로 자행된 신천 대학살은 북한인민들의 뇌리 속에 미군의 잔인성을 각인시키는 대표적인 사건이 되었다. 북한 측의 자료에 따르면, 미군이 북한 지역에 진주해 있던 45일 동안 황해도 신천군에서는 전체인구 14만 3천여 명 중에서 약 25퍼센트에 해당하는 3만 5,300여 명이 학살되었다. 12월 7일 원암리에서는 900여 명을 한꺼번에 방공호에 처넣고 학살한 것으로 알려지고 있다.

이 같은 북한인민의 반미의식은 분단체제 아래에서 미국과의 군사적 대치상태가 지속됨에 따라 자연스럽게 체질화되어갔다. 휴전선 이남에서 북쪽을 향해 총구를 겨냥하고 끊임없이 자신들을 위협하는 미군의 존재는 그 자체로서 살아 있는 반미 교과서였던 것이다.

이렇게 하여 북한은 사회주의와 반미를 지도이념으로 하는 비교적 높은 수준의 국가적 통합을 달성할 수 있었다. 그렇다면 남한의 사정은 어떠했는가.

한국전쟁 이전 남한 민중은 좌익에 대해 그러했던 것처럼 북한에 대해서도 대체로 우호적인 입장을 갖고 있었다. 그러나 한국전쟁을 거치면서 상황이 급격하게 변화하였다. 1952년 12월의 한 설문조사에 따르면, 휴전회담에 찬성한 사람은 노동자의 경우 18퍼센트, 학생과 교사는 21퍼센트에 불과했고 나머지는 유엔군과 국군의 증강을 통한 북진통일을 지지하였다.

남한 민중은 한국전쟁 기간 동안 겪었던 무지막지한 고통의 일차적 책임이 전쟁을 일으킨 북한에게 있다고 생각하였다. 심지어 미군과 이승만 정권으로부터 가해졌던 고통마저도 북한에 책임을 돌렸다. 교사가 연대책임을 묻는다는 이유로 학생들에게 단체기합을 주면 학생들 대부분이 교사를 원망하기보다는 문제를 일으킨 동료학생을 원망하는 것과 비슷한 현상이 발생한 것이다.

이렇듯 한국전쟁을 계기로 대북 적대감이 남한사회 전반을 압도하면서 같은 카테고리 안에 존재한다고 믿은 좌익 역시 불신과 경계의 대상이 되기에 이르렀다. 이렇게 하여 반공의식이 폭넓게 형성되었고, 이는 곧바로 북한과 대치하고 있는 미국을 맹목적으로 추종하는 친미의식과 융합되기에 이르렀다. '친미반공 이데올로기'가 한국사회에 뿌리내릴 수 있는 비옥한 토양이 마련된 것이다.

이러한 가운데 매우 특별한 지위를 가졌던 주한미군은 친미반공 이데올로기를 더욱 증폭시키고 공고히 하는 진원지가 되었다.

미국은 북한과의 휴전체제를 유지하기 위해 4~5만에 이르는 주한미군을 휴전선 이남에 계속 주둔시켰다. 주한미군의 주둔을 뒷받침한 것은 1953년 10월 1일에 체결된 한·미상호방위조약이었는데 그 중 제4조는 다음과 같다.

상호합의에 의하여 미합중국의 육군, 해군, 공군을 대한민국의 영토 내와 그 부근에 배치하는 권리에 대해 대한민국은 이를 허용하고 미합중국은 이를 수락한다.

그 동안 한국정부는 주한미군을 향해 아낌없는 배려를 해왔다. 한국

정부는 주한미군을 위해 서울시의 절반에 해당하는 9천만 평의 토지를 무상으로 제공했을 뿐만 아니라 매년 주둔비의 절반 정도를 부담해왔다. 주한미군 기지로 사용하고 있는 토지는 대부분 이승만 정권이 아무런 보상 없이 강제로 징발한 것들이었다. 이러한 가운데 주한미군은 전세계에 있는 해외기지 어느 곳에서도 찾아볼 수 없는 특권을 누려왔다. 주한미군의 특권적 지위는 무엇보다도 그들의 범죄처리 과정에서 집중적으로 나타났다.

1988년 당시 외무부가 밝힌 '미군범죄의 연대별 현황 및 처리과정'에 따르면, 1967~1987년 사이 주한미군이 한국인을 대상으로 저지른 범죄는 모두 3만 9,452건에 이른다. 하루에 다섯 건 꼴로 범죄가 발생한 것이었다. 하지만 1967~1987년 사이에 한국의 사법기관이 주한미군 범죄에 대해 재판권을 행사한 경우는 전체의 0.7퍼센트인 234건에 불과했다. 이는 NATO의 32퍼센트, 일본의 32퍼센트, 필리핀의 21퍼센트와 비교할 때, 형편없이 낮은 것이었다.

하지만 한국사회에서의 주한미군의 특권적 지위를 드러내는 것은 그 무엇보다도 한국군에 대한 작전지휘권 장악일 것이다. 말하자면 주한미군은 한국군을 자신의 예하부대로 거느리고 있었던 것이다. 이렇듯 미국은 군부를 자신의 통제 아래에 둠으로써 한국정부에 대해 절대적인 영향력을 행사할 수 있었다. 말하자면 주한미군은 한국사회의 권력구조에서 최상층부에 위치해 있는 존재였던 것이다.

이러한 구조 속에서 친미의식은 끊임없이 재생산될 수밖에 없었다. 다시 말해, 그것은 가장 강력한 지배논리일 수밖에 없었던 것이다. 미국이 한국사회 전체를 북한과의 대결구도 속에 묶어두려고 한 조건에서 반공의식 역시 재생산될 수밖에 없었다. 친미반공 이데올로기가 오랫동안 그토록 무시무시한 힘을 발휘하였던 근원이 바로 여기에 있었다.

국가보안법 체제는 바로 이 같은 친미반공 이데올로기를 제도적으로 강제하고 심화시키는 기능을 수행했다. 국가보안법 체제는 미국을 추종하고 북한을 적대하는 것에서 조금이라도 벗어나는 것을 원천봉쇄함으로써 다양한 사상과 가치가 존중되고 공존하는 사회로 나아가는 것을 불가능하게 만들었다.

지금까지 살펴본 것처럼 분단체제 아래에서 진행된 남과 북의 극단적 양극화는 남과 북 모두를 불구로 만들었다. 극단적 양극화는 남과 북 모두를 어느 한 쪽으로만 흐르게 만들었던 것이다. 하지만 그러한 와중에서도 조금씩 희망의 새싹이 돋아나기 시작했다. 무엇보다도 분단의 장기화로 빚어진 굴절의 역사는 남북의 민족지성 모두에게 뼈를 깎는 성찰을 불러일으켰다. 민족지성들은 그러한 성찰을 통해 지나온 역사로부터 '피의 교훈'을 얻을 수 있었으며 이를 통해 패러다임의 전면적인 전환을 꾀하기에 이르렀다. 그 과정에서 통일의 대원칙이 수립될 수 있었는데, 그 내용은 다음과 같이 세 가지로 정리되었다.

첫째, 자주의 원칙.

38선 확정 이후 한반도는 각각 미국과 소련의 절대적 영향 아래 놓여 있었다. 친일파들을 중심으로 한 우익 세력 일부는 자신의 운명을 전적으로 미국에 의탁하였고, 좌익 세력은 상당 정도 소련에 의존하여 문제를 해결하고자 하였다.

강대국에 의존하여 문제를 해결하려고 하는 양상은 한국전쟁 국면에서 더욱 강화되었다. 남한은 한국전쟁 기간 동안 작전지휘권까지 넘기면서 모든 것을 미국에 의존하였고, 북한은 소련에 의존하여 전쟁을 준비하였으며, 이후에는 중국에 의존하여 결정적 위기에서 벗어날 수 있었다. 그러나 주변 강대국에 의존하여 문제를 해결하는 과정은 남과 북의 대립을 한층 첨예하게 만들었고 궁극적으로 분단의 고착화로 이어졌을 뿐이다.

이 모든 것은 민족의 문제를 스스로 결정하고 책임지지 않는 한 통일은 불가능함을 말해주는 것이었다. 그로부터 나온 것이 바로 자주의 원칙이다.

둘째 평화의 원칙.

전쟁은 통일에 역기능을 했을 뿐만 아니라 그 자체로서 인간이 겪을 수 있는 가장 참혹한 고통을 안겨다주었다. 이러한 고통의 크기는, 설령 전쟁이 이루고자 하는 목적을 달성했다고 하더라도, 쉽게 보상될 수 있는 성질의 것이 아니었다. 목적이 전쟁이라는 수단을 정당화시켜줄 수 없는 것이었다. 결론적으로, 한국전쟁은 '평화는 선택이 아니라 필수이며 수단이 아니라 목적임'을 확인해주었다. 실로 엄청난 희생을 대가로 얻은 이 같은 교훈을 통해 확립된 것이 바로 평화의 원칙이다.

(일각에서는 무력통일 시도가 통일전쟁의 성격을 갖고 있었기 때문에 정당화될 수 있는 것처럼 이야기하는데, 그렇다면 현재 남과 북이 통일을 목적으로 전쟁을 일으켜도 정당한 것으로 인정해야 한다. 왜냐하면 1950년과 현재 사이에는 본질적인 차이가 없기 때문이다. 이와 관련하여 북한이 왜 '북침'으로 인해 한국전쟁이 발발했다고 주장해왔는지 곰곰이 따져볼 필요가 있다.)

셋째, 민족대단결의 원칙.

해방 이후 사상과 이념의 차이에 따른 좌우익의 분열과 대결은 좀처럼 극복되지 않은 채 강력한 관성을 발휘하였다. 이러한 양상은 한국전쟁에서 좌우익 간의 보복살육이라는 형태로 더욱 극단화되었다. 하지만 좌우익 간의 이념대결은 통일정부 추진세력을 분열시키면서 분단을 고착화시켰고 결과적으로 좌우익이 내세운 이념과는 정반대로 민족 구성원 대부분에게 엄청난 불행과 고통을 안겨다주었다. 이로부터 다양한 사상과 이념의 공존을 받아들이는 조건에서 통일국가 건설을 지향해야 한다는 뼈아픈 교훈이 마련되었다. 민족대단결의 원칙은 바로 여기에서 나온 것이었다.

이 모든 것에 비추어볼 때, 7·4남북공동성명이 천명한 자주·평화·민족대단결의 원칙이 결코 몇몇 사람들의 머릿속에서 나온 것이 아님을 알 수 있다. 그것은 지나온 역사에 대한 철저한 자기 성찰로부터 얻어진 것이었으며, 그만큼 쉽게 파기되거나 손상될 수 없는 성질의 것이었다.

(자주·평화·민족대단결이 통일의 3대원칙으로 확립된 것은 내용적으로 민족공존 통일방안이 유일한 통일의 길이었음을 확인해주는 것이다. 왜냐하면 당시상황에서 세 가지 원칙을 모두 충족시킬 수 있는 것은 민족공존 통일방안밖에 없기 때문이었다.)

공존의 조건을 파괴한 병영국가

2005년, 모 일간지에서 존경하는 전직 대통령이 누구인지 여론조사를 실시한 적이 있었다. 결과는 박정희가 응답자의 절반 이상을 차지할 만큼 압도적인 1위를 차지한 것으로 나타났다. 더불어 경제사정이 어려울 때마다 박정희 향수가 급속히 확산되는 현상이 반복되었다. 그러다 보니 박정희 정권에 대한 평가는 여전히 뜨거운 쟁점이 되고 있다.

　물론 박정희 개인이나 그가 이끌었던 정권 모두 하나의 얼굴만 갖고 있지는 않았다. 한 마디로 딱 잘라서 평가하기가 쉽지 않은 것이다. 그러나 박정희 정권 아래에서 이루어진 정치적 억압에 대한 평가기준은 매우 분명하다. 실천적 관점에서 그것을 계승할 것인지, 극복할 것인지 선택해야 하기 때문이다. 그런 만큼 박정희를 지지하고 그의 독재에 대해서조차 정당성을 부여하는 사람들에게 "그렇다면 박정희 식 정치를 지금 그대로 재현하면 어떨까요?"라고 질문을 던질 필요가 있다.

공존의 조건을 파괴한 병영국가

휴전 이후, 남과 북은 상대방의 존재 자체를 인정하지 않은 극단적인 적대정책을 고수했다. 남과 북 모두 엄청난 수의 공작원을 '남파' 혹은 '북파'함으로써 상대방의 체제를 전복하고자 노력하였다. 남한은 '북진통일' '멸공통일' '승공통일'을 날이면 날마다 외쳤고, 북한은 '남조선 혁명'을 지고의 목표로 내세웠다. 이러한 조건에서 상대방을 인정하는 것은 곧 자신을 부정하는 것으로 간주될 수밖에 없었다. 서로의 존재를 인정하는 공존을 바탕으로 통일을 모색할 여지가 전혀 없었던 것이다.

그러다보니 남북 사이에는 군사적 긴장이 잠시도 멈추지 않고 지속되었고, 남과 북 모두 구체적 양상은 달랐지만 사회 전체가 병영으로 돌변하는 추세를 보였다. 특히 남한의 경우는, 1960년대 이후 군부가 직접 권력을 장악하고 통제하면서 병영국가는 국민들의 생활 구석구석까지 지배하기에 이르렀다.

문제는 이 같은 병영국가가 (병영이란 곳이 으레 그러하듯이) 남북 대결구도에 부합되는 것만을 획일적으로 허용하면서 다양한 요구와 목소리, 개성을 억압하고 말살하였던 데 있었다. 요컨대, 병영국가는 공존의 조건을 철저하게 파괴하는 기능을 수행했던 것이다.

1. 무혈입성에 성공한 5·16군사쿠데타

한국전쟁을 거치면서 좌익은 일소되었고, 그와 동시에 좌익을 주축으로 하였던 노동자, 농민, 청년, 여성 등 근대적 형태의 계급계층별 조직이 깨끗이 사라졌다. 반면, 기업은 아직 유약했고 자율적인 시민사회의 형성이 전무하다시피 하였다. 이러한 조건에서 거의 유일하게 강력한 힘을 발휘하였던 것은 국가기구였다. 그에 따라 국가기구는 압도적인 힘의 우위를 바탕으로 사회 위에 군림할 수 있었다.

그런데 국가기구 중에서도 가장 강력한 힘을 보유하고 있던 집단은 한국전쟁을 거치면서 급속히 팽창한 군부였다. 군부는 수적으로도 우세했을 뿐만 아니라 가장 조직적이었고 무엇보다도 막강한 무력을 지니고 있었다. 군부는 일반 사회는 물론이고 다른 국가기구를 일시에 제압하고 통제할 수 있는 힘을 보유하고 있었던 것이다. 따라서 1961년 군부가 5·16군사쿠데타를 통해 권력을 장악한 것은 당시 상황에 비추어 볼 때, 애초부터 개연성이 매우 높은 사건이었다.

문제는, 왜 군사 쿠데타를 막지 못했는가에 있었다. 5·16군사쿠데타는 다른 때도 아니고, 1960년에 발생한 4월혁명의 영향으로 민주주의와 통일을 향한 열기가 펄펄 끓고 있던 시기에 일어났다. 도대체 민주주의와 통일을 외쳤던 수많은 사람들은 당시상황에서 어떻게 움직였던 것일까.

반란의 배후

이승만 정권을 무너뜨린 4월혁명으로부터 1년이 지난 뒤인 1961년 봄, 대학과 혁신계 정당을 중심으로 미국과 장면 정권에 대한 비판이 거세게 일기 시작했다. 그 결정적 계기가 된 것은, 미국이 장면 정권으로 하여금 '반공법'과 '데모규제법' 제정을 강력히 요구한 것이었다. 곳곳에서 항의집회가 개최되었고, 항의집회에서는 "두 법의 제정은 식민지 노예의 족쇄를 채우기 위한 것"이라는 비난과 함께 "양키 고 홈"이 외쳐지기도 하였다.

미국과 장면 정권에 대한 비판이 거세지는 가운데 평화통일에 대한 요구가 급속히 확산되었다. 당시 많은 사람들이, 넘쳐나는 실업자를 구제할 수 있는 길은 통일밖에 없다고 인식한 것은 그 같은 흐름을 확산시키는 중요한 요소의 하나가 되었다. 마침내 1961년 5월 3일, 서울대학교 민족통일연맹이 남북학생회담과 남북친선체육대회를 제의하는 것을 계기로 대학가는 일시에 통일열기에 휩싸였다. 혁신계의 결집체였던 민족자주통일중앙협의회(민자통)는 그러한 학생들의 움직임을 적극 지지하였고, 혁신정당인 사회당은 남북정당·사회단체 회담을 제안하기도 하였다.

통일운동이 급속히 확산될 조짐을 보이자 미국은 극도로 예민하게 사태를 주시했다. 당시 미국 국가안전회의NSC가 작성한 한국에 관한 정책보고서는 민족주의의 움직임이 매우 위험한 상황에 이른 것으로 묘사하고 있었다. 또한 기밀해제된 미국의 외교문서들에는, 이 시기 미국이 상황을 타개할 수 있는 대안으로서 군사 쿠데타를 적극 고려하기 시작했음을 알려주는 흔적이 곳곳에서 발견되고 있다. 여러 모로 미국이 유약한 장면 정권을 대체할 보다 강력한 정권의 등장을 희망하고 있었음이 매우 분명했다.

　이러한 가운데 1961년 5월 13일 서울 동대문운동장에서 민자통이 주관한 대규모 집회가 열렸다. 남북학생회담 추진을 지지하고 실현시키기 위한 궐기대회 성격을 띤 집회였다. 집회에는 최소한 1만 명이 넘은 인파가 운집했다. 집회에는 지식인뿐만 아니라 산동네 빈민까지 참여하였고 열기 또한 무척 뜨거웠다. "가자 북으로! 오라 남으로! 만나자 판문점에서!"는 당시 집회에서 외쳐졌던 대표적인 구호였다.

　바로 그 즈음, 시중에는 군사 쿠데타에 대한 흉흉한 소문이 돌고 있었다. 민자통 지도부도 그 소문을 들어서 알고 있었다. 그럼에도 불구하고 집회를 강행한 것은 민중의 열기를 보여줌으로써 쿠데타의 의지를 꺾을 수 있을 것이라는 계산에서였다. 하지만 불행하게도 결과는 정반대로 나타나고 말았다. 군사 쿠데타 세력은 5월 13일 집회를 통해 거사를 더 이상 미룰 수 없다는 판단을 내린 것이다.

　마침내 1961년 5월 16일, 일이 터지고 말았다. 그날 한강 인도교를 건너 서울을 장악한 쿠데타 세력은 새벽 5시에 중앙방송국을 통해 "친애하는 애국동포 여러분! 은인자중하던 군부는 드디어 금조 미명을 기해 일제히 행동을 개시하여 국가의 행정, 입법, 사법을 완전 장악하고 이어 군사혁명위원회를 조직하였습니다"로 시작하는 쿠데타 제1성을 발표하였다.

　방송과 동시에 쿠데타 세력은 반공을 전면에 내세운 6개항의 혁명공약을 전단에 담아 시내에 뿌렸다. 이어 오전 9시, 군사혁명위원회는 의장 장도영 중장 명의로 전국 일원에 비상계엄령을 선포했다. 그에 따라 전국은 일시에 군부의 통제 아래 들어갔다.

3,600여 명의 쿠데타 군을 이끌고 서울로 진입한 핵심인물은 제2군 부사령관이었던 육군 소장 박정희였다. 당시 박정희의 나이는 44세였다. 그밖에 군사 쿠데타를 이끈 주요 인물들은 김종필(35세), 김형욱(36세), 이후락(37세), 차지철(27세 등) 등 모두가 평균연령 30대의 젊은 군인들이었다.

이들은 시간이 지나면서 점차 전면에 나섰고, 마침내 7월 3일에는 박정희가 최고 권력기관인 국가재건최고회의 의장이 되었다. 반면, 쿠데타 초기 '얼굴 마담' 역할을 해온 장도영 육군참모총장은 얼마 후 '반혁명 음모사건'으로 구속된 뒤, 사형을 언도받았다가 곧이어 사면되어 미국으로 망명하였다.

박정희와 그가 주도한 군사 쿠데타에 대한 지배집단의 첫 반응은 매우 복잡하기 그지없었다.

쿠데타가 발생하자 정권의 실세였던 장면 총리는 잠적해버렸고, 윤보선 대통령은 쿠데타를 지지하는 입장을 표명했다. 장면 총리와 심각한 갈등관계에 있었던 윤보선은 군사 쿠데타가 자신에게 유리하게 작용할 것이라고 기대한 것이다. 반면, 주한미군 사령부와 주한미국대사관은 "합헌정부를 지지한다"며 군사 쿠데타를 반대하는 입장을 취했다. 나아가, 매그루더 주한미군사령관은 윤보선 대통령을 만나 군대를 동원해 쿠데타를 진압할 것을 주장하기도 하였다. 그 과정에서 과거 남로당과 관계되었던 박정희의 전력에 대해 강한 의구심을 제기하기도 하였다.

그런데 현대사 연구가 정창현 교수가 1993년 4월호 《말》지에 기고한 글에서 자세하게 논증했듯이, 5·16군사쿠데타 당시 주한미군사령관과 주한미국대사의 행보는 미국이 쿠데타와 관계없음을 가장하기 위한 일종의 제스처에 불과한 것이었다. 이 점은 미국의 태도가 5월 20일 5·16 군사쿠데타를 추인하는 성명을 발표하는 등 일순간에 바뀐 것에서도 어느 정도 확인된다.

결론부터 이야기하자면, 5·16군사쿠데타를 주도한 것은 미국이었다. 적어도 미국의 적극적인 후원 아래 쿠데타가 이루어졌다고 할 수 있다. 이는 5월 16일 당일 미군이 쿠데타 군과 동행했으며, 1964년 5월 3일 전직 CIA 최고책임자였던 앨런 덜레스가 영국 BBC 텔레비전에 출연하여 자신의 재직중에 이루어진 CIA 해외활동에서 가장 성공적인 것은 5·16군사쿠데타였다고 밝힌 것으로써 충분히 입증된다.

현지에서 쿠데타를 기획하고 주도한 인물은 주한미군사령관 특별보좌관 하우스만과 CIA한국지부장 실버였다. 여기에서 가장 궁금한 대목은 '이들이 어떻게 하여 박정희와 인연을 맺을 수 있었는가?'였다. 이를 이해하기 위해서는 잠시 박정희의 전력을 살펴볼 필요가 있다.

박정희는 1917년 경북 선산(지금의 구미)에 거주하고 있던 빈농의 집안에서 7남매 중 막내로 태어났다. 집안은 빈한하기 그지없었고 어릴 적에 제대로 먹지 못한 탓으로 박정희의 체구는 왜소하기 그지없었다.

어려운 가정형편에도 불구하고 박정희는 대구사범학교를 졸업하고 1937년부터 문경의 어느 소학교에서 교편을 잡고 있었다. 하지만 야심에 가득 차 있었던 청년 박정희는 소학교 교사에 만족할 수 없었다. 결국 교사생활을 접고 일본이 세운 괴뢰국인 만주국의 신경군관학교에 입학하였다. 이러한 선택의 밑바탕에는 당시 대부분의 지식인들이 그러했듯이 일제 시대가 한없이 오래 지속될 것이라는 판단이 깔려 있었다.

아무튼 박정희는 신경군관학교를 1등으로 졸업하였고 그 특전으로 일본 육군사관학교 3학년에 편입할 수 있었다. 박정희는 1944년 4월 일본 육사를 졸업하였는데 졸업성적은 300명 중 3등이었다. 당시 박정희의 이름은 다카키 마사오였다가 다시 순수 일본식 이름인 오카모도 미노루로 바뀌었다.

이후 박정희는 만주군 소대장으로 부임되어 만주 지역에서 활동하는 (주로 중국인, 부분적으로는 조선인의) 항일부대를 토벌하는 임무를 수행했다. 박정희가 이러한 토벌작전에 참가한 횟수는 줄잡아 120여 회 정도 되는 것으로 알려지고 있다.

그런데 승승장구할 것 같았던 일제가 패망할 조짐을 보이자 박정희는 한없는 낭패감에 빠져들고 말았다. 자칫 친일파로 몰려 단죄될 수 있는 상황이 닥친 것이다. 고심 끝에 박정희는 자신이 속했던 만주군 제8군이 중국군에 의해 무장해제를 당하자 피란민 대열에 끼어 북경으로 갔다. 그러고는 서둘러 광복군 조직에 가담하였다. 짧은 기간 안에 박정희는 전투경험을 인정받아 북경지구 광복군 제1중대장이 되었다. 이렇게 잠시 동안 광복군의 전력을 확보한 박정희는 귀국 후 고향에서 세월을 보내다가 미군정이 설립한 육군사관학교에 입학하였다.

그러던 중 1946년 10월 인민항쟁이 발생하고 경북 선산에서 활동하던 박정희의 친형 박상희가 경찰에 의해 사살되는 일이 발생했다. 박상희는 유명한 사회주의자로서 피살 당시 선산군 인민위원장을 맡고 있었다. 참고로 박정희와 함께 5·16군사쿠데타를 주도한 김종필은 박상희의 사위였다. 박상희의 죽음을 계기로 육군사관학교 생도대장이던 박정희는 남로당 조직에 가입하였다. 형 박상희의 죽음이 많은 영향을 미쳤을 가능성이 있었고 당시는 좌익 세력이 상당히 강력하였기 때문에 시류에 민감한 박정희가 미래를 위해 선택했을 가능성도 있었다.

박정희는 남로당 안에서 군대 내의 남로당 조직을 통괄하는 군사부 조직책의 임무를 수행했다. 그러한 박정희에게 운명의 순간이 왔다. 1948년 10월 여순사건이 일어난 것이다. 당시 육군 정보국에 전임되어 있던 박정희는 곧바로 사건과 연루되어 체포되었고 결국 무기징역을 언도받았다. 바로 그 때 만주군 출신인 백선엽, 정일권, 강문봉 등이 박정희 구명운동에 나섰고, 박정희는 군부 내 남로당 조직체계와 3,000여 명에 이르는 명단을 넘겨준 대가로 10년으로 감형되었다가 이내 석방될수 있었다.

　　박정희는 그 후 백선엽, 정일권 등의 보호 아래 있다가 한국전쟁을 맞이하였다. 한국전쟁과 함께 군부는 고급인력이 절대적으로 부족한 상황에 직면하였다. 덕분에, 박정희는 군에 복귀할 수 있었을 뿐만 아니라 빠르게 승진할 수 있는 행운을 누렸다. 박정희는 이를 기반으로 자신의 추종자들을 확보하는 등 군부 내에서 실력을 쌓는 데 성공할 수 있었다. 박정희는 한국전쟁을 계기로 기사회생하였던 것이다.

　　쿠데타의 현지 기획자인 하우스만이 박정희와 인연을 맺을 수 있었던 것은 바로 여순사건 때였다. 당시 하우스만은 미 군사고문단 참모장으로 여순사건 진압에 참가했는데, 그 과정에서 위기에 처한 박정희를 구출해주는 결정적 역할을 했다. 이를 계기로 박정희와 하우스만은 특별한 관계를 맺게 되었다. 박정희는 여순사건을 계기로 결정적 순간에 자신을 후원해줄 인물과 인연을 맺을 수 있었던 것이다.

　　하우스만은 이후에도 계속해서 한국에서 활동하면서 한국에 가장 오랫동안 머무른 미국인 중 한 명이 되었다. 그에 따라 하우스만은 한국에 대해 가장 정통한 인물로 인정받았고, 그의 판단은 미국의 대한정책 수립에 절대적인 영향을 미치기에 이르렀다. 이러한 조건에서 하우스만이 군사 쿠데타의 주역으로 박정희를 추천했고, 최종적으로 그의 안이 채택되었을 가능성이 매우 높다. 실제로 하우스만은 5·16군사쿠데타가 발생하기 한 달 전에 미국정부에 군사 쿠데타에 대해 상세한 보고를 하였는데, 박정희에 대해서는 "공산당이 집권하면 공산주의를 배신한 그를 제거 제1호로 삼을 것이니만큼 누구보다도 반공에 투철할 것"임을 단언하였다.

용의주도한 작전 전개

쿠데타 세력이 거사와 함께 가장 먼저 착수한 것은 혁신계 인사들을 용공세력으로 지목한 뒤 이들을 체포하여 연행한 것이었다.

쿠데타가 발생한 지 3일 뒤인 5월 19일, 군사정부는 930명의 혁신계 인사들을 '용공 및 혁신을 빙자한 친용공 분자'로 몰아 구속시켰다. 그 중에는 (민족정론지를 표방했던) 〈민족일보〉 사장 조용수도 포함되어 있었다. 조총련 자금을 받아 〈민족일보〉를 창간한 뒤, 북한의 주장을 대변하는 활동을 하였다는 것이 구속이유였다. 하지만 쿠데타 세력은 이를 뒷받침할 수 있는 그 어떤 증거도 제시하지 못했다. 먼 훗날인 2000년 MBC의 〈이제는 말할 수 있다〉 취재진이 확인한 바에 따르면, 〈민족일보〉 창간자금은 조총련이 아닌 민단 계열에서 조달한 것이었다.

쿠데타 세력이 쿠데타의 성패를 좌우할 수 있는 매우 중요한 순간에 혁신계 인사들부터 체포한 것은 그 나름대로 이유가 있었다. 쿠데타 세력은 자신들에게 저항할 가능성이 가장 큰 세력으로 혁신계 인사들을 꼽았다. 혁신계 인사들의 체포는 바로 그러한 저항의 가능성을 사전에 차단하기 위한 것이었다. 그런데 쿠데타 세력이 혁신계 인사들을 우선적으로 체포하게 된 배경에는 또 다른 중요한 요인이 있었다.

쿠데타가 발생하자마자 보수진영 안에서 박정희의 전력에 대한 의구심이 불거졌고 이는 곧바로 쿠데타가 '적색 쿠데타'일 수도 있다는 의심으로 발전했다. 박정희는 바로 이 같은 오해의 소지를 없애고 자신이 투철한 반공주의자임을 입증하기 위해 혁신계 인사들을 체포하는 일부터 착수했던 것이다.

이렇듯 저항 가능성을 차단하고 적색 쿠데타일 수 있다는 의구심을 불식시킨 군사정부는 사전에 준비한 일련의 프로그램을 작동시키기 시작했다.

쿠데타란 본디 헌법에 명시된 절차를 무시하고 권력을 탈취하는 과정이다. 먼 훗날 성공한 쿠데타는 처벌할 수 없다는 이상한 법논리가 나오기도 하였지만, 쿠데타 그 자체는 명백히 불법행위인 것이다. 그런 만큼 쿠데타가 정당성을 인정받기는 결코 쉽지 않다. 이러한 맥락에서 군사정부는 쿠데타의 정당성을 인정받고, 나아가 안정적인 권력기반을 구축하기 위해 갖가지 조치를 쏟아냈다. 그러한 조치들은 대부분 군사작전을 방불케 할 만큼 치밀하면서도 공격적인 것이었다.

군사정부가 민심을 얻기 위해 취한 여러 조치 중에서 가장 드라마틱한 이벤트는 자유당 시절 악명을 떨쳤던 깡패들의 참회행진을 성사시킨 것이었다. 쿠데타가 발생한 지 5일째인 5월 21일, 자유당 시절 대표적인 정치깡패였던 이정재를 비롯한 200여 명의 깡패들이 '나는 깡패입니다. 국민의 심판을 받겠습니다. 깡패생활을 청산하고 바른 생활을 하겠습니다'라는 플래카드를 들고 서울 시내를 행진했다. 가히 군사정부다운 화끈한 장면을 연출한 것이다.

군사정부가 무소불위의 권력을 배경으로 취한 파격적인 조치의 하나는 농어촌 고리채를 정리한 것이었다. 당시 농어촌에서는 달리 자금을 마련할 수 있는 길이 없었던 가난한 사람들이 연리 5할이 넘는 고리채를 빌려 쓰면서 극심한 고통을 겪고 있었다. 이러한 사정을 주목한 군사정부는 6월 9일 '농어촌 고리채 정리방안'을 발표하면서 고리채의 연이자율을 1할 2부로 낮추고 7년에 걸쳐 나누어 갚을 수 있도록 하였다.

일련의 조치는 군사정부가 민심을 얻는 데 적지 않게 기여하였다. 뿐만이 아니라, 그 과정에서 군사정부는 자신들에게 위협이 될 수 있는 요소들을 제거 혹은 약화시키는 또 다른 효과를 거두었다. 구 정치인들에 대한 사법처리는 그 대표적인 경우라고 할 수 있다.

6월 21일 군사정부는 '혁명재판소 및 혁명검찰부 조직법에 관한 임시조치법'을 공포했고, 이를 바탕으로 부패한 자유당 인사, 무능한 민주당 인사, 부정 축재자, 깡패두목 등 사회적으로 지탄받는 인사들을 반혁명 세력으로 몰아 대거 잡아들였다. 심지어 7월 13일에는 장면 전 총리 등 19명을 업무상 횡령 및 장물취득 건으로 기소하기도 하였다.

그러나 이러한 정화조치는 부분적인 정당성에도 불구하고 군사정부가 자신의 입지를 위협할 세력을 제거하기 위한 수단에 불과하다는 비난에서 자유로울 수 없었다. 부패한 구악세력과는 무관한 진보적 인사들을 대거 검거한 것은 정화조치의 진정성을 의심하게 만드는 대표적인 증거였다. 군사정부에 의해 검거된 혁신계 정당 및 사회단체 관계자, 통일운동가, 교원노조와 피학살유족회 관계자, 학생운동 지도부, 진보적 언론인 등은 무려 2,014명에 이르렀다.

이렇게 하여 혁명검찰부가 설치된 후부터 7월 초까지 약 2주 동안 7만 6,000여 명이 검거, 투옥되거나 조사를 받았다. 혁명검찰부에 의해 기소된 인물들은 일사천리로 혁명재판소에 회부되었고, 그 중 다섯 명은 사형을 언도받았다. 사형을 언도받은 사람 중에는 〈민족일보〉 사장 조용수도 포함되어 있었다.

사형될 당시 조용수의 나이는 불과 서른두 살이었다. 사형집행의 순간, 조용수는 억울한 죽음을 받아들일 수 없어 모질게 버틴 탓인지 숨이 끊어지기까지 (다른 사람보다 월등히 긴) 무려 18분이 걸렸다고 한다. 일설에 의하면, 죽은 줄 알고 줄을 풀었으나 아직 숨이 끊어지지 않아 다시 매달았다고 한다.

왜 저항이 없었는가?

5·16군사쿠데타는 경제개발을 위해 정치를 희생시키는 개발독재의 출발점이 되었다. 특히 4월혁명 주체의 입장에서 볼 때, 5·16군사쿠데타는 역사의 흐름을 뒤집는 명백한 반동이었다. 그럼에도 불구하고, 군사 쿠데타에 대한 저항은 그 어느 곳에서도 발견되지 않았다. 덕분에, 5·16군사쿠데타는 피 한방울 흘리지 않고 정권을 탈취하는 데 성공할 수 있었다. 과연 쿠데타 직전 민주주의와 통일을 외치며 거리를 누비던 수만 명의 혁신계 인사와 학생, 시민들은 이 역사적인 순간에 어디에서 무엇을 한 것일까.

혁신계 인사들과 학생, 시민들이 5·16군사쿠데타에 아무런 저항을 하지 않았던 데에는 몇 가지 이유가 있었다.

먼저, 앞서 살펴보았듯이 군사정부가 저항의 주축이 될 혁신계 인사들을 신속하게 검거한 점을 들 수 있다. 이러한 조치는 분명 혁신계로부터 쿠데타에 저항할 능력을 빼앗는 데 상당한 효과가 있었다. 그러나 혁신계 인사들과 학생, 시민들이 군사 쿠데타에 저항하지 않은 보다 본질적인 요인은 다른 곳에 있었다. 무엇보다도 군부의 총칼에 대한 두려움이 쿠데타에 대한 저항을 어렵게 만들었다. 조정래의 소설 《한강》은 5·16군사쿠데타 직후 대학생들의 대화를 통해 이 같은 상황을 압축적으로 표현하고 있다.

"모든 정당이고 단체들의 활동을 금지시켰으니 우리의 통일운동도 좋다가 말았다 그건가?"

"이거 다 된 밥에 재 뿌린 건데, 이렇게 당하고 있어야만 되나? 한번쯤 밀어붙여봐야 되는 것 아냐?"

"목숨이 몇 갠데? 극형이라는 말 아직 안 들려?"

"괜히 똥품 잡지 말어. 군대에서 말하는 시범쪼로 걸렸다간 국물도 없어. 저치들 지금 지네들 위신 세울려고 아무나 하나 걸려들기만 바라고 독이 올라 있는 것 몰라?"

"맞어. 쿠데타 일으킨 이유 중에 하나가 우리 대학생들의 통일운동 때문이란 소문 못 들었어? 그 거룩하시고 신성불가침한 혁명공약 제1장을 보라고. 반공을 국시의 제1의로 삼고 지금까지 형식적이고 구호에만 그친 반공체제를 재정비, 강화한다 그 말씀이야. 괜히 형장의 이슬로 사라지기 전에 꿈 깨라구."

혁신계 인사들과 학생, 시민들이 군사 쿠데타에 저항하지 못한 또 하나의 본질적 이유는 쿠데타 세력에 대한 환상이었다.

문제의 발단은 집권여당이었던 민주당을 포함하여 기존 정치세력에 대한 불신이 극에 달해 있었다는 데 있었다. 그러던 차에 가난한 농촌 출신들이 주축을 이루고 있던 쿠데타 세력이 구악 일소를 내세우자, 적지 않은 사람들이 일말의 기대감을 가졌던 것이다.

5월 16일 쿠데타가 발생하자 삽시간에 소식이 퍼져나갔고 언론사들은 쿠데타의 주역인 박정희에 대한 정보를 수집하느라 분주하게 움직였다. 박정희에 대해 떠돈 소문은 대체로 그가 '민족주의자'라는 것이었다. 군사정부에 의해 형장의 이슬로 사라진 〈민족일보〉 사장 조용수도 그러한 소문을 믿고 사태를 상당히 낙관적으로 보았다. 조용수는 군부의 민족주의자들이 드디어 일어섰다고 판단한 것이다. 〈민족일보〉 5월 18일자 사설은 '군사혁명이 발생한 원인을 깊이 이해하고…… 군사위원회의 혁명과업 수행에 더 많은 영광 있기를 바라는 바이다'라고 언급하기도 하였다.

또한 4월혁명 이후 대학가에 통일운동 열풍을 일으킨 진원지였던 서울대학교의 총학생회는 5·16군사쿠데타를 지지하는 성명을 발표했다. 이와 함께, 이후 박정희와 정면대결을 벌이다 의문의 죽음을 당한 재야의 거목 장준하는 《사상계》 사설을 통해 쿠데타에 대한 기대감을 표시하기도 하였다.

북한 역시 박정희에 대해 혹시나 하는 기대감을 갖기도 하였다. 그리하여 박정희의 형(박상희)과 절친한 친구사이였고 박정희를 남로당에 가입시킨 인물이면서 북한에서 무역성 부상을 지낸 황태성이 박정희와 접촉하기 위해 비밀리에 서울에 오기도 하였다. 하지만 박정희는 김종필로 하여금 황태성을 한 번 만나보도록 한 다음 곧바로 처형시켰다.

쿠데타 세력에 대한 진보세력의 기대감은 몇 년 더 계속되었다. 박정희가 혁명과업이 완수되면 부대로 복귀하겠다는 약속을 뒤엎고 1963년 대통령 선거(헌법이 개정되면서 대통령 직선제가 도입되었다)에 출마했을 때에도 박정희에 대한 진보세력의 기대감은 그대로 재현되었다.

1963년 대선에서 박정희의 경쟁상대는 민정당 후보인 윤보선 전대통령이었다. 그런데 1963년 대통령 선거는 기묘하게도 보수야당 후보(윤보선)와 진보여당 후보(박정희)가 대결을 펼친 것만 같은 양상을 보였다.

첫째, 박정희와 (쿠데타 세력이 주축이 되어 결성한) 민주공화당은 윤보선을 포함한 야당 정치인들을 부패한 기성 정치인으로 몰았다. 가령 민주공화당의 선전물에는 '국회란 파쟁의 합법적 무대였다. 국회의 사당이 시장과 다를 바 없었고, 소위 국회의원이란 정상배나 정치 브로커의 별명에 불과했다'고 공격하고 있다.

둘째, 박정희는 민족적 민주주의론을 내걸었다. 민족주의는 그 동안 금기시되었다가 4월혁명을 거치면서 공론화되었는데 박정희가 과감하게 이를 선점한 것이었다. 박정희는 선거를 앞둔 1963년 9월 23일, "이번 선거는 민족적 이념을 망각한 가식된 자유민주주의 사상과 강력한 민족적 이념을 바탕으로 한 자유민주주의의 대결"이라고 말하기도 하였다.

셋째, 박정희는 기성 정치인을 엘리트 기득권층으로 규정하는 한편, 자신의 서민적 이미지를 내세워 대중에게 직접 호소하는 전략을 구사했다. 그 일환으로 박정희 자신은 빈농의 자식인 데 반해 윤보선은 귀족출신임을 집중적으로 부각했다. 게다가 5·16군사쿠데타 주도세력의 71퍼센트가 농촌의 중하층 출신인 데 반해, 야당의 경우는 41퍼센트가 지주계급 출신이었다.

이를 바탕으로, 박정희는 "바로 여기 앞에 앉아 있는 구두닦이 소년이 나중에 대통령이 되는 그런 세상이 되어야 합니다. 이젠 서민의 사정을 전혀 모르는 귀족이 대통령이 되는 시대를 끝내야 합니다"는 말을 하기도 하였다. 비슷한 맥락에서 박정희는 "5·16은 이념면에서 동학혁명과 일맥상통한다"라면서 "동학혁명기념탑을 설립하고 우파 혁신세력을 석방하며 연좌제를 폐지하겠다"라는 공약을 내걸었다.

아무튼 1963년 대통령 선거에서 진보세력이 박정희에게 기대감을 가졌던 것은 그 나름대로 근거가 있었음을 알 수 있다. 물론 이후의 역사는 이 모든 것이 어디까지나 환상에 불과했음을 입증했지만 말이다.

참고로, 1963년 10월 15일 대선 결과는 박정희가 15만 표 차이로 아슬아슬하게 승리한 것으로 나타났다. 야당의 분열과 막강한 국가권력의 선점 등 유리한 조건을 고려할 때, 15만 표는 매우 근소한 표차였다고 할 수 있다. 반면, 뒤이은 11월 26일에 치러진 총선에서는 집권여당인 공화당이 압승을 거두었다. 총선 결과 공화당이 110석, 민정당이 41석, 민주당이 13석을 차지했다.

2. 그 시대 독재란 이런 것이었다

박정희 시대를 둘러싼 평가는 여전히 논란거리가 되고 있다. 많은 사람들이 이렇게 이야기한다.

"박정희가 독재를 안하고 경제건설에 성공할 수 있었을 것 같은가? 정권이 수시로 바뀌면서 정책이 왔다 갔다 하고 너도나도 자기 이익만 앞세우는 상태에서 무슨 수로 그렇게 빨리 경제를 성장시킬 수 있었겠어? 당신이라면 할 수 있을 것 같애?"

그러면 이것저것 다 떠나서 '박정희 시대 체험 프로그램'을 개발해서 직접 겪어보도록 하는 것은 어떨까. 그것도 당시 가장 차별받고 억압받았던 사람들(그런 사람들이 절대다수였지만)의 경험을 고스란히 재현하는 것으로서! 지금부터 그러한 프로그램 작성의 기초가 될 수 있는 박정희 시대 병영국가의 실상을 있는 그대로 파헤쳐보도록 하자.

부패왕국, 기회와 이익의 독식

박정희에게는 '청렴한 박정희', '막걸리를 좋아하는 소탈한 박정희'라는 이미지가 있다. 실제로 박정희는 농촌에 가서 모내기를 한 뒤에 농민들과 막걸리를 마시곤 했고, 이러한 장면은 매번 TV나 신문을 통해 널리 알려졌다. 박정희는 측근들과 연회를 할 때에는 양주를 마시기도 했지만 부하에게 암살될 당시 마셨던 것이 '시바스 리갈'이었던 것에서 확인되듯이 국내에 반입된 양주 중에서 가장 값이 싼 것들이었다. 또한 박정희가 암살된 뒤, 청와대 직원은 수세식 화장실 물통 안에 벽돌(물을 아끼기 위해 넣은 것이다)이 있는 것을 보고 눈물을 흘렸다는 일화도 있다. 이 모든 것이 일종의 박정희 향수를 낳은 요인이 되었다.

박정희 개인적으로는 청렴한 이미지를 보이려 애를 썼고 일상생활에서 이를 실천하기 위해 노력한 것은 어느 정도 인정할 수 있다. 그러나 보다 중요한 것은, 그가 최고책임자로 있는 정권 자체가 부패와 구조적으로 결부되어 있다는 점이었다.

쿠데타를 통해 권력을 획득한 박정희 정권은 절차적 정당성을 확보하지 못했기 때문에 보수진영에서조차 자발적 지지를 얻기 어려웠다. 그로 인해 자파 세력을 규합하고 정치적 지지를 얻기 위해서는 막대한 정치자금이 필요했다. 이러한 사실은 1962년 공화당 창당자금을 조달하는 과정에서 발생한 '4대 경제의혹 사건'을 통해 일찌감치 확인되었다.

4대 경제의혹 사건의 실상을 살펴보면, 증권파동은 중앙정보부가 개입한 주가조작 사건이었으며, 워커힐 사건은 워커힐 호텔 등 위락시설을 건설하면서 그 자금 일부를 횡령해 비자금을 조성한 사건이었다. 새

나라 자동차 사건은 (공식적으로 수입이 금지되어 있었던) 일본 자동차를 수입하여 막대한 차익을 남기고 파는 수법으로 비자금을 마련한 사건이었고 파친코(슬롯 머신) 사건은 수입이 금지된 도박기구인 '파친코'의 수입과 영업을 허가해준 대가로 비자금을 조성한 사건이었다.

이러한 사건들은 부정부패 척결을 강조해온 쿠데타 세력의 도덕성에 지울 수 없는 오점을 남겼다. 그에 따라 사람들 사이에서 "신악新惡이 구악舊惡을 뺨친다", "늦게 배운 도둑이 날 새는 줄 모른다"라는 자조 섞인 비판이 나돌았다. 쿠데타 세력 내부에서도 적지 않은 반발이 일어났다. 이 때까지만 하더라도 쿠데타 세력은 부패에 대한 도덕적 감수성이 살아 있었던 것이다.

그러나 4대 경제의혹 사건은 어디까지나 시작에 불과했다. 경제개발이 정부의 주도 아래 이루어지면서 세금감면, 금융대출, 정부발주 공사, 차관도입 등 거액의 자금이 오가는 모든 과정은 바로 정치자금을 조달하는 절호의 기회가 되었다. 가령, 기업이 차관을 도입할 때에는 정부보증의 대가로 총액의 10~15퍼센트 정도를 커미션 명목으로 정권에게 상납하였다. 그 결과, 국가기구의 상층부는 각자의 위치에 맞는 방법으로 비자금을 조성하는 것이 일상적 임무의 하나가 되고 말았다.

집권기간이 길어지면서 부패를 관용하는 부패불감증이 만연하기 시작했다. 특히, 박정희가 아랫사람의 충성심을 북돋기 위해 돈을 쓰기 시작하면서 이런 증세는 더욱 심해졌다. 박정희는 물러나는 관료나 장성들에게 거액의 하사금, 후원금, 격려금, 전별금 등을 주었다. 측근에 따르면, "장군들이 청와대로 인사하러 오거나 자신이 직접 군부대를 방문하면, 늘 서울에서 양옥 한 채 살 수 있을 정도의 돈을 주었다"고 한다.

이러한 방식으로 돈으로 권력 엘리트의 통합을 유지하고, 돈으로 충

성을 사는 방식이 갈수록 구조화되어가갔다. 그러다보니 박정희 스스로
도 거액의 비자금을 운영할 수밖에 없었다. 스위스 은행 비밀계좌에 박
정희가 실소유주인 40만 달러가 예치되어 있다는 소문이 나돌았다.

윗물이 흐리다보니 아랫물 역시 흐릴 수밖에 없었다. 박정희 정부 아
래에서 사회 구석구석이 부패에 물들어가면서 한국사회는 결국 '봉투
건네는 사회'가 되고 말았다. 관청을 찾아 민원을 처리하려 해도, 학교
교사에게 자식을 부탁하려고 해도, 대기업에 납품을 하기 위해서도 돈
봉투부터 건네야 했다. 그렇지 않으면 제대로 되는 것이 없었던 것이다.

이 모든 것이 의미하는 바는 무엇인가. 국가권력이 부패했다는 것은
권력층과 거래할 수 있는 사람만이 성공의 기회와 이익을 독식할 수 있
음을 의미했다. 뒤집어서 말하면, 권력층과 연줄도 없고 뇌물을 제공할
능력도 없는 절대다수는 성공의 기회로부터 철저히 배제된 채 바닥인
생을 전전할 수밖에 없었던 것이다. 부패 정도가 심할수록 '더불어, 함
께 사는 세상'과 멀어질 수밖에 없는 이유가 바로 여기에 있다.

병영통제, 자유의지와 다양성 말살

박정희는 1963년 대통령 선거를 두고, 쿠데타에 의해 수립된 군사정
부를 마감하고 민간정부로 권력을 이양하는 과정이라고 간주하였다.
실제로 대통령 선거를 앞두고 계엄령이 해제됨과 동시에 군병력은 모
두 부대로 복귀했다. 박정희 자신도 군복을 벗고 민간인 신분으로 대통
령 선거에 임했다.

그런데 그 이후에도 변함없이 박정희 정권에 대해 군사(군부)독재라
는 비난이 쏟아졌다. 군부가 실질적으로 권력을 틀어쥐고 독재를 했다
는 것이다. 도대체 그 근거가 무엇인가? 그에 대한 해답의 실마리를 갖

고 있는 것은 군사 쿠데타 직후 만들어진 중앙정보부KCIA였다.

1961년 6월 10일 발족한 중앙정보부는 국가의 안전을 관리한다는 이유로 모든 영역에 개입하여 통제할 수 있는 권한을 지니고 있었다.

중요한 것은, 군출신 혹은 현역군인들이 중앙정보부 조직을 장악하고 있었다는 사실이다. 초대 중앙정보부장이었던 김종필을 위시하여, 김형욱, 이후락, 김재규 등 박정희 시대에 중앙정보부장을 역임한 인물들은 대부분 군출신이었다. 이러한 가운데 주요 간부직의 상당수는 현역군인들이 직접 맡았다. 가령, 1963년 중앙정보부 인사과장을 맡은 인물은 현역군인인 전두환이었다.

중앙정보부는 처음 출범할 때에 김종필의 군부 내 기반이었던 특무부대 요원 3,000명을 중심으로 결성되었는데, 급속히 요원을 확대함으로써 불과 3년 뒤인 1964년에는 정규요원만 무려 37만 명에 이르렀다. 중앙정보부는 그보다 훨씬 많은 사람들을 '끄나풀'로 거느리고 있었는데, 대략 남한인구의 10퍼센트 정도가 중앙정보부와 직간접적으로 연관을 맺고 있었던 것으로 알려지고 있다.

박정희 정권은 이러한 중앙정보부의 활동을 원활하게 뒷받침하기 위해 1961년 7월 3일 반공법을 제정, 공포하였다.

본디 1948년 12월 1일 제정된 국가보안법은 반국가 단체와 관련된 행위에 대해서만 처벌하도록 되어 있었다. 그에 반해, 반공법은 반국가 단체를 이롭게 하거나 지지·고무·찬양하는 모든 행위를 처벌할 수 있도록 되어 있었다. 말 그대로 귀에 걸면 귀고리, 코에 걸면 코걸이로 사실상 정부에 반대하는 행위 모두를 처벌할 수 있는 악법이었다.(반공법은 박정희 정부때 네 차례에 걸쳐 개정되면서 정권의 버팀목 구실을 하다가, 1980년 12월 31일 그 내용이 고스란히 국가보안법에 흡수되면서 폐지되었다.)

중앙정보부는 산하조직과 각급 공안기관을 동원하여 국민의 일상적 움직임을 빈틈없이 감시하면서 다소라도 문제가 발생하면 예의 반공법을 이용하여 즉각 조치를 취했다. 몇 가지 예를 들어보자.

1968년 무렵 파출소에 연행된 한 사람이 "선량한 국민을 왜 못 살게 구느냐? 공화당이 공산당보다 못하다"라고 말했다가 반공법의 찬양고무조항 위반으로 2년형을 선고받았다. 또한 1970년에는 어떤 사람이 철거반원에게 "김일성보다 못한 놈들아!"라고 소리쳤다가 역시 반공법 위반으로 구속되었다. 1970년대 후반에는 KBS의 한 엔지니어가 술에 취한 채 귀가하다가 택시 안에서 객기로 한 말을 택시 운전수가 신고하는 바람에 반공법으로 조사를 받고 직장에서 쫓겨난 일도 있었다. 술자리에서 막걸리를 마시다가 내뱉은 말이 씨가 되어 반공법으로 구속된 경우도 많았다. 그래서 나온 말이 '막걸리 반공법'이었다.

이렇게 하여 군부는 계엄령이 해제된 조건에서도 중앙정보부를 통해 사회 일원을 엄격하게 감시하고 통제할 수 있었다.

박정희는 병영을 가장 이상적인 사회로 간주한 인물이었다. 상부의 엄격한 통제와 하부의 철저한 복종을 통해 일사불란한 태세를 유지하는 것을 가장 바람직한 사회질서라고 본 것이다. 이러한 박정희의 사고는 국가 전체를 병영으로 변모시키고자 하는 집요한 노력으로 이어졌다. 박정희 자신이 모든 것을 걸었던 경제건설 과정은 그러한 노력에 가속도를 붙이는 결정적 요소가 되었다.

경제 편에서 살펴보겠지만 박정희는 경제건설을 군사작전 전개하듯이 추진하였다. 매번 수출 1억 달러, 3억 달러, 10억 달러, 100억 달러라는 고지를 제시하고 스스로 총사령관이 되어 고지점령을 위한 총력전을 지휘하였다. 박정희는 이러한 총력전을 위해서 국가 전체가 병영과 같은 체계를 갖추어야 한다고 판단했다. 반면, 자유를 노래하고 민주주의를 강조하는 것은 지극히 사치스러운 것으로 간주했다.

국가 전체를 병영으로 변모시키고자 한 박정희의 꿈은 분단상황이 야기한 긴장을 유효적절하게 이용하여 비교적 쉽게 달성되었다.

북한은 1968년 1월 21일 일단의 무장 게릴라들을 남파, 청와대를 기습하였다. 북한에서 파견한 무장 게릴라들은 청와대로부터 500미터 떨어진 곳까지 진격할 수 있었으나 김신조를 제외하고는 신고를 받고 출동한 군경에 의해 모두 사살되거나 자살하였다. 정부의 발표에 따르면, 북한 무장 게릴라들은 도중에 나무꾼을 만났으나 그냥 살려 보냈고 수상하다고 느낀 나무꾼이 당국에 신고를 한 것이었다.

같은 해 10월 30일, 130여 명에 이르는 대규모 북한군 무장 게릴라들이 울진·삼척 지역에 침투한 사건이 발생하였다. 침투한 무장 게릴라들은 청와대 기습사건의 실패를 교훈 삼아 만나는 민간인들을 모두 죽였다. 신고를 막기 위한 조치였다. 그렇게 해서 죽은 민간인 중에서는 9살 소년 이승복도 포함되어 있었다. 〈조선일보〉는 이승복 소년이 살해되기 전 "나는 공산당이 싫어요"라고 외쳤다고 보도했으나 훗날 그 진위를 둘러싸고 논란이 빚어지기도 하였다.

울진·삼척에 침투한 북한군 무장 게릴라들 역시 출동한 군경에 의해 모두 섬멸되었으나 그 파장은 매우 컸다. 다수의 민간인이 살해되면서 극렬한 형태의 반공물결이 남한 전역을 뒤덮었다. 그러한 분위기 속에서 이승복 소년은 일시에 반공의 상징적 존재로 부각되었다. 반공 웅변의 단골소재가 되었고 곳곳에 그의 동상이 세워졌으며 교과서에까지 실리면서 학생들의 반공의식을 고취하는 존재로 이용되었다.

1970년대 고등학생들의 교련

고교생들이 교련복 차림으로 군사훈련을 받고 있다. 박정희 정권 아래에서 추진된 학원의 병영화를 단적으로 보여준다.

한편 박정희 정권은 1·21사태를 계기로 이전부터 추진해왔던 향토예비군 창설을 서둘렀다. 그에 따라 1968년 3월 31일까지 250만 명에 이르는 향토예비군 편성이 완료되었고, 다음날인 4월 1일에는 대전 공설운동장에서 '일하면서 싸우고 싸우면서 건설한다'는 구호 아래 향토예비군 창설식이 열렸다.

또한 고등학생과 대학생을 대상으로 한 교련교육이 실시되기 시작했고, 학생 군사조직인 학도호국단이 학생 자치조직인 학생회를 대체하였다. 또한 1971년 12월 10일에는 해방 이후 처음으로 민방위 훈련이 실시되었고 곧바로 민방위대가 창설되었다. 이와 함께 1976년 5월 31일을 시작으로 전국에서 일제히 한 달에 한 번씩 반상회를 열도록 하였다. 일제때의 국민반을 본뜬 것으로서 정부가 시달하는 사항을 듣고 수상한 사항이 있으면 신고도 하는 일종의 주민통제 기구였다.

이렇게 하여 고교생과 성인들의 대부분이 어떤 형태로든지 병영통제 체제 안으로 흡수되었다. 사회 전체가 거대한 병영으로 돌변한, 명실상부한 의미에서 병영국가가 탄생한 것이다.

박정희 정권은 한국사회를 병영국가로 만들면서 병영에서와 똑같이 국민을 자율적 존재가 아닌 철저한 통제의 대상으로 간주하였다.

1964년 가요가 너무 퇴폐적이라는 여론이 일어난 적이 있었다. 그러자 문화공보부 장관 홍종철은 곧바로 KBS로 달려가 가요 레코드를 짓밟아버렸다. 당시 군사정권 엘리트들이 문제를 어떻게 대하고 또한 해결하는지를 단적으로 보여준 사건이 아닐 수 없었다.

병영은 비판적인 말이 나오는 것을 결코 용납하지 않는 곳이다. 절대적인 복종과 순응만이 허용될 뿐이다. 따라서 한국사회를 병영국가로 만든 박정희 정권 입장에서 비판적 언론은 언제나 눈엣가시로 비쳐질 수밖에 없었다. 당연히 언론에 대한 지속적인 탄압이 뒤를 이었다. 몇 가지 예를 들어보자.

1964년 5월, 연재물 기사 '하루는 책보 이틀은 깡통: 대전에 목불인견의 구걸대열'과 '허기진 군상: 칡뿌리 먹는 가족'을 내보낸 〈경향신문〉 사장과 기자가 구속되었다. 또한 동아방송의 프로그램 〈앵무새〉가 부패사건을 비판했다는 이유로 간부 6명이 반공법 위반혐의로 구속되었다. 이와 함께 리영희가 《사상계》에 '남북한이 유엔에 동시 가입하는 안건을 아시아·아프리카 외상회의에서 검토중'이라는 기사를 썼다가 반공법 위반으로 구속되었다.

대중문화 역시 엄격한 통제의 대상이 되었다. 영화와 노래는 철저한 사전검열 과정을 거쳐야 했으며 그로 인해 사람들에게 낯익었던 수많은 노래들이 '반항적이다', '외설이다', '월북작가의 작품이다' 등등의 이유로써 금지곡으로 지정되었다.

대표적인 예를 들면, 1965년에 선보인 이미자의 〈동백아가씨〉가 왜

색을 이유로, 한국 록 음악의 기념비적 작품이 된 신중현의 〈미인〉, 이장희의 히트곡 〈그건 너〉, 송창식의 〈고래사냥〉 등이 저속과 퇴폐판정으로 금지곡이 되었다. 대학가에서 널리 불리었던 양희은의 〈아침이슬〉은 저항적이라는 이유로 금지곡이 되었으며, 이미자의 〈서귀포 칠십 리〉 등 다수의 노래가 월북작가의 작품이라는 이유로 금지곡이 되었다. 이러한 방식으로 500여 곡이 넘는 노래가 금지곡으로 지정되어 음반판매는 물론 방송전파를 타거나 공공장소에서 부르는 것 등이 모두 금지되었다. 이들 노래들은 1987년 민주화 투쟁이 승리하면서 비로소 금지곡에서 풀릴 수 있었다.

그런데 박정희 정권의 병영통제는 특정영역, 특정집단에 국한된 것이 결코 아니었다. 박정희 정권의 병영통제는 야간통행 금지, 혼·분식 장려, 출산조절, 부락청소, 쥐잡기, 가옥구조 등 국민들의 일상생활 모두를 대상으로 삼았던 것이다. 머리모양이나 옷차림 역시 통제대상이 되었다. 가령 박정희 정권은 병영문화와 매우 이질적이었던 장발과 미니스커트를 일종의 반항행위로 간주하고 엄격히 통제하였다.

장발단속이 시작된 것은 1970년이었는데, 1973년의 장발단속 실적은 1만 2,870건에 달했고, 1974년 6월 1~8일 사이에 서울시경이 주도한 장발단속에 걸린 사람은 무려 1만 103명에 이르렀다. 이어서 1973년 3월, 정부는 무릎 위에서 17센티미터 이상 올라가는 미니스커트를 과다 노출로 규정하고 단속하기 시작했다. 그에 따라 한 손에 자를 든 경찰이 지나가는 젊은 여자를 세워놓고 미니스커트가 얼마나 올라갔는지 자로 재는 모습이 곳곳에서 발견되었다.

병영통제는 대학생을 위시하여 일부 젊은이들 사이에서 박정희 정권에 대한 거부감을 확산시키는 요소로 작용했다. 그러나 대부분의 국민들은 병영통제로 인해 잔뜩 주눅이 들 수밖에 없었다.

병영에서 하급 병사가 장교와 상관을 보기만 하면 공연히 불안해지는 현상이 국민들 사이에서도 그대로 나타났다. 국민들은 군인과 경찰은 물론이고 관청사람만 보면 공연히 움츠러들었고, 죄를 지은 것도 없는데 괜히 불안에 떨었다. 심지어 열차에 탔을 적에 경찰복 비슷한 제복을 한 차장이 눈을 부라리며 지나가면 소란스럽게 떠들던 승객들이 갑자기 조용해질 정도였다. 당시는 차장도 철도청 직원으로서 공무원이었기 때문이었다.(요즘 차장은 코레일 직원으로서 승객들에게 깍듯이 대한다.)

아울러 말 한 번의 실수로 구속되는 경우를 자주 목격하면서, 사람들은 기회 있을 때마다 서로 입조심하고 몸조심할 것을 당부하기 시작했다. 자연스럽게 너나 할 것 없이 눈치만 보면서 입을 쉽게 열지 않았다.

이렇듯 국민들이 국가권력에 주눅이 들수록 그들은 자유의지를 박탈당한 채 국가의 통제에 따라 움직이는 꼭두각시가 될 수밖에 없었으며, 다양한 가치와 문화가 말살당하면서 획일화된 삶을 살 수밖에 없었다.

내부의 식민지, 여성·빈민·호남인

병영통제를 바탕으로 군부를 비롯한 소수 기득권층은 권력과 기회, 이익을 독식하면서 다수의 사람들을 배제하고 차별하였다. 그에 따라 한국사회는 여성이라고, 가난뱅이라고 업신여김을 당하고 촌놈이라고 또는 전라도 사람이라고 해서 무시당하는 그런 세상이 되고 말았다.

차별받는 이들 인간군들은 대한민국이라는 나라 안에서 또 다른 식민지로 존재했다. 그 중에서 노동자·농민이 겪어야 했던 차별은 경제편에서 별도로 다룰 것이다. 따라서 여기에서는 여성과 도시빈민, 호남인들이 겪었던 인간차별을 중심으로 살펴보도록 하자.

박정희 정권의 병영통제 아래에서 여성들은 이중삼중으로 차별받으며 극심한 고통을 받아야 했다.

병영은 본래부터 철저하게 남성중심 사회이며 남성 우월주의를 재생산하는 대표적인 공간이다. 그 세계 속에서 여성은 남성의 시중을 들고 성적 욕구를 충족시켜주는 존재에 불과했다. 그런 만큼 박정희 시대에 사회 전반에 걸쳐 병영통제가 강화될수록 남성 중심의 가부장제 또한 더욱 강화될 수밖에 없었다.

여성들은 태어나기 전부터 차별을 받아야 했다. 남아선호 사상이 지배하는 가운데, 산아제한 정책이 실시됨에 따라 태아감별에 의해 수많은 여아들이 태어나기 전에 생명을 잃어야 했다. 여아는 태어난 순간조차도 그다지 환영받지 못했다. 남아가 태어나면 고추를 달고 나왔다며 일제히 축하하고 기뻐했지만 여아가 태어나면 산모부터 서글픈 눈물을 흘리는 경우가 많았다.

여성들에 대한 차별은 생활 곳곳에 깊숙이 배여 있었다. 여성들이 남성과 동등하게 식사하는 것조차 버릇없는 일로 간주되었다. 여성들은 밥상 아래 그릇을 둔 채 밥을 먹거나 별도의 상을 차려 조촐하게 식사를 해결해야 했다. 이후 많이 달라지기는 했지만 1970년대까지만 하더라도 여성은 교육기회에서 뚜렷한 차별을 받았다. 가난한 살림형편에 수많은 여성들이 남자형제들을 위해 상급학교 진학을 포기했을 뿐만 아니라 돈을 벌어 학비를 보태야 했다. 이러한 가운데 배움의 욕구를 포기하지 못한 다수의 여성들은 야학에 다니거나 야간학교에 입학하여 힘겹게 학업을 이어갔다.

취업을 했을 때에도 여성은 다방면에서 차별을 받았다. 사무 전문직이나 서비스업의 경우, 실력보다는 외모를 중심으로 채용하는 경우가 허다했다. 철저히 남성의 시각에서 채용이 이루어졌던 것이다. 또한 똑같이 고등학교를 졸업하고 은행에 취직을 했음에도 불구하고, 남성은 여러 부서를 이동하면서 다양한 업무를 익혔던 반면, 여성에게는 창구업무만 주어졌다. 임금 또한 단지 여성이라는 이유로 극심한 차별을 받았다. 1970년 여성 노동자의 평균임금은 월 6,576원으로 남성 노동자의 평균임금 1만 4,127원의 46.5퍼센트에 불과했다. 1980년에 이르러서는 44.5퍼센트로 격차가 더욱 벌어졌다.

가장 고된 삶을 살아야 했던 존재는 단연 농촌여성이었을 것이다. 농촌여성들은 남성과 거의 동등하게 들녘에 나가 농사일을 했다. 뿐만 아니라, 남성들이 쉬는 시간에도 밥하고 빨래하며 청소를 하는 등 가사노동을 해야 했다. 게다가 아이를 등에 업고 하루 온종일 일을 하는 경우가 허다했다. 가히 초인적인 의지가 없으면 버텨낼 수 없는 삶을 살았던 것이다. 그럼에도 불구하고, 봉건유습이 강하게 남아 있는 상황에서 농촌여성들은 언제나 멸시와 학대에 시달려야 했다. 1980년대 이후, 여성들이 농촌으로 시집가는 것을 극도로 기피했던 것은 충분한 이유가 있었던 것이다.

인격적으로 가장 무시당하고 농락당한 여성들은 다름 아닌 기지촌 여성들이었다. 미군 부대를 중심으로 대규모 기지촌이 형성되자 딱히 먹고 살 길이 없었던 가난한 여성들이 그 곳으로 몰려들었다. 하지만 미군은 이들 기지촌 여성들을 하나의 인격체로 인정하지 않았으며, 그로 인해 갈취, 치상, 살해 등 수많은 인권유린이 발생하였다. 박정희 정권은 한미동맹을 해칠 수 있다는 이유로 이러한 상황을 축소·은폐하는 데 급급했으며, 한걸음 더 나아가 대형 미군부대 윤락촌인 아메리카 타운을 건설하는 등 수많은 여성들을 미군의 성노예로 공급하는 일을 추진하였다.

이러한 가운데 정부당국은 기지촌 여성들을 한 달에 한 번씩 강당에 모아놓고 "당신들은 애국자다. 우리를 지켜주는 미군을 위안해주고 달러를 벌어들이는 애국자다"라고 칭송을 하기도 하였다. 비슷한 맥락에서 1973년 4월 문교부장관 민관식은 많은 여성들이 일본의 윤락업소에 진출한 것을 가리켜 "일본에 있는 수많은 한국인 기생과 나이트클럽 호스테스들은 칭찬할 만한 애국심의 소유자들이며…… 조국을 위해 자신을 팔고 있다"고 말한 적이 있다. 박정희 시대 집권층들의 여성관이 어떠했는지를 단적으로 보여주는 장면이 아닐 수 없다.

박정희 시대에 급속한 경제성장에도 불구하고 수많은 민중이 가난으로 고통을 받았다. 하지만 그보다 더욱 서러웠던 것은 단지 가난하다는 이유로 무시당하고 차별받는 것이었다. 도시빈민들의 거주지였던 판자촌을 둘러싼 정부의 정책은 이러한 차별을 집중적으로 보여주었다.

농촌을 떠나 도시로 몰려든 사람들은 처음에는 (산기슭을 파낸 뒤, 그 위를 양철조각 등으로 덮은) 움막집에 거주하다가, 어느 정도 형편이 좋아지자 판잣집을 짓기 시작하였다. 그런 식으로 무허가 판잣집이 몰려 있는 곳이 도시 곳곳에 형성되기 시작했다. 그러나 무허가 판자촌은 도시의 미관을 해치고 외국인들에게 좋지 못한 이미지를 준다는 이유로 그리고 해당지역을 개발하는 과정에서 끊임없는 철거대상이 되었다. 그 과정에서 숱한 비극이 발생하였는데, 광주 대단지 사건은 그 대표적인 경우에 해당한다.

박정희 정부는 1968년부터 경기도 광주에 35만 평 규모의 대단지를 만들어 청계천 일대의 빈민 20여 만 명을 강제로 이주시켰다. 그러나 (오늘날 성남시의 출발이 된) 광주 대단지는 식수나 도로, 배수시설 등이 전혀 없었고 생계방편 또한 마련되어 있지 않은 일종의 난민촌과 같은 곳이었다. 민둥산에서는 먼지가 펄펄 날리고 있었고 화장실이 전혀 갖추어지지 않아 사방천지는 널려 있는 분뇨로 인해 악취가 진동하고 있었다. 광주 대단지를 방문한 사람들은 "아! 과연 사람이 이렇게 살 수 있는 것인가" 하는 생각이 들 정도로 상황은 참담하기 그지없었다.

　　문제는 여기에 그치지 않았다. 광주 대단지에 강제로 이주된 사람들 대부분은 안정적인 일자리가 없었다. 있다 하더라도 먼 거리를 이동해야 하는 상황이었는데, 그나마 마땅한 교통편이 확보되어 있지 않았다. 이주민들은 서울시 등에 이러한 불편함을 개선해줄 것을 청원 혹은 호소하였다. 그러나 관계당국은 전혀 반응이 없었다.

　　결국 참다 못한 이주민들은 대거 서울로 올라갔다. 버스를 대절했으나 자리가 부족해 대부분 걷거나 뛰어서 갔다. 폭우가 쏟아지는 가운데 초등학생을 포함한 온 가족이 비를 맞으며 비장한 심정으로 부지런히 뛰었다. 결국 서울에 도착한 그들은 폭동에 가까운 시위를 벌였다. 이것이 바로 1971년 8월 10일에 벌어진 '광주 대단지 폭동'이다.

　　그로부터 몇 년 뒤, 이번에는 전남 광주에서 '무등산 타잔 사건'으로 알려진 한층 비극적인 사건이 발생했다.

　　1977년 4월 20일 오후 3시경 전남 광주 동구 운림동 산145번지 중심사 인근의 무등산 중턱에서는 무허가 건물을 철거하는 작업이 한창 진행되고 있었다. 철거반원들은 횃불을 들고 무허가 건물에 불을 지르기 시작했다. 허름하기 짝이 없는 집들은 일제히 불타기 시작했다. 이부자리 등 집안에 있던 세간살이 또한 순식간에 잿더미로 변했다.

바로 그 때 박홍숙(당시 21세)이라는 청년이 자신의 집이 불타는 장면을 지켜보면서 흥분을 삭히고 있었다. 박홍숙의 어머니는 불길에 뛰어들려다가 끝내 기절해 쓰러졌다. 방 한칸 마련하겠다고 자식들 몰래 천장에 보관했던 돈 30만 원을 미처 챙기지 못한 것이었다.

잠시 후 철거반원들은 300미터 위쪽에 있는, 당뇨와 폐결핵을 앓고 있는 노부부가 살고 있던 무허가 건물로 향했다. 이를 발견한 박홍숙은 급히 철거반원을 향해 달려갔다. 곧이어 박홍숙은 쇠파이프로 만든 딱총으로 철거반을 위협하면서 미처 달아나지 못한 다섯 명의 철거반원들로 하여금 서로 묶도록 하였다. 그 상태에서 박홍숙은 철거반원들에게 잘못을 빌라고 요구했지만 철거반원들은 격렬하게 반발하였다. 결국 격분한 박홍숙은 철거반원들을 향해 작업용 쇠망치를 휘두르기 시작했다. 결과는 처참했다. 네 명의 철거반원이 목숨을 잃었고 한 명이 뇌에 중상을 입었다.

박홍숙은 사건 직후 곧바로 체포되어 구속되었다. 무등산 타잔은 그 당시 언론이 박홍숙에게 붙여준 별명이었다. 박홍숙은 법정 최후진술에서 자신의 죄를 인정하고 죽여줄 것을 부탁하면서도 오갈 데 없는 가난한 자들의 생존권을 무참히 짓밟는 국가권력에 대해선 다음과 같이 일침을 가했다.

"당국에서는 아무런 대책도 없으면서도 그 추운 겨울에 꼬박꼬박 계고장을 내어 이에 응하지 않았다고 마을사람들을 개 취급했고, 집을 부수는 것까지는 좋았는데 당장 올데갈데없는 우리들에게 불까지 질러, 돈이며 천장에 꽂아두었던 봄에 뿌릴 씨앗 등이 깡그리 타버리고 말았다.…… 하물며 당국에서까지 이처럼 천대와 멸시를 받아야 하는 우리들에게 누가 달갑게 방 한칸 내줄 수 있겠는가?…… 옛말에도 있듯이 태산은 한 줌의 흙도 거부하지 않았으며 대하 또한 한 방울의 물도 거부하지 않았다고 하지 않는가? 세상에 돈 많고 부유한 사람만이 이 나라의 국민이고, 죄 없이 가난에 떨어야 하는 사람들은 이 나라의 국민이 아니란 말인가?"

한편 사건이 발생한 지 얼마 후부터 박홍숙 구명운동이 전개되기 시작했다. 박홍숙 구명운동은 광주 YMCA를 시작으로 점점 번져나가 서울의 유력 정치인들까지 합세하기에 이르렀다. 그러나 재판부는 박홍숙에게 본인이 원하는 대로 사형을 언도했다. 결국 1980년 12월 24일, 끝내 박홍숙에 대한 사형은 집행되었다. 그리고 시간이 흐르면서 사건은 사람들의 기억 속에서 사라져갔다.

박정희 시대에 벌어진 차별 중에서 결코 빼놓을 수 없는 것이 호남 지역에 대한 차별이었다.

'계'를 중심으로 한 전통적인 공동체 조직은 식민지 시기와 해방 이후 줄곧 약화되다가 한국전쟁을 거치면서 기능을 거의 상실하고 말았다. 그렇다고 해서 근대적 형태의 조직이 이를 대체한 것도 아니었다.

결국 개인은 아무런 보호장치나 완충지대 없이 급속히 발전하는 약육강식의 자본주의 시장경제 한복판에 내던져졌고, 동시에 거대하게 팽창한 국가기구의 폭력 앞에 알몸으로 노출될 수밖에 없었다. 이러한 상태에서 최소한의 보호기능을 기대할 수 있었던 것은 그나마 지연·학연·혈연 등 '연줄'뿐이었다. 이 중에서도 언제 어느 곳을 가든 만날 수 있고 의지할 수 있는 지연은 특별한 의미를 가졌다. 이로부터 '고향사람 챙기기'는 한국전쟁 이후 사회적 관계 형성에서 가장 중요한 지점의 하나가 되었다.

문제는 이 같은 고향사람 챙기기가 지배 엘리트를 다수 배출한 지역이 그렇지 않은 지역을 차별하는 원천이 될 가능성이 컸다는 점에 있었다. 여기에 정치적 의도가 개입한다면 그 가능성은 더욱 커질 수밖에 없다. 실제로 그러한 일이 영남과 호남 지역을 사이에 두고 일어나고 말았다.

1960년대까지만 해도 경상도와 전라도는 투표성향이 비슷했다. 경상도·전라도 모두 여당 지지 성향이 강했으며 도리어 중부권이 상대적으로 야당성향이 강한 편이었다. 그런데 1971년 대통령 선거에서 영남 출신인 공화당 후보 박정희와 호남 출신인 신민당 후보 김대중이 맞대결을 벌이면서 양상이 크게 바뀌기 시작했다.

당시 박정희 진영은 40대의 김대중 후보가 폭발적 인기를 끌면서 상당히 궁지에 몰려 있었다. 정상적으로 선거를 치르면 패배할 가능성이 컸던 것이다. 결국 박정희 진영은 결코 사용해서는 안 되는 카드를 꺼내고 말았다. 영남 지역이 인구에서 호남 지역을 압도하고 있는 점을 이용하여 선거를 지역대결 구도로 몰고 간 것이다.

당시 이효상 국회의장은 박정희가 신라의 후예임을 강조하면서 경상도 대통령을 만들 것을 공공연하게 선동하였다. 심지어 박정희 진영은 "김대중이 정권을 잡으면 경상도 전역에서 피의 보복이 있을 것이다!"라는 공포심을 조장하기도 하였다. 특히 경상도 지역의 공무원들에게는 "만약 김대중이 정권을 잡게 되면 모조리 모가지가 날아갈 것"이라며 엄포를 놓았다. 또한 중앙정보부는 대구에서 '호남인이여, 단결하라'는 호남향우회 명의로 전단을 날조하여 살포함으로써 영남인들의 지역감정을 자극하기도 하였다.

개표결과는 공화당의 박정희 후보가 634만 표, 신민당의 김대중 후보가 539만 표로 94만 표의 차이로 박정희 후보가 당선된 것으로 나타났다. 호남에서는 박정희 후보가 78만 표, 김대중이 141만 표를 얻은 반면, 영남에서는 박정희가 222만 표, 김대중이 72만 표를 얻었다. 사실상 영호남 대결에서 승부가 났다고 해도 과언이 아니었다.

1971년 대통령 선거를 계기로 박정희 정권은 지역대결 구도에 맛을 들이고 말았다. 그 때부터 호남 지역과 영남 지역에 대한 편 가르기가 시작되었다. 박정희 정권이 영남 지역을 기득권 세력으로 만들기 위해 호남 지역에 대한 차별을 노골화한 것이다. 다시 말해, 호남 지역에 배정되어야 할 몫의 일부를 가로채 영남으로 돌린 것이다. 그 결과, 영남 출신은 행정기관과 기업의 채용·승진에서 여러 모로 우대받았고, 반면 호남 사람들은 실력과 무관하게 차별을 받았다. 이러한 차별은 고위층으로 올라갈수록 정도가 심해졌다. 호남 출신이 고위층에 진입할 확률이 그만큼 낮았던 것이다.

극소수가 고위층으로 진출하는 것과 민중의 삶이 무슨 관계가 있는가라고 반문할 수 있다. 그러나 지연·학연·혈연 등 연줄이 지배하는 사회에서 고위층으로의 진출은 그 파급효과가 당사자에게만 국한되지 않는다. 그 한 사람으로 하여 수천 명이 취업과 승진에서 직간접적으로 영향을 받는 것이다.

이와 함께 고위층 진입에서의 차별은 국가자원의 배분을 어렵게 하면서 궁극적으로 지역 전체의 소외로 이어졌다. 호남 지역이 산업화에서 소외된 것은 그 단적인 현상이었다. 수도권 인구 중 호남 출신이 유독 많은 비중을 차지했던 것도 실상 호남 지역 내부에 노동력을 흡수할 산업기반이 취약한 데 따른 결과였다.

정치권력에 의한 차별은 호남 사람들에 대한 각종 편견을 조장했다. 박정희 정권은 호남 지역에 대한 차별을 정당화하기 위해 호남인들의 인간성에 대한 왜곡된 논리를 만들어냈다. 전라도 사람들은 겉 다르고 속 다르며 뒤끝이 안 좋기 때문에 함부로 믿고 맡기면 안 된다는 것이었다.

이러한 논리가 시중에 유포되자 타 지역에서는 호남 사람이라고 하면 세도 놓지 않을 만큼 불신하고 경계하는 풍조가 만연하였다. 군대에서마저 호남 출신은 집중적인 학대대상이 되었다. 사람들은 호남 출신이 파렴치 행위를 하면 곧바로 전라도 사람이라는 것을 강조했다. 하지만 타 지역 사람이 그럴 경우는 군이 출신지역과 연관 짓지 않았다. 그저 그 인간이 못돼먹어서라는 식으로 개인의 문제로 간주하였을 뿐이다.

이로부터 "너 전라도지!"라는 말은 "너 빨갱이지!"라는 말 만큼이나 공포를 자아내기에 이르렀다. 그러다보니 호남 사람은 타 지역에서 자신의 출신지역을 노출시키지 않기 위해 무척 애를 썼다. 호남 사람들은 우선적으로 자기 지역을 벗어나면 말투부터 바꾸었다. 서울에 온 지방 출신 중에서 가장 먼저 서울말을 배우는 사람들도 호남 출신들이었다.

반면, 경상도 사람들은 수도권에 진출하더라도 사투리를 그대로 사용했다. 고치지 못하는 것이 아니라 안 고치는 것이었다. 왜냐하면 경상도 사투리를 사용한다는 것 자체가 권력을 표현하는 것이기 때문이었다. 흥미로운 것은, 같은 경상도 출신이라고 하더라고 여성은 상대적으로 쉽게 사투리를 포기하는 편이었다. 권력을 누릴 기회가 그만큼 적기 때문이었다.

그런데 정작 TV 드라마나 영화는 실상과는 전혀 다르게 묘사해왔다. TV 드라마나 영화에는 서울바닥을 휘젓고 다니는 사기꾼이나 파렴치

범은 으레 전라도 사투리를 쓰는 것으로 묘사했던 것이다. 반면, 사회적으로 성공하고 존경받는 인물 중에서 전라도 말씨를 쓰는 것으로 묘사되는 경우는 거의 없었다. 호남인에 대한 문화차별이 공공연하게 이루어진 것이다.

이 같은 양상은 1990년대까지도 그대로 이어졌다. 1995년에 SBS에서 방영되어 폭발적 호응을 얻은 드라마 〈모래시계〉를 예로 들어보자. 〈모래시계〉에는 똑같이 광주 지역을 고향으로 둔 두 명의 주인공이 등장한다. 그런데 검사로 성공한 인물(박상원)은 서울 표준말을 쓰는 데 반해 조폭으로 전락한 인물(최민수)은 호남 지역을 벗어났음에도 불구하고 계속해서 전라도 사투리를 썼다.

3. 저항, 억압 그리고 몰락

누구나 아는 진리이지만 지렁이도 밟으면 꿈틀한다고 했다. 당연히 인간사회에서 억압 있는 곳에 저항이 있게 마련이다. 그러한 저항을 강하게 억누를수록 저항의 폭발력은 한층 커지게 마련이다. 그러다 마침내 활화산이 되어 거대한 폭발을 일으키면서 철옹성 같았던 권력마저 무너뜨리고 만다. 1970년대 한국의 정치현실은 그러한 소박한 진리를 액면 그대로 보여주었다.

분노의 폭발

박정희는 말을 자주 바꾸기로 정평이 난 정치가였다. 5·16군사쿠데타 즉시 박정희는 혁명과업이 완수되면 부대로 복귀하겠다는 말을 반복했다. 권력이 탐나 쿠데타를 일으켰을 것이라는 세간의 따가운 시선을 의식한 것이었다. 하지만 박정희는 그 같은 약속을 뒤집고 공화당 창당을 바탕으로 대통령 선거에 출마했다.

유사한 일이 그 후에 일어났다. 본디 5·16군사쿠데타 이후 개정된 헌법에 따르면, 대통령은 중임, 즉 두 번까지만 할 수 있도록 되어 있었다. 장기집권으로 인한 독재를 방지하기 위한 장치였다. 박정희 스스로도 1967년 대선에서 "3선개헌은 절대 하지 않는다"는 것을 여러 차례 공언하는 등 장기집권 의사가 없음을 강하게 내비쳤다. 하지만 불과 2년 후에 박정희는 자신이 한 약속을 저버리고 3선개헌을 단행했다.

1969년 8월 7일 3선개헌안이 국회에 제출되었고, 9월 13일에는 본회의에 회부되었다. 9월 14일 새벽 2시 50분에 공화당과 무소속 의원 122명은 야당의원들이 점령하고 있는 국회 본회의장을 버리고 국회 제3별관 특별위원회실에 모여 25분 만에 개헌안을 날치기로 통과시켰다. 국회의장 이효상은 의사봉이 준비되어 있지 않은 상태에서 다급한 나머지 주전자 뚜껑을 두들기며 개헌안 통과를 선언했다.

10월 17일 3선개헌안에 대한 국민투표가 실시되었고 77.1퍼센트 투표율에 65.1퍼센트의 찬성률로 가결되었다. 미국은 한국군의 베트남 파병이 정점에 이른 상태임을 감안하여 3선개헌을 지지했다. 국민투표가 가결되자, 미국은 즉각 3선개헌에 대해 '민주주의를 향한 전진'이라는 성명을 냈다.

3선개헌이 이루어진 뒤, 첫 대통령 선거가 1971년 4월에 치러졌다. 경쟁상대는 앞서 언급했듯이 신민당의 40대 후보 김대중이었다. 김대중 후보는 이번 대선에서 박정희 후보가 당선되면 종신집권을 목적으로 총통제를 도입할 것이라고 경고했다. 그에 대해 박정희는 서울 유세에서 눈물까지 흘리면서 이번이 자신의 마지막 출마임을 강조하며 지지를 호소하였다. 하지만 대통령에 당선된 박정희는 (잠시 뒤에 살펴보겠지만) 불과 1년 뒤에 김대중이 경고한 대로 종신집권을 향한 거사를 일으켰다.

이렇게 하여 박정희는 거듭되는 번의를 거치면서 장기집권으로 치달았다. 그에 따라 권력에의 접근이 차단된 경쟁세력의 반발은 더욱 커졌고 이를 억누르기 위해 박정희 정권은 독재체제를 더욱 강화할 수밖에 없었다.

박정희 정권이 장기독재로 치닫고 있던 무렵, 저항의 불길을 지피는 한 점의 불꽃이 타올랐다.

1970년 11월 13일, 서울 청계천 6가에서 동대문운동장 쪽으로 약 6백 미터에 걸쳐 형성되어 있는 평화시장 위 하늘에는 잿빛 구름이 짙게 깔려 있었다. 오후 1시 40분, 한 청년이 국민은행 앞길로 뛰어나가며 무어라고 외쳤다. 그의 몸은 전신이 불길에 휩싸여 있었다.

"근로기준법을 준수하라!"

"우리는 기계가 아니다! 일요일은 쉬게 하라!"

"노동자들을 혹사하지 말라!"

그는 몇 마디의 구호를 짐승의 소리처럼 외치다가 그 자리에 쓰러졌다. 그의 품에서는 근로기준법 책이 함께 불타고 있었다. 사람들은 당황하여 불을 끌 엄두도 못 내었고, 주변의 노동자들과 행인들이 웅성거리며 모여들었다. 3분쯤 지나 불길이 꺼지자 쓰러진 그 청년은 다시 일어나 외쳤다.

"내 죽음을 헛되이 하지 말라! ……!"

인간의 모습이라고는 할 수 없는 참혹한 모습으로 그는 마지막 남은 생명의 힘을 다 짜내는 듯 야차처럼 울부짖었는데, "내 죽음을 헛되이 하지 말라!"는 외마디 소리를 제외하고는 도저히 알아들을 수 없었다.

직업－평화시장 재단사

나이－24세

이름－전태일

그는 이렇게 갔다. 스물넷의 젊은 청춘은 채 피지도 못하고 평화시장의 앞길에서 한 점 불꽃으로 사라져갔다. 하지만 전태일의 육신을 태운 불꽃은 수천, 수만의 새로운 불꽃을 만들어내면서 노동현장을 짓누르고 있었던 어둠을 태우는 거대한 불길로 타올랐다.

전태일의 죽음으로 노동문제는 여론에서 가장 중요한 관심사의 하나가 되었다. 무엇보다도 전태일의 죽음은 학생들 사이에서 뜨거운 관심을 촉발했다. 11월 16일, 서울대 법대생 100여 명은 전태일의 시신을 인수해 학생장으로 치르겠다는 입장을 표명했다. 서울대 상대생 400여 명도 무기한 단식농성에 들어갔으며, 11월 23일 새문안교회 소속 대학생 40여 명은 스스로를 참회하고 사회문제를 고발하는 의미로 금식 기도회를 열기도 하였다. 또한 전태일의 분신을 계기로 기독교는 노동문제에 관심을 갖고 산업선교에 돌입했다. 그로부터 노동운동이 요원의 불길처럼 번져가기 시작했다.

전태일의 분신으로 점화된 불길은 여기에 머무르지 않고, 1971년 봄이 되자 각계각층에서 연쇄적인 폭발을 일으켰다.

4월 2일, 연세대생 500여 명이 교련 거부 성토대회를 가졌으며, 유사한 투쟁이 전국의 각 대학으로 번져갔다. 6월 16·17일에는 국립의료원 및 국립대학교 부속병원 수련의들이 처우개선과 신분보장을 요구하면서 파업에 돌입했다. 7월에는 사법부 길들이기 차원에서 시국사건 관련 무죄판결을 많이 낸 서울지방법원 판사에 대해 구속영장을 신청하자, 이에 항의해 전국의 판사 415명 중 106명이 사표를 제출하는 사법파동이 일어났다. 9월에는 한진상사 기술자들이 밀린 임금지불을 요구하며 KAL 빌딩에 진입해 방화시위를 하는 사건이 발생하기도 하였다.

그로부터 얼마 후인 10월 4일, 고려대 학생들이 박정희 정권의 부정부패를 규탄하는 시위를 전개하면서 부패인물의 핵심으로 윤필용·이후락·김진만 등의 이름을 거론하였다. 그러자 자신의 이름이 거론된 것에 격분한 수도경비사령관 윤필용은 휘하 헌병대 병력 30여 명을 고려대에 난입시켰다.

박정희 정권이 군사독재임을 액면 그대로 폭로한 군인들의 대학가 난입은 그 후에도 반복해서 일어났다. 하지만 그 같은 행위는 군인의 학원난입 중단과 중앙정보부 폐지를 요구하는 학생시위를 더욱 격화시켰을 뿐이다. 다급해진 박정희 정권은 10월 15일 위수령을 발동하였고 시위참가 학생들에 대한 대대적인 강제입대 조치를 취했다. 군부독재의 수위를 더욱 더 높여간 것이다.

암흑의 시대

박정희는 1971년 대선에서 예상 밖으로 고전했고, 이어진 총선에서도 야당이 약진(공화당 113석, 신민당 89석)하는 모습을 보면서, 정상적인 방법으로는 재집권이 불가능하다고 판단했다. 때마침 1972년 남북대화가 이루어지고 7·4남북공동성명이 발표되었다. 박정희는 이를 기회로 '통일에 대비한 강력한 통치체제 구축'을 내세우면서 이른바 유신체제로의 전환을 시도했다. 그 과정은 명백히 또 하나의 쿠데타였다.

1972년 10월 17일, 중앙청 앞에 탱크가 다시 등장했다. 군사 쿠데타가 일어났던 1961년 5월 16일 이후 11년 5개월 만의 일이었다. 1961년과 마찬가지로 전국에 비상계엄령이 내려진 가운데, 국회는 해산되었고 모든 정당의 정치활동이 중지되었다. 이러한 가운데 10월 27일 '조국의 평화통일을 지향하는 헌법개정안'(유신헌법)이 공고되었고, 얼마 후 국민투표를 거쳐 확정되었다.

유신헌법에 따르면, 대통령 연임제한 조항이 사라졌고 선출방식도 직선에서 통일주체국민회의에서 선출하는 간선제로 바뀌었다. 또한 대통령에게 긴급조치권과 국회해산권 같은 초헌법적인 권한을 부여했다. 아울러, 대통령이 국회의원 정수의 3분의 1과 법관까지 임명할 수 있도록 하였다. 국회의원 선출방식 또한 종전의 임기 4년·소선거구제에서, 임기 6년에 한 지역구에서 2명을 뽑는 중선거구제로 바뀌었다. 지역구에서 여당 의원이 당선될 것이 분명했음을 감안하면 유신체제는 여당이 자동적으로 국회의원의 3분 2를 차지하도록 보장한 셈이었다.

이렇게 하여, 의회공간이 완전 무력화되면서 대통령 1인독재 체제 수립과 종신집권이 가능해졌다.

유신체제가 출범한 지 얼마 뒤인 1973년 8월, 박정희가 국민들로부터 동정을 듬뿍 받으면서 정권에 대한 반발을 극도로 억제시킨 사건이 발생하였다.

1973년 8·15광복절 기념식장에서 대통령부인 육영수 여사가 살해되었다. 당국은 북한의 사주를 받은 재일동포 문세광이 행사장에 잠입하여 대통령을 저격하려 했고, 그 과정에서 육영수 여사가 범인이 쏜 탄환에 맞아 목숨을 잃었다고 발표했다. 문세광은 범인으로 기소되었고 사건발생 후 128일, 대법원의 사형 확정판결을 받은 지 4일 후 형장의 이슬로 사라졌다.

육영수 여사는 항상 소박하고 성실한 모습으로 사회의 그늘진 곳을 찾아다니는 심성이 착한 영부인으로 평가받았다. 반면, 청와대 안에서는 국민의 소리를 대통령에게 전달하는, 바른말 잘 하기로 소문이 나 있었다. 그런 점에서 박정희에 대해 비판적인 사람들조차도 육영수 여사에 대해서는 대단한 호감을 갖고 있었다. 따라서 육영수 여사의 살해는 국민들에게 상당한 충격으로 다가갈 수밖에 없었다. 기다렸다는 듯이 북한을 규탄하는 반공대회 물결이 전국을 휩쓸었다. 동시에 유신독재 단행으로 집중적인 비판을 받던 박정희는 국민의 동정을 한몸에 받았다.

그러던 중 사건이 발생한 지 16년이 지난 1989년 8월, 경찰간부로 사건수사에 참여한 바 있던 이건우(1989년 당시 67세) 씨가 육영수 여사 피살사건과 관련하여 갖가지 의문점을 제기하기에 이르렀다.

먼저 이씨는 문세광이 비표도 없이 그것도 권총을 소지하고 행사장에 들어간 것은 상식적으로 불가능하다는 점을 지적하였다. 사건 당시 행사장에는 청와대 경호실 요원을 포함해서 약 600여 명의 경찰, 수사요원이 포진하고 있었다. 행사장 참여 또한 사전에 초청받은 사람들에게 국한되었고 엄격한 '체크'를 거쳐 입장이 허용되었다. 고성능 금속 탐지기가 사용된 것은 물론이다. 청와대 경호실 등 권력핵심의 협조 없이 문세광이 행사장에 들어가는 것은 원천적으로 불가능했던 것이다.

다음으로 이씨는 육영수 여사가 문세광이 쏜 탄환에 맞아 죽지 않았음을 제기했다. 문세광이 사용한 총은 5연발 권총이었는데, 수사결과 총알 하나는 권총 안에 있었고, 나머지 4발의 탄환자국은 육영수 여사가 아닌 행사장 다른 곳에서 확인되었다. 결국 육영수 여사는 문세광이 아닌 다른 사람이 쏜 총에 맞아 사망한 것이다.(사건 당시, 문세광이 총을 발사하자 무대 뒤에서 경호실 요원이 뛰쳐나오며 총을 쏘았다. 사람들은 모두가 범인을 향해 쏘았다고 생각했는데 그 과정에서 육영수 여사와 여학생 한 명이 총탄을 맞고 쓰러졌다)

이씨는 육영수 여사가 총탄을 맞은 부위가 어느 쪽인지 확인하면 사건의 실마리를 풀 수 있다고 보았다. 문세광이 쏜 총탄에 맞아 죽었다면 문세광의 위치로 볼 때 육영수 여사의 얼굴 정면 아니면 오른쪽 부위를 관통했을 것이기 때문이었다. 그런데 이씨가 확인한 서울대병원 수술일지에는 총알이 '왼쪽 뇌정맥을 꿰뚫어…… 심했다'고 적혀 있었다.

이런 점에서 이씨는 육영수 여사가 문세광이 아닌 다른 사람이 쏜 총에 맞아 죽은 것으로 확신했다. 물론 구체적으로 누구의 총에 맞아 죽었는지에 대해서는 언급하지 않았다. 다만, 사건 당일 자정 무렵 청와대 경호실이 행사장에 와서 탄두를 수거해간 사실에 대해 강한 의문을 제기하였을 뿐이다. 탄두는 결정적인 물적 증거인데 경호실이 이를 '청소'해버린 것이다.

육영수 여사의 사망에도 불구하고 1973년 가을학기부터 산발적인 학생들의 시위가 발생했다. 위기를 느낀 박정희 정권은 가공할 탄압을 가하기 시작했고 마침내 민청학련 사건을 통해 한도를 넘어서고 말았다.

1974년 봄, 주요 대학에서 유신 반대시위가 벌어지는 가운데 학생들은 '전국민주청년학생총연맹'(민청학련) 명의의 유인물을 배포하고 연합 가두시위를 추진하였다. 연합 가두시위는 정권의 철저한 봉쇄로 좌절되었으며 곧이어 대대적인 검거선풍이 불어닥쳤다. 민청학련은 유인물에 사용된 편의상의 명의였음에도 불구하고, 당국은 이를 이적단체로 규정하여 무려 1,224명의 학생·지식인·종교인을 연행하였다. 그 가운데 253명을 구속, 비상군법회의에 송치하였다. 군법회의는 그 중 이철·김지하 등 7명에게 사형을 언도하고, 정문화 등 7명에게는 무기징역을 선고하였으며 나머지에 대해서도 모두 실형을 선고하였다.

또한 당국은 유신헌법에 명시된 대통령 긴급명령으로서 긴급조치 4호를 발표하였는데, 주요 내용은 다음과 같다.

1. 전국민주청년학생총연맹과 이에 관련되는 제 단체(이하 단체라 한다)를 조직하거나 또는 이에 가입하거나 단체나 그 구성원의 활동을 찬양·고무 또는 이에 동조하거나 …… 단체나 그 구성원의 활동에 직접 또는 간접으로 관여하는 일체의 행위를 금한다.

5. 학생의 정당한 이유 없는 출석수업 또는 시험의 거부, 학교 관계자 지도·감독 하의 정상적 수업, 연구활동을 제외한 학교내외의 집회, 시위, 성토, 농성, 기타 일체의 개별적 집단적 행위를 금한다. 단, 의례적 비정치적 활동은 예외로 한다.

6. 이 조치에서 금한 행위를 권유·선동·선전하거나 방송·보도·출판·기타 방법으로 타인에게 알리는 일체의 행위를 금한다.

7. 문교부장관은 대통령 긴급조치에 위반한 학생에 대한 퇴학 또는 정학의 처분이나 학생의 조직·결사·기타 학생단체의 해산 또는 이 조치 위반자가 소속된 학교의 폐교처분을 할 수 있다.

8. 제1항 내지 제6항에 위반한 자, 제7항에 의한 문교부장관의 처분에 위반한 자 및 이 조치를 비방한 자는 사형·무기 또는 5년 이상의 유기징역에 처한다.

9. 이 조치에 위반한 자는 법관의 영장 없이 체포·구속·압수수색
   하며 비상군법회의에서 심판, 엄단한다.
11. 군 지역사령관은 서울특별시장, 부산시장 또는 도지사로부터
   치안질서 유지를 위한 병력출동의 요청을 받을 때에는 이에
   응하여 지원하여야 한다.

독재가 어디까지 갈 수 있는지를 과시하기라도 하는 것처럼 긴급조
치 4호는 집회, 시위, 결사, 언론, 출판 등 민주주의의 기본권리를 완벽
하게 봉쇄하였다. 이는 뒤집어서 말하면, 당시 박정희 정권이 국민의
자유로운 결사와 의사표현을 허용하는 순간에는 잠시도 버틸 수 없을
만큼 취약했음을 말해주는 것이기도 하였다.

하지만 박정희 정권의 탄압은 여기에 그치지 않았다. 1974년 4월 8일,
중앙정보부는 민청학련 배후조직으로 인민혁명당 재건위원회가 구성
되어 활동했으며 주모자 23명을 구속했다고 발표하였다.('1차 인혁당 사
건'은 1964년에 발생하였는데, 중앙정보부가 조작한 점이 역력하여 검사들이 기소
를 거부하기도 하였다.)

중앙정보부는 조사과정에서 사건 관련자들에게 무지막지한 고문을
가했는데, 그 과정에서 인간이 어떻게 짐승의 수준으로 전락할 수 있는
지를 생생하게 보여주었다. 사건 관련자의 한 명인 하재원은 상고 이유
서에서 '혹독한 고문으로 창자가 다 빠져버리고 폐농양증이 생겨 생명
의 위협을 느끼는 가운데 취조를 받았다'라고 했다. 이 사건으로 9년을
복역한 전창일은 물고문, 전기고문, 태형 등 인간이 받을 수 있는 온갖
유형의 고문을 받았다고 말했다.

결국 구속된 23명 가운데 8명(김용원, 도예종, 서도원, 송상진, 여정남, 우

홍선, 이수병, 하재완)이 사형을 선고받았고 나머지도 무기징역 등 중형을 선고받았다. 1975년 4월 8일, 대법원 상고가 기각됨에 따라 형이 최종 확정되었다. 그러자 박정희 정권은 바로 다음날인 4월 9일 새벽, 8명에 대해 전격적으로 사형을 집행하였다. 사건 관련자들은 가족들의 얼굴을 볼 수 있는 기회마저 단 한 번도 갖지 못한 채 형장의 이슬로 사라져야 했다.

그 날 서울구치소 앞은 눈물과 통곡의 아수라장이 되었다. 소식을 듣고 달려온 가족들은 실성한 사람처럼 울부짖으며 희생자들을 살려내라고 아우성을 쳤다. 주위는 경찰과 군인들이 주변을 철저히 차단하고 있었다. 그 상태에서 경찰은 고문흔적이 유난히 심했던 송상진과 여정남의 시신을 탈취하여 벽제 화장터에서 강제로 화장을 시켰다.

이러한 가운데 가족들이 이수병의 시신을 집에 안치하고 살펴보니 손톱, 발톱은 물론이고 발뒤꿈치 부위와 등허리가 까맣게 타 있었다. 철판에 눕히고 장시간 전기고문을 한 흔적으로, 체포되고 1년이 다 되도록 없어지지 않은 것을 보면 얼마나 혹독한 고문에 시달렸는지를 알 수 있었다.

그로부터 20년이 지난 1995년, MBC가 사법제도 100주년을 맞이해 판사 315명을 대상으로 실시한 설문조사에서 '우리나라 사법사상 가장 수치스러운 재판'으로 인혁당 재건위 사건이 꼽혔다. 스위스 제네바에 본부를 둔 국제법학자협회도 그 날을 '사법사상 암흑의 날'로 선포했다.

모진 세월이 흐르고 난 뒤인 1998년 11월 19일, 비로소 '인민혁명당 사건 진상규명 및 명예회복을 위한 대책위원회'가 발족되었다. 2002년 9월 12일, 대통령 산하 의문사진상규명위원회는 인혁당 재건위 사건이 중앙정보부의 조작극임을 발표하였다. 또한 2007년 1월 23일, 법원은 인혁당 재건위 사건에 대해 최종적으로 무죄판결을 내렸다. 이를 바탕으로 2009년 6월 20일에 법원은 사건 피해자 및 가족 67명이 낸 피해배상 소송에 대해 국가는 모두 235억 원을 배상하라고 판결을 내렸다.

박정희 정권이 인혁당 사건 관계자 8명을 전격적으로 사형시킨 것은 저항하는 자의 최후가 어떤 것인지를 본보기로 보여주기 위한 것이었다. 요컨대, 죽음의 공포를 조장함으로써 저항세력을 위축시키고자 하는 데 그 목적이 있었던 것이다. 그러나 죽음을 각오한 사람들에게 그러한 경고는 아무런 의미가 없었다.

인혁당 사건 관계자 8명이 비명에 간 지 불과 이틀 뒤, 서울대생 김상진이 유신헌법 철폐를 외치며 할복자살하였다. 김상진의 할복자살에 자극받은 대학가는 다시금 반유신 투쟁으로 들끓기 시작했다.

그러자 박정희 정권은 1975년 5월 13일, 악명 높은 긴급조치 9호를 선포하였다. 긴급조치 9호는 유신헌법에 대한 부정·반대·왜곡·비방 및 폐기 주장·청원·선동 또는 이를 보도하는 행위 자체까지 일절 금지시켰다. 또한 위반자는 영장 없이 체포한다는 내용을 포함해, 그 동안의 긴급조치들을 종합적으로 보완한 것이었다. 이는 곧 유신체제의 영구화를 기도하는 제도적 장치에 다름 아니었다.

긴급조치 9호는 박정희가 죽은 뒤인 1979년 12월 7일에 해제될 때까지 약 4년 동안 800여 명의 구속자를 낳았다. 하지만 그것이 전부가 아니었다. 가령 박정희 정권 마지막해인 1979년 한 해 동안에만도 국가보안법·집회 및 시위에 관한 법률·긴급조치 등의 위반으로 무려 1,239명이 구속되었다.

이러한 가운데 1978년 7월 6일, 장충체육관에서 열린 제2대 통일주체국민회의는 임기 6년의 대통령을 뽑았다. 단독 출마한 박정희는 2,583명의 대의원 중 2,578명이 참석한 가운데 99.99퍼센트인 2,577명의 찬성(무효 1표)을 얻어 제9대 대통령으로 당선되었다. 그러나 상황은 박정희가 제9대 대통령으로서 임기를 모두 채우기에는 너무나 급박하게 전개되고 있었다.

비참한 몰락

긴급조치 9호는 박정희 정권이 저항을 억누르기 위해 내놓을 수 있는 마지막 카드였다. 그런데도 유신체제에 저항하는 투쟁이 계속된다면 박정희 정권은 대응 카드가 바닥이 나는 상태에 내몰릴 수밖에 없었다. 이는 곧 박정희 정권의 생명력이 다해가고 있음을 말해주는 것이었다.

긴급조치 9호 발효와 함께 잠시 멈칫했던 대학가는 박정희 정권의 생명력이 다해가고 있음을 감지하자 1977년부터 반유신 투쟁을 강화하기 시작했다. 머지않아 승리할 것이라는 확신이 서면서 구속, 제적 등에 대한 두려움도 빠르게 사라지기 시작했다. 그에 따라 대학가의 반유신 투쟁 대열은 더욱 대규모화되어갔고 양상 또한 적극적인 가두진출을 시도하는 등 한층 격렬해져갔다.

노동현장 또한 여성 노동자들을 중심으로 연속적으로 불을 뿜기 시작했다. 그 한 예로, 1978년 인천 동일방직 1,000여 명의 여성 노동자들은 노조를 파괴하고자 하는 회사 측과 경찰에 맞서 알몸시위를 전개하는 등 치열하게 투쟁하였다. 그럼에도 불구하고, 경찰은 알몸의 여성 노동자들을 무차별 공격하여 일대를 피의 아수라장으로 만들었다. 한 걸음 더 나아가, 회사 측에 매수된 일부 남성 노동자들은 경찰의 엄호 아래 여성 노동자들에게 분뇨를 뿌리고 강제로 먹이는 등의 만행을 저지르기도 하였다. 도저히 상상할 수 없는 일들이 벌어진 것이다.

다음해인 1979년, 업주가 임금을 횡령하고 도주한 YH무역의 여성 노동자들이 최후의 수단으로 신민당사 농성을 감행했다. 당시 신민당 총재였던 김영삼은 여성 노동자들의 농성을 적극 지지하고 후원하였다. 이는 기층민중과 야당이 박정희 정권에 맞서 연대했음을 알리는 매우 중요한 상징적 사건이었다.

막바지로 몰린 박정희 정권은 경찰을 투입하여 농성중인 여성 노동자들을 강제로 해산시켰다. 강제해산 과정에서 여성 노동자들은 물론이고 함께 있던 야당 의원들과 기자들을 향해 무차별 폭력이 행사되었으며, 결국 YH무역 여성 노동자였던 김경숙이 사망하는 참변이 일어나고 말았다. 박정희 정권이 급속하게 이성을 상실해가고 있음을 보여주는 장면이 아닐 수 없었다.

박정희 정권이 자제력을 완전 상실했음은 곧이어 발생한 김영삼 제명사건을 통해 한층 분명해졌다. 1979년 10월 4일, 박정희 정권은 김영삼 신민당총재가 미국 언론과의 인터뷰에서 정부를 비판하는 발언을 한 것을 문제 삼아 국회에서 제명하였다. 김영삼의 제명은 미국이 그에 대한 항의표시로 글라이스틴 주한 미국대사를 워싱턴으로 소환할 만큼 파장이 컸다.

무엇보다도 김영삼의 제명은 그의 정치적 고향인 부산 지역의 민심을 강하게 자극하였다. 10월 16일, 부산대생과 뒤이은 동아대생들의 가두진출은 일시에 수만 명의 시민들이 가세한 대규모 민중항쟁으로 발전하였다. 마침내 부마항쟁이 시작된 것이다. 시위대들은 "유신 철폐", "김영삼 제명 철회" 등을 외치며 그 동안 권력의 말초신경 역할을 해온 파출소와 신문사 등에 투석하고 경찰차를 불태우는 등 격렬한 투쟁을 전개했다. 다음날에도 항쟁은 계속되었고 그 양상 또한 더욱 격렬해졌다. 그 날 하루 연행된 학생·시민만도 1,058명에 이르렀다.

10월 18일, 부산 지역에는 계엄령이 선포되고 군부대가 진주했다. 하지만 시위는 쉽게 수그러들지 않았고 도리어 마산 지역의 시민항쟁을 촉발하는 것으로 이어졌다. 다급해진 박정희 정권은 마산과 창원 지역 일원에 위수령을 선포하였으나, 곧이어 대구에서 대규모 시위가 발생하는 등 항쟁은 전국적으로 확산될 조짐을 보였다. 상황은 이미 위험 수위를 넘어서고 있었던 것이다.

한편 17일 새벽, 부산으로 내려가 현지상황을 직접 확인한 중앙정보부장 김재규는 부산 시위가 단순한 학생시위가 아니라 장차 5대 도시로 확산될 민란과 같다고 판단하였다. 그에 따라 김재규는 강경진압이 사태를 더욱 악화시킬 것으로 보고 온건한 대처를 주장하였다. 반면, 경호실장 차지철은 부산에서의 시위를 불량배나 사회 불만세력이 일으킨 폭동이라고 보고하면서 강경진압을 주장했다. 박정희는 이러한 엇갈린 주장에 대해 김재규의 무능을 질타하면서 차지철의 강경대응 노선에 일방적으로 힘을 실어주었다.

그 당시 박정희는 신변안전에 위협을 느끼면서 대부분의 시간을 경호실 요원들과 함께 보내고 있었다. 이를 틈타 차지철 경호실장은 모든 권한을 자신에게 집중하면서 막강한 힘을 발휘했다. 차지철은 전두환, 노태우 등 군부 실력자들을 경호실 차장보로 영입하고, 유사시 수도경비사령부(이후 수도방위사령부로 개칭)를 청와대 경호실이 지휘하도록 하는 등 군부를 확실하게 장악하고 있는 상태였다. 아울러, 경호실 내에 별도의 정보조직을 운영함으로써 박정희에게 보고되는 정보마저 독점하였다.

이런 상황에서 박정희가 민중항쟁에 대한 대처방안에 대해서도 차지철에게 일방적으로 힘을 실어주자 중앙정보부장 김재규의 입지는 더욱 더 좁아질 수밖에 없었다. 김재규는 그러한 상태에서 벗어나기 위해 안간힘을 썼고 결국 박정희와 차지철을 함께 제거하는 것에서 출구를 찾았다.

마침내 1979년 10월 26일 중앙정보부장 집무실이 있는 궁정동 안가에서 만찬자리를 갖던 중, 김재규는 사전에 계획했던 대로 박정희와 차지철을 향해 권총을 겨누었다. 곧바로 박정희와 차지철은 피를 흘리며 쓰러졌고, 그와 동시에 18년에 걸쳐 지속되었던 박정희 정권은 비참하게 무너져 내렸다.

김재규가 최고통치자를 암살한 배경에 대해 많은 의구심이 제기되었다. 무언가 믿을 만한 배경이 있지 않는 한 그토록 엄청난 일을 결심할 수 없었을 것이라는 것이 주된 이유였다. 이와 관련하여 미국의 역할을 주목하는 경우가 많았다. 그러한 분위기를 반영하여 "(박정희를) 죽인 것은 한국인이지만, 지시한 것은 미국인이다"라는 말이 나돌기도 하였다.

하지만 현재까지 밝혀진 미 국무부, CIA, 주한 미대사관 문서만을 놓고 보면 미국이 박정희 제거지시를 내렸다는 뚜렷한 증거는 없다. 또한 당시 워싱턴의 분위기는 그러한 지시를 내리기 쉽지 않았다는 주장도 있다. 무엇보다도 제3세계 지도자 암살에 연루되었다고 의심을 받아온 FBI, CIA, NSA 등에 대한 대대적인 청문회가 진행된 지 얼마 되지 않은 상황이었다는 것이다.

그러나 미국이 박정희의 제거를 희망했고 적어도 박정희의 제거를 반대하지 않을 것이라고 김재규가 판단할 수 있는 소지는 매우 많았다. 이와 관련하여 1970년대 중반 이후, 박정희와 미국 사이에 핵무기 개발을 둘러싸고 벌어졌던 갈등을 살펴볼 필요가 있다.

박정희는 1970년대 미국이 주한미군을 철수시킬 움직임을 보이자, 그에 맞서 비밀리에 핵무기 개발을 추진하였다.

박정희는 1974년부터 핵무기 개발에 필요한 해외 고급인력을 유치하기 시작했고, 이들을 과학기술처 산하 원자력연구소 특수사업부에 배치하였다. 정보를 입수한 미국은 박정희의 핵무기 개발을 포기시키기 위해 국무부 관리들을 한국에 파견하였다. 미 국무부 관리들은 한국 관계자들을 범죄자 취급하듯 하였는데, 당시 분위기는 화가 난 한국 측 인사가 "너희는 양반 노릇만 하고 우리는 밤낮 너희 밑에서 짐꾼 역할만 하라는 거냐"고 따질 만큼 대단히 고압적이었다.

미 국무부 대표단은 박정희를 만나 핵개발 강행시 군사원조를 중단하겠다는 방침을 통고하였다. 그러자 박정희는 곧바로 핵개발 중단을 지시하였다. 하지만 그것은 제스처에 불과했다. 박정희는 이름을 바꾸고 장소를 서울에서 대덕으로 옮기면서까지 핵무기 개발을 계속 추진했다. 그러자 미 대사관의 로버트 스텔러가 사업내용을 알아내려고 불시에 대덕을 찾아오곤 했다. 당시 실무책임자였던 김철 박사의 이야기를 들어보자.

"이 친구는 미 중앙정보국 요원으로서 원자력에 관한 훈련을 받고 한국에 파견됐어요. 사전에 전화도 없이 불시에 달려오곤 했지요. 승용차에 성조기를 펄럭이며 나타날 때는 정말 위세가 등등했습니다. 소장 방에 들러 인사하는 법도 없었어요. 아무 방이나 '문을 열라'고 하고 시설측정도 제멋대로 했어요.…… 이게 우리의 위상인가 싶어 서글픈 생각이 들고, 자존심이 상한 적도 한두 번이 아니었습니다."

박정희가 핵무기 개발을 강행하면서 박정희에 대한 미국의 시각은 매우 부정적으로 흐르기 시작했다. 이와 관련하여 1970년대 중반에 국방부 합동참모부에 근무했던 한 예비역 고위 장성은 이렇게 증언했다.

"아마 1978년 이후일 겁니다. 미군 고위 관계자가 나에게 '박정희 이후를 생각해본 적이 있느냐?'며 '당신은 생각이 없는가?'라고 넌지시 묻더군."

1970년대 국방과학연구소ADD의 핵무기 설계책임자였던 모 과학자도 비슷한 증언을 했다.

"1976년 여름 CIA 관계자가 '박정희를 사라지게 하면 어떻게 될까?'라고 묻더군요. 그래서 내가 '무슨 소리냐?'고 반문했더니 '박정희가 사라지면 무슨 일이 일어날지 물었던 것'이라고 얼른 말을 바꾸더군요."

한국에 있던 CIA 요원과 주한미군, 미 대사관 관계자들에게서 이런 이야기를 들은 사람들은 의외로 많았다. 박정희의 죽음이 미국과 직접적인 관련이 없다고 하더라도 당시 사회 지도층 인사들에게 "미국은 박정희의 제거 내지는 하야를 강력히 희망하고 있다"는 메시지를 던져주기에 충분했던 것이다.

이러한 맥락에서, 누구보다도 미국인들의 의중을 가까이에서 정확히 파악할 수 있었던 김재규가 그러한 미국인들의 의사를 확인하면서 자신이 박정희를 암살하면 미국의 지지를 얻을 수 있을 것이라고 판단했을 가능성은 충분히 있었다. 하지만 정작 거사를 했을 때, 미국은 김재규에게 그 어떤 지원도 하지 않았다.

그런 상태에서 김재규는 거사 직후에 전두환 보안사령관에 의해 체포되어 조사를 받았고 결국 재판에 회부되어 사형을 선고받았다. 광주에서 피의 학살이 진행되고 있던 1980년 5월 20일, 대법원은 김재규와 부하 네 명에 대해 사형을 확정했고, 그로부터 4일 뒤인 5월 24일에 다섯 명에 대한 사형이 집행되었다.

　참고로 박정희가 주도한 핵무기 개발에 참여했던 인사들은, 계획대로 핵무기 개발이 이루어졌다면 대략 1985년 경에 개발이 일차 완료되었을 것으로 보고 있다. 하지만 박정희 사망 이후 정국 주도권을 쥔 신군부는 핵무기 개발 프로그램을 완전 중단시킨 뒤, 관련정보를 모두 미국에 넘겼다.

피의 강을 건너다

역사를 아로새긴 수많은 사건은 시간이 흐르면 대부분 과거 속에 묻히면서 사람들의 기억 속에서 사라져간다. 더욱이, 태어나기 전에 있었던 사건이라면 그런 일이 있었는지조차 알지 못하는 경우가 허다하다. 하지만 아무리 시간이 흐르고 태어나기 한참 전의 일이라고 해도, 결코 잊어서는 안 되는 순간이 있다. 1980년 5월 광주에서 있었던 사건이 바로 그것이다.

　흔히 민주주의는 피를 먹고 자란다고 한다. 살벌한 느낌을 주지만, 이처럼 강렬한 진실도 없다. 우리 역사 또한 이 점을 액면 그대로 입증하고 있다. 한국의 민주주의는 바로 1980년 5월 광주가 흘린 피를 듬뿍 머금음으로써 비로소 꽃을 피울 수 있었던 것이다. 만약 이 사실을 망각한다면, 민주주의는 다시금 우리에게 피를 요구할지도 모른다. 그래서 1980년 5월 광주는 결코 잊어서는 안 되는 사건이다.

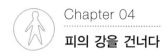

군부는 자신에게 저항하는 세력의 두 가지 약점을 철저히 파고든다. 하나는 분열이고 또 하나는 죽음에 대한 두려움이다. 박정희의 죽음과 함께 민주화의 봄이 열렸지만 민주세력은 다시금 이 두 가지 약점을 드러내고 말았다. 당시 야권은 김대중이 신민당으로의 합류를 거부함에 따라 분열의 길을 걷고 있었다. 또한 투쟁의 선봉이었던 학생운동의 지도자들은 목숨을 걸고 투쟁할 각오가 되어 있지 않았다. 그들은 죽음을 두려워하고 있었던 것이다.

이렇듯 엘리트 집단이 자신의 한계를 극복하지 못한 가운데, 신군부는 권력을 탈취하기 위한 행보를 거침없이 내디뎠다. 절망의 순간에 역사의 재단에 피를 뿌리며 투쟁한 것은 결국 우리 사회의 밑바닥에서 고달픈 삶을 이어가던 이름 없는 민초들이었다. 민주화 세력은 그 민초들이 만들어낸 피의 강을 건넘으로써 비로소 군부에 당당히 맞설 수 있는 세력으로 우뚝 설 수 있었다.

1. 신군부의 반란과 통한의 '서울역 회군'

박정희 정권 시절 군부는 실권을 쥐고 있던 집단이었던만큼 숱한 특권을 누릴 수 있었다. '학사 위에 석사, 석사 위에 박사, 박사 위에 육사'라는 말은 이러한 사정을 반영한 것이었다.

먼저 국가기구의 최상층에는 군부 출신이 집중적으로 포진하고 있었다. 그에 따라 장성들은 별을 다는 순간부터 권력의 핵심에 진입할 야심을 품었다. 뿐만 아니었다. 1976년 3월 26일, 정부는 박정희의 지시로 사관학교 출신 장교가 소정의 특채시험을 거쳐 국가공무원 사무관으로 임용되는 제도를 전격적으로 실시했다. 이른바 '유신 사무관' 제도가 도입된 것이다. 그 결과, 1977~1978년 사이에 784명의 사관학교 출신 사무관이 특채로 뽑혀 국가행정기구의 중간관리자로 활동하게 되었다.

당연히 군부는 기득권을 쉽게 포기할 수 없었다. 요컨대, 그 누구인가가 군사독재의 연장을 기도한다면 군부 전체가 지원하고 동참할 수 있는 상태였던 것이다. 이러한 조건에서 전두환, 노태우 등을 중심으로 한 신군부는 박정희 사망 직후부터 권력을 재탈취하기 위한 모종의 행보를 하기 시작했다.

신군부가 강력한 세력을 형성할 수 있었던 모태는 '하나회'라는 군부 내 사조직이었다. 하나회는 정규 4년제 육사가 시작되는 11기부터 기수마다 약 열 명씩 엄선해서 가입시킨 일종의 비밀결사 조직이었다. 70퍼센트 내외가 대구·경북 출신이었으며 리더는 전두환이었다. 그밖에 하나회를 이끌던 11기 핵심 그룹에는 노태우·김복동·권익현·정호용 등을 포함한 이른바 '텐 멤버'가 있었다.

하나회가 정식으로 결성된 것은 1960년대 중반이었는데 박정희 정권 아래에서 별 탈 없이 존속할 수 있었던 것은 그 나름대로 이유가 있었다. 1963년 2월, 박정희는 권력을 민간에 넘기고 군으로 돌아가겠다고 발표하였다. 바로 그 때 전두환·노태우·권익현·손영길·박갑룡 등 육사 11기 5인은 박정희를 찾아가 군 복귀 결정을 반대했다. 박정희는 그에 대해 매우 흐뭇해 하며 측근들에게 이들을 전폭적으로 지원할 것을 지시했다. 그 덕분에 전두환이 이후에 대통령 경호실 차장과 보안사령관에 임명되는 등 하나회는 박정희 정권의 암묵적인 인정과 지원을 받을 수 있었다.

박정희가 암살당했을 무렵, 하나회는 보안사령부, 특전사(공수부대), 수도경비사령부 등 권력에 접근할 수 있는 요충지들을 장악하고 있었다. 신군부는 객관적으로도 권력을 탐할 수밖에 없는 위치에 있었던 것이다. 하지만 신군부는 매우 조심스럽게 움직였다. 민주화에 대한 민중의 열망이 워낙 높은 상황에서 자칫하면 자기 무덤을 팔 수도 있었기 때문이었다. 그리하여 세계 역사상 가장 긴 쿠데타가 진행되었다.

신군부가 통과해야 할 첫 번째 관문은 군 지휘권을 장악하는 것이었다. 당시 가장 강력한 경쟁상대는 육군참모총장이자 계엄사령관인 정승화였다. 바로 그 무렵, 신군부로 하여금 거사를 서두르도록 만드는 일이 발생했다. 11월 중순에 군인사가 단행되었는데 하나회 세력들이 배제되는 것으로 나타났다. 한걸음 더 나아가, 전두환을 보안사령관에서 한직으로 전출시킬 것이라는 소문이 나돌았다. 신군부 입장에서 선수를 치지 않으면 당할 수 있는 상황이 된 것이다.

마침내 1979년 12월 12일 저녁 7시, 보안사령부 인사처장 허삼수 대령과 범죄수사단장 우경윤 대령이 이끄는 보안사 수사요원 8명이 한남동 정승화 육군참모총장 공관에 들이닥쳤다. 10분 뒤에는 합동수사본부(10·26사태 수사를 담당한 기관으로서 전두환이 책임자였다) 소속 헌병 60여 명이 가세했다. 이들은 곧바로 정승화를 보안사령부 서빙고 분실로 납치해 갔다.

정승화를 강제 납치하기 1시간 전인 오후 6시, 경복궁 내의 수경사 30경비단에는 단장 장세동 대령과 33경비단장 김진영 대령의 안내로 수도권에 위치한 주요 부대 지휘관들이 대거 몰려 있었다. 차규헌·유학성·황영시 중장, 노태우·박준병 소장, 백운택·박희도·최세창·장기오 준장이 바로 그들이었다. 그들은 정승화 총장을 납치하는 과정에서 필요하면 자신들의 병력을 투입하기 위해서 모여 있었던 것이다. 이미 노태우가 사단장으로 있던 휴전선 인근의 9사단 29여단과 1공수여단·3공수여단·5공수여단, 제2기갑여단 등이 서울로 진격해 있던 상태였다.

이러한 가운데 보안사에서는 허화평·권정달·정도영 등이 상황실을 설치하고 계엄사 측의 동향을 손바닥 들여다보듯이 훤히 꿰뚫고 있었다. 정보력에서 정승화의 계엄사 측을 압도하고 있었던 것이다.

한편 신군부 측은 대통령 권한대행을 맡고 있던 최규하를 찾아가 정승화 납치를 사후 승인해줄 것을 종용하였다. 이유는, 박정희 암살 당시에 정승화가 궁정동 안가에 머무르고 있었던 점에 비추어 암살을 공모했을 가능성이 크다는 것이었다. 그러나 최규하는 국방장관이 자리에 없다는 이유로 뜸을 들이고 있었다. 당시 사태수습의 책임을 지고 있던 국방장관 노재현은 신군부의 도발에 겁을 먹고 국방부 지하 벙커에 숨어 있었다.

그러는 사이, 계엄사 측의 정병주·장태완 등이 신군부에 대한 반격을 시도하였다. 그러나 이들의 움직임은 보안사에 의해 움직임이 낱낱

이 포착되고 있었을 뿐만 아니라 조직력도 제대로 갖추고 있지 못한 상황이었다. 그로 인해 두 사람의 반격시도는 허무하게 끝나고 말았다. 정병주는 최세창이 이끄는 공수여단에 의해, 장태완은 신윤희가 이끄는 수경사 헌병대에 의해 각각 체포되었다.

잠시 후에 신군부는 국방부 지하 벙커에서 노재현을 찾아내 최규하에게 데려갔고 유약하기 짝이 없는 최규하는 도리 없이 정승화 연행을 사후 재가했다. 이렇게 하여 신군부는 일거에 정승화를 제거하고 군부를 장악하는 데 성공하였다. 군부의 지휘계통을 장악한 신군부는 차근차근 권력장악을 위한 수순을 밟았다.

먼저 신군부는 미국의 지지를 획득하기 위해 노력하였는데, 이 문제는 의외로 쉽게 풀렸다. 당시 미국은 10·26사태 이후 혼란스러운 상황을 상당히 우려하였고 군부가 나서서 그러한 혼란을 수습하기를 원했다. 더욱이 전두환은 당시 주한미군 사령관이었던 위컴과 베트남전에 함께 참전한 것을 계기로 깊은 인연을 맺고 있었다. 이를 바탕으로, 전두환은 위컴의 지지를 쉽게 이끌어낼 수 있었다. 12·12쿠데타 당시 주한미군 고관들이 정승화 직속부하들에게 "역 쿠데타를 해서는 안 된다"고 경고함으로써 사실상 저항을 포기하도록 만든 것도 그러한 맥락에서 이해할 수 있다.

위컴은 1980년 8월 27일 AP통신과의 회견에서 "한국의 10월 사태(박정희의 암살사건을 가리킴) 이후 미국의 대한정책에서 가장 성공한 일 중의 하나는 전두환 정권이 수립된 것이다. 우리의 노력은 헛되지 않았으며 우리의 보람도 크다"라고 말하였는데, 이는 미국이 처음부터 전두환을 적극 지지했음을 확인해주는 것이었다.

다음으로 신군부는 예상되는 민중의 저항을 진압할 수 있는 대비책을 서둘러 강구하기 시작했다. 신군부는 1980년 2월 18일, 육군본부를 통해 후방부대들에게 시위진압 훈련인 '충정훈련'에 돌입하도록 명령했다. 이러한 후방부대들 중에서 충정훈련을 가장 강도 높게 실시한 부대는 바로 공수특전사였다. 공수특전사는 이전부터 1주일에 4시간 정도 충정훈련을 실시해왔는데 육군본부의 지시가 있은 뒤로부터 모든 훈련을 제쳐두고 대부분의 시간을 충정훈련에 투입하였다. 신군부는 권력을 장악하는 과정에서 민중의 저항에 봉착할 경우에 유혈진압으로 돌파하겠다는 각오를 하고 있었던 것이다.

그로부터 두 달 뒤인 4월 14일, 전두환이 중앙정보부장 서리에 취임하였다. 앞서 살펴본 바와 같이 박정희 정권 시절의 중앙정보부는 단순한 정보기관이 아니라 국가기구 전반을 관리하는 권력의 핵심기관이었다. 신군부는 이러한 중앙정보부를 장악함으로써 권력장악에 성큼 다가설 수 있는 세 가지 문제를 해결할 수 있었다.(중앙정보부장에 서리가 붙은 것은 중앙정보부 법이 겸직을 금하고 있기 때문에, 전두환이 보안사령관과 중앙정보부장을 겸임하기 위한 편법이었다.)

먼저, 정치권과 기업, 언론계, 재야 등에 대한 정보를 획득할 수 있었다. 이는 곧 이들 분야를 장악하고 통제할 수 있는 결정적 지점을 확보하는 것이었다. 또한 중앙정보부는 국회의 감시를 받지 않은 막대한 예산을 사용하고 있었는데, 이를 권력장악을 위해 전용할 수 있었다. 이와 함께 부총리급인 중앙정보부장이 직접 국무회의에 참여함으로써 정부조직을 장악, 통제할 수 있었다. 결국, 전두환의 중앙정보부장서리 취임은 신군부가 적어도 정부조직의 절반 정도를 장악했음을 의미하는 것이었다.

신군부의 움직임은 야당과 재야 민주세력, 그 중에서도 학생들을 강하게 자극했다. 당시 학생들은 학내에서 유신독재의 잔재를 청산하는 투쟁에 주력하고 있었다. 그러던 중 곳곳에서 신군부의 권력장악의 음모가 감지되자, 학생들의 요구는 자연스럽게 학내 민주화에서 계엄령 해제로 옮겨갔다. 투쟁형태와 관련해서도 학내 집회를 벗어나 가두시위에 돌입해야 한다는 의견이 급부상하였다.

하지만 대부분의 총학생회 지도부는 가두시위 자제방침을 고수하고 있었다. 총학생회 간부들은 미국 행정부가 한국의 민주화에 긍정적 역할을 할 것으로 기대하고 있었으며, 아울러 국민대중이 투쟁에 나서려면 더 많은 시간이 필요하다고 판단하였다. 하지만 이러한 총학생회 간부들의 판단은 완전히 빗나간 것이었다. 앞에서 확인했다시피 미국은 이미 신군부를 지원하고 있었다. 그리고 적지 않은 국민들은 학생들이 앞장서면 적극 투쟁에 합류할 마음의 준비를 하고 있었다.

사태는 5월 초부터 군부대가 서울 시내로 이동하면서 일순간에 달라졌다. 특전사와 육군본부 자료에 따르면, 5월 3일부터 각급 부대가 서울 시내에 배치되기 시작했다. 5월 7일의 경우는 공수13여단이 서울 거여동에, 공수11여단이 김포에 각각 배치되었다. 신군부가 모종의 승부를 내기 위한 수순을 밟고 있었던 것이다.

학생들은 군부대의 이동을 쿠데타의 징조로 이해했다. 이 와중에서 겁에 질린 총학생회 간부들은 서둘러 농성학생들을 해산시키고 피신했다. 결국 그 동안 가두시위를 자제시킨 것이 총학생회의 비겁함 때문인 것이 확연해졌다. 더 이상 총학생회를 믿을 수 없다고 판단한 학생들은 13일 밤부터 가두시위를 전개하기 시작했다. 상황이 이렇게 되자, 5월 14일 새벽 서울 지역 각 대학의 총학생회장들은 고려대에서 회동하여 떠밀리다시피 가두시위를 결정하고 말았다.

14일 정오를 전후하여 서울 지역 7만여 명의 학생이 일시에 교문을 박차고 거리로 나갔다. 경찰은 교문을 봉쇄하고 가두진출을 막으려고 했으나 엄청난 수의 시위대열은 이를 가볍게 돌파하였다. 얼마 후 영등포, 청량리, 신촌 등 서울 시내 도심은 학생 시위대열로 가득 찼다. 오후 내내 비가 내렸지만 학생들은 점심과 저녁을 거르면서 밤늦게까지 서울 중심가를 누볐다.

다음날인 5월 15일, 학생들의 가두시위 대열은 더욱 확대되었고 마침내 시민들이 대대적으로 합세하기 시작하였다. 이날 서울에서만도 10여 만 명의 학생과 30여 만 명의 시민들이 서울역 광장과 그 주변에 집결하여 농성을 벌였다. 지방에서도 26개 대학이 가두시위를 전개하였다. 시위학생들에 대한 시민들의 반응 또한 매우 뜨거웠다. 행진하는 학생들의 머리 위로 빵과 휴지와 수건이 날아들었고 지갑을 털어 학생들에게 밥을 사 먹이는 시민들도 무수히 많았다.

분명 학생들의 시위는 민중의 지지를 받고 있었고, 이 기세로 계속 밀어붙이면 군부를 제압할 수도 있는 상황이었다. 눈치 빠른 경찰들은 연행학생을 재빨리 석방하고 총학생회 간부들의 이동을 호위하기도 하였다. 5월 15일 각계 저명인사 134명은 학생들의 주장을 전폭적으로 지지하는 시국선언문을 발표하였다. 정치권은 학생들의 시위에 지지를 표명하면서 국회에서 계엄령 해제를 요구하기로 합의하였다. 여당이었던 공화당 역시 긴급 당무회의를 열어 정부에 계엄령 해제시기를 밝힐 것을 요구하기로 하였다.

그런데 바로 그 때, 씻을 수 없는 과오가 발생하고 말았다. 40여 만명의 학생·시민들이 서울역 근처에서 연좌농성을 벌이고 있을 무렵,

각 대학 총학생회에는 군병력이 이동하고 있음을 알리는 시민들의 제보가 쉼 없이 날아들었다. 효창운동장과 잠실운동장 부근에 군인들을 가득 실은 트럭과 장갑차가 집결해 있다는 제보였다. 육군본부 자료에 따르면, 당시 투입된 부대는 시위진압을 전문으로 하는 세칭 충정부대로 알려진 20사단이었다. 시민들의 제보는 곧바로 서울역 광장으로 전달되었다. 소식을 들은 학생들은 서울역 사수를 외쳤고 그 때마다 우레와 같은 박수소리가 터졌다.

하지만 총학생회 간부들은 군부대가 투입되면 자신들의 목숨이 위협받을 것이라는 두려움에 휩싸여 있었다. 2009년 현재 한나라당 국회의원으로 있는 심재철 서울대 총학생회장도 그 중 한 명이었다. 1980년 5월, 서울의 학생 지도부는 군부의 총칼 앞에 목숨 걸고 싸우지 못했던 5·16군사쿠데타 당시 4월혁명 주체들의 한계를 고스란히 재현한 것이었다. 결국 총학생회장들은 시위중단을 결정하고 말았다. 이른바 '서울역 회군'이 결정된 것이다. 시민의 호응이 적은 심야에 군부대와 충돌하는 것은 바람직하지 않다는 것이 그 이유였다.

결정이 내려지자 서울역 광장에 있었던 학생들은 학교로 복귀했다. 위험을 직감한 일부 학생들이 발을 동동 구르고 더러는 땅을 치고 대성통곡했지만 소용이 없었다. 서울역은 순식간에 썰물이 밀려나간 개펄처럼 썰렁해졌다. 학교로 돌아간 학생들은 피로가 밀려오면서 쓰러져 잠을 자거나 귀가하였다.

다음날인 16일, 광주의 대학생들이 평화적인 야간 횃불시위를 전개하는 등 일부 지역에서 시위가 있었으나 17일에는 그나마 자취를 감추었다. 서울 지역 총학생회장단의 결정을 존중한다는 취지에서였다.

학생과 시민들의 시위가 상승세를 탔을 무렵, 신군부는 극도로 위축되어 있었다. 그들은 대규모 학생시위가 벌어지고 있었음에도 불구하고 감히 휴교령을 내릴 엄두조차 못 내고 있었다. 하지만 서울역 대회군 이후 학생들의 시위가 잠잠해지자 신군부는 본능적으로 움직이기 시작했다. 그들은 학생 지도부가 겁을 먹고 뒷걸음질치고 있음을 정확히 간파했다. 신군부는 대공세를 취할 호기가 왔다고 판단했다. 마침내 5월 17일, 신군부는 전격적으로 쿠데타를 단행했다.

신군부는 17일 24시를 기해 비상계엄령을 전국으로 확대함과 동시에 탱크로 무장한 군병력을 주요 도시에 투입하였다. 서울에는 7공수여단을 제외한 특전사 대부분과 20사단이 배치되었고, 대구와 부산에는 해병대를 급파했다. 광주는 신군부의 최정예부대인 7공수여단을 투입했다. 신군부는 서울과 광주를 장악하면 상황을 돌파할 수 있다고 판단한 것이다.

이러한 가운데 전국의 대학에 휴교령이 떨어지면서 군부대가 대학 내에 진주하였다. 아울러 이화여대 회의장을 급습, 각 대학 학생대표들을 연행했고 주요 대학 학생회 간부들에 대해 전원 검거령을 내렸다. 이와 함께 김대중, 문익환을 위시한 정치인과 재야인사들을 체포하였고 김영삼 등 다른 야당 정치인들을 가택연금하였다.

다음날인 5월 18일에는 계엄포고령 10호를 발효, 모든 정치활동을 금지시키면서 군부대가 국회에 진주하여 의원들의 등원을 봉쇄했다. 아울러 모든 언론사에는 계엄군이 진주하여 언론검열을 실시하였다. 이러한 가운데 모든 권력은 전두환이 상임위원장으로 취임한 국가보위비상대책위원회(국보위)로 집중되었고, 국회의 기능 또한 신군부가 날조한 국가보위입법회의로 넘겨졌다.

2. 어둠을 사른 광주민중항쟁

1961년 민주화 세력은 5·16군사쿠데타를 저지하지 못했다. 목숨을 잃을까 두려워했고, 군부에 대한 환상도 상당 정도 있었다. 박정희 정권 18년은 그러한 두려움과 환상에서 벗어나는 학습의 과정이었는데, 그 점에서 가장 극적인 변화를 겪은 것은 바로 호남의 민중이었다.

극심한 차별을 경험하면서 호남의 민중은 5·16군사쿠데타를 목숨 걸고 저지하지 못한 것을 땅을 치면서 후회하였다. 그러한 후회는 일정한 계기가 마련되면 폭발할 수 있는 깊은 원한이 되어 호남민중 잠재의식의 밑바닥에 자리잡아갔다. 마침내 그 원한이 폭발할 운명의 순간이 오고 말았다.

피에 잠기는 광주

5·17군사쿠데타가 단행되고 대대적인 검거선풍이 휘몰아치면서 대부분의 민주세력은 저항력을 완전히 상실했다. 그와 함께 전국은 깊은 침묵 속으로 빠져들었고 절망의 그림자가 거리를 가득 메우고 있었다.

이러한 가운데 7공수여단이 광주 지역에 진주하였다. 그들은 시위진압 장비보다는 전투장비를 잔뜩 가지고 왔다. 신군부는 광주 지역에서 어떤 일이 발생할지 본능적으로 예감하고 있었던 것이다.

운명의 5월 18일, 광주 지역 학생들은 사전에 약속한 '휴교시 오전 10시 학교 정문 앞, 정오 도청 앞으로 집결한다'는 행동방침에 따라 각자의 대학 정문 앞으로 모여들었다. 오전 10시가 조금 넘자, 약 200여 명의 학생들이 전남대 정문 앞으로 모여들었다. 이미 정문은 공수부대가 지키고 있었고 그에 앞서 멋모르고 대학에 남아 있거나 공부를 하기 위해 등교하던 학생들이 공수부대원들로부터 피투성이가 되도록 얻어 맞은 상태였다. 정문 앞에 집결한 학생들은 공수부대의 학교점령을 비난하면서 일제히 구호를 외치기 시작했다.

"비상계엄 해제하라."

"공수부대 물러가라."

"김대중을 석방하라."

바로 그 순간, 공수부대원들이 학생들의 투석에도 아랑곳하지 않고 함성을 지르며 돌격하기 시작했다. 학생들은 일제히 달아나기 시작했으나, 그 중 일부가 붙잡혀 무참히 짓이겨졌다. 이를 보다 못한 시민들이 말리려고 나섰지만, 그들 역시 공수부대원들의 폭력에 난타당했다. 비슷한 상황이 조선대와 광주교대 정문 앞에서 벌어졌다.

이 모든 것은 신군부가 광주 지역의 학생시위를 조기에 진압하기 위해 강경진압 방침을 내린 데 따른 것이었다. 그 당시 신군부는 광주 지역에서의 시위를 제 때에 진압하지 못하면, 시위가 다른 지역으로 확산될 것이라는 두려움을 품고 있었다.

한편 각 대학 정문에서 퇴각한 학생들은 시내로 진출하여 가두시위를 전개하기 시작하였고 그 수 또한 빠르게 늘어났다. 그에 대응하여 7공수여단은 강경진압 방침에 따라 무자비한 진압작전을 전개했다. 그들은 피에 굶주린 늑대처럼 3인 1조가 되어 학생으로 여겨지는 젊은이를 보기만 하면 닥치는 대로 폭력을 휘둘렀다. 중앙초등학교 후문 쪽에서는 공수부대원들이 여학생 수명의 상의를 벗긴 채 구타하였고 말리던 노인까지 진압봉으로 거침없이 내리쳤다.

비슷한 양상이 광주 시내 곳곳에서 벌어졌다. 그러던 중 최초의 희생자가 발생했다. 그는 듣지도 말하지도 못하는 농아자로서 공수부대원들에게 전신을 짓이기는 구타를 당한 뒤, 끝내 숨지고 말았다.

18일 가두시위에 참가한 학생수는 약 800명 정도였다. 이는 평상시의 가두시위 수준을 크게 넘어서는 것이 아니었다. 시민들 또한 두려운 시선으로 사태를 지켜보고 있을 뿐이었다. 그러나 다음날인 19일이 되자, 분위기가 크게 바뀌어 있었다. 전날 있었던 공수부대의 만행으로 인해 학생들의 가두시위는 3천 명 정도로 크게 늘어났을 뿐만 아니라, 시민들 또한 주위에 몰려와 학생들을 격려하기 시작했다.

어느덧 도청 앞 금남로에는 5천여 명의 학생과 시민들이 집결했다. 신군부의 살인도구가 된 공수부대는 더욱 더 야수적으로 돌변했다. 그들은 학생, 시민, 남녀노소를 가리지 않고 닥치는 대로 폭력을 휘둘렀다. 그들은 달아난 시위대가 가게에 뛰어들어 셔터를 내리고 몸을 숨기면, 셔터를 부수고 난입하여 그 안에 있던 사람들을 진압봉과 개머리판으로 무자비하게 두들겨 패고 군홧발로 짓밟았다. 공수부대원들은 학생과 시민들을 연행하다가 조금이라도 반항하는 기색이 있으면 소총에 꽂혀 있는 대검으로 찔러버렸다. 또 도주하는 사람이 있으면 끝까지 추격하여 진압봉으로 쳐서 쓰러뜨린 뒤 보란 듯이 끌고 갔다.

그러던 중 금남로에 인접해 있던 가톨릭센터에서 끔찍한 사태가 벌어졌다. 9층 옥상에서 공수대원 6명이 시위상황을 무전기로 알리고 있는 것을 청년들이 발견하고 급습하였다. 옥상으로 올라간 200여 명의 청년들은 일부가 대검에 찔리는 부상을 입고 병원으로 후송되는 가운데 공수대원들을 무장해제하는 데 성공하였다. 바로 그 때 기관총으로 중무장한 장갑차가 시위대를 향해 맹속으로 돌진하는 가운데 일단의 공수부대원들이 센터 안으로 난입하였다. 결국 미처 나오지 못한 다수의 청년들이 공수부대원들에 의해 처참하게 짓이겨졌고 그 중 일부는 끝내 목숨을 잃고 말았다. 앗! 하는 사이에 벌어진 참변이었다.

공수부대의 만행은 결국 시민들의 분노에 불을 지르고 말았다. 시민들이 보기에, 그냥 지켜보고만 있으면 공수부대가 학생들을 다 죽일 것만 같았다. 결국 그냥 있을 수 없다고 판단한 시민들은 행동을 결심하기에 이르렀다. 공수부대의 만행이 통상적인 학생시위를 시민항쟁으로 발전시킨 결정적 계기가 된 것이다.

다음날인 20일이 밝자, 시민들은 거리로 나서기 시작했다. 휴교령이 내려진 고등학생들도 대거 시위에 합세했다. 시민들은 몹시 흥분해 있는 상태였다. 이미 그들의 손에는 각목, 쇠파이프, 돌, 연탄집게, 식칼, 화염병 등 무기가 될 만한 것이면 무엇이든지 쥐어져 있었다.

시내 곳곳에서 공방전이 치열하게 전개되었다. 다수의 시민들이 합세하면서 시위대는 소수의 공수부대쯤은 포위 공격할 수 있는 힘을 갖추었다. 그러자 관망자세를 취하던 시민들까지도 자신감을 갖고 시위에 합류하기 시작했다. 이에 발맞추어 전옥주 등 열혈 여성들이 앰프를 차에 싣고 광주 시내를 돌면서 시민들의 용기를 북돋았다.

시민들의 사기가 크게 상승하는 가운데 운수노동자들이 과감한 도전에 나섰다. 18일 이후 운전기사들은 시내를 누비면서 공수부대의 만행을 누구보다도 가까이에서 자주 목격했다. 뿐만 아니라, 도망치는 학생을 태워주거나 부상자를 실어 날랐다는 이유로, 공수부대에게 차가 파손되거나 초주검이 되도록 뭇매를 맞는 경우가 비일비재했다.

드디어 오후 6시가 되자, 택시 기사들을 중심으로 200여 대의 차량이 요란한 경적소리와 함께 공수부대가 진을 치고 있는 전남도청을 향해 진격했다. 그 뒤로 시민들이 거대한 물결을 이루며 행진을 했다. 민중의 위대한 힘이 연출되는 순간이었다.

다급해진 공수부대는 미친 듯이 차량을 향해 덤벼들었다. 그들은 차의 유리창을 깨고 진압봉과 대검을 사정없이 휘둘렀다. 선두대열에 있던 기사들은 순식간에 피투성이가 되어 나뒹그라졌다. 그러나 공수부대의 야수적인 행위도 시민들의 투쟁열기를 잠재우지 못했다. 운전기사들의 투쟁에 용기를 얻은 시민들은 공수부대를 향해 일제히 돌진했다. 때맞추어 방송차량을 통해 소식을 들은 시 외곽의 시민들이 각종 차량을 타고 도청을 향해 몰려들었다. 어느덧 도청 주위는 인산인해를 이루었다. 곳곳에서 공수부대들이 포위공격을 받는 사태가 속출했다.

비슷한 상황이 병력과 보급품을 수송하는 요충지인 광주신역 주위에서도 벌어졌다. 밤 11시가 되자 갑자기 총성이 어둠을 찢었다. 광주신역을 지키던 공수부대원들이 밀려드는 시민들을 향해 발포하고 만 것이다. 일순간에 수십 명의 시민들이 피투성이가 되어 거리에 나부러졌다. 하지만 그것은 다음날 있을 대량살육의 예고편에 불과했다.

긴장이 흐르는 가운데 21일이 밝자, 시민들은 무참하게 학살된 시신들을 손수레에 싣고 도청을 향해 행진했다. 각종 차량에 걸려 있는 플래카드에는 분노에 찬 구호들이 가득 적혀 있었다.

'두환아, 내 자식 내놓아라!'

'전두환 찢어죽이자!'

시민들은 극도로 격앙되어 있었다. 시민들은 아시아자동차 노동자의 협조로 장갑차와 차량을 확보함으로써 전날보다 강력해진 차량 시위대를 형성할 수 있었다. 이들 차량 시위대를 앞세우고 10만 명 이상의 시민들이 금남로를 거쳐 도청으로 진격했다. 시민들이 도청 앞에 도착하자 시위대열 중간에 있던 장갑차 한 대가 갑자기 공수부대를 향해 돌진했다. 오후 1시가 조금 안 된 시각이었다.

1980년 5월 전남도청 앞 광장 분수대
희생자들의 운구와 함께 전남도청 앞에 운집한 광주 시민. 신군부의 학살이 시민항쟁의 직접적인
계기였음을 보여준다.

갑작스러운 장갑차의 출현에 공수부대는 혼란에 빠진 채 급히 도청
쪽으로 물러났다. 그러자 나머지 차량 시위대와 시민들이 일제히 도청
앞으로 밀고 나갔다. 바로 그 직후, 그러니까 정확히 오후 1시 정각이었
다. 느닷없이 애국가가 울려 퍼지면서 공수부대원들이 일제히 '엎드려
쏴' 자세를 취했다. 거의 동시에 운집한 시민들을 향한 집단발포가 시
작되었다. 뿐만이 아니었다. 근처의 전일빌딩, 상무관, 도청, 수협 전남
도지부 건물의 옥상에서 저격병들이 시위대열 선두를 향해 사격을 실
시했다. 눈 깜짝할 사이에 일어난 일이었다. 사격은 메가폰으로 사격중
지 명령이 내려질 때까지 약 10분간 계속되었다.

금남로는 피바다를 이루었다. 시민들로 가득 찼던 거리는 순식간에
적막에 뒤덮였고, 죽은 이들의 피와 부상자들의 신음만이 금남로의 공
백을 메우고 있었다. 아우성치는 부상자들을 구하기 위해 시민들이 거

리로 뛰어나왔지만 그들도 저격병들의 표적이 되어 쓰러졌다.

　도저히 믿을 수 없는 사태에 넋을 잃고 분노와 공포감에 몸을 떨던 1시 30분 경, 한 대의 장갑차가 텅 빈 금남로를 가로지르며 도청을 향해 질주했다. 상의를 벗고 이마에 흰 띠를 두른 청년 한 사람이 장갑차 위로 상체를 드러낸 채 태극기를 흔들며 절규하고 있었다. 그는 외쳤다.

　"광주 만세!"

　그 순간 청년의 몸은 공수부대의 총탄에 피로 물들었고, 주인 잃은 장갑차는 화순 방면 도로를 따라 사라졌다. 바로 그 뒤를 이어 금남로 한국은행 광주지점 앞에 5~6명의 청년들이 나타났다. 그들은 태극기를 흔들며 구호를 외쳤다.

　"전두환은 물러가라!"

　"김대중을 석방하라!"

　"비상계엄 해제하라!"

　"공수부대 물러가라!"

　그들 또한 공수부대의 총탄에 의해 피를 흘리며 쓰러져갔다. 잠시 뒤, 또 다른 젊은이들이 이들을 골목 안으로 끌어들이고는 피 묻은 태극기를 주워 들고 구호를 외쳤다. 옥상의 저격수들은 주변건물의 창으로 이 광경을 내다보는 사람들에게도 총격을 가했다.

　비극이 발생한 것은 도청 앞뿐만이 아니었다. 다수의 시민·학생들이 갇혀 있던 전남대 주위에서는 정문 쪽에 4만여 명, 후문에 1만여 명의 시민들이 몰려들어 많은 희생자를 내면서 공수부대와 피나는 공방전을 벌이고 있었다. 시민들은 아세아자동차에서 끌고 나온 시위진압용 가스차 몇 대를 앞세운 채 구름다리를 넘어 전남대 쪽으로 압박해 들어갔다.

바로 그 때, 공수부대 병력이 시위대를 향해 일제히 사격을 퍼부었다. 가스차를 비롯한 여러 대의 시위차량은 운전기사가 총에 맞는 바람에 도로 위에 멈추어 섰다. 그러자 공수부대는 가스차 위에 수류탄을 투척하고 부상당한 시민들을 전남대로 끌고 갔다. 한걸음 더 나아가, 공수부대는 시민들을 추격하면서 곳곳에서 난동을 부렸다. 이 과정에서 임신 8개월의 가정주부였던 최미애(당시 24세)가 남편을 기다리다가 날아오는 총탄에 목숨을 잃기도 하였다.

시민군의 등장

핏빛의 고통이 시민의 가슴을 짓누르고 있던 바로 그 무렵, 다수의 청년들이 차량을 나누어 타고 나주, 화순 등 광주 인근지역으로 빠져나갔다. 경찰병력이 남김없이 광주로 차출되어 있었기 때문에 이들 지역은 거의 무방비 상태였다. 덕분에 청년들은 손쉽게 지서와 파출소 무기고를 깨뜨리고 무기를 움켜 쥘 수 있었다. 화순에서는 화순탄광 노동자들의 적극적인 도움으로 탄광 예비군 무기고에 보관되어 있던 총기와 다량의 다이너마이트를 획득할 수 있었다.

오후 3시가 되자 각지에서 무기를 획득한 차량들이 광주시내에 모습을 드러냈다. 이 무기는 즉각 시민들에게 분배되었다. 중학생에서부터 장년층에 이르기까지 수백 명이 공수부대를 몰아내기 위해 총을 들었다. 마침내 광주민중항쟁을 역사의 분수령으로 만든 무장 시위대가 탄생한 것이다. 그들은 스스로를 일컬어 '시민군'이라 불렀다.(당시 시민군에 참여하였던 사람들의 증언에 의하면, 총을 손에 드는 순간에 '살았다'는 안도감을 느낄 수 있었다고 한다. 그들에게 총은 곧 생명이었던 것이다.)

시민군이 시내 중심가에 최초로 모습을 드러낸 것은 21일 오후 3시

15분 경. 그러니까 도청 앞의 집단발포가 있은 지 약 두 시간이 지난 무렵이었다. 시민군이 나타나자 몸을 숨기고 있던 시민들은 열광적인 환호로 이들을 맞이하였다. 그 시간 이후로도 광주 외곽으로부터 계속해서 무기가 반입되었다. 그에 따라 시민군의 숫자도 급속도로 늘어났고 순식간에 1천 명을 넘어섰다.

이미 시민군과 공수부대의 교전은 시작되고 있었다. 시민군은 도청을 에워싸고 금남로, 노동청, 광주천변 도로, 충장로, 전남의대 방면에서 공수부대를 압박했다.

신군부 입장에서 시민군의 등장은 꿈에도 생각하지 못한 경악스러운 일이었다. 그들은 방금 전 도청 앞 발포로 상황이 종료되었다고 믿고 있었던 것이다. 그 때까지 신군부는 시민을 죽일 수는 있어도 자신들이 죽을 수 있다는 생각은 조금도 하지 않았다. 하지만 시민군이 등장하면서 상황이 돌변해버렸다.

도리 없이 신군부는 작전을 바꿀 수밖에 없었다. 신군부는 일단 군부대를 철수시킨 뒤, 광주를 고립 속에 몰아넣은 상태에서 적당한 시기에 무력을 집중하여 항쟁을 분쇄시키는 것으로 방향을 정했다.

이윽고 오후 4시, 공수부대는 장갑차를 앞세우고 도로 양쪽을 향해 무차별 사격을 가하면서 광주 외곽으로 철수했다. 한참 후 전열을 재정비한 시민군은 도청으로 진격했고 공수부대가 철수했음을 확인했다. 누구라 할 것 없이 감격에 겨워 서로 부둥켜안고 눈물을 흘렸다. 희생자 가족의 고통에 찬 울부짖음 위로 해방을 맞이한 시민의 환호소리가 온 광주 시내를 뒤덮었다.

신군부는 광주시내에서 공수부대를 철수시킨 뒤, 시 외곽을 철저하게 봉쇄했다. 신군부는 무엇보다도 광주시민이 외부세계와 소통함으로써 항쟁이 전국적으로 확산되는 것을 가장 우려하였다. 그리하여 신군부는 광주를 왕래하는 사람을 보면 이유 여하를 막론하고 사살했다. 광주-담양 간 국도에 위치한 광주교도소 부근, 광주-화순 간 국도변의 지원동과 주남마을, 광주-나주-목포 간 국도변 송암동 일대에서의 양민학살은 그로 인해 발생한 대표적인 참변이었다.

이러한 가운데 신군부는 언론통제를 통해 광주의 실상을 철저하게 왜곡하였다. 텔레비전은 광주시민의 참상은 전혀 내보내지 않았고, 시위대가 돌과 화염병을 던지고 돌에 맞은 공수부대원이 절룩거리는 장면만을 반복해서 방영했다. 신문 역시 마찬가지였다. 광주민중항쟁에 관한 신문기사는 온통 '폭도', '무정부 상태', '혼란' 등의 용어로 채워졌다. 당시 신문기사의 제목을 보자.

광주 데모사태 닷새째…… 행정 완전 공백상태…… 데모대가 공포 쏘자 시민은 귀가

〈동아일보〉 5. 22일자)

폐허 같은 광주데모 6일째. 자극적인 소문이 기폭제

〈조선일보〉 5. 23일자)

시위선동 간첩 검거, 목포잠입 기도, 군중에 먹일 환각제 소지, 바리케이드 너머 텅 빈 거리는 불안감만, 무정부 상태, 총 들고 서성대는 과격파들

〈조선일보〉 5. 25일자)

이러한 언론의 극단적인 왜곡보도는 광주와 다른 지역을 분리시키

는 데 결정적으로 공헌했다. 광주 이외의 다른 지역 민중은 진실을 파악하지 못한 상태에서 그저 불안한 시선으로 왜곡된 정보에 의지하고 있었을 뿐이었다. 그 결과, 광주는 항쟁기간 내내 고립된 채 외로운 투쟁을 이어가야만 했다. 항쟁기간 광주시민을 가장 고통스럽게 만들었던 것은 바로 이 고립상태의 지속이었다. 제발 다른 곳에서도 같이 일어나야 하는데! 하는 갈망으로 하루하루를 버텼으나 끝내 소식이 없었던 것이다.

그렇다면 언론에서 폭도의 도시로 묘사한 해방 광주의 참모습은 어떤 것이었을까?

시민군의 등장과 함께 국가기관의 핵심인 계엄군은 물러갔고 경찰력과 관료제도는 완전히 그 기능을 상실해버렸다. 그리하여 '해방 광주'는 비록 짧은 기간이었지만 기존 국가기관이 사라진 매우 독특한 순간을 경험하였다. 그렇다고 하여 해방 광주가 혼돈상태에 빠져든 것은 아니었다. 오히려 그와 정반대였다.

도청에서의 대학살이 있은 지 얼마 후, 광주시내의 병원은 복도까지 사망자와 부상자로 가득 찼다. 긴급하게 응급조치를 받은 환자들이 고통에 찬 신음을 내뱉었지만, 일손과 의약품이 턱없이 부족했고 무엇보다도 피가 모자라 수술을 할 수가 없었다. 이 사실은 곧바로 방송차량을 통해 시내 곳곳에 알려졌다. 그러자 어린이에서부터 노인에 이르기까지 수많은 사람들이 헌혈을 위해 각 병원으로 달려갔다. 그러고는 끝이 보이지 않는 헌혈대열에서 순서를 기다렸다. 그 중에서는 술집 골목이 즐비한 황금동에서 온 젊은 여성들도 눈에 많이 띄었다.

또한 광주시민은 외부세계와 완전 단절된 상태에서 매점매석을 방지함과 동시에 제한된 생필품을 최대한 활용했다. 쌀집에서는 한꺼번에 두 되 이상의 쌀을 팔지 않았고 담배가게 주인은 한 사람에게 한 갑씩만 팔았다. 슈퍼마켓이나 식료품점도 마찬가지였다. 이 모든 것은 그 누구에 의해서 강요된 바 없이 모두가 알아서 자발적으로 지켰다.

이 기간 동안 평소에 흔히 있었던 강도나 절도도 완전히 자취를 감추었다. 심지어 함께 모여 술을 마시거나 술에 취한 모습을 보여주는 경우도 전혀 없었다. 시내 치안과 경비는 시민군과 학생들에 의해 별 탈 없이 잘 유지되었다. 교통 역시 시민군이 확보한 차량을 이용함으로써 제한된 범위에서나마 해결할 수 있었다.

무엇보다도 항쟁기간 동안 광주시민은 서로에 대해 뜨거운 애정을 갖고 다가갔다. 이러한 모습은 시민군을 대하는 그들의 태도를 통해 극적으로 표현되었다.

시민군이 지나갈 때면 시민들은 너나 할 것 없이 환호하면서 다투어 주먹밥과 김밥을 올려주었고 약국에서는 피로회복제와 드링크제를 한 박스씩 건넸다. 어떤 아낙네들은 물통을 가지고 나와 시민군의 얼굴을 닦아주고 김밥 등을 나눠주며 다독거려주기도 하였다. 시민들은 한결같이 시민군에게 무언가를 더 주지 못해 안달하는 모습이었다. 시민들에게 시민군 모두는 자식이나 동생과 같은 사람들이었다. 그에 따라 광주시민 전체는 자연스럽게 시민군을 매개로 하나의 가족이 되었다.

이렇게 하여 광주시민은 자발적인 연대와 협력이 국가기관에 의해 강제된 질서를 훌륭하게 대체할 수 있을 뿐만 아니라 가장 고결한 감정인 사랑이 모든 것을 압도할 수 있음을 감동적으로 보여주었다. 이는 곧 인류사회가 궁극적으로 어느 지점을 향해 나아가야 하는지를 강하게 암시하는 대목이기도 하였다. 1980년 5월 광주는 인류의 미래를 밝히는 영원히 꺼지지 않은 등불인 것이다.

최후의 진압작전

신군부는 빈틈없이 광주를 봉쇄하는 가운데 최후의 진압작전을 위한 준비를 착착 진행하였다.

신군부 입장에서 넘어야 할 가장 큰 고비는 시위진압 전문부대인 20사단(일명 충정부대)의 투입을 위해 미국의 승인을 받는 것이었다. 20사단을 포함해서 한국군 대부분은 한·미연합사에 소속되어 있었고 작전지휘권은 한·미연합사 사령관인 주한미군사령관이 거머쥐고 있었기 때문이었다.(한국의 대통령이 독자적 지휘권을 행사할 수 있는 부대는 수도방위사령부와 공수특전사뿐이었다.)

이 점에서 많은 한국인들은 미국이 한국의 민주주의를 위해 신군부를 견제하는 역할을 해줄 것으로 기대했다. 미국은 충분히 그럴 만한 힘을 갖고 있었던 것이다. 하지만 기대와 달리 미국은 신군부를 적극 엄호하고 나섰다.

5월 22일, 미 국방부 대변인 토머스 로즈는 "존 위컴 주한유엔군 및 한·미연합사 사령관은 그의 작전지휘권 아래 있는 일부 한국군을 군중진압에 사용할 수 있게 해달라는 한국정부의 요청을 받고 이에 동의했다"고 밝혔다. 미국은 광주진압을 위해 20사단을 투입하는 것을 공식 승인한 것이다.

여기에 머무르지 않고 미국은 오키나와에 있는 조기경보기 2대와 필리핀 수빅 만에 정박중인 항공모함 코럴시 호를 한국 근해에 출동시켰다. 만약의 사태에 대비한 군사작전의 일환이었다고는 하지만, 이는 명백히 군부대가 광주 진압에 전념할 수 있도록 엄호하는 것에 다름 아니었다. 미국은 광주 진압을 승인했을 뿐만 아니라 진압작전에 주요 당사자로서 참여했던 것이다.

학살의 순간이 시시각각 다고오고 있는 가운데, 26일 오후 3시부터 광주시민들이 참여하는 '제5차 민주수호 범시민 궐기대회'가 시작되었다. 대회 준비진들과 많은 시민들은 이 대회가 마지막임을 직감하고 있었다. 시민들은 민족과 역사 앞에 끝까지 투쟁할 것을 엄숙히 선언하고 가두행진에 들어갔다. 행진대열이 지나가는 거리마다에는 죽음의 그림자가 짙게 드리워져 있었다.

이윽고 행진을 마친 시위대는 흩어지지 않고 다 함께 노래하기 시작했다. 노랫소리는 조용했지만 비장감이 넘쳐흘렀다.

우리의 소원은 통일
꿈에도 소원은 통일
이 정성 다해서 통일
통일을 이루자
이 겨레 살리는 통일
이 나라 살리는 통일
통일이여 어서 오라
통일이어 오라

날이 어두워지자 이슬비가 촉촉이 내리고 있었다. 궐기대회를 최종 마무리지으면서 항쟁지도부는 곧이어 있게 될 군 진압작전에 맞서 도청을 사수하기로 결심하였다. 물론 어느 누구도 막강한 진압부대에 맞서 도청을 사수하는 데 성공할 수 있다고 확신하지 않았다. 그럼에도 불구하고, 도청사수를 선택한 것은 오직 광주시민이 군부의 총칼 앞에 비겁하게 굴복하지 않았다는 것을 보여주기 위함이었다.

항쟁지도부는 마지막 결전을 함께할 사람을 선정했다. 모두 1백50명이 지원했다. 그 중 80명이 군 제대자였고 10여 명이 여학생, 나머지 60여 명은 고등학생이거나 군대경험이 없는 청년들이었다. 항쟁 지도부는 마지막 결전에 나설 사람들을 도청과 YMCA 등에 나누어 배치했다. 시민군들은 자기 인생에서 최후의 자리가 될지도 모를 장소를 둘러보면서 마음을 가다듬었다.

밤 10시에 항쟁지도부의 한 사람은 항쟁과정에서 내내 함께했던 아내를 아이들이 기다리고 있는 집으로 돌려보내면서 최후의 작별을 했다. 그의 아내는 시민군들이 보는 앞에서 껴안을 수도 없고 안길 수도 없는 상태에서 차마 목에까지 차오르는 울음을 내뱉지도 못한 채 남편의 팔에 기대어 낮게 흐느끼기만 했다.

또 다시 하루가 가고 항쟁 10일째이자 마지막 날인 27일이 되었다. 새벽 2시를 전후해 어둠이 짙게 깔린 광주시내에는 여학생(박영순, 당시 숭의여전 2학년) 한 명이 처절하게 가두방송을 하고 있었다.

시민 여러분! 지금 계엄군이 쳐들어오고 있습니다.
사랑하는 우리 형제, 우리 자매들이 계엄군의 총칼에 숨져가고 있습니다.
우리 모두 일어나서 끝까지 싸웁시다. 우리는 광주를 사수할 것입니다. 우리를 잊지 말아주십시오. 우리는 최후까지 싸울 것입니다.
시민 여러분! 계엄군이 쳐들어오고 있습니다.

그 때 거의 모든 광주시민은 잠들지 않고 깨어 있었다. 어둠을 타고 전해오는 여학생의 목소리는 날카로운 비수가 되어 광주시민의 가슴 속에 박혔다. 이 순간의 처절한 느낌은 세월이 흐른 뒤에도 결코 지워지지 않았다. 어느덧 어둠과 정적뿐인 거리 저 편으로 가두방송은 이어질 듯 끊어질 듯 차츰 멀어져갔다.

새벽 3시 30분, 도청 인근 사방에서 총성이 울려 퍼졌다. 그로부터 얼마 후 많은 젊은이들이 가두방송을 듣고 집을 뛰쳐나와 어둠 속에서 도청 주위를 맴돌다 계엄군의 포위망에 걸려들었다. 그렇게 수백 명이 체포되었고 달아나던 사람들은 가차 없이 사살되었다.

급박한 순간에 도청 상황실에서는 자폭하자는 의견도 있었으나, 한 청년이 주먹으로 눈물을 씻으며 말했다.

"고등학생들은 먼저 총을 버리고 투항해라. 우리야 사살되거나 다행히 살아남는다 해도 잡혀 죽겠지만, 여기에 있는 고등학생들은 반드시 살아남아야 한다. 산 사람들은 역사의 증인이 되어야 한다. 우리는 민주주의와 민족통일의 빛나는 미래를 위해, 항쟁의 마지막을 자폭으로 끝내서는 안 된다. 자, 고등학생들은 먼저 나가라."

청년의 눈빛에서는 광채가 일고 있었다. 장내는 이내 숙연해졌고 수류탄을 쥐고 있던 고등학생들은 흐느껴 울었다.

이윽고 공수부대 3여단 특공조가 맹렬한 사격과 함께 도청을 공격해 오기 시작했다. 그 당시 광주에 투입되어 공격을 가한 군부대는 공수부대와 20사단을 포함하여 무려 2만여 명. 엄청난 수의 계엄군이 수류탄을 투척하기도 했고 헬기에서 기관총을 난사하기도 하였다. 지하실과 사무실에 수류탄을 던져 넣었으며, M16을 연발로 긁어댔다. 이러한 상황에서 시민군이 할 수 있는 것은 오로지 민주주의를 위한 자신의 투철한 희생정신을 내외에 천명하는 것뿐이었다.

곳곳에서 시민군들이 사랑하는 조국을 뜨겁게 껴안으며 쓰러져갔다. 그렇게 목숨을 잃은 시민군은 모두 합쳐 26명. 그 중 11명은 다양한 직업을 가진 노동자였고 6명이 대학생, 8명이 중고등학생이거나 재수생이었다. 나머지 한 명은 들불야학 교사이자 항쟁지도부의 한 사람인 윤상원이었다. 남아 있던 생존자들은 자기 나라 군대의 '포로'로 잡혀 세상에서 그 무엇과도 비교할 수 없는 모욕을 견디어야 했다.

이로써 광주시민은 장엄했던 항쟁을 죽음으로 완성했다. 그들은 민주주의 수호를 위해 자신이 할 수 있는 모든 것을 다하였다.

광주, 역사의 한복판을 걸어가다

열흘에 걸친 광주민중항쟁 기간 동안 광주와 인근 15개 시·군에서 1백여 만 명이 항쟁에 참여하였다. 그 중에서 공식적으로 확인된 희생자는 사망자 154명, (계엄군이 시신을 유기했을 가능성이 큰) 행방불명자 74명, 상이 후 사망 95명, 부상 3,310명, 구속구인자 1,430명 등 총 5,063명에 이르렀다.

한편 광주민중항쟁 직후, 남민전(남조선민족해방전선) 사건으로 복역 중이던 혁명시인 김남주는 감옥 안에서 항쟁소식을 접하였다. 시인은 곧바로 사건의 본질을 꿰뚫는 예리한 시각으로 시를 써내려갔다.

학살의 원흉이 지금
옥좌에 앉아 있다
학살에 치를 떨며 들고 일어선 시민들은 지금
죽어 잿더미로 쌓여 있거나
감옥에서 철창에서 피를 흘리고 있다
그리고 바다 건너 저 편 아메리카에서는

학살의 원격조종자들이 회심의 미소를 짓고 있다

당신은 묻겠는가 이게 사실이냐고

나라 국경 지킨다는 군인들이 지금
학살의 거리를 누비면서 어깨총을 하고 있다
옥좌의 안보를 위해
시민의 재산을 지킨다는 경찰들은 지금
주택가에 난입하여 학살의 흔적을 지우기에 광분하고 있다
옥좌의 질서를 위해

당신은 묻겠는가 이게 사실이냐고

(……)

장군들, 이민족의 앞잡이들
압제와 폭정의 화신 자유의 사형집행인들
보아다오 보아다오 보아다오
살해된 처녀의 머리카락 그 하나하나는
밧줄이 되어 너희들의 목을 감을 것이며
학살된 아이들의 눈동자
그 하나하나는 총알이 되고
너희들이 저질러놓은 범죄
그 하나하나에서는 탄환이 튀어나와

너희들의 심장에 닿을 것이다

— '학살 3'《조국은 하나다》

광주는 처참히 학살되었다. 그러나 광주는 죽지 않았다. 광주는 난자당한 바로 그 순간부터 시퍼렇게 두 눈을 부릅뜨고 역사의 한복판을 뚜벅뚜벅 걸어가기 시작했다.

먼저, 73만 광주시민 모두는 학살현장을 경험한 생생한 증인이 되었다. 전두환 정권이 아무리 기를 쓰고 광주의 진실을 은폐하고 왜곡하려고 하더라도 73만 개의 입 모두를 틀어막을 수는 없었다. 진실은 타 지역에 있는 가족으로 전달되었고, 그 가족의 직장과 교회 등 여러 경로를 통해 사회 곳곳으로 퍼져나갔다.

전두환 정권은 이후 민심을 얻기 위해 경제를 살리고 올림픽을 유치하는 등 많은 노력을 기울였고 나름대로 성과를 거두기도 하였다. 하지만 전두환 정권의 치적에 대해 긍정적 평가를 하는 사람들은 극소수에 불과했다. 제 나라 백성을 대량 살육하고 권좌에 오른 원죄는 그 무엇으로도 씻을 수 없었던 것이다. 아울러, 그 동안 민주주의 수호자로 행세해온 미국 역시 광주학살을 승인하고 협력한 바로 그 순간, 허위의 가면을 벗어던질 수밖에 없었다.

그리하여 '광주'는 한국 민중이 미국과 군부독재의 본질을 한눈에 꿰뚫어 볼 수 있는 진실의 창이 되었다. 하지만 광주민중항쟁이 갖는 보다 중요한 역사적 의의는 다른 곳에 있었다.

1980년 5월 광주에는 수많은 장면들이 교차되고 있었지만, 그 중에서 가장 중요한 것은 시민군의 등장이었다. 만약, 5월 21일 도청 앞 집단발포가 있은 뒤, 시민군이 등장하지 않았다고 가정해보자. 또한 항쟁의 마지막날 도청사수를 결심하지 않았다고 가정해보자. 정녕 그랬다고 한다면, 사람들 뇌리 속에 남은 광주의 이미지는 전혀 달랐을 것이다.

시민군이 등장하지 않았다면, 1980년 5월 광주는 시민과 학생들이 치열하게 저항을 했지만 결국 계엄군의 무자비한 진압에 의해 처참하게 쓰러져간 사건으로만 기억되었을 것이다. 대체로 그러한 모습이 야기하는 결과는 극도의 피해의식과 패배주의이다. 이는 곧 저항의지의 상실로 이어지기 쉽다. 그에 따라 오랜 세월 동안 한국사회는 이렇다 할 저항이 없는 침묵의 땅으로 전락했을 것이다. 신군부가 집단발포를 결심했을 때는 바로 그러한 상황을 기대했을 것이다.

하지만 시민군이 등장하고 최후의 순간에 도청을 사수함으로써 모든 것이 180도 달라졌다.

광주시민들이 손에 총을 든 것은 사전에 계획된 바도 없었고 토론을 거친 바도 없었다. 그것은 매우 짧은 순간에 본능적으로 이루어진 선택이었다. 그럼에도 불구하고, 그 같은 선택은 광주민중항쟁을 4월혁명 등 이전 시기의 민중항쟁과 뚜렷이 구분하게 만드는 결정적 계기가 되었다.

시민군의 등장은 총에는 총, 군대에는 군대로 맞섬으로써 더 이상 군부의 총칼이 민중을 유린하는 일방적 수단일 수 없음을 선언한 것이었다. 더불어, 시민군의 등장은 총칼에 대한 두려움이 더 이상 민중을 굴종의 세계로 내몰 수 없음을 천명한 것이기도 하였다.

이 같은 성격으로 인해, 시민군의 등장은 이후의 역사에 한없이 넓고도 깊은 영향을 미쳤다. 무엇보다도 시민군의 등장은 모든 형태의 비겁과 자기기만을 허공으로 날려버리도록 만들었다. 광주민중항쟁 이후,

194

수많은 사람들은 광주시민들이 민주주의를 위해 피 흘리며 투쟁한 그 순간에 자신은 어디에서 무엇을 하고 있었는지를 되돌아보게 되었다. 그러면서 이후에 자신이 어떻게 살아야 할지를 끊임없이 되물었다. 그럴 때마다 시민군이라는 존재는 심장에 비수를 꽂듯이 분명한 답을 주었다. 그것은 죽음을 두려워하지 않고 민주주의를 향해 투쟁하는 광주의 후예로서 거듭나는 것이었다.

서슬 퍼런 전두환 정권 아래에서도 잠시의 침묵을 허용함 없이 목숨을 건 민주화 대장정이 핏빛 자욱하게 펼쳐질 수 있었던 것은 바로 이러한 맥락에서였다.

결국 김남주 시인이 표현했던 그대로, 살해된 처녀의 머리카락 하나하나가 밧줄이 되어 학살자들의 목을 휘감았고 학살된 소년의 눈동자 하나하나가 총알이 되어 압제자들의 심장에 박힌 것이다. 이는 곧 광주가 두 눈을 부릅뜨고 역사의 한복판을 걸어가기 시작했을 때, 이미 승리의 역사는 시작되었음을 말해준다.

(1995년 5·18특별법이 제정, 공포되었고 이를 바탕으로 1996년 군사반란과 광주학살의 주역들이 법정에서 단죄를 받았다. 또한 정부는 1997년 광주민중항쟁을 5·18민주화운동으로 명명하면서 5월 18일을 국가기념일로 지정하였다. 광주민중항쟁은 발생한 지 17년 만에 비로소 국가적 차원에서 정당성을 인정받은 것이다.)

3. 무력화되는 독재 프로그램

광주민중항쟁을 무력으로 진압한 신군부는 새로운 정권 창출에 박차를 가했다. 그 첫걸음으로, 1980년 9월 1일 전두환은 허수아비에 불과했던 최규하를 밀어내고 유신헌법의 절차에 따라 대통령에 취임했다. 액면 그대로 전두환 정권이 탄생한 것이다.

곧바로 전두환 정권은 정치정화법으로 3김(김대중·김영삼·김종필)을 포함한 구 정치인들의 정치활동을 대거 금지시킨 가운데, 여당인 민주정의당(민정당)을 창당했으며 보안사의 적극적인 개입 아래 야당인 민주한국당(민한당)의 창당을 유도했다. 비슷한 맥락에서 구 공화당 출신 일부가 국민당을 창당했다.

이러한 가운데 전두환 정권은 유신체제의 골격을 상당정도 유지하는 방향에서 새로운 권력구조를 마련했다. 다만, 차이가 있다면 대통령 임기를 7년 단임으로 함으로써 연임을 금지했다는 사실이었다. 대통령 선거는, 유신 시대의 통일주체국민회의와 마찬가지로, 대통령선거인단이 체육관에 모여 선출하는 방식이었다. 또한 국회의원 제도도, 의석의 3분의 1을 대통령이 임명했던 유신 시대와 비슷하게, 3분의 1을 전국구로 하되, 그 중 절반은 제1당에게 우선 배정하고 나머지를 득표율에 따라 배분하였다. 지역구 역시 선거구에서 두 명을 뽑는 중선거구제로서 여당후보는 무조건 당선될 수 있는 제도를 취하였다. 그 결과, 유신 시대에 그러했던 것처럼 야당이 득표율에서 앞서더라도 의석수에는 여당이 앞서는 기현상이 나타날 수밖에 없었다.

일련의 과정을 거쳐 계엄령이 해제되고 대통령 선거가 치러져, 마침내 1981년 3월 3일 전두환이 대통령에 취임함으로써 제5공화국이 출범하기에 이르렀다.

분명 신군부는 정권창출에 필요한 제도적 환경을 마련하는 데 성공할 수 있었다. 그러나 그것만으로 안심할 수 있는 처지가 아니었다. 무

엇보다도 민중의 거센 저항은 언제든지 정권을 위험에 빠뜨릴 위험성
이 있었다. 그리하여 전두환 정권은 권력을 장악하는 순간부터 민중의
저항을 거세하기 위한 각종 프로그램들을 쏟아냈다. 그것은 한마디로
박정희 시대에 구축된 병영국가 시스템을 그대로 유지한 상태에서 '플
러스 알파'를 한 것이었다.

하지만 그 어떤 것도 기대했던 효과를 거둘 수 없었다. 전두환 정권
이 쏟아낸 독재 프로그램들은 광주민중항쟁의 세례를 받은 민중들의
높은 자각과 투쟁의지 앞에서는 끝내 무력해질 수밖에 없었던 것이다.

삼청교육대

군사정권의 일반적 특징의 하나는 총칼을 앞세워 공포감을 조장함
으로써 민중을 굴복시키는 것이었다. 광주민중항쟁을 진압한 신군부
역시 이러한 공포감을 조장하기 위한 프로그램을 작동시켰다. 사회악
일소를 내걸고 시행한 '삼청교육三清教育'은 그 대표적인 것이었다.

1980년 8월 4일, 계엄포고령 13호를 근거로 삼청교육 대상자에 대한
대대적인 검거가 시작되었다. 삼청교육 대상자들의 검거를 위해 연인
원 80만 명의 군·경이 동원되었다. 그리하여 무려 6만 755명의 시민이
총검을 앞세운 군경에 의해 검거되었고, 그 중 3만 9,742명이 삼청교육
에 보내졌다.

삼청교육을 받은 사람들 중에는 폭력배 이외에도 신군부에 비판적
이었던 언론인, 학생운동을 하였던 대학생, 투쟁적이었던 노조원들, 광
주민중항쟁에 참여했던 수백 명의 젊은이들 등이 포함되어 있었다. 또
한 전두환과 불편한 관계에 있었던 전 보안사령관 강창성도 삼청교육
대상자의 한 명이었다.

삼청교육은 11공수, 13공수 등 특전사를 중심으로 전국 25개 군부대에서 실시되었다. 삼청교육 대상자를 수용하기 위한 숙소와 훈련장은 이미 두세 달 전부터 준비되었으며, 교육을 담당할 조교들은 미리 차출되어 강도 높은 유격훈련을 받은 상태였다.

삼청교육 담당 조교들은 제압하지 못하면 당할 수 있다는 불안감을 끊임없이 주입받았다. 어떤 조교는 나이가 한참 많은 교육 대상자들에게 반말을 하지 않았다는 이유로 고참에게 두들겨 맞아 척추뼈를 심하게 다치기도 하였다. 그 결과, 조교들은 삼청교육 대상자들을 말 그대로 개 취급하듯 하면서 극단적인 폭력을 행사하기 시작했다. 1사단에서 교육을 맡았던 한 조교는 수련생들을 넓고 깊은 군대 화장실 분뇨 속에 집어넣는 과정을 그 분뇨가 다 없어질 때까지 반복하였다. 삼청교육 대상자의 한 명이었던 유영근은 극단적 폭력의 한 장면을 다음과 같이 증언하였다.

"눈이 쌓인 연병장 위에 소주병을 깬 유리 조각을 뿌리고는 팬티 바람으로 눈 위에서 구르게 하는데, 단순한 포복이 아니에요. 낫으로 가지를 5센티 정도 쳐낸 참나무 몽둥이로, 알몸으로 기는 우리의 가슴이나 잔등, 허벅지를 사정없이 내리치는 거예요. 그러면 꽁꽁 언 몸이 마치 장작 빠개지듯이 빠개져요. 서너 시간이 지나면 연병장은 완전히 피바다로 변해버리는 거죠."

지옥 같은 훈련이 잠시도 쉬지 않고 계속되었고 폭언과 폭행이 끝없이 이어졌다. 노조 간부였던 이기창은 내무반장이 이야기하는 도중에 약간 비웃는 듯한 표정을 지었다는 이유로 주먹으로 가슴을 무수히 맞고 하나하나 세어가며 군홧발로 정강이를 80대나 맞고는 결국 쓰러져야 했다. 제공되는 식사량 또한 턱없이 부족하여 허기를 견디다 못한 교육생들은 조교의 눈을 피해 뱀과 개구리, 들쥐 등을 날 것으로 삼키기도 하였다. 삼청교육 대상자들은 이미 인간이기를 거부당한 상태였던 것이다.

결국 고통을 견디다 못해 자살하는 경우도 속출했다. 부산에 있는 2관구에서 삼청교육을 담당했던 양모 씨는 자신의 부대에서만 3명의 자살자가 있었다고 증언했다. 한 사람은 21개의 못을 삼켜서 죽었고, 또 한 사람은 군대에 지급된 바르는 모기약을 다량 삼키고 후송 도중 사망했으며, 또 다른 한 명은 유리조각으로 자신의 혀를 난자해서 과다 출혈로 사망했다고 했다.

또한 조교들의 폭력에 의해 희생되는 경우가 허다했다. 1980년 12월 15일 28사단에서는 수련생 임근실이 배고픔을 참지 못해 땅에 떨어진 밥알을 주워 먹었다가 조교들에게 가혹한 구타를 당해 사망했다. 조교들은 가족이나 연고자가 없어 죽어도 문제가 되지 않은 사람들을 골라 집중적으로 구타했다. 그 결과, 연고자가 없는 부랑자나 노숙자들이 가혹한 구타로 인해 사망하는 경우가 부지기수로 발생했다.

교육기간 도중 공식 사망자만도 54명이었으며 1989년에 신고된 후유증으로 인한 사망자는 397명에 이르렀다. 54명의 사망자 대다수는 명백히 구타와 폭력에 의해 사망한 것이었음에도 불구하고 그들 대부분(36명)은 병사자로 처리되었다. 단 10명만이 구타에 의한 사망자로 기록되어 있을 뿐이다. 하지만 한 전방 사단의 1개 연대에서만 11명의 사망자가 발생했다는 당시 조교의 증언이나 수백 명의 사망자 명단을 직접 보았다는 합동수사본부 수사관의 증언을 바탕으로 볼 때, 삼청교육 과정에서 발생한 희생자의 수는 훨씬 많은 것으로 짐작되고 있다.

지옥과 같았던 삼청교육이 끝났지만 수련생들을 기다리고 있었던 것은 꿈에도 그리던 귀가가 아니라 근로봉사였다. 수련생들은 전방부대에 격리 수용된 채 군사용 도로의 보수작업과 진지공사에 투입되었다. 그러나 여기에서 끝난 것이 아니었다.

계엄해제를 한 달여 앞둔 1980년 12월 18일, 전두환 정권은 사회보호법을 공표하였다. 전두환 정권은 이 법을 근거로 삼청교육대 수련생들을 최하 1년에서 최고 5년에 이르는 보호감호 조치에 취했다. 그에 따라 전방부대에 수용되었던 삼청교육대 수련생들은 1981년 12월 2일부터 청송 감호소로 이송되기 시작했다. 청송 감호소는 교도관들조차 기피할 만큼 일반 교도소보다도 삼엄하기 그지없는 곳이었다. 그러한 청송 감호소에 아무런 재판절차도 없이 수많은 사람들이 갇힌 것이다.

이렇듯 험난한 과정을 거쳐 사회로 복귀했지만 이들에게 정상적인 생활은 쉽지 않았다. 심각한 후유증이 그들을 괴롭혔던 것이다. 20년 넘게 정신병원을 드나드는 사람도 있고 대인공포증과 피해망상장애로 20년 넘게 방 안에서만 생활하는 사람도 있다. 삼청교육대에서 받은 상처는 깊고도 깊었던 것이다.

분명 삼청교육은 민중을 겁먹도록 하기 위한 고도의 공포 프로그램이었다. 예상했던 대로 삼청교육은 전두환 정권 초기 민중을 침묵시키는 데 일정하게 효과를 거두었다. 그러나 삼청교육이 빚어낸 공포도 광주가 안겨다 준 충격과 감동을 결코 능가하지 못했다. 광주의 세례를 가장 먼저 받은 학생운동은 일찍부터 그 어떤 것도 두려워하지 않는 용기를 발휘하였고, 그러한 용기는 빠르게 민중 전체로 퍼져나갔다.

언론 통제

전두환 정권 시절, 사람들이 가장 고통스럽게 느꼈던 대목 중의 하나는 철저한 언론통제로 인해 알 권리를 박탈당한 것이었다. 입이 있어도 제대로 말할 수 없고 귀가 있어도 제대로 들을 수 없었던 것이다. 그것처럼 답답한 일이 없었다. 전두환 정권 때에 이르러 박정희 정권 때보다 상황이 한층 악화된 대표적인 분야가 바로 언론이라고 할 수 있다.

5·17군사쿠데타 직후 수립된 국보위는 1980년 7월 31일을 기해《창작과 비평》,《씨알의 소리》,《문학과 지성》등 172개 정기간행물의 등록을 취소하였다. 그 결과, 유신체제 아래에서도 발행되었던 비판적인 정기간행물들이 모조리 폐간조치를 당하고 말았다. 이와 함께 국보위는 언론기관에 대한 대대적인 통폐합을 단행했다. 구체적으로 '기독교방송'은 폐지하였고, '동아방송'과 '동양방송'은 KBS로, 〈신아일보〉는 〈경향신문〉으로, 〈서울경제〉는 〈한국일보〉로, '합동통신'은 '연합통신'으로 흡수·통합하였으며, 지방지는 1도 1사만 남기고 통폐합하였다.

이러한 언론 통폐합 과정에서 다수의 언론인들이 직장에서 쫓겨났는데 그 과정에서 비판적인 기사를 써왔던 언론인들은 대부분 해직되고 말았다. 언론 통폐합 과정이 말 그대로 '언론 대학살'로 이어졌던 것이다.

언론 통폐합을 통해 언론기관은 소수가 되었고, 그 덕분에 이들은 막대한 독과점 이익을 누릴 수 있었다. 여기에 덧붙여, 정권으로부터 갖가지 특혜가 부여되었다. 가령, 정부는 금융기관으로 하여금 신문사에 인쇄기 도입이나 신문용지 구입, 사옥신축 등에 필요한 자금을 유리한 조건으로 대출해주도록 알선하였다.

덕분에 언론사들은 1980년대를 거치면서 급속하게 사세를 확장할 수 있었다. 또한 과거 일반기업에 비해 턱없이 낮았던 언론 종사자들의 급여 또한 빠르게 상승함으로써 언론 종사자들은 가장 잘 나가는 직업의 하나가 되었다. 이로부터 언론기관과 그 종사자들은 한국사회의 중요한 기득권 세력으로 자리 잡으면서 자연스럽게 정치권력과 밀월관계를 형성하기에 이르렀다.

이러한 조건에서 전두환 정권은 '보도지침'을 통해 언론을 빈틈없이 통제하였다. 보도지침은 언론담당 부서인 문화공보부에서 매일 언론기관에게 보도 여부, 논조, 기사크기 등에 대해 세부적인 지침을 내리는 것이었다. 언론매체는 그러한 보도지침을 충실히 따르면서 정권의 지침에 따라 움직이는 앵무새로 전락해갔다.

하지만 보도지침은 오랫동안 입소문으로 나돌기만 했을 뿐 그 실체가 정확히 파악되지 못했다. 그러던 중 대표적인 진보매체였던 월간 《말》지가 1986년 특집호를 통해 '보도지침'의 실상을 상세하게 보도하기에 이르렀다. 그러자 전두환 정권은 《말》 특집호와 관련하여 《말》 발행기관이었던 민주언론협의회(민언협) 신홍범 실행위원, 김주언 한국일보 기자, 김태홍 민언협 사무국장 등을 구속했다. 또한 보도지침이 폭로되었음에도 불구하고 전두환 정권은 보도지침을 계속 시행하면서 '보도지침 사건'에 대해서는 보도하지 말라는 보도지침을 내렸다.

이렇듯 전두환 정권은 극단적으로 언론을 통제했지만 그것이 초래한 결과는 기성 언론에 대한 국민들의 극단적인 불신이었다. 웬만큼 세상물정을 아는 사람은 TV와 신문에서 하는 이야기라면 콩으로 메주를 쑨다고 해도 믿지 않았다. 그러다보니 자연스럽게 지하로 나도는 유인물이나 시중에 떠도는 유언비어에 더 귀를 기울이는 풍조가 만들어졌다. 그 결과, 유언비어가 통신의 역할을 하는 '유비 통신'과 "……카더라”라는 추정조의 이야기들이 '카더라 통신'이라는 이름으로 크게 위세를 떨쳤다.

이 같은 비공식 언론을 통해 유포되는 이야기는 주로 전두환 정권의 비리에 관련된 것이었고, 대부분 무서운 속도로 전파되면서 여론을 좌우하기에 이르렀다. 전두환 정권의 언론 통제가 역효과를 나타내기 시작한 것이다.

이른바 3S정책

전두환 정권은 새로운 통치기술로써 3S정책을 도입했다. 요컨대, 대중의 관심을 영화Screen, 성Sex, 스포츠Sports에 집중시킴으로써 정치적으로 무관심한 상태에 빠지도록 유도했던 것이다.

먼저, 전두환 정권은 영화정책의 일환으로 1982년 야간통행 금지를 해제하고 심야극장, 심야다방 등 심야영업을 허용했다. 그 결과, 극장들은 심야시간을 이용해 농도 짙은 에로 영화를 상영하였고, 심야다방에서는 새벽시간을 이용해 포르노 비디오를 틀어주는 것으로 손님들을 끌어모았다.

이와 함께 전두환 정권은 영화에 대한 심의를 크게 완화했다. 특히 에로 영화에 대해서는 매우 관대해졌다. 덕분에 1982년 본격적인 에로물을 표방한 〈애마부인〉이 검열을 통과하면서 31만 명의 관객을 동원하는 등 당시로서는 최고의 히트를 칠 수 있었다. 이후, 〈애마부인〉의 성공에 자극을 받으면서 에로 영화가 봇물처럼 쏟아져 나왔다. 1982년 한 해에만도 개봉된 한국영화 56편 중 65퍼센트인 35편이 에로 영화였다.

전두환 정권의 3S정책에 힘입어 1980년대 초반 러브호텔, 룸살롱, 안마시술소, 사우나와 같은 유흥 향락산업이 날이 갈수록 팽창해갔다.

그에 따라 향락산업에 기생하는 대규모 폭력배 조직이 양산되었다. 일명 '조폭'이라는 말이 생긴 것도 이 때였다. '인신매매'라는 말이 나온 것 또한 그 당시였다. 향락산업이 번창하면서 '공급'이 모자라자 유부녀들을 닥치는 대로 납치하기 시작한 것이다.

향락산업의 번창은 통계자료로도 확인할 수 있다. 현대사회연구소 조사에 의하면 1983년도 성매매업에 종사하는 여성의 수는 87만 명에 달했다. 1985년 보사부 통계로도 100만 명이 넘었다. 1986년도 경제활동 인구 1,500만 명 중 여성이 600만 명 정도였는데, 이 가운데 14세에서 30세 사이의 연령만을 놓고 계산하면, 경제활동을 하는 여성 네 명 가운데 한 명은 성매매업에 종사했다는 충격적인 결과가 나온다.

전두환 정권의 3S정책의 한 축이었던 스포츠 정책에서 가장 먼저 첫선을 보인 것은 프로야구 출범이었다. 프로야구 출범을 처음 제기한 것은 전두환이었다. 그에 따라 청와대가 직접 나서서 프로야구 구단을 맡을 기업을 선정하였다. 덕분에, 작업을 시작한 지 불과 9개월 만에 프로야구가 출범할 수 있었다. 역사적인 프로야구 개막식 때의 시구는 전두환의 몫이었다. 일부 언론에서 전두환을 스포츠 대통령이라고 부르기 시작한 것도 이 즈음이었다.

전두환 정권의 스포츠 정책에서 핵심을 이루었던 88올림픽 서울 유치에 가장 강한 의지를 갖고 추진한 인물 역시 전두환이었다. 그런데 당시 체육계에서 88올림픽 서울 유치는 상당히 뜬금없는 이야기에 불과했다. 그럼에도 불구하고 최고통치자의 의지는 모든 것을 잠재우고도 남음이 있었다. 대한올림픽위원회 위원이었던 한 사람은 당시상황을 다음과 같이 회고했다.

"(대한올림픽위원회 회의에서) 88올림픽을 우리가 유치하자는 결의

를 하려고 하니까 전부 너무 놀라서, 한마디로 말도 안 되는 얘기를 한
다고 막 웃었어요. 너무 어처구니가 없어서…… 그런데 위원장이 품 속
에서 두 장의 편지를 꺼내 읽어내려가기 시작했지요. 전두환 대통령의
친필 편지예요. 올림픽을 유치해야 하는 일곱 가지 당위성을 읽어내리
고는 몇 월 며칠 대통령 전두환. 이러고 나서 '자 반대할 사람 있습니
까?'라고 하는데 거기서 반대할 사람이 누가 있겠어요?"

88올림픽 유치를 둘러싸고 경쟁하였던 도시는 일본의 나고야였다.
나고야는 서울보다 훨씬 빨리 유치작업을 벌이면서 매우 유리한 위치
에 있었다. IOC총회가 개최될 예정이었던 독일 현지의 언론도 대부분
나고야 유치를 기정사실로 간주하는 분위기였다.

매우 불리한 조건에서 출발한 올림픽유치단(단장 정주영)은 선진국
IOC위원을 포섭하는 것은 힘들다고 보고 한국과 비슷한 처지에 있던
중동, 아프리카 등 제3세계 IOC위원들을 집중적으로 공략했다. 올림픽
유치단은 서울이 올림픽을 유치해야 비슷한 처지에 있는 개발도상국들
이 올림픽을 유치하기 쉬워진다는 논리를 제시했는데, 이는 제3세계
IOC위원들 사이에서 생각 이상으로 좋은 반응을 얻었다. 외교관과 각
기업의 해외지사 직원들이 주재국의 IOC 위원들을 끈질기게 설득했던
것 또한 상당히 큰 도움이 되었다.

이러한 과정을 거쳐 한국의 올림픽유치단은 최종단계에서 52 대 27
로 나고야를 누르는 대역전극을 펼칠 수 있었다.

그러면 전두환 정권의 3S정책은 어떤 결과를 낳았는가. 3S정책은 국
민들의 일상생활과 밀접한 연관이 있었던 만큼 어떤 형태로든지 적지
않은 영향을 미쳤을 것임이 분명했다. 과연 3S정책의 결과, 정치적 무

관심이 확산되고 전두환 정권에 대한 호감이 증대하였을까.

먼저 향락산업에 대해 살펴보자. 향락산업에 발길을 들여놓을 수 있는 것은 어느 정도 경제력이 있는 남성들뿐으로 가난한 민중들하고는 상당히 거리가 멀었다. 도리어 향락산업의 번창은 계층 간의 위화감만을 조성하였고 그로 인해 사회적 불만이 더욱 확산되기에 이르렀다.

그렇다면 전두환 정권의 스포츠 정책에 대한 국민들의 반응은 어떠했는가. 결론은 간단했다. 국민들은 전두환 정권이 제공한 스포츠를 마음껏 즐겼다. 그렇다고 하여 전두환 정권을 호의적으로 대한 것은 결코 아니었다. 대표적으로, 호남 사람들은 호남 지역을 연고로 한 프로야구단 해태 타이거즈(이후 기아 타이거즈)를 열렬히 응원했지만 전두환 정권에 대한 비판적 시각은 조금도 변하지 않았다.

비슷한 맥락에서, 국민들은 88올림픽 서울 유치를 환영했고 성공적인 개최를 기원하였다. 1984년 9월의 여론조사를 보면, '88올림픽의 서울 유치는 잘한 일이다'라는 응답이 86.1퍼센트에 이르렀다. 이렇듯 올림픽 유치에 대해 긍정적인 분위기가 지배하였지만, 그렇다고 하여 전두환이 기대했던 것처럼 민중이 성공적인 올림픽 개최를 위해 정권에 대한 저항을 포기하는 일은 결코 벌어지지 않았다. 도리어 민중은 88올림픽을 불과 1년 앞둔 시점에서 대대적인 민주화 투쟁을 전개했고, 결국 독재정치를 종식시키는 데 성공하였다. 그로 인해 전두환은 자신이 마련한 잔치였던 88올림픽에 참석조차 하지 못했다.

어찌 보면, 민중의 의식 밑바탕에 독재체제를 유지한 상태에서 올림픽을 개최하는 것은 수치라는 생각이 강하게 깔려 있었는지도 모른다. 달리 말해, 민주국가 입장에서 당당하게 외국손님을 맞이하고 싶었던 것일 수 있다. 어느 모로 보나, 88올림픽 서울 유치는 전두환 정권이 기대하였던 민중의 저항의지를 약화시키는 데 전혀 도움이 되지 않았다.

영화정책의 경우도 비슷한 결과를 낳았다. 대학생들을 중심으로 한 젊은이들 사이에서 낮에는 짱돌을 던지며 시위를 하다가 밤에는 심야 극장에서 에로 영화를 보는 경우는 매우 흔한 현상이었다. 이를 두고 이중생활 혹은 자아분열로 보는 비판적 견해도 많았지만, 분명한 것은 정권이 조장한 대중문화를 즐기면서도 정권에 대한 저항을 포기하지 않았다는 사실이다.

무지막지한 인권유린

전두환 정권 내내 민주화 투쟁을 억누르기 위한 인권유린이 광범위하게 이루어졌다. 그 대표적인 경우를 열거하면 아래와 같다.

1980년부터 1987년까지 국가보안법(1980년은 반공법 포함)·집회 및 시위에 관한 법률·정치정화법·사회보호법 등으로 검거된 정치범·양심범(정권은 '공안사범'으로 부름)은 무려 1만 2천여 명이 넘었다. 이는 박정희 정권 18년 동안 검거된 정치범·양심범의 숫자를 능가하는 것이었다. 통치기간을 감안하면 박정희 정권 때보다 대략 2.5배 많은 숫자이다. 이밖에도 1981~1983년 동안에만도 1,400여 명의 학생들이 제적되었고, 수많은 학생들이 강제 징집되었다. 또한 수많은 노동자들이 해고되었고, 블랙 리스트에 올라 직장마저도 마음대로 구할 수 없는 상태가 되었다.

전두환 정권 시기의 공안기관은 빈번한 고문으로 악명이 높았다. 수많은 민주인사들이 관계기관에 연행되어 죽음보다 더한 고문을 받아야 했다. 김근태 민주화운동청년연합 의장은 1985년 9월 4일부터 20일까지 전기고문과 물고문을 번갈아가면서 받아야 했는데, 그 때마다 죽음의 그림자가 코 밑까지 다가온 것을 느껴야 했다. 극한을 넘나들던 김근태는 결국 마지막 순간에 알몸으로 바닥을 기며 살려달라고 애원을 해야 했다. 이 같은 고문사건은 마침내 1986년 5월 부천 경찰서 형사 문귀동이 노동현장에 투신했던 전 서울대생 권인숙을 성고문하는 끔찍한 사태로까지 발전하였다. 전두환 정권의 인권유린은 가히 한도가 없었던 것이다.

이러한 가운데 의문의 죽음들이 곳곳에서 발생하였다. 1985년 10월 11일, '민추위' 사건으로 수배를 받아오던 서울대 복학생 우종원이 경부선 철로변에서 변사체로 발견되었다. 1986년 6월 19일에는 경찰에 의해 연행되었던 인천 연안가스 노동자 신호수가 전남 여천 대미산 중턱 동굴에서 시체로 발견되었다. 또한 1986년 6월 22일에는 부산 송도 매립지 앞바다에서 서울대생 김성수가 몸에 콘크리트가 매달린 채 바닷물 속에서 익사체로 발견되었다.

경찰은 이들 사건을 두고 모두 자살이라고 주장했으나 고문에 의한 죽음 가능성이 끊임없이 제기되었다. 자살이라고 보기에는 납득할 수 없는 점이 너무 많았고, 신체 곳곳에 고문 받은 흔적들이 남아 있었기 때문이었다.

이렇듯 인권유린이 난무한 가운데 전두환 정권은 신성한 병역의무를 악용하여 인간성을 말살하는 야만적 행위를 자행하기도 하였다. 전 세계 그 어느 곳에서도 찾아볼 수 없는 인권유린이 군대를 무대로 광범위하게 벌어진 것이다. 그 실상을 좀 더 자세히 살펴보도록 하자.

전두환 정권은 학생운동을 탄압하기 위한 일환으로 강제징집을 적극 실시하였다. 수천 명의 운동권 학생들이 신체검사 통지서 발부나 입영영장 없이 어느 날 갑자기 전방부대에 배치되었다. 그 중에는 정상적인 신체검사를 받으면 군 징집이 면제가 될 수 있는 경우도 상당수 있었다.

문제는 여기에 그치지 않았다. 보안사령부 주도로 운동권 출신을 상대로 한 이른바 '녹화사업'이 광범위하게 실시된 것이다. 녹화사업은 강제징집자와 운동권 출신 입영자를 대상으로 일련의 순화교육을 실시한 다음, 학생운동에 대한 정보를 수집하는 관제 프락치 활동을 하도록 강요하는 것이었다. 이런 식으로 프락치 활동을 강요받은 운동권 출신은 무려 1,200여 명에 이르렀다.

쉽게 예상할 수 있는 바이지만 보안사가 요구하는 정보수집 활동을 거부하거나 소홀히 하는 경우는 가혹한 폭력에 시달려야 했다. 그 결과, 녹화사업 대상자들은 동료와 선후배를 배신해야 하는가, 아니면 폭력에 시달려야 하는가를 놓고 끊임없이 갈등하고 괴로워해야 했고, 끝내는 평생 씻을 수 없는 도덕적 부담감과 죄의식을 품어야 했다. 그 와중에서 6명(이윤성, 정성희, 최온순, 한영현, 한희철, 김두황)의 운동권 출신이 군부대에서 사망하는 비극이 발생하고 말았다.

이들은 모두 죽기 전에 시도 때도 없이 보안사에 불려 다니고 있었다. 성균관대생 이윤성의 아버지는 마지막 면회 때 아들이 이전부터 보안사에 불려 다니고 있었음을 알았다고 한다.

"얼굴도 조금은 이상하고 영 기가 죽어 보여서 물어보니, 오늘도 거기에서 오라고 해서 나왔다는 거예요. 거기에서 오라고 한다는 게 뭐냐고 물으니, 보안사에서 오늘 여기 오라, 내일 저리 가라, 매일 왔다 갔다 하는 게 일이라는 거예요. 그 때 서로 헤어질 때, 나도 모르게 눈물이 자꾸 나오는데…… 걔는 어디에서 불러도 겁난다는 거죠. 아이가 완전히 떨었어요. 뒤에 가서 벌벌 떨면서 이야길 해요."

또한 서울대생 한희철의 아버지는 아들과 같은 부대에 근무하였던 동료 둘로부터 진술서를 받았는데, 그 내용의 핵심은 '한희철이 보안사에 끌려가 엄청난 고문을 당했다'는 것이었다. 또한 한희철 사망사건을 조사한 헌병대 조사관 손모 씨도 한희철이 보안사에서 전기고문을 받은 사실을 증언하였다. 한희철이 죽기 전, 부대의 동료에게 맡긴 한 통의 편지에는 보안사의 정보수집 요구사항이 적나라하게 적혀 있었다. 그 내용은 차라리 자살을 기도할 만큼 고통스럽기 짝이 없는 것이었다.

군부대에서의 의문의 죽음은 가족들에게 씻을 수 없는 상처를 안겨다주었다. 이윤성의 어머니는 아들이 죽은 이후 내내 정신질환에 시달려야 했고, 가족들은 잊어버리자고, 흔적조차 남기지 말자며 무덤마저 없애버렸다. 또한 김두황의 부모는 아들의 죽음으로 고통스러워하다 1년 뒤 모두 세상을 떠났다.

의심할 여지도 없이 전두환 정권의 광범위한 인권유린은 민주화 세력의 기를 꺾음으로써 궁극적으로 저항의지를 거세하기 위한 것이었다. 하지만 결과는 정반대로 나타났다.

전두환 정권의 탄압을 받고 민주화 투쟁의 의지를 접은 경우는 그리 많지 않았다. 대부분은 탄압을 받으면서 더욱 강하게 단련되었고 민주화를 향해 더욱 뜨거운 열정을 불태웠다. 뿐만이 아니었다. 선배 혹은 동료들이 정권의 탄압에 의해 모진 고초를 겪는 것을 목격하면서 수많은 사람들이 투쟁을 지지하였고, 나아가 동참하였다. 정권의 탄압은 민주화의 불꽃을 수십 수백 배로 늘어나도록 하는 촉진제 역할을 하였던 것이다.

그리하여 민주화 운동은 정권의 탄압을 먹고 빠르게 자라날 수 있었다. 우리는 잠시 뒤에 이를 구체적으로 확인할 것이다.

민주화 대장정

1981~1987년 기간 동안 펼쳐진 민주화 대장정은 고난으로 가득 찬 가시밭길의 연속이었다. 이루 헤아릴 수 없이 많은 사람들이 제적, 해고, 구속, 수배, 고문으로 인해 끔찍한 고통을 겪었고 심지어 목숨을 잃기까지 하였다. 그 결과, 이 땅의 수많은 어머니들이 피울음을 토해내야 했다.

　　하지만 민주화 대장정을 온 몸으로 헤쳐나온 사람들은 당시를 자신의 삶에서 가장 멋진 순간으로 기억하고 있다. 그들에게 민주화 대장정은 결코 지울 수 없는 아름다운 추억이자 무엇과도 비교할 수 없는 흥미진진하고 박진감 넘치는 드라마였다. 과연 민주화 대장정 속에 어떤 역사가 숨어 있는 것일까. 그 감동의 현장을 찾아 역사의 한복판으로 뛰어들어보자. 특히 대세에 순응하면서 나약한 삶을 살아가는 사람들에게 민주화 대장정은 더없이 좋은 이야기거리를 선사할 것이다.

Chapter 05
민주화 대장정

　　　　　　　전두환 정권 아래에서 민주화 대장정
은 인간의 의식적 노력이 어떻게 역사를 바꿀 수 있는지를 생생하게 보
여준다.

　민주화 대장정은 투쟁 그 자체를 통해 병영국가에 의해 말살되었던
자유의지와 개성, 창조력을 복원시켰다. 그럼으로써 민주화 대장정은
어떤 과정을 거쳐 기존의 주류사회가 요구하는 것과는 전혀 다른 종자
의 인간들이 탄생하고 그 수가 비약적으로 늘어나는지를, 또한 억압적
이고 야만적인 기성질서가 어떤 식으로 저항하는 자들에 의해 무력화
되는지를 그리고 배제당했던 인간들이 투쟁을 통해 사회적 인정을 획
득하면서 자율적이고 독립적인 영역을 구축해가는지를 한 편의 파노라
마처럼 보여주었다.

　결론적으로, 민주화 대장정은 창조력과 진취성에서 앞선 세력이 궁
극적 승리를 거둔다는 사실을 웅변으로 보여주었다.

1. 학생운동, 그 찬란한 신화

전두환 정권 초기, 민중의 세계를 짓누르고 있던 가장 큰 질곡은 패배주의와 냉소주의였다. "공연히 나서봐야 자기만 다칠 뿐이며, 대들어 봤자 계란으로 바위 치기"라는 생각이 사회 곳곳에 팽배해 있었던 것이다. 박정희 정권 아래에서 기죽고 주눅 들어 살아온 습성이 그대로 굳어지는 것 같은 분위기였다.

그런데 이러한 패배주의를 과감하게 벗어던지고 당당하게 권력에 맞서는 돌연변이들이 급격하게 확산되었다. 문제의 돌연변이를 대규모로 양산했던 것은 바로 세계역사에서 그 유례를 찾아볼 수 없을 만큼 폭발적인 성장을 거듭한 학생운동이었다.

폭발적 성장

박정희 정권의 군사통치 아래에서 일부 대학생들은 격렬하게 저항했지만, 전체적으로 보면 소수의 위치를 벗어나지 못했다. 하지만 광주민중항쟁을 거치면서 대학가의 분위기는 확연히 달라졌다. 광주의 진실은 온갖 통로를 통해 퍼져나가면서 학생들의 사고를 뿌리째 뒤흔들어놓았다. 도서관 책상 위 손바닥 크기의 유인물에 적혀 있는 불과 몇 자 안되는 진실도 그것을 읽는 학생의 사고를 일거에 뒤바꾸어놓았다.

또한 학생들은 종종 경찰에 개처럼 끌려가면서도 광주민중항쟁의 진실을 알리고자 몸부림치는 시위주동 학생들의 모습을 수시로 목격해야 했다. 그러한 시위주동 학생들의 모습은 대다수 학생들의 뇌리에서 쉽게 지워지지 않는 잔상을 남기면서 광주민중항쟁의 진실을 외면할 수 없도록 만들었다. 뿐만이 아니었다.

1981년 5월 21일, 서울대 관악 캠퍼스. 이 날은 원래 학예제가 예정되어 있었다. 그러나 경찰이 이를 극력 저지하면서 오전 11시 30분부터 1천여 명의 학생들이 침묵시위를 하던 중이었다. 그로부터 얼마 후인 오후 3시 20분, 김태훈(경제학과 4학년) 학생이 중앙도서관 6층 창문을 열고 "전두환 물러가라!"를 세 번 외쳤다. 그런 다음 곧바로 시멘트 바닥을 향해 투신했다. 광주 출신인 스물셋의 젊은 청춘은 오직 하나 역사의 진실을 드러내기 위해 하나밖에 없는 자신의 목숨을 바쳤던 것이다.

이렇듯 극한이 교차하는 상황에서 광주민중항쟁에 대해 논리적 분석을 하고 이러저러한 평가를 내리는 것 자체가 사치스러운 일이었다. 당시 상황에서 학생들에게 중요한 것은 무엇이 옳고 그른가의 가치판단의 문제였고 학살자에 항거할 것인가 말 것인가 하는 결심의 문제였다. 대부분의 학생들은 이로부터 결코 자유로울 수 없었다. 많은 학생들은 진실 앞에서 자신의 나약함을 고뇌했고, 한걸음 더 나아가 삶의 방향에 대해 근본적인 고민에 빠져들었다. 현실에 순응하여 살기에는 양심의 고통이 너무 컸던 것이다.

학생들의 저항의식은 당시 대학가의 현실에 의해 한층 증폭되고 넓게 퍼져나갔다. 대학가에서 광주학살을 폭로하고 규탄하는 움직임이 급속히 확산되자 전두환 정권은 학원을 빈틈없이 조여갔다. 사복경찰이 대학 캠퍼스에 상주하여 감시의 눈을 번뜩였고, 학생 자치활동의 기초인 동아리활동에 대해서도 이중삼중의 재갈을 물렸으며, 학예제를 개최하는 것마저 봉쇄하였다. 하다못해 체육대회조차도 경찰의 삼엄한 경계 속에서 치러야 했다. 정치적 억압은 저 멀리 있는 것이 아니라 바로 눈앞에 펼쳐져 있는, 일상 속에서 경험할 수 있는 그 무엇이었던 것이다.

허위와 기만이 판을 치고 억압의 사슬이 숨통을 조이고 있는 상황에서 수많은 학생들이 비굴한 삶을 거부하고 저항하고 창조하는 새로운 삶을 선택하였다.

학생들은 기성사회가 주입한 이념과 사상, 이론을 거부하고 현실을 비판적으로 해부하고 재구성할 수 있는 학습에 돌입하였다. 그리하여 학생운동은 주류사회가 주입했던 것과 확연히 다른 독자적인 이론체계를 갖추어갔고 점차 체제 전반을 비판하는 급진적 성향을 띠어갔다.

학생운동의 재생산 체계였던 학습조직은 당시의 엄혹했던 현실로 인해 상당 부분 비공개로 존재할 수밖에 없었다. 비좁은 자취방이 모임방으로 사용되었고 허름한 술집이 단합을 도모하는 문화공간의 전부이다시피 했다. 그럼에도 불구하고, 학생운동의 재생산 체계는 무서운 증식능력을 보여주었다.

1년 동안의 활동을 통해 안정화된 학습조직은 다음 신입생을 대상으로 최소한 두 개 이상의 학습조직을 만들었다. 이는 100명의 학생운동 대열이 있다고 가정했을 때, 1년 뒤에는 300명, 2년 뒤에는 700명으로 늘어난다는 이야기였다. 여기에다 학생운동의 수평적 확산이 동시에 이루어졌다. 곧 학생운동이 취약했거나 전무했던 대학에서도 학생운동의 기운이 급속하게 형성되기 시작한 것이다. 그리하여 전두환 정권 시절의 학생운동은 정권의 폭압을 에너지로 흡수하면서 무서운 기세로 성장하였다. 가히 폭발적이라는 표현이 적합한 경우라고 할 수 있었다.

여기에 덧붙여, 학생운동 세력은 학생대중 사이에서 도덕적 우위를 확보하고 있었다. 운동권 학생이라면 일단 인정받는 분위기가 형성된 것이다. 한걸음 더 나아가, 학생운동은 대학사회의 문화적 헤게모니를 빠르게 장악해갔다. 술자리조차 상당부분 운동권 노래로 채워지다시피

하였다. 그러나 그 어느 곳보다도 학생운동에 대한 대중의 애정이 적나라하게 표현된 곳은 바로 투쟁현장이었다. 예를 들어보자.

1982년 9월 22일, 이화여대 교정. 그 곳에는 사학과 4학년 학생 임규완이 시위를 주도하다가 사복형사들에게 끌려가고 있었다. 바로 그 때, 근처에서 졸업사진을 찍고 있던 사학과 학생들이 일제히 "규완아!" 하고 외치며 달려들었다. 그들은 수위실 창문을 부수고 사복형사들을 걸어차고 때리고 꼬집고 하여 임규완을 빼냈다.

덕분에 학교를 무사히 빠져나온 임규완은 11월 3일 다시 한 번 학내로 들어가 시위를 주도할 수 있었다. 그런데 학생회관 앞에서 임규완을 끌고 가던 사복형사들에게 또 다시 학생들이 달려들었다. 학생들은 임규완을 빼내기 위해 사복형사들의 사타구니를 걸어찼다. 급소를 맞은 사복형사가 주저앉은 사이에 누군가가 임규완에게 바바리코트를 벗어 던져주었다. 임규완은 바바리코트 주머니에서 코트 주인이 애인에게서 받은 것으로 보이는 염주 하나를 발견했다. 그러나 임규완은 이 염주를 주인에게 돌려주지 못한 채 1년간의 '도발이'(피신) 생활을 해야 했다.

학생운동 진영은 일찍부터 이러한 대중의 지지를 적극 흡수하기 위한 다양한 방안을 모색했다. 그 일환으로 학과활동을 집중적으로 강화하기 시작했다. 동아리 활동이 많은 제약을 받고 있는 데 반해 학과는 상대적으로 열려 있는 공간이었다. 적어도 학과 사무실을 폐쇄하는 것은 어떤 경우이든지 불가능했다. 또한 학과는 모든 학생들과 접촉할 수 있는 공간이었다. 요컨대, 학과는 합법성을 바탕으로 학생운동의 대중성을 극대화할 수 있는 공간이었던 것이다.

이러한 맥락에서 학과를 거점으로 한 다양한 대중활동 프로그램이 개발되었다. 학과 내에 연구동아리(학회)가 구성되었고, 학과단위 농촌

활동이 추진되었으며, 과총회가 정기적으로 개최되었다. 이를 바탕으로 학생운동의 대중적 기반이 급속히 강화될 수 있었다.

사물은 양적 축적을 통해 질적 변화를 일으킨다. 물의 온도가 양적으로 변화하다가 100도에 이르러 수증기로 변화하는 것은 그 한 예이다. 마찬가지이다. 사회운동 역시 양적 축적을 통해 질적인 변화를 일으킨다. 1년 지나면 이만큼 달라지고 2년 지나면 저만큼 달라질 정도의 양적인 축적이 있는 사회운동만이 능히 세상을 바꿀 수 있는 것이다. 뒤집어서 말하면, 1년이 지나고 2년이 지나도 양적인 축적 없이 비슷한 수준을 반복하는 사회운동은 이미 생명력을 다한 것이라고 볼 수 있다.

이러한 맥락에서 1980년대 학생운동은 가장 왕성한 생명력을 발휘했던 사회운동이라고 할 수 있다. 당시 학생운동은 무서운 기세로 양적인 축적을 거듭했고 이를 바탕으로 단순한 비판세력을 넘어 군사독재를 뒤엎을 수 있는 강력한 정치세력으로 성장해갔던 것이다.

물리적 장벽을 돌파하다

학생운동이 학생대중의 뜨거운 지지와 애정을 바탕으로 무섭게 성장해가자 정권의 탄압 또한 갈수록 강도를 더해갔다. 수많은 학생들이 시위주동 등으로 구속, 수감되었고 수천 명의 학생들이 제적되거나 강제 징집되었다.

그럼에도 불구하고, 학생운동의 주체들은 조금도 기가 꺾이지 않았다. 그들에게는 저항하는 사람만이 누릴 수 있는 양심의 충만함이 있었고, 역사의 한복판에 서 있다는 자부심이 있었으며, 무엇보다도 머지않아 승리할 것이라는 확신이 있었다. 그들은 주눅에서 완전히 벗어난 진정한 의미에서의 자유인이었다. "만인의 자유를 위해 투쟁할 때 나는 자유다"라는 김남주 시인의 절규가 학생운동에 액면 그대로 구현되었던 것이다. 그렇기 때문에 1980년대 학생운동 주체들의 표정은 매우 밝았고 그들의 일상생활도 비록 많은 고통이 뒤따랐지만 언제나 자신감과 즐거움으로 넘쳐났다. 1970년대 학생운동 주체들이 상당 정도 고뇌로 찌들어 있었던 것과는 사뭇 다른 모습이었다.

아마도 학생운동의 폭발적 성장으로 가장 고통을 겪었던 것은 당사자가 아니라 그들의 부모였을 것이다. 많은 경우, 시골벽지 출신이 명문대 들어갔다고 희망에 부풀어 소 팔고 논 팔며 뒷바라지를 했다. 그러던 자식이 어느 날 제적되고 구속되었다는 소식을 들었을 때, 부모의 가슴은 한없이 무너져 내리지 않을 수 없었다.

이렇듯 숱한 고통과 눈물 속에서도 자긍심으로 넘쳐났던 학생운동은 자신의 역량을 극대화하면서 군사정권과의 대결에 본격 돌입하였다.

당시 학생운동이 반드시 돌파해야 할 장벽은 정권의 무지막지한 물리적 탄압이었다. 1980년대 초 학생운동의 중심축이었던 서울대의 경우, 시위가 발생하면 근처에 있는 동양 최대의 파출소인 관악 파출소가 긴급 출동하는 것은 물론, 관악·동작·영등포·구로·남부경찰서의 경찰병력이 총출동했다. 그러다보니 진압경찰 수가 시위학생 수보다 수십 배 많은 경우가 허다했다.

학생운동 진영은 경찰의 물리력을 무력화시키는 방법을 다각도로 모색했다. 결론은 학생운동 진영이 투쟁의 시기와 장소를 자유롭게 결정하는 '공격의 선제권'을 십분 활용함으로써 경찰의 허를 찌르는 것이었다. 말하자면 게릴라전의 원리를 시위에 도입한 것이었다.

그 첫 번째 시도로서 학내에서 시위가 발생하고 그에 따라 주변의 경찰병력이 총집중하면, 그 틈을 이용해 학교 근처에 있는 여당의 당사를 기습 타격하였다. 그 결과, 경찰은 학내에서 시위가 발생하면 어쩔 수 없이 병력의 일부를 여당 당사를 보호하는 데 배치해야 했다.

여기에서 한걸음 더 나아가, 학생운동 진영은 학내시위와 가두시위를 적절하게 결합하였다. 그러자 경찰은 학내시위와 가두시위를 동시에 대비할 수밖에 없었다. 가두시위 전술은 더욱 진화하여 시간과 장소를 가리지 않고 불시에 기습하는 게릴라 시위로 발전하였다. 그마저도 여러 장소에서 동시다발로 진행되는 경우가 많았다. 그에 따라 경찰은 언제나 주요 도심을 함께 방어해야 하는 힘겨운 상황에 직면하고 말았다. 물리적 방어가 사실상 불가능한 상태에 도달한 것이다.

이렇듯 온갖 탄압이 학생운동을 위축시키기보다는 거꾸로 성장의 촉진제로 작용하고, 마지막 보루였던 물리력마저 무력해지자 전두환 정권은 학생운동에 대한 대응방식을 전환할 수밖에 없었다.

그 결과는 1984년 이른바 '학원 자율화 조치'라는 이름 아래 일련의 유화조치를 취하는 것으로 나타났다. 학내에 상주하던 경찰을 철수시키고 잠시 동안이나마 학내시위·집회에 대한 경찰진압을 자제함과 동시에 구속학생을 석방하고 제적학생을 복학시켰다.

유화국면은 일시적인 것으로 그칠 수밖에 없다는 점에서 (실제로 1년도 채 지속되지 못했다) 지극히 기만적인 조치에 불과했지만, 한편으로는 학생운동이 정권의 물리적 탄압을 무력화시킨 결과였다. 이는 학생대중 사이에서 막강한 물리력을 자랑하는 정권과 상대해서도 능히 승리할 수 있다는 자신감을 확산시키는 계기가 되었다. 이 점은 그 동안 안타까운 마음으로 투쟁을 지켜보기만 했던 학생대중이 더 적극적으로 각종 집회와 행사에 참여한 것에서도 뚜렷이 확인되었다.

일련의 학내집회를 거친 뒤, 학생운동 진영 일각에서는 유화국면의 허구성을 시민들에게 알리기 위한 가두선전을 전개하기로 하였다. 학생들에게는 비상시 행동지침이 전달되어 있었다. 일부 학과 학생들이 시내에서 시민들에게 전단을 나누어주고 있을 때였다. 예상했던 대로 경찰이 투입되었고, 잠시 후 여학생 한 명을 강제 연행하려고 하였다. 그러자 지침대로 학과학생 모두가 일제히 자발적으로 연행되고 말았다. 얼떨결에 경찰은 학과학생 모두를 경찰차에 태워 경찰서로 연행했다. 그러자 소식을 들은 다른 학과 학생들이 우르르 경찰서로 몰려와 손에 쥔 전단을 보여주면서 자신들도 연행할 것을 요구하며 연좌농성을 벌였다. 경찰은 당황해서 어쩔 줄을 몰라 했다. 결국 사태는 연행했던 학생들 모두를 석방하는 것으로 해결되었다.

하지만 여기에서 끝난 것이 아니었다. 다음날 경찰 측의 압력을 받은 학교당국은 연행되었던 학생의 학부모를 학교로 소환했다. 학생들은 기다렸다는 듯이 곧바로 학생·학부모 간담회를 개최했다. 전후사정을 들은 학부모들은 대체로 학생들의 주장에 공감을 표시했고, 그 중 일부는 전체학생 총회에 참석하기도 하였다. 결국, 경찰과 학교당국이 학생들을 도와준 꼴이 되고 말았다.

이어지는 파상공세

유화국면을 적극적으로 돌파해가던 학생운동 진영은 '학원자율화 추진위원회' 등 공개기구를 중심으로 실질적인 학원자율화를 추진하였다. 그러한 노력은 1984년 2학기에 접어들어 주요 대학가에서 학생회가 출범하는 것으로 일차 결실을 맺었다. 학생회는 학생 자치조직이면서 동시에 가장 광범위한 학생대중을 투쟁에 동참시키는 기구가 되었다.

말하자면, 학생회가 출범함으로써 학생운동은 명실상부하게 학생대중 자신의 운동으로 전환한 것이다.

학생운동 진영은 1984년 5월 4일 고려대에서 '강제징집 사망학생 합동유령제'를 거행하는 것을 디딤돌로 11월 3일 연세대에서 전국 42개 대학 2천여 명이 참여한 가운데 '민주화 투쟁 학생연합'을 결성하였다. 반독재 투쟁을 전개하는 연대조직의 틀을 갖춘 것이다.

학생운동 연대조직은 더욱 발전하여 다음해인 1985년 4월, 전국적 규모를 갖춘 전국학생총연합(전학련)으로 발전하였고 그 산하에 투쟁을 총괄하는 '삼민투'를 설치하기에 이르렀다. 삼민투는 민족·민주·민중 세 가지를 지향하는 투쟁기구라는 의미를 갖고 있었다.

1984년 11월 14일 오후 4시 20분경, 서울 도심의 허리우드 극장 주변에는 삼삼오오 짝을 지은 학생들이 주머니에 넣은 돌 몇 개씩을 조심스레 만지작거리며 약 500미터 떨어진 민정당 중앙당사로 향하고 있었다. 거리엔 겨울을 재촉하는 비가 소리 없이 흩뿌리고 있었다. 4시 30분, 누군가가 "학우여!"라고 외치자 약 300명의 학생들이 당사를 지키던 전경들을 밀어제치며 물밀듯이 밀고 들어갔다. 학생들 뒤로는 '왜 우리는 민정당사를 찾아왔는가'라는 제하의 유인물이 어지럽게 뿌려져 있었다.

기습을 당한 경찰은 허겁지겁 당사를 에워싸고 최루탄을 쏘아댔으나 학생들은 이미 9층 소회의실에 당도한 상태였다. 9층에 당도한 학생들은 안으로 철제문을 걸어 잠그고 창문에 기다랗게 '노동법 개정하라' '전면해금 실시하라'는 플래카드를 내걸고 농성에 들어갔다.

'민주화 투쟁 학생연합'의 주도로 이루어진 이 날의 민정당 중앙당사 점거농성은 집권 민정당의 얼굴에 먹칠을 한 일대 쾌거였다. 졸지에 당사를 점령당한 민정당 고위간부들은 시내 모처에 불려가 호된 질책을 당해야 했다. 이 점거농성은 다음날 새벽 쇠파이프로 중무장한 채 출입구와 벽을 부수고 난입한 경찰에 의해 전원이 연행된 것으로 일단락되었지만, 민중의 가슴을 후련하게 해주고도 남음이 있었다. 연행된 학생들은 180명이 구류에 처해졌고, 19명이 구속·수감되었다.

민정당 중앙당사 점거투쟁을 포함한 학생들의 투쟁은 민중 속에서 반독재 민주화 투쟁의 열기를 크게 고조시켰다. 이는 다음해 2월 12일에 있었던 총선에서 여실히 드러났다. 뒤에서 다시 살펴보겠지만, 2·12총선은 민주진영의 정치적 승리로 끝났다. 단적으로, 집권 민정당은 총 유효득표의 35.3퍼센트를 얻는 데 그친 반면, 야당인 신민당과 민한당의 득표율 합계는 49퍼센트에 이르렀다.

2·12총선에서의 승리의 여파로 학생운동의 기세 또한 크게 올랐고, 그에 따라 투쟁의 횟수와 참가학생의 수 등이 모두 비약적으로 증가하였다. 정부가 국회에 제출한 자료에 따르면, 1985년 한 해 동안 발생한 학생시위는 2천 138건에 연인원 46만 9천 명이 참여했다. 이처럼 끝없이 이어졌던 투쟁 중에는 역사의 물줄기를 바꾸어놓았을 만큼의 인상 깊은 투쟁이 적지 않았다. 대표적인 예를 들어보자.

1985년 5월이 되자, 광주민중항쟁에 대한 진상규명 문제로 나라 전체가 들끓었다. 대학가에서는 광주민중항쟁의 진상을 알리기 위한 각종 전시회와 토론회가 개최되었고, 일부 언론에서는 광주민중항쟁을 특집으로 다루어 뜨거운 호응을 얻기도 하였다. 야당 역시 진상규명을 주장하고 나섰다.

광주민중항쟁의 진상을 규명하기 위한 과정에서 자연스럽게 광주학살 과정에서의 미국의 역할이 이슈로 떠올랐다. 이와 관련해서 미국이 한국군의 작전지휘권을 장악하고 있다는 사실이 비로소 대중적으로 공유되기 시작했다. 자연스럽게 광주학살의 진상규명을 위한 노력은 미국을 투쟁의 표적으로 떠오르도록 만들었다.

그러던 중 5월 23일, 전국학생총연합(전학련) 산하 삼민투에 소속된 고려대·서강대·서울대·성균관대·연세대 학생 73명이 서울 미문화원 2층 도서관을 점거하는 사태가 벌어졌다. 학생들은 미문화원을 점거하는 즉시 주한미국대사와의 면담을 요구하며 단식농성에 돌입하였다. 이들은 '우리는 왜 미문화원에 들어가야 했나'라는 성명서를 통해 미국에 대해 광주학살의 책임을 물으면서, 군부독재에 대한 지원을 철회하고 한·미관계를 재정립할 것을 요구하였다.

미문화원 점거농성은 '주한미국대사와의 면담과 내외신 기자회견', '학살동조 책임 인정 및 공개사과'라는 학생들의 요구와 미국 측의 '선 농성해제, 후 대화'라는 입장이 팽팽히 맞선 가운데 3일 동안 계속되었다. 하지만 아무런 상황진전이 없자, 학생들은 새로운 투쟁을 기약하며 자진해서 농성을 해산하고 경찰에 연행되었다. 연행된 학생들은 모두 구속되었고 최종적으로 19명이 기소되어 재판을 받았다.

학생들의 미문화원 점거농성은 한국사회 전반에 걸쳐 엄청난 파장을 불러일으켰다. 당시 점거투쟁은 최대의 뉴스로 다루어졌고, 민중의 시선은 온통 미문화원으로 쏠렸다. 자연스럽게 광주학살에서의 미국의 역할에 대한 관심이 급증하였고, 더불어 미국에 대한 비판여론이 빠르게 확산되었다. 그 결과, '미국반대'는 '독재타도'와 함께 사람들의 입에 가장 많이 오르내린 구호가 될 수 있었다.

미문화원 농성은 학생운동으로 하여금 시대의 과제를 충실히 제기하는 가장 선도적인 집단으로 인정받게 만드는 계기가 되었다. 덕분에,

1985년 5월 24일 서울 미문화원

광주학살 당시 미국의 역할을 폭로한 미문화원 점거 농성. 농성자들은 2층 창문에 "광주학살 책임
지고 미국은 공개 사죄하라"는 구호를 써 붙였다.

학생운동의 권위 또한 급격히 상승할 수 있었다. 이는 미문화원 점거농
성이 학생운동 사상 가장 유명한 사건의 하나로 기억되었고, 당시 투쟁
의 주역이 일제히 국민들 사이에서 학생운동 '스타'로 부각되었다는 사
실 하나만으로 충분히 입증된다.

민주화 투쟁은 직선제 개헌투쟁을 앞세운 야당이 적극 가세함으로
써 전혀 새로운 국면에 진입하고 있었다. 민주세력은 전두환 정권에 대
한 공세의 고삐를 바짝 조였고, 민중의 지지는 가히 절대적이었다. 그
러자 궁지에 몰린 전두환 정권은 이성을 상실한 채 단말마적인 반응을
보이기 시작했다. 이 와중에 이른바 '건대사태'가 발생하였다.

1986년 10월 28일, 오후 1시부터 건국대 민주광장에서 전국의 29개
대학 학생 2천여 명이 '전국 반외세 반독재 애국학생투쟁연합' 발족식

을 열었다. 3시 20분 쯤 학생들은 레이건 대통령과 나카소네 일본 수상 등에 대한 화형식을 거행하였다. 바로 그 때, 학교 주변을 포위하고 있던 1천 5백여 명의 경찰이 불시에 최루탄을 난사하며 밀려들었다. 학생들은 돌과 화염병으로 대항했으나 역부족이었다. 할 수 없이 학생들은 건물 안으로 피신했다. 경찰은 재빨리 건물을 에워싸고 물샐틈없는 경비를 폈다. 이 때부터 학생들은 계획에 없던 농성을 시작하였다.

학교 측은 경찰의 철수를 요구했고, 학생들은 '안전한 귀가를 보장하면 자진해산을 하겠다'는 입장을 밝혔다. 그러나 경찰은 이 모든 요구를 묵살했다. 동시에 보수언론들은 일제히 학생들을 '친북한 공산혁명 분자'로 몰기 시작했다. 학생운동을 일망타진하기 위해 정권차원에서 치밀하게 준비한 탄압책임이 분명해졌다.

한편, 각 건물에 갇힌 학생들은 경찰 측의 삼엄한 봉쇄조치에 결연한 의지로 맞섰다. 농성 학생들은 신속하게 지도부를 구성하여, 농성중인 건물 간의 연락체계를 마련하고 엄격한 규율을 만들어 이를 철저하게 준수하는 등 놀라운 자제력을 보였다. 그리하여 학생들은 경찰의 단전·단수조치와 더불어 밀어닥친 한파 속에서도 하루 두 끼, 그것도 라면 하나를 여섯 명이 나누어 먹으면서 나흘을 버텼다.

31일 오전 10시, 이윽고 학생들에 대한 진압작전이 시작되었다. 작전 이름은 '황소31 입체작전!' 무려 8천여 명의 경찰이 동원된 이 날의 작전은 정말 '입체적'이었다. 하늘에서는 헬기가 최루탄과 소이탄을 직격으로 쏘아대고, 땅에서는 최루탄이 날아오르고, 고가사다리의 소방호스에서는 폐부를 뚫을 듯한 강한 최루액을 뿜어냈다. 바리케이트를 뚫고 올라온 용감무쌍한 '민중의 지팡이'들은 쇠파이프를 어지럽게 휘두르면서 사방으로 피와 살점을 튀겼다.

아비규환의 상황에서 각목으로 대항한 학생도 있었으나 천지사방에서 날아드는 최루탄과 쇠파이프를 허기진 몸으로 막아낼 수는 없었다. 한 시간 정도 계속된 유혈참극이 끝나갈 무렵, 최후까지 항전했던 사회과학관 옥상에는 때 아닌 무지개가 피어올랐다. 팔을 뒤로 꺾인 채 끌려가던 학생들은 뿌연 눈물 사이로 그 무지개를 보았다. 바로 그 때, 한 학생이 외쳤다.

"학우여! 무지개가 떴습니다. 승리의 무지개가! 우리는 승리할 것입니다!"

광기 어린 탄압을 통해 모두 1,525명의 학생이 연행되었고 그 중 1,290명이 구속되었다. 이는 단일 사건 구속자 수로는 단연 세계최고의 기록이었다. 전두환 정권의 말기적 증상이 여실히 드러난 것이다.

건대사태의 후유증으로 학생운동은 일시적으로 짙은 어둠 속에 휩싸였다. 절망 섞인 탄식이 곳곳에서 뿜어져 나왔다. 그러나 학생운동을 짓누르고 있던 짙은 어둠은 새벽이 가까워지고 있음을 알리는 징표에 다름 아니었다. 그 간의 시련과 고통을 일거에 앙갚음할 순간이 시시각각 다가오고 있었던 것이다.

2. 거세게 번지는 민주화 투쟁의 바람

학생운동이 선두에 서서 돌파구를 열어나가는 가운데 민주화 투쟁이 각 방면으로 빠르게 확산되었다. 그것은 바람을 타고 번지는 거대한 들불이었다. 들불은 독재의 아성을 향해 무서운 속도로 번져갔다. 어느 누구도 그 기세를 막을 수 없었다.

민중의 심장에 불을 지르다

광주민중항쟁은 1980년대 학생운동의 폭발적 성장의 원동력이 됨과 동시에 실천방향을 정립하는 출발점이 되었다. 그 중 하나로서 학생운동은 광주민중항쟁을 통해 노동운동의 중요성을 깨달을 수 있었다. 차량시위를 통해 광주민중항쟁의 국면을 바꾼 것은 운수노동자였고, 항쟁의 마지막 순간에 도청을 사수하다가 죽어간 시민군 중 가장 많은 수를 차지한 것도 노동자였다는 사실은 노동자의 잠재력을 확인시켜주기에 충분했던 것이다.

결국 학생운동 진영 안에는, 노동자가 일어설 때 한국사회의 근본적 변화가 가능하다는 인식이 자연스럽게 자리잡게 되었다. 그리하여 학생운동에서 형성된 투쟁의 기운을 노동현장으로 확산시키는 통로로서 노동자·학생연대(노학연대)가 학생운동의 핵심화두의 하나로 떠올랐다.

학생운동 세력이 노동자들과 직접 결합할 수 있는 공간으로서 일찌감치 자리를 잡은 것은 야학이었다. 야학은 노동자들의 배움의 욕구를 충족시켜준다는 점에서 노동자들에게 실질적 도움을 주는 자리가 되었다. 동시에, 야학은 학생운동 세력과 노동자들 간의 지속적 만남을 통해 노동운동의 초기 주체를 형성하는 중요한 무대이기도 하였다.

노동자와 학생이 보다 실천적으로 연대할 수 있는 또 하나의 공간은 바로 '거리'였다. 거리에서의 노학연대는 학생들이 노동자의 투쟁을 지원하는 것으로부터 출발했다. 다음은 그러한 투쟁사례의 하나이다.

1984년 5월 25일, 대구에서 1천여 명의 택시 운전기사들이 사납금 인하, 노조결성 방해중지 등의 요구를 내걸고 총파업에 돌입하였다. 택시 기사들의 파업은 이내 전국으로 확산되면서 한 달 이상 지속하였다. 그러자 학생운동 진영은 택시 기사들의 총파업 투쟁을 지지하는 가두시위를 전개하기로 결심하였다. 곧 이어 조직선을 타고 동원지침이 하달되었다. '6월 22일 아침 8시 영등포역 앞 집결!' 아침 8시를 선택한 것은 사전답사 결과, 그 시간에 전경들이 교대를 위해 자리를 비우기 때문이었다.

정각 오전 8시, 호각소리와 함께 일시에 2백여 명의 학생들이 스크럼을 짜고 대열을 형성했다. 시위대열은 신속하게 도로를 점령, 유인물을 살포하면서 영등포 로터리를 거쳐 양평동 로터리에 도착하였고, 간단한 정리집회를 하고서 단 한 명의 연행자 없이 안전하게 해산할 수 있었다. 그런데 기묘했던 것은, 경찰이 투입되고도 남는 시간이었는데도 전혀 모습을 보이질 않았다는 점이었다.

학생들이 택시 기사 총파업을 지지하는 가두시위를 전개하자, 이를 목격한 택시 기사들은 특유의 기동성을 발휘하여 다른 기사들에게 시위사실을 전달했다. 소문은 순식간에 퍼져나갔다. 소식을 들은 택시 기사들은 특별히 사전에 논의된 바가 없었음에도 불구하고, 다투어서 영등포로 집결했다. 이렇게 해서 몰려든 택시 기사들은 학생 시위대 후미를 수백 겹으로 에워쌌다. 경찰차량이 투입되어 이를 뚫기 위해 난리를 쳤건만, 택시 기사들은 요지부동으로 시위대를 엄호했다. 학생들이 안전하게 기습시위를 마무리할 수 있었던 것은 바로 이러한 택시 기사들의 엄호 덕분이었던 것이다.

그로부터 얼마 후, 노학연대투쟁의 본격적인 장을 연 청계피복노조 합법성 쟁취투쟁이 전개되었다.

청계피복노조 합법성 쟁취를 위한 노학연대투쟁은 특별한 의미가 있었다. 청계피복노조는 전태일이 노동자로 일하고 있던 사업장에 건설된 노조였다. 그런데 전태일은 생전에 노동자들이 법을 몰라 당하고 있는 것이 너무 많다는 것을 깨닫고 법대생 친구 한 명 있었으면 하는 소원을 갖고 있었다. 청계피복노조 합법성 쟁취를 위한 노학연대투쟁은 바로 그 같은 전태일의 생전의 꿈을 실천투쟁으로 받아 안는 과정이었던 것이다.

1984년 9월 19일 오후 1시, 전태일 열사가 분신한 자리에서 '청계피복노동조합 합법성 쟁취대회'를 개최하기로 예정되어 있었다. 소식을 들은 각 지역의 노동자들과 대회의 취지를 마음 속으로부터 지지하고 있었던 학생들이 대거 참여하였다. 경찰이 삼엄한 경계를 펴고 있음에도 불구하고, 곳곳에서 플래카드가 날리고 "청계노조 인정하라!" "노동악법 개정하라!" "노동3권 보장하라!"는 구호가 거리를 가득 메웠다.

이 날 시위는 경찰에 의해 강제 진압되었지만 청계피복노조 합법성 쟁취를 향한 의지를 결코 꺾을 수는 없었다. 탄압이 강화될수록 청계피복노조 합법성 쟁취투쟁은 더욱 더 많은 사람들의 공감을 얻어갔다. 결국 합법성 쟁취투쟁을 본격적으로 시작한 지 3년 만에 청계피복노조는 합법성을 획득할 수 있었다.

청계피복노조 합법성 쟁취투쟁을 계기로, 노학연대투쟁은 이후에 크고 작은 가두시위의 전형을 이루었다. 1985년부터 1986년까지 빈번하게 있었던 가두시위는 대체로 노학연대에 기초하고 있었다고 볼 수 있었다. 이러한 노학연대 가두시위는 1987년 6월에 도처에서 민중항쟁을 폭발시키는 뇌관구실을 하였고, 동시에 7·8·9월 노동자 대투쟁을 이끌 노동자 투사들을 훈련시키는 장이 되었다.

가두시위를 통한 노학연대는 노동운동을 활성화시키면서 이후의 민주화 투쟁을 촉진하는 중요한 몫을 했다. 그러나 노동자 스스로가 각성하지 않고 조직화되지 않는 조건에서 외부의 자극만으로는 노동운동이 성장하기에 분명한 한계가 있었다. 이러한 한계를 적극적으로 타개하기 위해 수많은 학생운동 출신자들이 자신의 모든 것을 버리고 다투어서 노동현장에 진출하였다. 그 결과, 다수의 학생운동 출신들이 전국에 소재한 수많은 공장 안에서 둥지를 틀기에 이르렀다.

(1980년대 노동현장에 투신한 학생운동 출신이 모두 몇 명인지는 정확하게 집계된 바 없지만, 상당한 수준에 이르렀던 것은 분명했다. 박승옥(전태일기념사업회 운영위원)은 단기 현장투신까지를 포함하면 적어도 1만에서 최대 3만 명에 이를 것으로 추산한 바 있다. 가히, 한국사회를 밑바탕에서부터 뒤바꾸어놓을 정도의 광범위한 투신이 이루어진 것이다.)

비록 걸핏하면 프레스 기계에 손가락이 잘리고 허름한 쪽방에서 라면으로 끼니를 때워야 했지만, 노동현장에 진출한 학생운동 출신자들의 가슴 속에는 노동자를 조직하여 세상을 바꾸겠다는 웅지가 불타고 있었다. 그렇기 때문에 그들은 노동자들이 겪은 인간멸시를 고스란히 경험했음에도 불구하고, 조금도 기가 죽지 않았다. 도리어 자신을 지나치게 대단한 존재로 본 것이 문제라면 문제였다.

노동현장에 진출한 학생운동 출신자들이 일차적으로 집중했던 것은 소수의 선진 노동자를 발굴하여 육성하는 것이었다. 그 결과, 다수의 노동현장에서 학생운동 출신자들과 선진 노동자들이 결합한 핵심 소모임이 만들어졌다.

열악하기 그지없는 한국의 노동현장은 한 점의 불씨만으로도 큰 폭발을 일으킬 수 있는, 인화성이 매우 강한 곳이었다. 소모임은 바로 그러한 불씨의 역할을 할 수 있었던 것이다. 이 사실을 확인하기까지는 그다지 많은 시간이 필요하지 않았다. 1985년에 이르자, 벌써부터 학생운동 출신자들이 진출한 노동현장에서 파업투쟁이 촉발되기 시작했다. 곳곳을 뜨겁게 달구었던 파업투쟁은 대규모 남성사업장인 대우자동차 파업투쟁을 거쳐 드디어 '구로동맹파업'에서 그 절정을 보여주었다.

섬유와 전자를 중심으로 수출산업이 밀집해 있던 서울의 구로 지역은 심상정 등 다수의 학생운동 출신자들이 진출하면서 1984년 이후부터 민주노조가 속속 등장하였다. 그리하여 구로 지역은 명실공히 당시 노동운동의 중심무대로 등장하였으며, 자연히 공안기관으로부터 집중적인 주목을 받을 수밖에 없었다.

그러던 중 1985년 6월 22일, 경찰이 임금인상 투쟁 당시 집회 및 시위에 관한 법률과 노동쟁의조정법을 위반했다는 이유를 들어 김준용 대우어패럴 노조위원장 및 노조간부 2명을 전격 구속시켰다. 그러자 구로 지역 민주노조들은 즉각적인 동맹파업으로 대응했다. 여기에는 1980년대 초반 민주노조들이 연대투쟁을 방기하다가 신군부에 의해 각개 격파 당한 쓰라린 경험이 크게 작용하였다. 학생운동 출신들이 주축이 되어 개별 사업장을 뛰어넘어 구로 지역 전체를 아우르는 소모임 운동을 활발하게 벌인 것 역시 동맹파업을 가능하게 했던 중요한 요소였다.

그리하여 구로공단 내 대우어패럴, 효성물산, 가리봉전자, 선일섬유, 부흥사, 남성전기, 세진전자, 로옴코리아, 삼성제약 그리고 청계피복 노조 등 9개 노조가 동맹파업에 돌입했다. 동맹파업에 동참한 공장의 노동자들은 건물 옥상으로 올라가 손을 흔들고 노래를 부르며 다른 파업사업장 노동자들을 격려했다. 그런 사업장들이 하나둘 늘어가면서 구로공단 일대가 파업 노동자들의 함성으로 뒤덮이게 되었다. 어느덧 노동자들의 가슴 속은 환희와 감동으로 들끓고 있었다.

동맹파업이 시작되자 정부와 기업주는 농성 노동자들에 대한 음식물과 물의 공급을 끊었을 뿐만 아니라 외부에서 음식물을 공급하는 것마저도 철저히 차단하였다. 그리고 농성 노동자들의 부모에게 갖은 협박을 서슴지 않았으며 관리자들을 동원하여 '농성을 반대하는 농성'을 조직하기도 하였다.

이러한 가운데, 굶주림과 수면부족으로 실신하는 노동자들이 속출했다. 결국 대부분의 노동자들이 기진맥진한 상태에서 폭도로 돌변한 관리자들에 의해 심한 구타를 당하면서 한 사람씩 농성장 밖으로 끌려나갔다. 농성은 이렇게 강제 해산당하고 말았다. 뒤이어 40여 명의 노동자를 구속하고 360명을 해고하는 대탄압의 회오리바람이 불었다. 아울러, 대부분의 민주노조는 전두환 정권의 탄압에 의해 처참하게 깨져나갔다.

대탄압의 회오리 속에서 민주노조운동이 극심한 파괴를 겪자, 투쟁 참가자들 사이에는 패배주의가 만만치 않게 확산되었다. 이러한 가운데, 김문수(2009년 현재 한나라당 소속 경기도 지사) 등 구로 지역에 진출해 있던 학생운동 출신 노동운동가들은 앞으로 상당기간 한국에서 민주노조는 불가능할 것이라고 판단하였다. 그에 따라 이들은 민주노조를 대신할 선진 노동자 조직을 모색하기도 하였다.

하지만 (김문수 등이 비관적으로 전망했던 것과는 달리) 불과 2년 뒤, 노동자투쟁이 대폭발을 일으키면서 1985년 전두환 정권이 파괴한 것보다 수십, 수백 배나 많은 노동조합이 불과 몇 달 만에 만들어졌다.

그 과정에서 구로동맹파업은 소중한 밑거름이 되었다. 구로동맹파업은 전국의 노동자들 사이에 '노동자들은 때가 되면 함께 죽을 각오를 하고 들고 일어날 수 있다'는 서로에 대한 믿음을 심어주었기 때문이다. 때론 살아서 함께 성과를 누리는 것보다 함께 죽을 수도 있음을 보여주는 것이 더욱 강력한 믿음을 심어주는 법인데, 구로동맹파업이 바로 그러했던 것이다.

도덕적 우위를 확보한 '재야'

학생운동의 폭발적 성장과 함께 재야 민주화운동 또한 빠르게 발전하였는데, 그 선두에 선 것은 1983년 9월 30일 창립된 민주화운동청년연합(민청련)이었다. 민청련은 1970년대 학생운동을 주도했던 인사들을 주축으로 만들어진 공개단체였으며, 산하 여성부는 여성운동의 산파구실을 하기도 하였다.

민청련은 다양한 정치적 이슈에 대응하는 투쟁을 전개하고 민중생존권 투쟁을 지원하는 등 다방면에서 실천투쟁을 전개했다. 하지만 민청련 활동의 중심을 이룬 것은 단연 선전활동이었다.

민청련은 전두환 정권의 모순을 폭로하는 내용의 전단을 다양하게 제작하여 살포하는 활동을 전개하였다. 지속적인 전단살포는 언론이 철저히 통제되던 상황에서 전두환 정권에 대한 비판적인 여론을 형성하는 데 상당한 효과를 발휘하였다.

당시 주로 사용한 방법은 가두시위가 있을 때 건물 옥상에서 전단을 살포하는 '공중전'이었다. 문제는 경찰이 곧바로 건물 안으로 난입함으로써 시위자가 붙잡힐 가능성이 컸다는 데 있었다. 그래서 전단을 살포한 시위자는 계단 중간쯤 내려가 있다가 경찰이 뛰어 올라오는 소리가 들리면 방향을 바꿔 올라가는 척 했다. 경찰은 십중팔구 시위자를 지나쳤고, 그 사이 시위자는 유유히 계단을 내려왔다.

이밖에도 민청련은 다양한 선전술을 개발하였다. 거리극도 그 중 하나였다. 이를 테면, 사람들이 많이 다니는 거리나 전철 안에서 미리 준비한 각본대로 한 사람이 전두환이 나쁜 사람이 아니라고 화두를 던지면, 다른 사람이 이 사람과 열띤 논쟁을 하였다. 그러다보면 주변 사람들이 관심을 갖고 가세하게 마련이었다. 그리하여 거리극은 되도록 주변 사람들의 궁금증을 유발하고 분노를 자극하여 자발적으로 논쟁에 끌어들이는 식으로 진행되었다.

민청련 등을 중심으로 재야 민주화운동 영역이 빠르게 확장되는 가운데, 재야 민주화운동의 연대를 보장할 조직을 만들고자 하는 노력이 경주되었다. 그러한 노력은 2·12총선을 거치면서 급속히 탄력을 받았다.

애초에 재야 민주세력은 2·12총선 때 선거 보이콧 방침을 채택했다. 하지만 선거 보이콧 방침은 민중들 사이에서 전혀 호응을 얻지 못했다. 잠시 뒤에 확인하겠지만, 민중은 선명한 야당을 적극 지지하는 것으로써 전두환 정권에게 일대 타격을 안겨다주었다. 이러한 2·12총선 경험은 재야 민주화운동이 대중성을 확보하는 것이 절실하며, 그러자면 통일된 연대조직이 필수적임을 깨닫게 해주었다.

마침내 1985년 3월 29일, 민주통일민중운동연합(민통련, 의장 문익환)이 출범하였다. 곧이어 각 지역의 조직이 결성됨으로써 민통련은 명실상부하게 전국적 조직체계를 갖출 수 있었다.

민통련은 출범하자마자 그 동안 정권에 의해 철저하게 통제되었던 광주민중항쟁을 공개무대로 끌어내는 등 공세적인 활동을 전개하였다. 그럼으로써 민통련을 중심으로 한 재야 민주화운동은 빠른 속도로 정치적 영향력을 확대할 수 있었다.

무엇보다도 민통련을 구심으로 하는 재야 민주화운동은 도덕성에서 절대적 우위를 점할 수 있었다. 그들은 누리는 것 없이 자신의 모든 것을 희생하면서 저항했다는 점에서 도덕적 순결을 상징했다.

민통련이 출범한 지 얼마 안 되어 재야 민주화운동의 대중성을 강화하는 데 결정적으로 기여한 조직이 등장하였다.

1985년 서울 미문화원 점거농성으로 구속된 학생들의 부모들이 모였다. 이런 식으로 구속자가 발생할 때마다 부모들이 모여들었고 서로의 경험을 나누면서 빠르게 의식화(?)되어갔다. 이를 바탕으로 1985년 7월 10일에 구속학생학부모협의회가 결성되었다.

그로부터 5일 뒤인 7월 15일, 구속학생학부모협의회 회원인 가족들은 미문화원 점거농성 구속학생들에 대한 첫 재판이 열리는 서소문 법원으로 향했다. 법원 주위는 전경 3개 중대가 빈틈없이 에워싼 채 방청권을 가진 사람의 출입만을 허용하고 있었다. 그러나 구속학생들이 포승줄에 묶인 채 나타나 구호를 외치자, 가족들 역시 일제히 구호를 외치기 시작했고, 소란스러운 틈을 타 방청권이 없는 가족들도 일시에 대법정으로 밀고 들어갔다. 그 순간부터 300여 명에 이르는 가족들은 자신들도 예상치 못했던 대법정 점거농성에 돌입하였다. 결국, 재판은 연기되었고 가족들은 밖으로 나와 미국대사관을 향해 행진하는 대담성을 보이기도 하였다.

어머니들을 위시한 가족들의 투쟁이 일으킨 파장은 매우 컸다. 사상 첫 법정농성으로 충격을 받은 전두환은 법무장관을 해임했고, 구속학생 제적에 미온적이라는 이유로 서울대 총장도 쫓아냈다. 하지만 이러한 조치는 가족들로 하여금 자신들의 잠재력을 깨닫고 자신감을 갖도록 하는 데 기여했을 뿐이다. 덕분에 가족들의 민주화운동 첫 '데뷔'는 매우 성공적으로 이루어질 수 있었다.

가족들은 어느새 민주화 투쟁에 헌신하는 것이 자식을 위한 최선의 길이라는 신념을 갖고 있었다. 이러한 신념을 바탕으로 1985년 12월 12일 구속학생학부모협의회 회원들을 포함하여 다양한 구속자 가족들이 모여 '민주화실천가족운동협의회'(민가협)를 결성하였다. 그로부터 민가협은 민주화운동의 기동타격대라 불릴 만큼 온갖 투쟁무대 사이를 종횡무진하기 시작하였다.

그 누구인가가 연행되면 민가협 가족들은 구금된 곳을 반드시 알아내 쳐들어갔다. 1986년 5월 16일 민가협 가족들은 공포의 대상이었던 장안동 대공분실 건물 내부를 급습하기도 하였다. 또한 민가협 가족들은 특유의 재기를 발휘하였는데, 1986년 7월 19일 명동성당 앞에서는 부천서 성고문 사건을 규탄하면서 가윗날을 부딪치는 퍼포먼스를 연출하기도 하였다. 종종 시위대 맨 앞에서 길을 트는 역할을 하는 것도 민가협 가족들이었고, 모두가 숨죽일 때 겁 없이 투쟁을 만드는 것 또한 민가협 가족들이었다.

이와 함께, 민가협 가족들은 군사독재의 만행을 이웃과 친지들에게 알림으로써 민주화 투쟁의 열기를 전국 방방곡곡으로 확산시키는 데 기여했다. 이러한 민가협 가족의 역할은 한 부락 전체가 일시에 민주화 투쟁을 지지하도록 만들기도 하였다.

민가협 가족들의 활동은 전두환 정권의 폭압정치가 궁극적으로는 자신의 무덤을 파는 것에 불과하다는 것을 가장 명료하게 보여주었다. 탄압이 강화되고 희생자가 늘어날수록 민가협의 힘은 커졌고 활동이 더욱 왕성해졌으며 사회적 영향력 또한 더욱 확대되었기 때문이었다.

개헌투쟁의 시동을 건 정치권

전두환 정권에 저항하는 투쟁에서 학생운동이 선두에 섰고, 재야 민주화운동이 중추적인 역할을 수행했지만 여전히 가장 강력한 대중적 영향력을 갖고 있었던 것은 정치권이었다. 그 중에서도 절대적인 권위를 갖고 있었던 인물은 양 김씨로 표현된 김대중과 김영삼이었다.

전두환 정권 시기에 양 김씨는 민주화운동 진영 안에서 90퍼센트의 영향력을 갖고 있었다고 해도 틀리지 않을 만큼 절대적인 존재였다. 간단히 말해, 민주화를 지지하는 민중들에게 김대중·김영삼은 가장 확고한 대안이었다. 민중은 양 김씨 중 한 명이 대통령이 되는 것을 곧 민주화로 간주했던 것이다.

그런데 숙명의 라이벌이었던 양 김씨의 관계는 정세에 따라 끊임없이 요동쳤다. 그들은 때로 경쟁관계에서 다투기도 하였고, 때로는 '공동의 적'에 맞서 협력하기도 하였다. 대체로 양 김씨는 군사정권의 억압이 강화될 때에는 손을 잡았다가도, 막상 권력획득의 기회가 왔을 때에는 분열하였다. 역사적으로 그러한 과정을 두 차례나 반복했다. 먼저, 유신체제 아래 양 김씨는 손을 잡았으나, 박정희 사망 이후 절호의 기회를 맞이했을 때에는 분열하였다. 그러한 분열은 신군부가 쉽게 권력을 탈취할 수 있는 틈새를 허용하고 말았고, 그로 인해 양 김씨 모두 혹독한 시련을 겪어야 했다.

그러면 지금부터 전두환 정권 수립 이후에 양 김씨가 어떤 상황을 맞이하였고, 이를 어떻게 헤쳐 나갔는지를 살펴보자.

김대중은 박정희 정권 이후 가장 많은 고난을 겪은 정치인으로 기록되고 있다.

김대중은 1971년 40대의 나이로 대통령 후보에 출마하면서 예비군제 폐지, 공화국연방제에 입각한 평화통일 등 당시로서는 매우 급진적 공약을 제시했다. 그로 인해 재야 민주세력으로부터는 전폭적인 지지를 받을 수 있었으나, 군부 등 보수진영으로부터는 줄곧 과격 위험분자로 낙인 찍혀야 했다.

유신체제 아래에서 김대중은 박정희 정권의 탄압을 피해 일본에서 활동하다가 중앙정보부에 의해 강제로 납치되었다. 1973년 8월 8일, 중정 요원들은 김대중을 전용 공작선인 용금호에 태워 몸을 묶은 뒤, 수십 킬로그램이 되는 돌을 달았다. 그들은 "던질 때 풀어지지 않도록 단단히 묶어" "이불을 씌워 던지면 떠오르지 않는다"는 등의 말을 주고받았다. 중앙정보부는 김대중을 바다에 던져 수장하고자 했던 것이다. 바로 그 때, 폭음소리와 함께 일본 국적의 비행기가 상공에 떠서 용금호를 압박하기 시작했다. 정보가 새어나갔음이 분명했다. 그 덕분에 김대중은 극적으로 죽음을 모면할 수 있었다.

강제로 이송된 김대중은 3년간 가택연금 상태에 있다가 반유신 투쟁으로 3년에 걸친 수감생활을 해야 했다. 그러던 중 10·26사태가 발생하면서 비로소 정치활동을 재개할 수 있었다. 김대중은 10·26사태로 조성된 새로운 상황에서 신민당으로의 합류를 거부하고 독자적인 길을 모색하였다. 하지만 이러한 선택은 야당의 분열을 초래하면서 신군부의 집권에 유리한 환경을 제공하였을 뿐이다.

잘못된 선택의 대가는 참으로 혹독한 것이었다. 5월 17일 신군부는 쿠데타를 위한 비상국무회의가 진행되던 바로 그 시간에 김대중과 그를 지지했던 문익환·이문영·고은·한승헌·김상현·이해찬 등 재야인사들을 대거 연행하였다.

그로부터 48일이 지난 후인 7월 4일, 계엄사는 이른바 '김대중 일당의 내란음모사건'을 발표하였다. 발표내용은, 1980년 5월 학생시위는 김대중이 국민연합을 통해 배후에서 조종한 것이며, 5·18광주민중항쟁 역시 김대중이 전남대 복학생 정동년을 통해 배후에서 조종한 것이라는 것이었다.

물론 이 같은 계엄사의 발표는 완전 날조된 허무맹랑하기 그지없는 것이었다. 계엄사는 광주민중항쟁이 김대중의 배후조종으로 일어났다고 했지만, 김대중은 광주민중항쟁이 발생하기 이전에 이미 연행된 상태였다. 엄밀히 말하면, 김대중의 연행이 광주민중항쟁을 촉발시키는 계기 가운데 하나였다.

계엄사 발표 이후 5일 뒤, 김대중을 포함한 24명에 대해 구속영장이 발부되었다. 무려 53일에 걸친 불법구금 속에서 극심한 고문이 진행된 연후에 이루어진 일이었다. 이후 8월 14일부터 한 달 동안 김대중과 사건 관련자들은 군법회의에 회부되어 재판을 받았는데, 재판의 방청은 가족들에게만 허용되었고 그 어떤 기록도 할 수 없었다.

도리 없이 재판을 지켜본 가족들 각자가 피고인들의 진술을 외운 다음 근처 식당에 모여 구술할 수밖에 없었다. 구술된 내용은 문익환 목사의 3남이었던 문성근이 정리해서 자료를 만들었다. 이러한 노력을 바탕으로 재판내용의 일부가 지하 유인물과 해외언론을 통해 세상에 알려질 수 있었다.

9월 17일 선고공판에서 재판부는 김대중에게는 사형, 문익환·이문영에게는 징역 20년을 선고했으며, 고은·김상현·이해찬 등 나머지에게도 징역 10년 이상의 중형을 선고하였다. 그 후 11월 3일 육본 계엄고등군법회의를 거쳐, 1981년 1월 23일 대법원에서 사형을 확정하였다.

그러나 이 때는 이미 김대중 사형반대 여론이 국내외에서 크게 확산되어 있는 상태였다.

결국, 전두환은 김대중 사형이 확정된 그 날 곧바로 특별사면을 내렸고, 그에 따라 김대중은 무기로 감형되어 청주교도소로 이감되었다. 약 1년 뒤인 1982년 3월 3일, 김대중은 징역 20년으로 감형되었다가 같은 해 12월 16일 서울대 병원으로 이송된 1주일 뒤에 형집행정지로 풀려났다.

김대중은 곧바로 일체의 정치적 행위를 하지 않는다는 조건으로 가족과 함께 미국행 비행기를 탔다. 사실상 미국으로의 망명길에 오른 것이다. 하지만 미국에 도착한 김대중은 전두환 정권과의 약속을 무시하고 열정적으로 활동했다. '한국인권문제연구소'를 개설하면서 재미교포들을 한국 민주화운동으로 이끌어냈고, 미국의 저명인사들로 하여금 한국의 민주화와 인권개선을 위해 노력하도록 만들었다.

이렇게 하여 김대중은 유신체제에 돌입한 직후인 1973년부터 민주화 투쟁이 승리를 거둔 1987년 6월까지 박정희 사망 직후 잠시 동안을 제외하고는 한결같이 수감, 가택연금, 해외망명 상태에서 보내야 했다. 그 사이 수차례에 걸쳐 정치적으로 살해되기 일보 직전까지 가기도 하였다. 그 결과, 국제사회에서 김대중은 고난에 찬 한국의 민주화 투쟁을 상징하는 인물이 되었다.

5·17쿠데타와 함께 김영삼은 신군부에 의해 가택에 연금된 채 정계 은퇴를 선언할 수밖에 없었다. 가택에 연금된 상태에서 외부와의 접촉은 철저히 차단되었다. 김영삼은 1981년 4월이 되어서야 비로소 이런 상태에서 벗어날 수 있었다.

가택연금에서 벗어난 김영삼은 등산을 시작했다. 사람들이 몰려들기 시작하면서 매주 목요일 정기적으로 산행이 이루어졌다. 6개월 뒤에는 '민주산악회'란 이름도 붙어졌다. 민주산악회는 이 때부터 김영삼의 친위부대로 자리 잡기 시작했다. 먼 훗날 김영삼이 대통령이 되었을 때, "워커(군용신발)가 물러가니 등산화가 설친다"는 말이 나돈 것은 바로 이로부터 유래한 것이었다. 그러나 얼마 안 가 전두환 정권은 민주산악회를 불법화시켰고, 1982년 5월 김영삼을 재차 가택에 연금시켰다.

연금은 1983년에 접어들어서도 풀리지 않았다. 시간이 흐르면서 사람들 뇌리 속에서 김영삼이라는 이름도 서서히 지워지고 있었다. 절망에 빠진 김영삼은 돌파구를 마련하기 위해 부심했다. 결국, 김영삼은 1983년 5월 18일부터 단식투쟁에 돌입하였다. 그로부터 김영삼 특유의 예리한 정세 판단력과 과감한 돌파력이 본격적으로 발휘되기 시작하였다.

김영삼이 단식투쟁을 전개하자, 그 동안 정치정화법에 의해 정치활동이 금지된 상태에서 침묵으로 일관하던 구 신민당 계열 야당인사들이 적극적으로 움직이기 시작했다. 6월 1일, 전 신민당 의원들을 포함한 39명의 인사들은 서울 코리아나 호텔에서 회합을 갖고 민주화를 요구하는 시국선언문을 채택함과 동시에 범국민적인 연합전선 구축을 결의하였다. 그 즈음 미국에 머무르고 있던 김대중은 김영삼의 단식투쟁을 적극 지지하면서 미국 내 여론의 지원을 이끌어내기 위해 맹렬하게 활동하고 있었다.

김영삼은 23일 만에 단식을 중단했다. 하지만 김영삼의 단식투쟁은 침묵을 지키던 야당 인사들이 활동을 재개하고 김대중·김영삼 두 진영이 손을 잡고 범야권 연합전선을 구축할 수 있는 결정적 계기가 되었다. 이를 바탕으로 1년 뒤인 1984년 5월 18일, 범야권 인사들이 참여한

'민주화추진협의회(민추협)'가 결성되었다. 민추협은 김대중과 김영삼이 공동의장을 맡고 두 진영이 철저히 지분을 반분하는 식으로 인선이 이루어졌다.

민추협을 중심으로 한 야권 인사들의 지속적인 투쟁은 전두환 정권으로 하여금 해금조치를 취할 수밖에 없도록 하였다. 그리하여 1984년 11월 30일, 3차 해금이 이루지면서 김대중 등 몇몇 핵심인사들을 제외한 나머지 야권 인사들은 정치활동을 재개할 수 있었다.

그러던 중 1985년 2월 12일로 예정된 12대 총선이 다가왔다. 민추협 세력은 2·12총선이 국면을 돌파할 수 있는 절호의 기회라고 판단했다. 1984년 12월 12일, 김대중과 김영삼 공동명의로 기자회견이 개최되었고, 그 자리에서 신당 창당과 2·12총선 참여방침이 천명되었다. 이를 바탕으로 1985년 1월 18일에 '신한민주당(신민당)'이 창당되었다.

신당창당을 가장 적극적으로 주도한 인물은 김영삼이었다. 김대중은 인지도가 떨어지는 신당이 모험으로 끝나지 않을까 우려하였고, 그 결과 만약의 경우를 대비해 자파 세력의 일부를 기존 민한당 후보로 출마시키기도 하였다. 그럼에도 불구하고, 김대중 역시 2·12총선이 둘도 없는 기회라는 것에 대해서는 조금도 의문을 품지 않았다.

무언가 행동이 필요하다고 느낀 김대중은 귀국을 결행했다. 이는 김대중과 유사한 처지에 있었던 필리핀의 아키노 상원의원이 귀국중 공항에서 살해된 지 오래되지 않은 시점이라서 결코 쉽지 않은 선택이었다. 그럼에도 2·12총선 직전인 1985년 2월 8일, 김대중은 수십만 인파의 환영 속에서 귀국했다. 김대중은 귀국과 함께 곧바로 가택에 연금되었지만, 그의 귀국은 민주화 투쟁의 불길을 지피는 또 하나의 사건이 되고도 남음이 있었다.

마침내 신당 바람이 거세게 부는 가운데 2·12총선이 치러졌다. 2·12 총선 결과, 신민당은 지역구에서 50석, 전국구에서 17석 등 모두 67석을 확보함으로써 창당한 지 한 달도 채 안되어 제1야당으로 부상하였다. 반면에 민한당은 35석에 그쳤다. 한걸음 더 나아가, 신민당은 기력이 다한 민한당과 국민당 의원들을 영입하여 의석수를 103석으로 늘렸다. 짧은 시간 안에 집권여당에 맞설 수 있는 거대야당이 탄생한 것이다.

기세가 오른 신민당은 2·12총선 직후인 3월 11일, '개헌추진위원회 서울지부 결성대회'를 시발로 전국 주요 대도시에서 '개헌 현판식'을 갖는 것을 목표로 장외투쟁에 돌입했다. 개헌 현판식에는 엄청난 수의 군중이 몰려들었다. 모처럼 합법공간이 마련되자, 그 동안 억눌렸던 정치열기가 거침없이 분출한 것이다.

그런데 개헌 현판식은 5월 3일의 인천 행사에서 뜻하지 않은 난관에 봉착하였다. 그 날 수도권 일대에서 활동하고 있던 수천 명의 '운동권 세력'이 인천 개헌 현판식에 집결하였다. 그들은 개헌 현판식에 참여한 수만 명의 시민과 뒤엉켜 경찰과 투석전을 전개하는 등 무려 5시간에 걸친 격렬한 시위를 벌였다. 그 과정에서 운동권 내부에 존재하는 다양한 세력의 급진적 주장이 백화점처럼 쏟아져 나왔다. 그 중에는 신민당을 공격하는 내용도 상당수 포함되어 있었다.

이 사건을 계기로, 신민당은 장외투쟁을 포기하고 제도권 내에서 집권세력과 타협을 모색하는 것으로 방향을 선회하였다. 그에 따라 6월 24일 국회에 '헌법개정특별위원회'가 구성되었다. 하지만 신민당은 대통령 직선제를, 여당인 민정당은 내각제를 제시하면서 쉽게 이견을 좁히지 못했다. 그에 따라 전두환 정권과 신민당 사이에는 다시금 대결 분위기가 고조되기 시작했다.

　여당이 제시한 내각제 개헌은 미국의 적극적인 지지를 받았다. 미국은 신민당이 반미로 경도되고 있던 재야 민주세력과 인연을 끊고 내각제 개헌을 통해 민정당과 함께 보수대연합을 실현하기를 희망하였다. 정권을 송두리째 교체하는 대통령직선제와 달리 내각제는 지분협상을 통한 '정치 연합'의 여지가 많은 제도였던 것이다.

　이러한 이유로 하여 직선제 개헌투쟁은 전두환 정권과 비타협적 투쟁을 전개하는 고리가 되었다. 그에 따라 정국은 '내각제 개헌을 고리로 한 보수대연합'과 '직선제 개헌을 고리로 한 민주대연합'의 충돌로 치닫기에 이르렀다. 그 파장으로 신민당 내부도 이민우 총재를 중심으로 한 보수대연합 진영과 양 김씨를 중심으로 한 민주대연합 진영으로 분열되고 말았다.

3. 6월민중항쟁, 마침내 승리의 고지에 올라서다

　지면상 일일이 기록하지 못했지만 전두환 정권 7년 동안 역사의 재단에 목숨을 바친 사람(민중은 그들을 열사라고 부른다)들은 그 수만도 수백 명에 이르렀다. 물론 이 수는 광주민중항쟁 기간 동안 발생한 희생자를 제외한 것이었다. 전두환 정권 아래에서의 민주화 투쟁은 말 그대로 피로 얼룩진 역사였던 것이다. 1987년 6월은 바로 그 피의 값을 되찾는 순간이었다.

결국 그 날이 오고야 말았다

전국이 민주화 투쟁의 불길에 휩싸이자 궁지에 몰린 전두환 정권은 1986년 하반기 대탄압을 시작했다.

이미 살펴본 대로 건국대 사태를 통해 사상 초유의 대규모 구속자를 양산한 가운데 수많은 민주인사들을 각종 조직사건으로 엮어 투옥시켰다. 그 결과, 전국의 감옥은 구금시설이 부족할 만큼 양심수로 넘쳐났다. 검찰의 발표에 따르면, 1986년 12월 정치적 이유로 구속된 양심수는 3,400여 명으로 그 중 2,900여 명이 학생이었다.

이와 함께 청계피복노동조합 등 14개 노동단체에 대해 해산명령을 내림과 동시에 민통련의 사무실을 강제 폐쇄해버렸다. 각종 집회와 행사 또한 모두 불허되었다. 11월 29일의 신민당 주최 '개헌추진 서울대회' 역시 경찰의 철저한 봉쇄로 인해 무산되고 말았다.

전두환 정권의 극악한 탄압으로 민주진영은 일시적으로 침묵 속에 빠져들어야 했다. 하지만 그것은 폭풍 전야의 고요함에 불과하였다. 짙은 어둠 속에서 새벽이 성큼성큼 걸어오듯 대폭발의 순간은 시시각각 다가오고 있었다. 마침내 대폭발의 뇌관이 될 사건이 발생하였다.

1987년 1월, 서울대 3학년에 재학중인 박종철 학생이 남영동 대공분실에 연행되어 조사받던 중 사망하였다. 연행사유는 수배학생의 소재를 찾기 위한 참고인 조사였다. 그럼에도 박종철은 1월 13일 강제 연행된 직후부터 다음날 11시까지 불법 감금된 상태에서 엄청난 폭행과 물고문·전기고문을 받아야 했다. 그러다 끝내 목숨을 잃은 것이다.

사건이 터지자, 당국은 평소 해왔던 대로 사건을 얼버무리려 했다. 경찰 당국은 박종철이 심문을 시작한 후 '탁' 치니 "억" 하고 죽었다고 발표했다. 이에 발맞추어, 문공부 홍보조정실은 각 언론사에 예의 '보도지침'을 시달하여 '박군이 심장마비로 쇼크사한 것으로, 1단 기사'로 처리하도록 하였다. 뿐만 아니라, 당국은 박종철의 심장마비 쇼크사를 뒷받침할 목적으로 박종철이 평소에 폐결핵을 앓고 있었다는 근거 없는 낭설을 퍼뜨리기도 하였다.

그러나 당국의 이러한 발뺌은 하루 만에 뒤집어지고 말았다. 부검 결과, 박종철은 수십 군데에 걸쳐 피멍 자국이 있었고 전기고문과 물고문을 받은 흔적이 뚜렷했던 것이다.

이 사건은 곧장 정권의 본질을 폭로하면서 엄청난 파장을 불러일으켰다. 박종철의 고문치사 사건을 규탄하는 성명서 발표와 추도미사 및 기도회, 항의농성이 잇달았다. 2월 7일에는 수만 명의 시민들이 경찰의 삼엄한 경계 속에서 항의시위를 전개하기도 하였다. 민중의 불만은 폭발을 향해 치달았고 정세흐름을 간파한 김대중과 김영삼은 이민우 등 타협적인 세력을 배제하고 통일민주당이라는 새로운 야당을 결성하였다. 전두환 정권과 일전불사의 태세를 갖춘 것이다.

그 사이에 미 국무부 고위관리들이 줄지어 서울을 방문하여 '직선제 포기와 전두환 정권과의 타협'을 종용했지만, 양 김씨는 그러한 미국의 압력을 일언지하에 거절하였다. 그들은 당시 상황에서 전두환 정권과의 타협은 곧 정치적 자살행위일 뿐이라는 것을 누구보다도 정확히 꿰뚫고 있었다.

상황은 4월 13일 전두환이 개헌요구를 전면으로 거부하는 '호헌조치'를 발표함으로써 비상한 국면에 접어들었다. 전국의 대학교수를 포함해서 각계각층 속에서 호헌조치를 반대하는 성명과 농성이 꼬리를 물었다. 이 과정에서 그 동안 방관자 입장을 취하던 인사들마저 민주화 투쟁의 대열에 적극 합류하기 시작했다.

전두환 정권의 폭정에 대한 반발은 중산층 사이에서도 빠르게 확산되고 있었다. 가령 서울대 사회과학연구소가 5월 초에 중산층 1,043명을 대상으로 실시한 의식조사 결과에 따르면, 응답자의 85.7퍼센트가 경제성장을 늦추더라도 인권을 신장시켜야 한다고 대답한 것으로 나타났다.

그런데 1987년은 단군 이래 최대호황이라는 '3저호황'의 한복판을 통과하고 있던 시기였다. 그에 따라 중산층의 경제사정이 급격히 호전되고 있었다. 또한 1987년은 국가적 대사였던 서울 올림픽을 불과 1년 앞둔 시기였다. 그럼에도 불구하고, 기층민중은 물론이고 중산층 사이에서조차 정치적 불만은 더 이상 억누를 수 없을 만큼 급격히 고조되고 있었다. 한마디로 전두환 정권에 대해 너나 할 것 없이 극도로 화가 나 있었던 것이다.

결국 경제사정이 호전되면 정치적 불만도 해소될 것이며, 설령 정치적 불만이 있더라도 국가적 대사를 앞두고 있는 상황에서 이를 억제시킬 것이라고 본 전두환의 기대가 지극히 허황된 것임이 드러난 것이다. 그런 점에서 전두환은 한국민중의 특성을 제대로 파악하지 못한 우를 범했다고 할 수 있다. 한국민중은 배만 부르면 모든 것을 잊어버리는 속물이 결코 아니었던 것이다.

전반적인 분위기가 폭발을 향해 치닫고 있을 무렵, 당국이 박종철 고문치사 사건을 축소·조작했음이 폭로되고 말았다. 민중은 경악했고 여론은 들끓었다. 어느 곳을 가든지 사람들이 모였다 하면 전두환을 비난하는 이야기로 가득 찼다. 하나같이 이번에는 그냥 넘어갈 수 없다는 분위기였다.

이러한 가운데 재야의 본산인 민통련과 통일민주당을 주축으로 각계 대표 2,200명의 발기인이 참여하는 '민주헌법쟁취국민운동본부'(이하 국민운동본부)가 결성되기에 이르렀다. 범 민주세력이 힘을 합쳐 전두환 정권과의 정면대결을 선포한 것이다. 이는 그 자체만으로도 민중의 가슴에 불을 지르고도 남음이 있었다. 민주화를 타는 목마름으로 갈망했던 민중들은 직감적으로 나설 때가 되었다고 판단하였다.

마침내 운명의 6월 10일이 다가왔다. 그 날 잠실 체육관에서는 '민정당 제4차 전당대회 및 대통령후보 지명대회'가 개최되고 있었다. 행사는 전두환과 노태우가 손을 마주잡고 원만한 권력승계를 약속하는 것으로 절정에 이르렀다. 하지만 이 날의 잠실 체육관은 이미 분노한 민중의 바다 위에 떠 있는 외로운 섬에 불과했다.

같은 시간에 서울을 비롯한 전국의 22개 도시에서 국민운동본부의 방침에 따라 24만여 명의 민중이 거리로 쏟아져 나와 대대적인 시위를 전개했다. 일순간에 전국의 주요 도시와 도심은 온통 '호헌철폐', '독재타도', '미국반대'를 외치는 함성으로 뒤덮이고 말았다. 역사적인 6월민중항쟁의 막이 오른 것이다.

전두환 정권은 경찰병력을 총동원하여 시위를 봉쇄하고자 했으나, 분노한 민중의 물결을 저지할 수 없었다. 그 동안 투쟁으로 단련된 학생들과 선진 노동자들이 도로를 점거하고 투쟁의 돌파구를 열면 엄청난 수의 시민들이 가세하여 뒤를 이었다. 절대다수의 시민들은 시위대를 향해 박수를 치면서 최루탄을 쏘는 경찰을 향해 야유를 퍼붓는 응원부대를 자처했으나, 누가 봐도 그들은 이미 시위대의 일부가 되어 있었다. 바로 여기에 민중항쟁의 묘미가 있었다.

곳곳에서 경찰에 의한 무차별 연행이 진행되는 가운데 일단의 시위대가 서울 명동성당으로 밀려들어 갔다. 그 속에는 전재산인 손수레를 맡기고 시위에 참여했던 노점상, 공장 노동자, 술집 웨이터, 구두닦이 그리고 부산·광주 등에서 올라온 막노동자들이 상당수 포함되어 있었다. 밤 10시 경, 8백 명으로 불어난 시위대는 횃불을 들고 맹렬한 투석전을 벌이며 경찰을 밀어냈다. 그로부터 전국의 시선을 집중시킨 명동성당 농성이 시작되었다.

애초에 국민운동본부는 6월 10일 하루의 시위만을 계획하고 있었다. 그러나 어느 누구도 계획하지 않았던 명동성당 농성이 시작되면서 6월 10일의 시위는 명실상부한 6월민중항쟁으로 발전하기에 이르렀다. 6월민중항쟁 역시 우리 역사에 등장하였던 모든 항쟁이 그러했듯이 (지도엘리트의 사전기획과 안내에 따른 것이 아닌) 대중의 자발적 행동에 의해 결정적 국면이 열렸던 것이다.

명동성당 농성은 곧바로 전국 주요 도시의 가톨릭센터 농성으로 확산되면서 연속적인 민중투쟁을 촉발시켰다. 이러한 가운데 서울 지역의 각 대학은 명동성당 농성지원 출정식을 갖고 도심으로 쏟아져 나왔고, 사무직 노동자들은 점심시간과 퇴근 후에 명동 일대에 몰려들었다.

명동성당 일대는 농성을 파괴하려는 경찰과 이를 지키려는 측 사이에 치열한 공방전이 거듭되면서 말 그대로 전쟁터를 방불케 했다. 그러던 중 12일 점심 무렵, 명동성당 농성자들이 대열을 갖추고 정문 쪽으로 진출하기 시작했다. 최루가스와 땀, 눈물 그리고 허기로 검게 탄 일군의 대열이 명동성당 언덕에 나타나자 명동 일대는 일시에 축제 분위기로 돌변했다. 박수와 환호, 만세소리에 이어 모든 사람이 함께 애국가를 불렀다. 건물의 창문에서, 옥상에서 손을 흔드는 환한 모습이 드러났고 곳곳에서 종이 조각이 꽃잎처럼 흩날렸다. 열광적인 환호와 지지 속에서 명동성당 농성대열은 끝내 울음바다에 휩싸이고 말았다. 감격의 순간이었다.

1987년 6월 15일 명동
6월민중항쟁 당시 서울 명동 거리에 운집한 시민들. 민중의 힘으로 독재의 아성을 무너뜨린 역사적
순간이었다.

   농성기간 내내 명동성당에 인접한 건물과 담벼락에 접근한 시민들
은 다투어서 빵, 돈봉투, 의약품, 속옷, 양말, 우유 등을 농성대열을 향
해 던져 넣었다. 명동성당과 이웃하고 있는 계성여고 학생들은 점심 도
시락을 모아 농성대열에게 전달했다. 도시락에는 '훌륭한 언니, 오빠들
이 자랑스러워요'라는 쪽지도 들어 있었다.

   그러던 중 6월 15일, 당국으로부터 안전한 귀가를 보장하겠다는 연
락이 왔다. 농성단은 농성해산 여부를 둘러싸고 치열한 논쟁을 거듭했
으나 결국 찬반투표를 거쳐 해산을 결정하였다. 농성지속을 갈망했던
사람들 중 일부는 통곡을 하고 투신을 시도하기도 하였지만 정권이 강
제진압을 포기했다는 것만으로도 의미 있는 승리라고 할 수 있었다. 이
는 명동성당 농성해산 이후에 민중의 투쟁열기가 더욱 높아졌다는 사
실을 통해 분명하게 입증되었다.

군 투입의 위협을 넘어서다

국민운동본부는 분출하는 민중의 투쟁열기를 이어나가기 위해 6월 18일에 '최루탄 추방대회'를 개최한다고 발표하였다. 6월 18일이 되자, 전국 16개 도시에서 항쟁기간 가운데 최대인파인 1백50만 명이 거리를 가득 메웠다. 전두환 정권은 10만의 경찰을 투입하여 1,487명을 연행하는 등 항쟁의 불길을 잡으려고 사력을 다했으나 역부족이었다. 오히려 도처에서 경찰이 시위대에 의해 무장해제를 당하는 일이 속출했다.

투쟁의 파고는 높아지고 경찰력이 한계를 드러냄에 따라 전두환 정권 내부에서 군대를 투입해야 한다는 의견이 급속히 고개를 들기 시작했다. 막바지에 몰리자, 전두환 정권은 1980년 광주의 교훈을 까마득히 잊어버릴 정도로 정신적 혼돈상태에 빠져들었던 것이다. 그들은 군대를 투입할 경우에 어떤 일이 벌어질지조차 제대로 헤아리지 못했다.

이미 일선 군부대는 시위진압 출동을 위한 준비가 완료된 상태였다. 군용 트럭은 기름을 가득 채운 상태에서 시동이 걸려 있었고, 군인들은 완전군장을 꾸린 채 출동명령만 기다리고 있었다. 때맞추어 언론에서는 조만간 군대가 투입될지 모른다는 보도가 흘러나오기 시작했다. 아울러 "18일을 기해 계엄령이 떨어진다" "서울, 대전, 대구 등지에 공수부대가 파견되었다"는 소문이 난무하였다.

전두환이 군부대 투입을 적극 고려하기 시작한 것은 6월 14일인 것으로 알려졌다. 그로부터 5일 후인 6월 19일 오전 10시 30분, 청와대에서 군 고위관계자 회의가 열렸다. 이 회의는 비상조치를 전제로 한 군부대 투입계획을 세밀하게 점검하는 자리였다. 회의를 주재했던 전두환은 다음날 새벽 4시까지 군부대를 작전지역으로 이동시킬 것을 지시하면서 "이것은 계엄령이 아니라 계엄령에 플러스 알파를 한 조치다"

라고 말했다. 그러면서 "군 동원도 할 수 있고, 군법회의도 할 수 있고 정당해산까지도 가능하다"라고 했다. 전두환은 모든 것을 각오하고 있었던 것이다.

만약 1980년 5월 서울지역 총학생회 간부들이었다면 이러한 분위기에서 슬슬 뒷걸음을 쳤을 것이다. 군부대 투입위협만으로도 시위는 위축되었을 것이고 어쩌면 전두환 정권은 반격의 계기를 마련할 수도 있었을 것이다.

하지만 1987년 6월의 민중은 달랐다. 군부대 투입이 임박했다는 소문이 횡행했음에도 크게 동요하지 않았다. 수많은 사례를 통해 확인되었지만, 당시의 민중은 군부대가 투입되면 기꺼이 총을 들고 싸울 각오를 하고 있었다. 가령, 어느 승객이 "이러다가 군부대라도 투입되면 어쩌려고 그러는지 모르겠다"고 우려하자 택시 기사는 "그럼 총 들고 싸우면 되지 뭐가 걱정이냐"고 소리를 질렀다. 이미 민중의 가슴 속에는 광주민중항쟁의 정신이 뜨거운 불길이 되어 타오르고 있었던 것이다. 그 대표적인 사례로서 부산에서의 대규모 시위를 들 수 있다.

6월 18일, 부산 시내는 계엄령 설이 파다하게 퍼져 있었고 새벽부터 시내 상공에는 군용 헬기 두 대와 정찰 비행기가 선회하고 있었다. 하루 종일 부산 시내에는 전례 없는 긴장감이 팽팽히 감돌고 있었다. 바로 그 때 가톨릭센터에서 농성중이던 학생들은 초기의 두려움을 떨쳐버리고 휘발유통을 옥상으로 옮긴 뒤, 태극기를 내걸었다. 만약 군부대가 투입될 경우, 최후의 순간에 분신으로 맞설 각오를 한 것이다.

이 사실은 곧바로 입소문을 통해 시민들에게 알려졌다. 잠시 뒤, 두려움에 사로잡혀 있던 시민들이 하나둘씩 거리로 나오기 시작했다. 시민들 사이에서 "가톨릭센터로!" "농성학생들을 구출하자!"는 구호가 자연스럽게 울려 퍼졌다. 여기에는 6월 8일부터 13일까지 가톨릭센터에서 있었던 광주민중항쟁 관련 비디오 상영 및 사진 전시회가 크게 한몫을 했다. 이 기간 동안 연인원 6만여 명이 가톨릭센터에 다녀갔는데, 그들은 한결같이 1980년 광주에서 피 흘리며 싸울 때 부산은 조용히 있었던 것에 대한 부채의식을 품게 되었다. 그런데 바로 지금 역사의 부채를 갚을 수 있는 기회가 온 것이다.

마침내 군부대 투입위협에도 불구하고 서면 로터리에서 부산진 시장에 이르는 5킬로미터 가량 되는 거리는 발 디딜 틈도 없이 인파로 가득 찼다. 줄잡아 30만이 넘는 숫자였다. 특히, 서면은 부산 최대공단인 사상공단이 연결되는 곳으로서 수많은 노동자들이 잔업을 거부하고 시위에 합류하였다. 부산역 앞과 그밖의 시내 도심지역도 투쟁의 물결로 넘실거렸다. 경찰은 거대한 시위물결에 압도된 나머지, 진압을 포기하고 방송국 등 주요 건물을 방어하는 데만 급급했다.

부산에서의 시위는 밤낮을 가리지 않고 여러 날째 계속되었다. 19일에는 소나기가 쏟아졌는데도 수만 명의 시민들이 우산을 들고 거리로 쏟아져 나와 시위를 벌였다. 부산에서의 대규모 시위는 전국적으로 커다란 파급효과를 낳았다. 1980년 5월의 경험으로 다소 신중한 분위기를 보였던 광주에서도 20일이 되자 10만여 명의 시민이 시위를 벌였다. 이러한 상황은 6월 26일 국민운동본부가 제창한 '국민평화대행진'에 전국적으로 100여 만 명의 시민이 참여하는 것으로 이어졌다.

결국, 군부대 투입위협이 전혀 먹혀들어가지 않았음이 분명해졌다. 이는 전국의 도시를 메운 거대한 시위물결 모두가 잠재적 시민군임을 입증하는 것과 같은 것이었다. 1980년 광주 시내에 나타났던 시민군이 전국의 모든 도시에서 출현할 수도 있는 상황이 조성된 것이다.

그 즈음, 미국은 한국의 사태를 날카롭게 주시하고 있었다. 미국은 시위진압을 목적으로 군부대를 투입할 경우에 야기될 위험스러운 결과에 주목하였다. 무엇보다도 한국군 장병들이 시위진압 명령을 그대로 따를지가 의문이었다. 광주민중항쟁을 거치면서 군 장병들의 군사독재에 대한 비판의식이 매우 높아졌기 때문이었다. 이런 상황에서 시위진압 명령은 장병들로 하여금 총구를 거꾸로 돌리게 할 가능성이 매우 컸다. 결론적으로, 군부대 투입은 파국을 초래할 매우 위험천만한 선택이었다.

전두환이 군부대 투입을 최종 결심했던 날인 6월 19일 오후 2시, 릴리 주한미국대사가 급히 청와대를 방문하여 전두환을 만났다. 릴리는 "군이 출동하는 비상사태가 오지 않기를 바란다"는 의견을 전달했다. 작전지휘권을 쥐고 있는 미국이 반대하는 한, 군부대 투입은 사실상 불가능했다. 전두환은 도리 없이 오후 4시 30분 군출동을 취소하는 조치를 취할 수밖에 없었다.

이러한 가운데 미국정부는 국무부 동아시아담당 차관보 개스턴 시거를 한국에 급파하였다. 시거는 군부개입은 적절한 해결책이 아님을 분명히 하면서 전두환, 노태우, 김대중, 김영삼 등을 만나 대타협을 종용했다. 결국 6월 29일, 노태우가 예의 6·29선언을 발표하였다. 직선제 개헌의 수용과 구속자 석방 및 김대중의 사면복권, 언론자유 보장 등이 그 핵심내용이었다.

민중은 처음에는 무슨 흑막이 있는 것 아닌가 하는 의구심을 품었으나 이내 자신들이 승리했음을 깨달았다. 군부대 투입을 포기시켰을 뿐만 아니라 정권교체의 가능성을 연 직선제 개헌을 쟁취했기 때문이었다. 곳곳에서 환호가 터져 나왔다. 시민들은 서로를 껴안고 승리의 감격을 만끽했다. 곧이어 시민들 사이에서는 그 날의 승리를 축하하기 위해 맥주를 공짜로 제공하는 등 갖가지 이벤트가 쏟아져 나왔다.

6월민중항쟁은 7월 9일 항쟁중에 최루탄에 맞아 숨진 연세대 학생 이한열의 장례식을 치르는 것으로 한 달간에 걸친 장정을 마무리하였다. 장례식에는 엄청난 인파가 몰렸다. 연세대에서 시청으로 이어진 6차선 도로에는 운구차의 뒤를 따르는 행렬이 끝도 없이 이어졌다. 당시 언론은 1백만 시민이 장례에 참여한 것으로 보도하였다.

하루 전에 석방되었던 문익환 민통련의장은 추모사를 하면서 전태일 이후 이한열에 이르기까지 역사의 재단에 자신의 목숨을 바친 수많은 '열사'들을 피를 토하듯이 호명하였다. 그것은 민주화의 봉우리에 올라서기까지 얼마나 많은 고난과 희생을 겪었는지를 가장 극적으로 보여준 상징적 장면이었다.

그 순간, 장례식에 참석한 시민과 학생 모두 지나온 고난의 순간들을 가슴 속 깊이 새기면서 그 많은 죽음의 의미를 헛되이 하지 않겠노라고 다짐하였다. 이러한 다짐은 이후 '민주주의의 후진'을 결코 용납하지 않는 전통을 낳았다. 민주화 투쟁을 경험한 세대들 사이에서는 위기의 순간마다 "어떻게 해서 여기까지 온 건데!"라는 생각과 함께 민주주의 사수를 위해 팔을 걷어붙이는 것이 일종의 본능처럼 자리 잡은 것이다.

역사는 한계를 딛고 전진한다

6월민중항쟁은 세계적으로 보기 드문 평화적 정치혁명이었다. 경찰의 폭력적 진압이 있었고 그 과정에서 이한열 학생의 죽음이 있었지만, 결정적으로 군부대의 투입을 사전에 저지하면서 목적을 달성할 수 있었다. 물론 이러한 결과가 있기까지는, 자기 한계를 뛰어넘기 위한 지난한 역사가 있었다.

4월혁명의 주체들은 5·16군사쿠데타 당시 군부의 총칼위협 앞에서 죽음을 각오하는 투쟁을 전개하지 못했다. 이러한 한계를 뛰어넘은 것이 바로 광주민중항쟁이었다. 하지만 광주민중항쟁은 다른 지역이 계속해서 침묵을 지킴으로써 지역적 고립이라는 한계를 지닐 수밖에 없었다. 1980년 5월 광주시민들이 가장 고통스럽게 느꼈던 것도 바로 이 고립감이었다.

6월민중항쟁은 바로 이런 점에서 광주민중항쟁의 정신을 계승함과 동시에 그 한계를 극복한 투쟁이었다.

6월민중항쟁에 참여한 사람들은 군부대 투입위협에 굴복하지 않았다. 그런 점에서 5·16군사쿠데타 당시의 4월혁명 주체나 1980년 5월 서울의 학생들과는 확연히 달랐다. 그들은 군부대가 투입된다 해도 기꺼이 총을 들고 싸울 각오가 되어 있었다. 그러면서도 6월민중항쟁은 한 지역에 국한되지 않고 전국적인 시위의 양상을 보였다. 그 결과, 천안은 3·1운동 이후 처음 시위를 경험했으며 충주는 역사 이래 처음으로 시위를 경험했다. 그런 점에서는 6월민중항쟁은 광주민중항쟁의 한계였던 지역적 고립을 완전히 털어버렸다.

이 모든 것의 종합적인 결과로서 6월민중항쟁은 군부대의 투입을 막고 평화적으로 자신의 목적을 달성할 수 있었다. 더불어, 승리한 민중이 군사독재 세력에 대해 무차별 보복을 가하지도 않았다. 단지, 군사쿠데타 핵심인물들에 대한 응징요구만 있었을 뿐이었다. 6월민중항쟁의 이 같은 성격은 이후의 한국정치 지형 속에 고스란히 투영되었다.

6월민중항쟁 이후, 한국의 정치는 숱한 뒤틀림 현상이 있었음에도 불구하고 민주화가 정착되는 방향으로 꾸준하게 발전하였다. 민주화의 전진 속에서 공존의 조건을 파괴했던 병영국가는 자연스럽게 해체되어갔다. 그럼으로써 다양한 견해와 이해관계를 가진 집단이 자기 목소리를 내고 자기만의 영역을 구축할 수 있는 길이 열렸다.

이러한 가운데 과거 군사독재에 참여했거나 지지했던 세력도 보다 민주적인 원칙과 절차에 입각해서 경쟁해야 하는 상황이 되었다. 뒤집어서 말하면, 이는 과거 군사독재를 옹호했던 보수세력 역시 정치공간으로부터 배제되지 않았음을 의미하는 것이다. 아울러, 그 동안 철저한 탄압과 배제의 대상이 되었던 진보세력도 민주화의 흐름을 타면서 제도권에 진입할 수 있었다.

그리하여 서로의 존재를 승인하는 조건에서 민주적으로 경쟁하는 '공존의 정치'가 제도적으로 정착되기 시작하였다. 비록 정치자금의 독식구조가 완전히 청산되지 않았고 배제를 제도화한 국가보안법이 여전히 폐지되지 않은 채 살아 있었지만, 공존의 정치는 그 누구도 거역할 수 없는 대세임에 분명했다. 그것은 바로 평화적 정치혁명으로서 6월민중항쟁 속에 내재해 있었던 DNA의 하나였다.

이러한 공존의 정치는 과거 프롤레타리아 독재를 추구한 좌익의 정치이념과 병영국가를 구축했던 군사독재 모두를 지양한 것이었다. 민중의 입장에서 보자면, 이는 극심한 희생을 수반한 분단의 역사를 거치면서 얻어진 지극히 자연스러운 결론이었다.

6월민중항쟁이 일으킨 정치지형의 변화 중에서 주목해야 할 지점이 또 하나 있다. 6월민중항쟁 이후에 민주화의 진척과 군사독재의 청산이 동전의 양면처럼 진행되면서, 미국의 정치적 지배와 간섭이 크게 약화된 것이다.

이승만 정권 시절, 미국이 한국정부를 통제할 수 있는 가장 중요한 수단은 경제원조였다. 반면, 박정희 정권 이후에는 경제원조가 크게 줄면서 군사독재가 미국의 한국정부 통제를 위한 핵심고리로 기능하기 시작했다. 즉, 미국은 작전지휘권을 바탕으로 군부를 장악하고, 이를 통해 군부가 담당하고 있는 한국 정부를 쉽게 통제할 수 있었다. 그런 데 6월민중항쟁이 바로 그 핵심고리를 날려버렸던 것이다.

전체구도에서 보자면, 민주화는 미국의 통제 아래 있었던 국가권력 을 민중의 통제 아래로 끌어들이는 과정이었다. 그렇지 않다면, 민주화 되었다고 말할 수 없을 것이다.

이러한 변화는 '자주 없이 민주 없다'는 종전의 생각을 크게 뒤집는 것이었다. 1987년 이전의 민주화 투쟁세력 사이에, 한국은 미국의 절대 적인 영향 아래 있기 때문에 미국의 지배를 극복하지 못한 조건에서 민 주화는 가능하지 않다고 본 경우가 많았다. 그러나 현실은 엄연히 민주 화가 진척되면서 도리어 이를 통해 자주적 공간이 비약적으로 확장되 는 것으로 나타났다. 마찬가지로, 민주화가 진척되면서 남북관계 역시 크게 진전될 수 있었고, 그에 따라 자주적 공간은 더욱 확장될 수 있었 다. 결과적으로, 민주화는 모든 문제해결의 중심고리였던 것이다.

이렇듯 6월민중항쟁은 민주화를 통해 수많은 과제를 해결할 수 있는 길을 열었지만, 가장 중요한 성과는 다름 아닌 민중 자신의 변화였다.

6월민중항쟁을 거치면서 한국민중은 군부의 총칼위협에 더 이상 겁 을 먹지도 않았고, 국가권력 앞에서 기죽지도 않았다. 가히 국가권력 앞에 주눅 들었던 삶에서 온전히 해방된 것이다. 또한 민중은 6월민중 항쟁을 통해 자신의 힘으로 세상을 바꿀 수 있음을 체험함으로써 매사 를 진취적이고 창의적으로 대할 수 있었다. 요컨대, 눈앞의 현실에 적 응하는 것을 넘어서 현실 자체를 변화시키는 관점에서 문제를 대하기 시작한 것이다. 지루하게 반복되는 것을 유달리 싫어하는 한국인의 특성도 다분히 이러한 과정 속에서 형성된 것이라고 볼 수 있다.

지금까지 살펴본 것처럼 6월민중항쟁은 그 역사적 의의가 자못 컸다. 하지만 모든 역사가 그러하듯이 6월민중항쟁 역시 일정한 한계를 품고 있었다. 과연 6월민중항쟁의 한계는 무엇인가. 이는 곧 1980년대 민주화 투쟁을 담당했던 주체세력들이 어떤 한계를 지니고 있었는가라는 질문과 일치하며, 앞으로 우리가 살펴봐야 할 가장 중요한 주제이기도 하다.

달콤 쓸쓸한 시대

민주화 투쟁을 수행했던 세력 중 상당수는 민주화만 되면 모든 문제가 쉽게 해결될 수 있다는 낙관론을 견지했다. 그러다보니 민주화 이후의 과제에 대해서는 충분히 고민하지 못했다.

이러한 가운데 민주화 세력은 1987년 이후 숱한 우여곡절을 겪었지만, 민주화 과제만큼은 모로 가도 서울만 가면 된다는 격으로 그럭저럭 해결할 수 있었다. 그러나 역사는 그들이 제대로 준비하지 못한 새로운 과제를 던졌다. 그 지점에서 민주화 세력은 뚜렷한 한계를 드러내고 말았다.

바로 여기에서 우리는 민주화 세력의 성과와 한계를 동시에 봐야 한다. 성과는 다음주자가 딛고 올라서야 할 지점이며, 한계는 풀어야 할 숙제이기 때문이다.

Chapter 06
달콤 씁쓸한 시대

1987년 6월민중항쟁은 우리 역사에서 새로운 출발점이 되었다. 한마디로, 이전의 시기와 이후의 시기에 세상 사는 맛이 서로 달랐다.

1987년 이후, 획일적인 병영국가가 해체되는 가운데 다양한 가치와 이해관계를 지닌 집단이 독자적인 목소리를 내면서 자신들만의 공간을 확보해가기 시작했다. 무엇보다도 병영국가 아래에서 가장 억눌렸던 노동자·농민·도시빈민 등 기층민중이 민주화 바람을 타고 넘으면서 아무도 무시 못할 세력으로 자리잡아갔다. 그럼으로써 한국사회는 국가가 국민 위에 군림하면서 획일적으로 통제하던 시대에서 벗어나 다양한 세력이 공존하는 사회로 한걸음 더 다가설 수 있었다.

하지만 다른 한편에서는 재벌의 권력이 급속히 강화되는 '기업국가화' 경향이 나타나는 가운데 돈이 돈을 버는 승자독식의 신자유주의 흐름이 거세게 유입되기 시작했다(자세한 내용은 경제 편에서 다룰 예정이다). 공존의 흐름에 명백히 역행하는 현상이 발생한 것이다.

그런데 민주화 세력은 (모두가 그런 것은 아니었지만) 군사독재 때

일반화되었던 국가의 억압과 통제를 지독히도 혐오한 나머지, 그에 대한 반작용으로 시장의 기능을 강화하는 것을 남달리 선호하였다. 이 같은 경향은 모든 것을 시장에 맡길 것을 요구하는 신자유주의와 융합되기 매우 쉬웠다. 결국, 민주화 세력은 신자유주의로 경도되거나 그에 제대로 대응하지 못하는 한계를 드러내고 말았다.

그로부터 한국사회 곳곳에서 '뒤틀림' 현상이 나타나기 시작했다. 민주화 세력이 주도한 정부 아래에서 민주화와 통일의 과제가 적지 않은 진전이 이루어졌음에도 불구하고 신자유주의 정책으로 그 성과가 크게 변질되거나 퇴색되었던 것이다.

1. 민초들, 바람을 타고 일어서다

6월민중항쟁의 학습효과는 곧바로 노동자·농민 등 기층민중을 긴 잠에서 깨어나도록 만들었다. 그 효과는 매우 강력한 것이었고, 민초들의 반응은 폭발 그 자체였다. 억압적 권력 아래 마냥 엎드려 있던 민초들이 민주화의 바람을 타고 일시에 일어서기 시작한 것이다. 그 과정에서 촌놈 취급을 받으며 기죽어 살던 농민들도 크게 달라졌다.

농민투쟁은 1987년 추수기가 끝나자 '수세폐지 및 농지개량조합 해체투쟁'(이른바 수세싸움)에서부터 불붙기 시작했다. 이 투쟁은 나주대회의 경우, 시군 단위의 투쟁임에도 불구하고 1만여 명의 농민이 참여할 만큼 폭발적 양상을 띠었다. 그 결과, 수세를 한꺼번에 3분의 1 수준으로 끌어내리는 성과를 거둘 수 있었다.

그로부터 2년 뒤, 농민들의 의식을 결정적으로 변화시킨 역사적 투쟁이 만들어졌다. 1989년 2월, 이른바 '여의도 농민시위'로 불리는 '수세폐지 및 농산물 제 값 받기 전국농민대회'가 개최된 것이다. 이 대회는 1개 군에서 최고 1천여 명이 참가하는 등 무려 2만여 명의 농민이 함께했는데, 이는 정부수립 이후 최대규모를 자랑하는 것이었다.

평소 농민들이 서울에 올라오면 공연히 기가 죽게 마련이었다. 왠지 모두가 자기를 쳐다보면서 비웃는 것 같아 온 몸이 움츠러들었다. 촌티를 없애보려고 치장을 하지만 그럴수록 더 촌스럽게 보일 뿐이었다. 그렇게 농민은 오랫동안 극도의 소외감 속에서 기가 죽어 살아야 했다.

그런데 농민대회가 있던 그 날, 농민들의 분위기는 사뭇 달랐다. 농민들은 새벽밥 먹고 평소차림으로 상경 버스에 몸을 실었다. 전국에서 올라온 2만여 명의 농민이 여의도를 점령하니 기죽을 일도 없었고 두려울 것도 없었다. 손에 죽창을 들고 시내 중심가로 행진할 때에는 난생 처음으로 무대의 주인공이 된 것만 같은 뿌듯함마저 느낄 수 있었다. 비록 잘못된 농정 탓으로 비싼 돈 들여 서울까지 온 것이 억울하기는 했지만, 그래도 투쟁할 때 가장 당당해질 수 있었다.

농민들의 가두시위는 곧잘 경찰과의 치열한 전투로 이어졌다. 농민들은 그 어떤 시위대보다도 격렬한 모습을 보였다. 그 후 농민들은 전경이 가장 기피하는 대상이 되었다. 농민들의 쌓이고 쌓인 설움이 폭발한 결과이기는 했지만, 아무튼 '촌놈'의 매운 맛을 보여준 셈이었다.

억압의 시대에 노동자들은 공장의 기계보다 저평가되면서 독립된 인격체로 인정되지 않았다. 그들은 단지 살아 움직이는 소모품에 불과했다. 비인간적 대우가 만연한 가운데, 대다수 노동자들은 '주면 주는 대로 받고, 시키면 시키는 대로 하는' 체념과 순응의 삶을 살고 있었다.

노동조합은 엄두도 내기 쉽지 않았다. 특히, 거대자본의 위세에 눌려 있던 대규모 남성 사업장일수록 이러한 경향이 강했다.

그러나 앞서 살펴보았듯이 학생운동 출신들의 대대적인 진출을 바탕으로 투쟁의 불씨가 될 선진 노동자들이 꾸준히 자라났고 투쟁을 통해 자신을 단련하고 있었다. 거듭되는 탄압으로 민주노조가 제대로 기를 펴지 못했지만, 그 이면에서는 질적 변화를 위한 양적 축적이 활발하게 이루어지고 있었던 것이다. 그러던 중 6월민중항쟁이 폭발하자 선진 노동자들은 투쟁에 직접 참여하는 것을 넘어 이를 적극 주도하였다. 가령, 6월 19일 안양에서의 대규모 투쟁은 노동자들이 이끈 것이었다.

6월 19일 밤 8시 30분, 주로 노동자들로 구성된 시위대 50명 가량이 안양의 번화가인 1번가 인도를 따라 구호를 외치며 나아가기 시작했다. 경찰은 시위대 숫자가 얼마 안 된다는 것을 알고는 전원 체포하려고 달려들었다. 이 때부터 경찰과 시위대 사이에 치열한 몸싸움이 전개되었다. 그러는 동안 주변의 시민들이 몰려들어 경찰에 야유를 퍼부으면서 시위에 합세하기 시작했다. 밤 9시 30분이 되자, 1만 명에 이르는 시민들이 도로를 점거하고 대중집회를 개최하기에 이르렀다.

유사한 일이 전국 곳곳에서 벌어졌다. 이를 통해 선진 노동자들은 소수의 준비된 사람들만 있으면 얼마든지 다수의 사람들을 움직일 수 있다는 것을 체득했다. 덧붙여, 꿈쩍도 할 것 같지 않았던 권력이 거대한 민중의 힘에 굴복하는 것을 보면서 노동자 대중 또한 능히 세상을 바꿀 수 있다는 자신감을 품게 되었다. 말하자면, 선진 노동자와 노동자 대중 모두 6월민중항쟁의 한복판에서 혁명적 체험을 한 것이다.

6월민중항쟁 직후 전국을 뒤흔들었던 7·8·9월 노동자 대투쟁은 바로 이러한 선진 노동자들의 선도적 역할과 노동자 대중의 급격한 의식

변화가 결합됨으로써 이루어질 수 있었다. 실제로 7·8·9월 노동자 대투쟁 시기에 벌어진 대부분의 투쟁은 소수의 선진 노동자들이 치고 나가면 노동자 대중이 즉각 합세하는 양상으로 전개되었다. 말 그대로 한 점 불꽃이 튀자 일거에 폭발이 일어났던 것이다.

현대중공업의 예를 들어보자. 7월 28일 현대중공업 노동자 11명은 회사 측이 선수를 쳐 어용노조를 만든 것에 항의, '어용노조 물리치고 민주노조 쟁취하자'는 내용의 플래카드를 들고 구호를 외치면서 회사 안으로 밀고 들어갔다. 그러자 처음에는 주저했던 노동자들이 합세하기 시작하더니 대열은 순식간에 1만 명으로 불어났다. 바로 이 같은 양상이 전국에 있는 수많은 사업장에서 나타났던 것이다.

그리하여 한 번 점화된 투쟁의 불길은 대표적인 공업도시인 울산을 일거에 뒤덮었고 순식간에 부산, 거제, 마산, 창원 일원으로 번져나갔다. 서울, 인천, 부천, 구로, 안양, 성남 등 수도권 역시 노동자 대투쟁의 불길에 휩싸여갔다. 또한 업종별로도 가장 큰 비중을 차지한 제조업을 포함하여 운수업, 광업, 사무·판매·서비스직에 이르기까지 폭넓게 확산되었다. 7·8·9월 노동자 대투쟁은 액면 그대로 지역과 업종을 두루 망라한 전국적 투쟁이었던 것이다.

7·8·9월 노동자 대투쟁은 경찰의 탄압, 구사대 폭력, 여론의 조작 등 온갖 난관 속에서도 장장 100여 일 간이나 지속되었다. 정부와 사용자의 탄압이 기승을 부렸지만, 결과적으로 노동자들을 더욱 강인하게 단련시켜주었을 뿐이었다.

이러한 과정을 거쳐 새롭게 결성된 노동조합은 자그마치 1,060개에 이르렀다. 이는 지난 1980~1986년 동안의 그것을 훨씬 능가하는 숫자였다. 아울러 대투쟁 기간 동안 발생한 노동쟁의 건수는 3,458건으로 하루평균 40여 건씩 터져 나온 셈이었다. 이는 1986년 하루평균 0.76건에 비해 무려 50배나 증가한 것이었다. 가히 봇물 터지는 기세였다고 할 수 있다.

그리하여 노동운동은 정체와 퇴보로 점철된, 지루한 일상시기를 견딘 끝에 일거에 대도약을 이루었다. 대중운동 특유의 역동성을 유감없이 보여준 것이다.

7·8·9월 노동자 대투쟁 기간 동안 수많은 신화가 창조되었지만, 그 중에서도 첫 손가락에 꼽을 수 있는 것은 8월 18일 현대그룹 노동자들이 단행한 가두행진이라고 할 수 있다.

현대그룹 노동자들은 그 동안 '현대그룹노동조합협의회'(현노협)를 결성하고 현대그룹 측과 교섭을 진행했으나 전혀 진척이 없었다. 그에 따라 실력행사를 벌이기로 하고, 그 방편으로써 가두행진을 선택하였다.

노동자들은 경찰의 무력진압을 극복하기 위해 중무장을 서둘렀다. 회사측은 이를 사전에 예상하고 중장비 바퀴의 바람을 빼고 열쇠를 없애버렸지만 노동자들에게는 통하지 않았다. 노동자들은 어떻게 수를 썼는지 덤프 트럭, 소방차, 카고 트럭, 지게차 등을 수도 없이 끌고 와 앞세웠으며 심지어 샌딩 머신까지 끌고 왔다. 샌딩 머신은 공기압력에 의해 모래를 분산시킴으로써 철판에 붙어 있는 오물이나 녹, 페인트 등을 제거하는 기구로서 전경들에게는 상당한 공포감을 안겨다주었다.

이렇게 대오를 갖추자, 웬만한 군대보다 질서정연했고 사기 또한 하늘을 찌를 듯했다. 출정에 앞서 정주영 회장 및 재벌체제 타도 화형식이 거행되자, 분위기는 최고조에 이르렀다.

드디어 엄청난 수의 노동자들이 거대한 물결을 이루며 시내로 진출

1987년 8월 19일 현대 7개 노조의 행진
울산의 거리를 가득 메운 현대그룹 노동자들의 가두시위. 노동자의 거대한 잠재력이 거침없이 분출
되는 순간이었다.

하기 시작했다. 맨 선두에는 중장비 부대가 섰다. 그 다음 안전모와 방
독면을 쓴 3백 명의 '특공대'와 '경호원'이 현노협 의장단을 호위하며
나아갔다. 그 뒤를 이어, 대의원을 주축으로 한 2천 명 단위의 시위대열
이 끝도 없이 이어졌다. 약 2천여 명의 가족도 포함되어 있었다.

시위대열이 현대종합목재를 지날 무렵, 종합목재 노동자들이 '각
목'을 들고 합세하였다. 어느덧 시위대열은 4킬로미터에 걸쳐 이어지고
있었다. 경찰 추산만으로도 4만이 넘는 숫자였다. 숫자도 숫자려니와
시위대열에서 울려 퍼지는 함성과 노랫소리는 가히 천지를 진동시키는
듯했다. 길가의 주민들 또한 우렁찬 박수와 함께 물 호스를 대주고 음
료수를 제공하는 등 열렬하게 호응하였다.

시위대열은 얼마 후 남목 삼거리에 도착했다. 이곳에는 어디서 모아
왔는지 4천5백 명의 전경이 경찰버스를 가로 세워놓은 채 도로를 차단
하고 있었다. 길 옆 산능선에는 체포를 전문으로 하는 백골단이 빽빽이

늘어서 있었다. 길을 사이에 두고 동쪽으로는 4~5미터의 깎아지른 절벽이었다. 만약 충돌이 발생한다면 어느 누구도 예측할 수 없는 사태가 발생할 수밖에 없는 상황이었다.

현노협 지도부는 불행한 사태를 방지하기 위하여 평화스럽게 행진한 다음, 반드시 공설운동장까지만 진출한다는 조건으로 담판을 벌였다. 이러한 가운데 노동자들은 육중한 중장비를 동원하여 금방이라도 깔아뭉개고 나가겠다는 기세를 보였다. 전경과 백골단은 아연실색 겁에 질려 있었다. 긴장의 순간이 얼마간 흐른 뒤, 드디어 전경들에게 철수명령이 떨어졌다. 그러자 전경과 백골단은 기다렸다는 듯이 허겁지겁 버스에 올랐다. 성난 노동자들은 잠시도 기다려주지 않고 파도처럼 밀고 나갔다. 미처 차에 오르지 못한 전경들은 대오도 없이 걸음아 날 살려라 하고 도망치기에 바빴다.

평소 공포의 대상이었던 경찰병력을 가볍게 제압한 노동자들은 곧장 시내로 밀고 들어갔다. 평소에 있었던 검문소마저 언제 철수했는지 4차선 도로가 환히 뚫려 있었다. 노동자들은 그 도로 한가운데를 당당하게 행진한 뒤, 공설운동장에 입장했다. 장장 16킬로미터에 이르는 거리를 행진해온 것이었다.

한편, 노동자의 거대한 힘이 폭발해오르자 정부와 회사측은 사태수습을 위해 분주하게 움직였다. 정부에서는 노동부 차관을 직접 파견하여 협상을 중재했다. 그 결과, 문제가 되고 있는 현대중공업 노조집행부를 인정하고 임금협상이 9월 1일까지 타결될 수 있도록 정부가 보장한다는 등의 합의사항을 이끌어낼 수 있었다. 적어도 이 순간만큼은 투쟁이 노동자의 승리로 끝난 것이다. 현노협 지도부가 합의사항을 발표하자 공설운동장은 노동자들의 함성소리로 진동하였다.

한번 지표면을 뚫고 나온 노동자의 투쟁 에너지는 그 무엇으로도 막을 수 없을 만큼 강력하고 끈질긴 것이었다. 그것은 1988년 이후에도 노동자 투쟁의 불길이 거침없이 타올랐다는 사실에서 여실히 드러났다. 단적으로 1988년 한 해 동안 임금인상 투쟁의 물결 속에서 2천여 개의 신규 노조가 결성되었다. 〈표 3〉은 1987년 이후 폭발적으로 증가한 노조결성의 추이를 잘 보여주고 있다.

〈표 3〉 1987~1989년 단위노조의 수 및 조합원의 수 현황

	1987년 6월	1987년 12월	1988년 6월	1988년 12월	1989년 6월	1989년 12월
단위노조 수 (개)	2,725	4,086	5,062	6,142	7,380	7,883
단위노조 증가율 (%)	2.5	49.9	23.9	21.3	20.2	6.8
조합원 수 (천 명)	1,050	1,267	1,510	1,707	1,825	1,932
증가한 조합원 수 (명)	14,311	217,256	242,568	197,431	117,632	107,322
조합원 증가율 (%)	1.4	20.7	19.1	13.1	6.9	5.9

주: 증가율은 전반기 대비.
출전: 노동연구원, 허상수, 〈노동조합 운동의 현단계와 전망〉; 전태일기념사업회 엮음, 《한국 노동운동 20년의 결산과 전망》, 세계, 1991, 220쪽에서 재인용.

노동조합의 폭발적 증가 속에서 노동운동의 외연이 급격히 확대되었다. 그 동안 노동운동의 바깥에 머물러 있던 사무·전문직 노동자들이 노동조합 결성에 적극 나선 것이다. 간호사를 주축으로 한 병원노동자들도 노조결성에 적극 나섰고, 교사들은 전국교직원노동조합(전교조)을 결성했으며 석·박사학위를 보유하고 있는 과학기술노동자들도 노동조합 결성에 합류하였다. 불과 얼마 전까지만 해도 노동자로 분류되는 것을 거북스럽게 생각했던 사람들이 다투어서 스스로 노동자임을 자처하고 나선 것이다. 그러다보니 곳곳에서 노동자임을 인정해줄 것

을 요구하는 노동자들과 이를 거부하는 당국 사이에 심각한 대립이 발생하기도 했다.

폭발적으로 증가한 노동조합은 지역, 업종, 그룹 등 다양한 영역에 걸쳐 연대를 강화해나갔다. 이러한 노력은 전국노동조합협의회(전노협)를 거쳐 마침내 1995년 산업·업종조직과 지역본부 체계를 갖춘 전국민주노동조합총연맹(민주노총)의 탄생으로 이어졌다. 노동자들이 능히 국가권력과 맞대결을 벌일 수 있는 강력한 조직을 갖춘 것이다. 이를 통해 노동자들은 한국사회에서 어느 누구도 무시할 수 없는 유력한 세력으로 등장할 수 있었다.

무엇보다도 중요한 것은, 노동자들 스스로 노동자라는 이름을 자랑스럽게 생각하기 시작했다는 점이다. 과거에는 작업복 차림이 마냥 숨기고 싶은 부끄러운 모습이었으나, 이제는 작업복을 걸치고 당당하게 시내를 활보할 수 있었다. 한없이 주눅이 든 상태에서 끊임없는 자기비하에 빠져 살던 것으로부터 과감히 벗어난 것이다. 노동자라고 함부로 무시하던 사회적 분위기 또한 크게 변화하였다. 이 모든 것은 노동자의 삶에서 의미심장한 변화가 일어난 것을 의미하였다. 그런 점에서 7·8·9월 노동자 대투쟁은 노동자의 역사에서 새로운 출발점이 되었다.

하지만 노동자들 앞에는 신자유주의 파고를 넘어서야 하는 힘겨운 시련이 기다리고 있었다. 신자유주의 파고! 그것은 어렵게 쌓아올린 성과를 하루아침에 날려버릴 수 있을 만큼 매우 파괴적인 것이었다. 불행하게도 노동자들은 강력한 힘을 보유하고 있음에도 불구하고, 판단의 혼란으로 인해 신자유주의 파고를 넘는 데 실패하고 말았다.(이에 대해서는 경제 편에서 자세히 살펴볼 예정이다.) 노동자 역시 민주화 세력의 한계를 뛰어넘지 못한 것이다. 그로 인해 노동자들이 지불해야 할 대가는 실로 엄청난 것이었다.

2. 시민이 국가를 통제하는 시대로

병영국가에서 국민 한 사람 한 사람은 빈틈없는 통제의 대상이었으며, 자율적인 시민사회는 전혀 허용되지 않았다. 학생운동과 재야 민주화운동 세력은 저항을 통해 내면적 자유를 획득했으나 그들의 공간은 끊임없는 탄압과 침탈에 시달려야 했다. 이러한 가운데, 대다수 국민은 국가의 압도적인 힘 앞에 주눅이 든 채 굴종하고 순응하는 삶을 살 수밖에 없었다.

1987년 민주화 투쟁이 승리하자, 바로 이 지점에서 질적인 변화가 일어나기 시작했다. 자율적인 시민사회 영역이 비약적으로 확장되면서 과거와는 정반대로 (비록 전면적인 것에 이르지는 못했다 하더라도) 시민사회가 국가를 규율하고 통제하는 상황이 벌어진 것이다.

자율적인 시민사회 영역의 확장은 합법적이고 공개적인 시민사회 조직의 팽창으로부터 시작되었다.

이미 확인한 대로 노동자·농민 등 기층민중은 치열한 투쟁을 거쳐 한국사회의 유력한 세력으로 등극하였는데, 그 과정에서 민주노총과 전국농민회총연맹(전농)과 같은 전국적 규모의 조직이 등장하였다. 또한 민주화 투쟁의 선봉이었던 학생운동은 전국대학생대표자협의회(전대협)를 거쳐 한국대학생총학생회연합(한총련)을 결성함으로써 군사독재의 잔재를 청산하고 민중운동을 지원하며 통일운동을 개척하는 데 의미심장한 역할을 수행했다. 이밖에도 1980년대 민주화운동에 헌신했던 세력들은 한국청년단체협의회(한청협) 등 다양한 부문조직을 결성함으로써 민주화 이후의 과제를 제기하고 해결하는 활동을 전개하였다.

이러한 가운데 '시민단체'로 불리는 각종 단체들이 폭발적으로 등장하면서 자율적인 시민사회의 확장을 주도하였다.

1987년 이전에는 모든 활동이 민주화라는 단일 의제로 집중되면서, 나머지 의제는 유보되거나 부차적인 것으로 간주되었다. 당시의 상황에서 인권, 평화, 성, 환경 등의 의제를 제기하는 것은 사치이거나 개량주의로 취급되기 쉬웠던 것이다. 그러던 중 민주화의 봉우리를 넘어서자, 그 동안 억제되었던 다양한 의제를 중심으로 시민단체들이 우후죽순처럼 등장하였다.

1987년 여성민우회 등을 주축으로 여성단체연합(여연)이 결성되었다. 여연은, 잠시 뒤에 살펴보겠지만, 한국의 여성운동이 세계가 주목할 만큼 활성화되는 데 중추적인 역할을 수행하였다. 뒤이어 1989년, 경제정의실천시민연합(경실련)이 결성되었다. 경실련은 집값폭등으로 서민들이 자살까지 하는 현실을 주목하면서, 부동산투기 근절을 가장 중요한 활동과제로 삼았다. 같은 해 환경운동연합의 전신인 공해추방운동연합이 결성되었다. 이를 계기로 환경운동단체가 폭발적으로 증가하면서 환경문제에 대한 사회적 인식을 바꾸는 데 커다란 역할을 하였다.

시민단체의 활동이 강화되자 YMCA·흥사단 등 기존 시민단체도 성평등·경제정의·환경·인권·평화 등의 이슈에 적극적으로 관심을 갖기 시작하였다. 그럼으로써 시민운동의 인적·물적 기반이 풍부해지고 저변 또한 크게 확장될 수 있었다. 그로부터 얼마 후인 1994년 유력 시민단체의 하나인 참여연대가 결성되었다. 참여연대는 시민의 적극적 참여 아래 권력을 감시하고 사회를 바꾸어가는 것을 목표로 하였다.

1997년 말에 외환위기가 발생하고 뒤이어 김대중 정부가 들어서면서, 시민운동은 또 한 번의 도약을 맞이하였다. 외환위기의 충격 속에서 정치·경제·사회·문화 등 사회의 모든 방면에 걸쳐 이슈가 제기되면서 그 해결을 목적으로 수많은 시민단체가 만들어졌다. 김대중 정부는 정부예산을 들여 이들 시민단체들을 적극 지원하였고, 그에 따라 시민단체 활동이 크게 활성화될 수 있었다.

　　시민단체는 흔히 NGO라고도 표현된다. 말 그대로 비정부기구인 것이다. 그렇다고 하여 시민단체들이 정치에 무관심한 것은 결코 아니었다. 2000년 4월, 제16대 총선이 다가오자 300여 개의 시민단체들이 '총선시민연대'를 결성, 부적격 정치인들에 대한 낙천낙선 운동을 전개했다. 과거 민주화운동의 경험을 살려 정치인들에 대한 대폭적인 '물갈이'에 나선 것이다. 결과적으로 총선시민연대가 물갈이 대상으로 삼았던 정치인들은 상당수 낙천되거나 낙선되었다. 이후, 총선시민연대 단체들은 2004년에 노무현 대통령 탄핵반대 촛불시위를 주도함으로써 탄핵을 무력화시키는 데 성공하기도 하였다.

　　이렇듯 시민단체들의 영향력은 정치지형을 좌우할 만큼 매우 커졌다. 그에 따라 국가기구와 정치권, 기업 등이 상당 정도 시민단체의 눈치를 봐야 하는 상황이 되었다. 한걸음 더 나아가, 국가와 시민사회가 협력하여 문제를 해결하는 거버넌스(협치)도 크게 강화되었다. 적어도 국가의 일방통행은 상당정도 제동이 걸리게 되었다. 시민단체 활동을 통해 과거 단순한 통제의 대상이었던 '시민'이 국가와 사회를 움직이는 자율적이고 능동적인 주체로 자리를 잡아갔던 것이다.

　　하지만 시민단체가 항상 잘나갔던 것만은 아니었다. 과거 군사독재 때와 같은 탄압은 크게 약화되었지만 시민단체를 함정에 빠뜨리는 또 다른 요소가 곳곳에 도사리고 있었던 것이다.

시민단체의 생명은 '자율과 독립'이다. 자율적으로 움직여야 하고 독립적 입장에서 정부와 기업을 감시하고 통제할 수 있어야 하는 것이다. 그런데 정부와 기업은 이러한 시민단체의 자율성과 독립을 약화시키기 위해 자리제공과 자금지원을 미끼로 끊임없이 유혹하는 경우가 많았다. 시민단체가 성공적인 활동으로 국민들로부터 지지와 신뢰를 받을수록 그러한 유혹은 더욱 커졌다. 일부 시민단체는 이러한 유혹을 뿌리치지 못한 채 상층부가 무분별하게 정·관계로 진출하거나 대기업과 밀착하였고, 그 결과 국민들로부터 의혹을 받으면서 어렵게 쌓은 신뢰가 상당히 손상되고 말았다.

한때 대표적인 시민단체로서 국민들로부터 전폭적인 지지와 신뢰를 받았던 경실련의 예를 들어보자.

'시민에 의한, 시민을 위한 개혁운동'을 내걸고 창립한 경실련은 8년도 안 돼 중앙본부 상근자만 65명이 되었고 43개의 지역조직과 회원 2만 5,000명이 넘는 거대조직으로 성장하였다. 1996년의 경우, 본부의 연간예산만도 16억이 넘었고, 지역조직의 예산을 포함하면 40억을 웃돌았다. 경실련의 사회적 영향력 또한 매우 커졌다. 경실련에서 문제를 제기하면, 언론은 곧바로 이를 받아서 주요 기사로 다룰 정도였다. 바로 그 때부터 문제가 발생하기 시작하였다.

거대해진 경실련 조직은 관료화되기 시작했고, 내부적으로 의사소통이 제대로 이루어지지 않았으며, 영향력이 커지면서 교만해지는 현상이 발생하였다. 한걸음 더 나아가, 경실련의 브랜드 가치가 상승하면서 다수의 경실련 출신 인사들이 국무총리에서부터 지구당 위원장에 이르기까지 정·관계에 폭넓게 진출하기 시작하였다.

문제는 경실련 조직 스스로가 이러한 정·관계 진출에 긴장감을 갖고 거리를 둔 것이 아니라 함께 휩쓸렸다는 데 있다. 가령, 1995년 12월 개각에서 경실련 인사로서 이수성이 국무총리에, 안병영이 교육부장관에, 이각범이 청와대 정책기획수석으로 기용되자, 기관지였던 〈시민의 신문〉은 '경실련 인사 3명 입각'이라는 제목 아래 이 사실을 자랑스럽게 다루었다.

이러한 과정을 거치면서 경실련은 지나치게 정부와 밀착된 관계를 형성하고 말았다. 1994년부터 정무 제1장관실의 주선으로 실무진이 해마다 해외연수를 나갔던 것은 그 중 일부였다. 이 같은 '유착'은 순수한 시민운동 단체로서의 성격을 약화시키는 것으로 이어졌다. 가령, 비리 제보가 들어오면 공익차원에서 폭로하는 것이 시민운동 단체의 본분인데, 경실련은 비리폭로가 정부에 미칠 파장을 고려하면서 최종판단을 내렸다.

이렇듯 경실련이 시민단체의 본분에서 이탈하는 경향이 심화되자, 국민들은 그 동안 보냈던 적극적인 지지를 철회하기 시작했다. 이후에 경실련은 몇 차례 위기를 겪으면서 대대적인 수술에 착수하였고, 이를 통해 사정이 나아지기는 했지만 실추된 권위를 회복하기에는 여러 모로 한계가 있었다.

시민단체들이 보여준 또 하나의 심각한 한계는 신자유주의에 대한 입장과 태도에 있었다. 외환위기를 전후한 시기에 시민단체들의 동향을 살펴보면, 신자유주의에 대해 경각심을 갖고 대항했던 경우는 그다지 많지 않았다. 도리어 대표적인 시민단체의 하나였던 참여연대를 위시하여 상당수가 신자유주의 유입을 기존 재벌체제를 개혁할 수 있는 호기로 파악하기까지 하였다. 그 결과, 신자유주의의 첨병이었던 국제

금융자본과 시민단체가 보이지 않게 협력하는 현상마저 발생하였다.

그리하여 1990년대 이후에 폭발적 성장을 거듭한 시민단체들 역시 신자유주의 파고를 넘는 데 성공하지 못하였다. 민주화 세력 일반의 한계를 고스란히 보여준 것이다.

3. 엇박자를 반복한 민주정부들

1987년 이후 한국의 정치는 꾸준한 발전을 거듭했다. 공존의 정치가 제도적으로 정착되어가는 가운데 군사독재의 잔재를 청산하는 작업이 꾸준히 진행되었고, 인권상황도 현저히 개선되었다. 오랫동안 국가기구를 지배했던 권위주의도 시간이 흐르면서 뚜렷이 탈색되어갔다.

하지만 민주화 세력은 대장정을 거치면서 비축한 힘을 온전히 정치공간에 투여하지 못한 채 분열과 야합을 반복했다. 그럼으로써 정치는 여전히 칙칙하면서도 씁쓸한 맛을 남기는 영역이 되고 말았다.

방심, 분열 그리고 패배

6월민중항쟁의 성과를 법적으로 표현한 것은 대통령 직선제를 반영한 개헌이었다. 개헌작업은 여당인 민정당과 야당인 통일민주당의 협상을 통해 진행되었다. 그밖의 민주화 세력은 개헌에 대해 별다른 관심을 기울이지 않았다. 개헌작업의 중요성을 깨닫지 못했거나 이미 대통령 직선제 도입이 합의된만큼 별다른 쟁점이 없을 것이라는 생각 때문이었을 것이다.

그러나 이것은 대단히 큰 오산이었다. 헌법의 개정은 국가의 기본틀을 짜는 것으로서 그 내용에 따라 한 시대가 좌우될 수 있을 만큼 중요한 작업이었다. 간단한 예를 들어보자. 1987년 개정된 헌법은 '직선제에 의한 5년 단임의 대통령 중심제'를 채택하면서 결선투표제를 도입하지 않았다. 물론 이는 본질적으로 중요한 문제는 아니라고 할 수 있다. 하지만 결선투표제는 그것을 도입했을 경우와 그렇지 않았을 경우가 하늘과 땅의 차이를 낳을 만큼 매우 중요한 조항이었다.

대통령 선거에서 결선투표가 없으면 과반수에 한참 미달하더라도 1등을 한 후보가 무조건 당선될 수 있다. 이는 민주주의의 원리에 비추어볼 때, 대표성의 문제를 심각하게 드러내는 것이다. 소수의 지지를 받는 후보가 전체의 이익을 대표해야 하는 모순이 발생하기 때문이다. 또한 결선투표가 없으면, 민주진영이 분열될 경우에 표의 분산으로 인해 패배할 확률이 매우 높으며, 사표방지 심리로 인해 진보진영이 독자적인 정치세력으로 성장하는 데 심각한 곤란을 겪을 수밖에 없다.

그렇다면 거꾸로 결선투표제가 도입되었다면 어떻게 되었을까. 당연히 그 결과는 정반대로 나타난다. 그 동안의 경험을 통해서 볼 때, 1차 투표에서 과반수 이상 득표하는 후보가 나타날 가능성은 거의 없었다. 그에 따라 1차 투표에서 유권자는 사표부담 없이 자유롭게 진보적 후보에게 투표할 수 있으며, 결선투표에서는 같은 민주진영의 후보와 다양한 정치협상을 할 수 있다. 또한 민주진영의 후보가 난립하더라도 결선 표에서 자연스럽게 단일화를 성사시킬 수 있다. 간단한 제도 하나만으로 1987년 이후의 정치판도가 크게 달라질 수 있었던 것이다.

그럼에도 불구하고, 민주화 세력은 결선투표제 도입에 대해 이상하리만치 무관심했다. 정확한 배경은 알 수 없지만, 분명한 것은 결과적으로 민주화 세력이 대단히 바보 같은 짓을 했다는 점이다. 미루어 짐작건대, 당시 야당이 승리는 따놓은 당상이라는 자만에 빠져 있었던 반면에 수세적 입장에 있었던 여당은 치밀한 계산을 바탕으로 접근했을 가능성이 크다. 집권여당인 민정당은 비록 직선제를 수용했음에도 불구하고 전술적 지점에서 승리함으로써 역전의 발판을 마련하는 데 성공한 것이다.

결국 민주화 세력은 험난한 투쟁을 거쳐 승리를 일궈냈음에도 불구하고, 정작 결실을 맺어야 할 순간에 방심한 꼴이 되고 만 것이다. 결선투표 없는 대통령 직선제의 후과는 그 해 12월에 치러진 선거에서 액면 그대로 나타났다.

1987년 12월, 대통령 선거를 앞둔 한국의 정치상황은 민주화 세력에게 절대적으로 유리하게 전개되고 있었다. 민주화 세력이 국민들 사이에서 압도적으로 높은 지지를 받고 있었던 데 반해, 군사정권은 반민주 세력으로 낙인 찍히면서 정권 재창출의 가능성이 극히 희박한 상태였다. 하지만 그 해 12월 대선의 결과는 전혀 다르게 나타났다.

대통령후보를 놓고 김영삼과 경합을 벌이던 김대중은 끝내 통일민주당을 탈당하여 평화민주당(평민당)을 창당하였다. 박정희 사망 직후와 유사하게 민주화 투쟁의 배를 함께 탔던 야권이 끝내 분열의 길을 걷고 만 것이다. 그러한 조건에서 김대중·김영삼 모두가 승리를 장담하며 대선에 출마하였다. 하지만 결과는 군부 출신인 노태우에게 승리를 헌납한 것으로 나타났다. 흔히 하는 말로 죽 쒀서 개 준 꼴이 된 것이다. 노태우 후보를 둘러싸고 부정선거 시비가 일었지만, 이는 처음부터 예상된 것이었다.

한편, 진보진영의 주자로 출마한 '민중후보' 백기완은 대학로 유세 때 20여 만 명의 유권자가 모일 만큼 폭발적 호응을 얻었음에도 불구하고, 결국 사표방지 압박을 견디다 못해 중도사퇴하고 말았다. 이는 진보진영의 독자적인 정치세력화가 향후 어떤 난관에 봉착할지를 예고하는 장면이었다.

허술한 헌법개정, 민주세력의 분열, 진보진영의 돌파력 부족, 최종단계에서 승리의 헌납은 6월민중항쟁 이후의 정치여정에서 첫 단추를 잘못 끼운 결과를 초래했다. 그로 인해 민주화 세력이 지불해야 하는 대가는 혹독한 것이었다.

무엇보다도, 민주화 세력이 분열된 조건에서 김대중이든 김영삼이든 독자적 능력만으로는 집권하기 힘든 상황이 되었다. 그렇다고 해서 그들이 집권을 포기한 것도 아니었다. 그렇다면 이러한 조건에서 그들이 걸을 수 있는 길은 무엇이었겠는가? 잠시 뒤에 그 결과를 확인해보자.

(참고로 1987년에 개정된 헌법은 헌정사상 가장 오랜 생명력을 지닌 헌법이 되었다. 이를 기준으로 보면, 노태우 정부 이후 '87 헌법' 아래 있었던 모든 정부는 6공화국에 속한다고 볼 수 있다. 그러나 6공화국이라는 표현을 공식적으로 사용한 것은 노태우 정부뿐이었다. 그에 따라 흔히 6공화국은 노태우 정부를 지칭하는 용어로 사용되어왔는데, 정확한 것은 아니라고 할 수 있다.)

문민정부

민중은 1987년 12월의 대통령 선거에서의 패배에도 불구하고 다음 해인 1988년 4월에 실시한 총선거에서 민주화 세력에게 표를 몰아줌으로써 여소야대 정국을 만들었다. 이를 통해 민주화 세력은 다시금 유리한 고지에서 정국을 주도할 수 있게 되었다. 여소야대 국회는 '5공특위'와 '광주특위'를 설치, 청문회를 통해 5공비리와 광주학살 진상규명을 위한 노력을 기울이기도 하였다. 청문회는 TV를 통해 생중계되었고, 이를 통해 국민들은 민주화가 진척되고 있음을 피부로 느낄 수 있었다.

하지만 상층부의 배신행각은 계속되었다. 당시 김영삼이 이끌던 통일민주당은 민정당, 평민당, 통일민주당, 공화당 4당 체제에서 의석수 기준으로 볼 때 제3당의 위치에 있었다. 김영삼은 이 같은 정치구도에서는 대통령이 될 가능성은 전혀 없다고 판단했다. 결국, 김영삼은 특유의 승부사 기질이 발동되면서 당시의 상황을 일거에 뒤집을 수 있는 방안을 모색하기 시작했다.

마침내 김영삼은 그 자신의 표현대로 호랑이를 잡으러 호랑이굴에 들어가는 정치적 결단을 하기에 이르렀다. 1990년 1월에 민정당, 공화당 등과 함께 3당합당을 결행함으로써 민주자유당(민자당)이라는 거대 여당을 출범시킨 것이다. 그 과정에서 민주화 투쟁에 헌신했던 많은 인사들이 3당합당에 합류를 주저하고 일부는 야당에 남기로 결의하기까지 했으나, 결국 김영삼의 설득에 넘어가고 말았다. 현역 국회의원 중 합당을 끝까지 반대하면서 합류를 거부한 인물은 김정길과 노무현뿐이었다.

이러한 가운데, 1992년 12월 대선이 다가왔다. 민자당 안에서는 김영삼이 일찌감치 대세를 형성한 끝에 여유 있게 대선후보로 확정되었다. 이는 김영삼을 후보로 내세워야 군부에 반감을 갖고 있는 세력까지를 폭넓게 흡수할 수 있다는 정치적 판단이 작용한 결과였다. 물론, 김영삼은 여기까지 계산에 넣고 3당합당을 감행했다고 할 수 있다. 한편, 야당인 민주당은 김대중을 후보로 선출했고, 김대중은 당시 재야 사회단체들의 지지를 바탕으로 범민주 단일후보임을 표방하였다.

대선 결과는 김영삼의 승리로 나타났다. 이 같은 1992년의 대선결과는 야합의 정치가 능히 승리할 수 있다는 전례를 남김으로써 한국의 정치문화를 크게 오염시키는 계기가 되었다. 그럼에도 불구하고, 1993년 2월 출범한 김영삼 정부는 김영삼 특유의 뚝심과 정치력을 바탕으로 군사독재의 잔재를 청산하기 위한 일련의 '개혁 드라이브'를 걸기 시작했다.

김영삼은 취임한 지 얼마 후 자신의 재산부터 공개하면서 고위 공직자 재산공개를 강력히 추진했다. 그러자 파렴치한 방법으로 거대한 부를 쌓아올렸던 기성 정치인들의 몰골이 만천하에 드러나기 시작했다. 도리 없이 부패정도가 심한 정치인들이 물러나기 시작했다. 주로는 군사독재 시절 권세를 누리던 인물들이었다. 그 결과, 고위 공직자 재산공개로 구 민정계 정치인들이 대거 몰락하는 결과를 초래했다.

고위 공직자 재산공개로 떠들썩하던 1993년 3월 8일, 김영삼은 육군 참모총장 김진영과 기무사(구 보안사) 사령관 서완수를 전격 경질했다. 충격을 넘어 경악을 불러일으켰던 이 조치는 김영삼이 전두환 정권의 탄생을 뒷받침했던 군부 내 사조직 '하나회'를 척결하고자 한 첫 시도였다. 이후, 김영삼은 하나회에 대해 거침없는 공격을 퍼부었다. 125명의 하나회 회원명단이 공개되었고, 김영삼이 대통령에 취임한 지 석 달 만에 하나회 관련 군장성 18명이 옷을 벗어야 했다.

고위 공직자 재산공개와 하나회 해체는 김영삼에 대한 지지를 급상승하게 만들었다. 김영삼에 대한 여론의 지지율은 70~80퍼센트에 이르렀다. 1992년 대선에서 대부분의 유권자들이 김대중 후보를 찍었던 호남 지역에서도 김영삼의 지지율은 1993년 상반기에 85퍼센트를 기록하였다. 심지어 호남인들 사이에서, 만약 (비토세력이 많은) 김대중이 당선되었더라면 김영삼처럼 하기 힘들었을 것이라는 이야기가 나돌기도 했다.

김영삼은 자신이 펼친 '깜짝 쇼'가 대단한 호응을 얻는 것에 깊이 매료되어갔다. 그리하여 사전에 연막탄을 쳐가면서까지 깜짝 쇼를 연출하기 위해 부단히 애를 썼다. 그 일환으로 1993년 8월 금융실명제 실시를 전격적으로 발표하였다. 이 역시 앞선 정권들이 시도하였다가 번번이 실패했을 만큼 보수세력의 저항이 완강했던 조치였다. 보수세력이 금융실명제를 반대한 가장 큰 이유는 기업의 비자금 조성과 부정한 정치자금 거래를 어렵게 만들기 때문이었다. 그런데 김영삼은 그토록 만만치 않은 난관을 자신은 정치자금을 일절 받지 않겠다는 말 한마디와 함께 일거에 돌파하고 만 것이다.

김영삼은 군사독재를 청산하고 민주화를 진척시키기 위해 야당이 줄기차게 요구해왔던 지방자치제를 전격적으로 도입하였다. 그에 따라 1995년 6월 27일, 4대 지방선거(광역 및 기초단체장과 광역 및 기초의회의원 선거)가 헌정사상 처음으로 동시에 실시되었다. 광역 및 기초단체장 직선은 1961년 5·16군사쿠데타로 중단된 이래 무려 34년 만의 일이었다.

이와 함께 김영삼은 1995년 11월, 재야와 학생운동 세력이 강력히 제기해왔던 전두환·노태우 두 전직 대통령의 구속을 단행했다. 이는 김영삼의 입장에서 볼 때, 군사독재 청산작업을 마무리하는 마지막 조치에 해당하는 것이었다. 특히, 전두환·노태우의 구속은 검찰의 결정을 뒤집은 것이어서 더욱 충격을 주었다.

1994년 7월 14일, 5·18 관련 고소·고발사건을 수사해온 검찰은 전두환·노태우를 포함, 피고소·피고발인 58명 전원에게 '공소권 없음' 결정으로 불기소 처분했다고 발표했다. 이른바 성공한 쿠데타는 처벌할 수 없다는 것이 논리적 근거였다. 이로 인해 김영삼 정부의 지지도는 형편없이 곤두박질쳤다.

그러던 중, 노태우가 4천억 원에 이르는 비자금을 조성하여 은닉하고 있다는 이야기가 시중에 떠돌기 시작하고 부분적으로 구체적 물증을 제시하는 사례까지 나타났다. 궁지에 몰린 노태우는 기자회견을 자청하여 "재임중 5,000억 원의 비자금을 조성했고, 이 중 1,700억 원이 남아 있다"고 밝혔다. 결국 노태우는 1995년 11월 16일, 40여 개 재벌로부터 각각 50억 원에서 350억 원에 이르는 뇌물을 받은 혐의로 구속되었다.

그로부터 며칠 뒤인 11월 24일, 김영삼은 5·17쿠데타 관련자 처리를 위한 특별법 제정 지시를 내렸다. 그에 따라 특별법이 제정되었고, '12·12 및 5·18사건 특별수사본부'가 설치되었다. 이를 바탕으로 검찰은 12월 3일, 반란 수괴 혐의로 사전구속영장을 발부받아 하루 전 소환조사를 거부한 채 대국민성명을 발표하고 고향인 합천에 내려갔던 전두환을 전격 구속하고 수감했다. 자존심이 몹시 상한 전두환은 검사의 취조과정에서 시종 묵비권을 행사했고, 30일 간에 걸친 '옥중 단식투쟁'을 전개하기도 하였다.

1996년 8월 26일, 1심 재판부는 내란 및 군사반란, 수뢰혐의에 대해 유죄를 인정, 전두환·노태우에게 각각 사형과 징역 22년 6월을 선고했다. 이후 12월 16일 항소심 공판에서는 전두환과 노태우에게 각각 무기징역과 징역 17년을 선고했다. 다음해인 1997년 대법원은 상고를 기각함으로써 전두환, 노태우의 형이 확정되었다. 전두환과 노태우에게 부과된 2,205억 원과 2,628억 원의 추징금 역시 확정되었다. 재판부는 이날 판결문에서 '폭력에 의해 헌법기관의 권능행사를 불가능하게 하거나 정권을 장악한 행위는 어떤 경우에도 용납할 수 없다'라고 밝혔다.

전두환, 노태우와 함께 5·17쿠데타 관련자들도 대거 구속되어 유죄판결을 받았다. 이와 함께 노태우의 권력형 부정축재와 연루된 인사나 재벌총수들도 재판에 회부되어 유죄판결을 받았다.

이렇게 하여, 김영삼은 군사독재를 종식시키는 주역이 되었다. 군부는 더 이상 정치적 영향력을 행사할 수 없게 되었다. 비록 김영삼이 대통령의 권한을 바탕으로 혼자 뛰는 '나홀로 개혁'이었지만 결과는 충분히 의미 있는 것이었다. 이는 김영삼 정부가 스스로를 문민정부로 칭한 것에 대해 아무도 이의를 달지 않았다는 사실을 통해서 어느 정도 확인할 수 있다.

김영삼 정부 때 미국으로부터 한국군에 대한 평시 작전지휘권을 넘겨받은 것도 같은 맥락에서 이해할 수 있다.

미국의 입장에서 볼 때, 군부의 정치적 몰락은 군부의 장악을 통해 한국정부를 통제하는 것이 더 이상 가능하지 않게 되었음을 의미하였다. 그런 상태에서 한국군에 대한 평시 작전지휘권을 갖고 있는 것은 아무런 의미가 없었다. 평시 작전지휘권 이양은 선택의 여지가 없는 사항이었던 것이다. 우리는 바로 여기에서 민주화 이후 한·미관계가 질적으로 변화해가고 있음을 확인할 수 있다.

만약 김영삼이 군사독재를 청산하는 것만으로 임기를 마쳤다면 그는 국민들 사이에서 매우 존경받는 대통령으로 기억되고 있을 것이다. 그의 치부인 3당합당도 정당화까지는 아니더라도 당시 상황에서 어쩔 수 없는 선택이었다고 너그럽게 이해되었을지도 모른다. 심지어 '적의 심장부'를 점령하기 위한 과감한 선택이었다는 평가마저 나올 수 있었을 것이다. 그러나 김영삼은 재임기간중 자신이 파놓은 '세계화 함정'에 빠짐으로써 어렵게 쌓아올린 점수를 모조리 까먹고 말았다.

김영삼은 1994년 초 느닷없이 '세계화' 화두를 던지면서 곧이어 1995년을 세계화 원년으로 선포하였다.(공교롭게도 신자유주의 세계화를 비판하는 진영에서도 WTO(세계무역기구)가 출범한 1995년을 세계화 원년으로 간주하고 있다.)

세계화는 그 개념이 매우 애매모호했지만 의외로 강력한 파괴력을 발휘하면서 정부당국과 집권여당은 시도 때도 없이 세계화를 외쳤다. 1995년 2월, 전국검사장회의는 세계화를 위해 좌익척결과 노사분규 근절을 부르짖었다. 또한 김영삼의 측근들은 당시 국무총리였던 김종필이 세계화 시대에 부적합한 구시대 정치인이라는 이유로 축출하였다. 그에 따라 김종필은 탈당하여 자유민주연합(자민련)을 창당하기도 하였다.

세계화는 일순간에 새로운 통치 이데올로기로 자리 잡았으며, 세계화를 반대하는 경우는 시대에 뒤떨어진 것으로 간주하는 풍조가 만연하였다. 모 중앙일간지는 김영삼 정부의 세계화 정책을 비판한 어느 대학교수의 칼럼니스트 자격을 박탈하기도 하였다. 하나같이 세계화 속에 시대를 이끌어갈 엄청난 메시지가 담겨 있는 것으로 이해하는 분위기였다.

세계화 구호는 국민들까지 들뜨도록 만들었다. 세계화 구호는 영어 조기교육 열풍, 언어 해외연수, 무분별한 호화 해외여행 열풍을 몰고 왔고 정부는 해외송금을 자유화하고 해외 부동산매입 등을 장려하였다. 모두가 외화의 해외유출을 부추기는 것들이었다.

그런데 김영삼 정부가 세계화 정책을 추구하면서 가장 주목한 것은 미국이 주도한 신자유주의 세계화였다. 당시 미국의 신자유주의 정책은 '글로벌 스탠더드Global Standard'로 불렸고, 표현 그대로 어느 나라든지 이를 적용해야 하는 것으로 이해하는 경우가 많았다. 김영삼 정부는 이 점에서 특히 유별났다.

김영삼 정부는 미국이 주도하는 신자유주의 세계화 흐름 속으로 합류하기 위해 적극적인 노력을 기울였다. 김영삼 정부는 그러한 선택만이 자신들이 내건 세계화를 가장 빠르게 실현하는 길이라고 여겼다. 그에 따라, 경제 편에서 자세히 살펴보겠지만, 금융시장의 자유화·개방화와 기업의 해외진출이 빠른 속도로 추진되었다.

동일한 맥락에서 김영삼 정부는 정리해고를 포함한 노동시장 유연화를 위한 법제화를 시도했다. 하지만 1996년 말에 시도되었던 개악된 노동법·안기부법의 날치기 통과는 민주노총을 위시한 다수 국민들의 거센 반발로 실패하고 말았다. 바로 그 순간부터 김영삼 정부의 위상은 급격히 땅에 떨어지기 시작했다.

김영삼 정부는 두 법의 개악을 시도했다는 점에서 진보진영으로부터 불신의 대상이 되었으며, 두 법의 개악을 관철시키지 못했다는 점에서 보수진영으로부터도 신뢰를 잃어버렸다. 결국, 그 어느 곳으로부터도 신뢰받지 못한 정부가 된 것이다. 이와 관련하여 훗날 한 언론인은 이 파동 이후 "김영삼 정권은 뒤뚱거리는 오리(레임덕) 정도가 아니라 숨 쉬는 일밖에 할 수 없는 식물정권이 돼버렸다"고 주장하기도 했다.

호된 경험을 했음에도 불구하고, 김영삼 정부는 여전히 사태의 본질을 깨닫지 못하였다. 더욱이 1997년이 되자 경제상황은 재벌들이 연쇄부도에 휩싸이는 등 악화일로를 걷고 있었고, 그에 따라 정책방향의 전환이 절실한 상태였다. 그런데도 그 해 3월, 김영삼은 신자유주의 정책의 열렬한 옹호자였던 강경식을 경제부총리에 임명하였다. 김영삼 정부는 세계화란 자기 최면에서 좀처럼 벗어나지 못한 것이다.

　무지와 방심이 초래한 결과는 참혹했다. 1997년 말, 한국은 외환위기에 직면하였다. 그로 인해 김영삼은 오직 외환위기를 초래한 대통령으로만 기억되었고, 결국 전두환보다도 인기 없는 전직 대통령으로 전락해야 했다. 그 와중에서 김영삼이 이룩한 군사독재 청산의 업적은 사람들의 기억 속에서 흔적도 없이 지워져갔다.

국민의 정부

　세 차례에 걸친 대선출마에도 불구하고 연거푸 고배를 마신 김대중은 1992년 대선 직후 정계은퇴를 선언했다. 그러자 그 동안 김대중을 집중적으로 공격했던 〈조선일보〉는 거목이 정치무대에서 사라지게 되었다며 최대의 경의(?)를 표하는 장문의 기사를 내보냈다. 하지만 〈조선일보〉 기사가 매우 순진한 것이었음이 드러나기까지는 그다지 많은 시간을 필요로 하지 않았다.

　김대중은 정계은퇴 선언 후 칩거생활을 하면서 깊은 상념에 빠졌다. 김대중은 세 번에 걸친 대선출마가 모두 실패로 끝난 원인을 찾기 위해 골몰하였다. 그가 도달한 결론은 크게 두 가지였다. '보수진영 일부와 손을 잡지 않은 채 단독집권은 불가능하다' '미국의 지지를 얻지 않은 채 정권획득에 도전하는 것은 무모하다'가 바로 그것이었다.

　김대중은 두 가지 결론을 가슴에 품고 영국 케임브리지 대학으로 6개월 간의 유학을 떠났다. 그곳에서 김대중이 집중적으로 탐구한 것은 대처 수상 시절 영국에서 만개한 신자유주의 교리였다. 결국, 김대중은 짧은 기간에 열렬한 신자유주의자로 변신하는 데 성공했다. 그 다음 이어지는 김대중의 행보는 미국으로 건너가 각계 인사를 상대로 신자유주의에 관한 자신의 신념을 토로하는 것이었다. 자연스럽게 미국 조야의 시선은 김대중으로 모아졌고 '차기의 적임자'로 지목하기에 이르렀다.

김대중은 귀국 후에 아시아태평양평화재단(아태재단)을 설립하였다. 김대중은 아태재단을 통해 매우 중요한 인물과 인연을 맺을 수 있었다. 그는 다름 아닌 노태우 정부 시절 남북협상에서 남북 모두로부터 실력을 인정받은 임동원이었다. 임동원은 김대중의 삼고초려 끝에 아태재단의 사무총장을 맡았고, 김대중의 '3원칙 3단계 통일방안'을 함께 완성하였다. 그 후부터 임동원은 '햇볕정책'으로 불린 김대중의 대북정책을 총괄 기획하고 집행하는 핵심인물이 되었다.

이로써 김대중은 경제분야에서 신자유주의로 방향을 전환한 것과는 달리 통일정책에서 만큼은 기존입장을 견지하는 가운데 이를 구체적으로 적용할 수 있는 여건을 갖출 수 있었다. 이러한 준비 덕분에 김대중은 이후 남북관계의 변화를 이끌어낸 것은 물론이고 미국의 대한반도 정책 수립에까지 상당한 영향력을 행사할 수 있었다.

아태재단을 통해 어느 정도 발판을 마련한 김대중은 1995년 6·27지방선거를 계기로 정계복귀를 단행하였고, 2년 뒤인 1997년 그의 인생에서 네 번째인 대선에 도전하였다.

김대중은 애초의 생각대로 보수진영 일부와 손을 잡고자 노력했고 그 결과는 충청권에 일정한 지역기반을 갖고 있는 김종필과 연합한 것으로 나타났다. 이른바 DJP연합이 성립된 것이다. 바로 직후, 포항제철 회장 출신으로 민자당 대표최고위원을 지냈던 박태준이 자민련에 입당하면서 DJP연합에 합류하였다.

결국 김대중은 네 번째 도전한 대선에서 경쟁후보인 신한국당(이후 한나라당)의 이회창을 약 39만 표 차이로 따돌리고 승리했다. 김대중은 충청 지역에서 40만 표 앞섰는데, 바로 여기서 DJP연합이 승리의 결정적 요소의 하나였음이 확인된다. 물론 김대중의 승리는 김영삼 정부가 IMF 외환위기를 부른 것에 대한 국민적 심판이 크게 작용한 결과였던 것이 사실이었다. 과정이야 어찌 되었든 이렇게 하여 헌정사상 최초로 수평적 정권교체가 이루어질 수 있었다. 이는 완고하기 그지없던 보수적 정치질서를 타파하고 새로운 질서를 창출할 수 있는 가능성을 제시했다는 점에서 적지 않은 의미가 있었다.

김대중이 당선되자마자 가장 먼저 한 일 중의 하나는 현직 대통령인 김영삼에게 복역중이던 전두환·노태우 두 전직 대통령을 석방시키도록 요청한 것이었다. 그에 따라 김영삼은 대통령 선거 직후인 12월 20일, 전두환·노태우를 석방시킨 다음 특별사면을 통해 잔여 형집행을 면제시켜주었다.

정치탄압으로 인해 극도로 피해를 입었던 김대중이 정치보복 금지를 선언하며 화해의 정치를 펼친 것은 충분히 이해할 수 있는 일이며 나름대로 긍정적으로 평가할 수 있는 대목이었다. 그러나 똑같이 화해의 정치를 선보였던 남아프리카공화국의 넬슨 만델라와 중요한 차이점이 있었다. 만델라는 유색인종을 극단적으로 억압했던 백인 지배세력을 응징하지 않고 화해하고 포용했으나 진실규명이라는 전제를 엄격하게 유지했다. 하지만 김대중은 광주학살의 진실이 제대로 규명되지 않은 상태에서 전두환·노태우를 석방시켰다.

김대중 정부는 스스로를 '국민의 정부'로 명명하였는데, 두 가지 지점에서 한국사회의 새로운 국면을 열었다.

먼저, 2000년에 남북정상회담이 성사되고 6·15공동선언이 발표되는 것을 계기로, 불신과 대결로 점철되었던 남북관계가 화해와 협력의 방향으로 가게 되었다. 김대중 정부는 이와 함께 분단체제에 의지해 진행되었던 인권유린을 개선해갔다. 대표적으로 남아 있던 비전향 장기수를 일제히 석방시켰고, 구속을 무제한 연장시킬 수 있도록 뒷받침했던 사회안전법을 폐지시켰다. 이러한 과정은 남과 북의 공존뿐만 아니라 남한 내부에 다양한 사상과 정견을 가진 집단들이 공존할 수 있는 환경을 조성하는 데 매우 의미 있는 진전을 가져왔다.

김대중은 한반도 평화 정착에 기여한 공로로 본인이 그토록 갈망했던 노벨 평화상을 수상하는 데 성공하였다. 하지만 국제사회에서의 높은 평가에 비해 국내에서 김대중을 보는 시선은 상당히 서늘한 편이라고 할 수 있다. 복잡한 정치지형과 지역갈등 구조가 빚어낸 현상의 하나라고 할 수도 있지만, 결정적 순간에 분열의 길을 걸음으로써 군부에게 승리를 헌납했던 그의 정치행적과 함께 바로 뒤이어 살펴볼 잘못된 경제정책 등이 크게 작용했다고 볼 수 있다.

김대중 정부가 한국사회의 새로운 국면을 연 또 하나의 지점은 종전의 관료중심에서 벗어나 시장중심의 신자유주의 시스템을 본격적으로 작동시켰다는 점이었다. 경제 편에서 자세히 살펴보겠지만, 김대중 정부는 출범하자마자 주주자본주의 시스템을 도입하는 등 국제금융자본이 진출하는 데 최적의 환경을 조성하고자 노력하였다.

하지만 김대중 정부가 확신을 갖고 추진했던 신자유주의 정책은 사회적 양극화가 극단적으로 심화되고 저성장이 구조화되는 결과를 초래했을 뿐이었다. 그 과정에서 민주화 투쟁의 동반자이기도 했던 노동자들은 심할 정도로 야박한 대접을 받아야 했다. 다음은 이를 드러내는 상징적 장면이다.

김대중 정부 후반기인 2001년 2월 대우자동차 부평공장은 구조조정

과정에서 노동자 1,750명을 해고했다. 그 해 3월부터 해고된 대우자동차 노조 조합원들은 부평구 산곡동 성당에 천막을 치고 농성을 시작했다. 조합원들은 '출근투쟁'에 나섰고 이를 저지당하자 법원에 '노동조합 출입방해 가처분신청'을 냈다. 법원은 '해고자도 노동자이므로 노조 사무실 출입은 합법'이라는 판결을 내렸다.

4월 10일, 박훈 변호사와 노동자들이 대우자동차 남문을 통해 노조 사무실에 들어가려 하자, 경찰이 이들을 막고 나섰다. 합법적 행위를 경찰이 막고 나선 것이다. 박훈 변호사는 법원의 판결문을 읽어주고 책임자를 불러달라고 요구하였으나, 이들을 막고 나선 경찰은 노동자의 요구를 일관되게 무시하였다.

화가 치밀어 오른 노동자들은 "그러면 이 자리에서 죽겠다"며 웃통을 벗고 길거리에 누웠다. 그러자 '죽을 테면 죽어봐라'는 듯이 경찰이 노동자들을 공격하기 시작했다. 경찰은 웃옷을 벗고 있는 노동자들을 방패로 내리찍고 진압봉과 군홧발로 짓이겼다. 갑작스러운 경찰폭력에 노동자들은 머리가 깨지고 코뼈, 갈비뼈, 다리가 부러졌다. 길바닥으로 피가 튀었고 노동자들은 고통 속에 가쁜 숨을 몰아쉬며 너부러졌다. 백주 대낮에 경찰의 테러로 길거리가 일순간에 아수라장으로 돌변한 것이다. 국민의 정부임을 자처하는 김대중 정부 아래에서 일어난 사건이었다.

참여정부

2002년 대선의 승리를 바탕으로 2003년 초에 스스로를 참여정부라 칭한 노무현 정부가 출범하였다. 노무현 정부에 대한 평가는 여러 가지가 있을 수 있는데 가장 중요한 의미는 노무현 정부의 출범 자체에서 찾을 수 있다.

사실 2002년 대선에서 노무현 후보가 승리한 것은 의외의 결과였다고 볼 수 있다. 불과 1년 전까지 여론조사는 예외 없이 한나라당 이회창 후보의 압승을 예고했기 때문이었다. 더욱이 노무현 후보는 1997년 대선 때의 김대중 후보에 비해서도 매우 불리한 입장에 서 있었다.

먼저, 1997년에는 이회창 후보가 집권여당의 후보로서 IMF 외환위기에 대한 국민적 심판을 받아야 하는 입장이었으나, 이번에는 노무현 후보가 여당인 민주당 후보로서 경제난에 대한 심판을 받아야 하는 입장이었다. 두 번째로, 1997년도 당시 김대중 후보는 비록 야당후보였지만 탄탄한 조직기반을 갖추고 있는 관록 있는 정치인이었다. 그에 비하면, 노무현 후보는 당내 조직기반이 취약한 신출내기 정치인에 불과했다. 마지막으로, 1997년도 대선 당시는 같은 당 소속이었던 이인제 후보가 독자 출마하여 이회창 후보의 표를 크게 잠식했으나, 2002년도에는 한나라당이 분열되지 않았으며, 도리어 노무현과 후보 단일화를 합의했던 정몽준이 막판에 이를 번복하는 사태가 벌어졌다.

그럼에도 불구하고, 노무현 후보는 1997년도에 비해 더욱 큰 표차로 승리를 거두었다. 비록 호남 지역의 전폭적인 지지, 행정수도 이전 공약에 따른 충청권의 지지를 감안한다고 해도 예상 밖의 승리인 것이 분명했다. 결론적으로 말해, 노무현의 승리는 기존 정치권 안에서의 승리가 아니라 '밖'에서 일어난 지각변동이 기존 정치권을 크게 갈아엎으면서 가능했다.

기성 정치판을 뒤집으면서 전혀 예기치 못한 결과를 만들어낸 주역은 '노무현을 사랑하는 사람들의 모임'(노사모)이었다.

2000년 총선을 맞이하여 노무현, 1998년 보궐선거에서 국회의원에 당선되었던 종로구 공천을 포기하고, 지역주의 타파를 외치며 부산에 출마하였다. 당시 노무현이 소속되어 있던 정당은 김대중이 이끄는 민주당이었다. 말하자면 호남 지역에 기반을 둔 정당후보로서 영남 지역 한복판에 뛰어든 것이었다. 결과는 예상했던 대로 낙선이었다. 이로써 노무현은 1990년 3당합당 합류를 거부한 이후, 줄곧 어려운 길만 골라서 가는 정치인이 되었다.

이러한 노무현의 행보는 많은 사람들을 감동시켰고 그로부터 '바보 노무현'이라는 표현이 나오기 시작하였다. 노사모는 바로 그 즈음 노무현을 후원하기 위해 만들어진 자발적인 시민조직이었다.

노사모의 등장은 한국 정치사에서 매우 획기적인 의미를 갖고 있다. 이전 시기까지는 기성정당을 통하지 않으면 전국적인 연결망을 갖는 정치운동을 전개하기란 사실상 불가능했다. 그러나 인터넷의 등장과 함께 이러한 한계가 일거에 돌파되었다.

노사모는 인터넷을 통해 기성정당으로부터 독립된 전혀 새로운 정치운동이 전국적 규모로 전개될 수 있으며, 그 파괴력이 종종 정당을 능가할 수 있음을 입증하였다. 이 점은 민주당이 개방형 국민경선제를 도입하면서 뚜렷이 확인되었다. 노사모 회원들은 인터넷 공간을 활용하여 대대적으로 국민경선에 참여하였고 애초에 약체로 평가되었던 노무현을 민주당 대통령후보로 세우는 데 성공할 수 있었다.

인터넷이라는 신식 병기로 무장한 노사모는 종이매체라는 구식 병기로 무장한 보수세력과의 대결에서도 우위를 보였다. 2002년 대선의 마지막 순간은 이 점을 극적으로 확인해주었다.

대통령 선거 하루 전에 정몽준이 노무현과의 후보 단일화 합의를 파기한다고 선언하자, 〈조선일보〉 등 보수진영은 크게 흥분하였다. 〈조선일보〉는 곧바로 호외제작에 들어갔다. 다음날 투표장에 가는 사람들이 이 사실을 충분히 인식하도록 하기 위함이었다. 〈조선일보〉는 정몽준 후보를 지지했던 유권자의 상당수가 후보 단일화가 파기된 만큼 노무현 후보 지지에서 이탈할 것을 기대했던 것이다.

그런데 정몽준의 후보 단일화 합의파기 선언 직후, 수만 명의 노사모 회원들은 자신들의 인터넷 사이트에 접속하여 대책을 토론하였다. 몇 가지 행동방침이 결정되었고 노사모 회원들은 그 모든 것을 완수한 다음에 잠자리에 들었다. 그로부터 몇 시간 뒤에야 〈조선일보〉 호외가 거리에 모습을 드러냈다. 시간싸움에서 〈조선일보〉가 패배한 것이다. 이 사실이 어느 정도 영향을 미쳤는지 가늠하기는 힘들겠지만, 결과적으로 막판 시간싸움에서의 우열은 최종승패로 이어지고 말았다.

이러한 맥락에서 보수적 성향의 많은 유권자들이 2002년 대통령 선거를 평가하면서 인터넷 때문에 자신들이 졌다고 이야기하는 경우가 많았는데, 전혀 근거가 없는 것은 아니라고 할 수 있다.

노무현 정부는 대북정책과 경제정책에서는 대체로 앞선 김대중 정부의 기조를 그대로 이어받았다.

경제분야에서는 신자유주의 흐름이 큰 변화 없이 유지되었으며, 일부 분야에서는 더욱 강화되기도 하였다. 가령, 건설업자의 이익을 위주로 한 개발주의가 그 어느 정부 때보다도 극성을 부렸으며, 건설업자들의 폭리로 인해 아파트 분양가가 가장 큰 폭으로 상승하기도 하였다. 진보진영 일각에서 노무현 정부를 가리켜 신자유주의 우파정권이라고 비판한 것도 이러한 맥락에서였다.

그럼에도 불구하고, 노무현 정부에 대한 보수진영으로부터의 공세는 김대중 정부 때보다도 한층 강화되었다. 보수진영은 노무현 정부를 친북좌파 정권으로 규정짓고 시종일관 공격하였다.

사실 한나라당 입장에서 볼 때, 2002년 대선의 패배는 감당하기 힘든 충격이었다. 1997년 대선에서의 패배는 외환위기에 대한 책임으로 일정 정도 수긍이 갔으나, 2002년의 패배는 전혀 예상치 못했던 것으로서 받아들이기가 결코 쉽지 않았던 것이다. 이와 함께 한나라당이 보기에 신출내기 노무현 정부는 정치적 기반이 너무나 허약해 보였다. 집권 여당인 (노무현 정부 출범과 함께 개혁정당을 표방하며 기존 민주당에서 분당한) 열린우리당 역시 고작 40여 석 정도의 중소정당에 불과했다. 이러한 조건에서 한나라당이 선택한 것은 대통령 탄핵이었다. 노무현 정부를 조기에 마감시키고자 한 것이다.

마침내 2004년 3월 12일, 국회에서는 한나라당과 민주당이 손을 잡고 헌정사상 최초로 대통령에 대한 탄핵안을 가결시켰다. 하지만 한나라당과 민주당은 곧바로 다수의 유권자들로부터 격렬한 반발에 봉착해야 했다. 다수 유권자들은 자신들이 선출한 대통령을 정당들이 임의로 제거하려는 것에 분노했다. 아울러, 다수 유권자들은 대통령 탄핵을 본질적으로 피와 땀으로 일구어낸 민주주의를 후퇴시키려는 반동적 기도로 간주하였다.

마침내 3월 20일, 전국적으로 35만 명의 시민들이 대통령 탄핵을 반대하는 촛불시위를 전개하는 등 탄핵저지 움직임이 거세게 확산됐다. 서울의 경우는 광화문 앞에서 시청에 이르는 중심가가 온통 촛불로 메워졌다. 민주주의의 후진을 결코 용납하지 않은 전통이 거대한 촛불행렬로 타오른 것이다.

대통령 탄핵에 대한 유권자들의 반발은 이어지는 4·15총선에서 표심으로 나타났다. 총선 결과, 40여 석에 불과했던 열린우리당이 일거에 원내 과반수를 넘는 152석을 획득하는 기적 같은 일이 일어났다. 그 과정에서 1980년대 학생운동을 이끌었던 386세대가 대거 진출하면서 중요한 한 축을 형성하였다. 또한 원외정당으로서 줄곧 가시밭길을 걸었던 민주노동당이 10석을 획득하여 당당히 원내 제3당으로 진출하였다.

그로부터 얼마 후, 헌법재판소는 대통령 탄핵 소추안을 기각시키는 판결을 내렸다. 그에 따라 노무현은 다시금 대통령으로 복귀할 수 있었다.

이렇게 하여 노무현 정부는 대통령 탄핵이라는 위기를 넘어섰을 뿐만 아니라, 여당인 열린우리당이 원내 다수당이 됨으로써 자신감을 갖고 개혁을 추진할 수 있는 조건까지 확보할 수 있었다. 한국사회 특유의 역동성이 유감없이 발휘된 장면이 아닐 수 없었다. 더욱이 노무현 정부는 이전의 김영삼, 김대중 두 정부와 비교해볼 때, 중요한 지점에서 차이가 있었다.

김영삼, 김대중 두 사람은 보수세력에 전적으로 의존하거나 적어도 그들과 손잡고 집권에 성공할 수 있었다. 그런 점에서 두 정부는 태생적으로 보수세력의 입김에서 자유로울 수 없었다. 하지만 노무현 정부는 달랐다. 노무현은 보수적 정치인이었던 정몽준과 후보 단일화를 바탕으로 공동정권 수립을 합의하기도 했으나, 앞서 살펴본 대로 막판에 정몽준이 일방적으로 파기하였다. 덕분에, 노무현 정부는 보수세력에게 그 어떤 부채도 지지 않은 상태에서 출범할 수 있었다.

이러한 맥락에서 노무현 정부는 여러 모로 홀가분한 상태에서 개혁을 추진할 수 있었다. 결과가 어떻게 나타날지는 전적으로 노무현 정부의 의지에 달려 있다고 해도 과언이 아니었다. 하지만 실제결과는 지극히 실망스럽게 나타났다. 노무현 정부와 열린우리당은 유권자들이 안겨다준 권력을 제대로 사용하지 못했던 것이다. 이 사실은 그들이 약속했던 '국가보안법 폐지'를 끝내 실행에 옮기지 못한 것에서 여실히 드러났다.

국가보안법은 남북이 대치하고 있는 상황에서 사상과 이념의 공존을 봉쇄한 대표적인 악법이었다. 그런 점에서 국가보안법 폐지는 한국사회가 온전히 공존사회로 나아가느냐의 여부를 가리는 시금석과도 같은 것이었다. 그런데 노무현 정부는 바로 그 지점에서 자기 한계를 드러내고 만 것이다.

4·15총선에서 열린우리당이 승리한 지 얼마 후, 노무현은 국가보안법은 칼집에 넣어 박물관에 보내야 한다며 국가보안법 폐지의사를 강력히 내비쳤다. 그러한 노무현의 의중이 전달되자 열린우리당은 곧바로 국가보안법 폐지를 당론으로 결정하였다.

이러한 상황에서 시민사회운동 진영은 국가보안법 폐지를 확실하게 뒷받침하기 위해 그들이 할 수 있는 최고수준의 투쟁을 전개하기 시작했다. 2004년 12월, 서울 여의도에서는 국가보안법 폐지를 위한 '국민단식농성'이 26일간에 걸쳐 진행되었다. 단식농성에 참가한 수는 줄잡아 2천 5백여 명 정도에 이르렀다. 그 중에서는 26일 전기간 동안에 걸쳐 참여한 사람도 수백 명이 있었다. 단식농성단이 최대규모에 이르렀을 때에는 1천 명을 넘기기도 하였다. 여의도 광장 한 쪽에는 1천여 명의 단식농성단이 머물러 있는 대형 천막이 줄을 이었는데, 이는 마치 대부대가 진을 친 것처럼 위용이 대단했다.

단식농성단은 정상적인 사람들조차 수행하기 힘든 각종 투쟁을 전개하였다. 국회의장과 여당 원내대표를 압박하기 위해 지역구인 정읍과 안산에 여러 차례 원정투쟁을 가기도 하였다. 혹독한 추위가 몰아치는 날, 열린우리당 당사 앞에서 철야 노숙투쟁을 전개하기도 하였고, 직권상정을 요구하며 국회의장 공관 앞에서 새벽 혹은 밤늦게 연좌농성을 하기도 하였다. 그것도 한 번이 아니라 1주일 내내 진행했다. 단식농성단은 그 때마다 10년 이래 가장 지독한 추위로 인해 몸서리를 쳐야 했다. 이러한 투쟁을 전개하면서 단식농성단은 하루평균 10킬로미터 이상을 행진했다.

단식농성 23일째, 경찰의 저지선을 뚫고 국회진입을 위한 처절한 투쟁이 진행되었다. 국회 앞 도로는 단식농성단이 경찰에 의해 무참하게 짓이겨지면서 곳곳에서 비명소리가 낭자했고 여기저기서 시체 아닌 시체가 나뒹구는 말 그대로 아수라장으로 돌변하였다. 당시 장면이 인터넷을 통해 전달되자 많은 사람들이 도저히 그냥 있을 수가 없어 멀리 지방에서 밤차를 타고 올라오기도 하였다.

하지만 노무현 정부와 열린우리당은 끝내 자신들의 약속을 이행하지 않았다. 그들은 한나라당이 협조하지 않는다는 이유로 계속 꾸물거렸다. 그렇게 2004년 12월 31일은 허망하게 지나갔고 정기국회 또한 막을 내리고 말았다.

바로 그 순간부터 노무현 정부는 개혁의 항로를 잡지 못한 채 이리저리 표류하기 시작했다. 노무현 정부는 (과거 김영삼이 군사독재 잔재를 청산했을 때처럼) 적극적인 개혁 드라이브를 통해 국민적 지지를 확대하고 이를 통해 보수진영의 저항을 무력화시키는 공격적인 모습을 전혀 보이지 못했다. 노무현 정부는 국민의 힘을 믿고 국민의 힘에 의거하는 정치를 펼치지 못한 것이다.

문제는 여기에서 그치지 않았다. 2005년 노무현 정부는 신자유주의 정책의 완결판이라고 할 수 있는 한·미자유무역협정FTA*을 추진하면서 가야 할 길과는 정반대 방향으로 진로를 잡고 말았다.

노무현 정부가 한·미FTA를 추진하자 시민사회운동 진영을 중심으로 그에 대한 광범위한 반대투쟁이 전개되었다. 여기에는 2002년 대선에서 노무현을 지지했던 세력이 상당 정도 포함되어 있었다. 그 결과, 노무현 정부는 과거 자신을 지지했던 세력과 대결을 벌이는 꼴이 되고 말았다. 말하자면, 자신의 손으로 지지기반을 파괴한 것이다. 그렇다고 하여 한나라당 등 보수진영이 노무현 정부를 뒷받침해주었던 것도 아니었다. 결국 한·미FTA를 추진하면서 노무현 정부는 정치적 고립을 자초하고 말았고, 그에 따라 개혁추진 능력 역시 더욱 약화될 수밖에 없었다.

노무현 정부가 기대 이하의 성적을 내자, 순수한 열정으로 노무현을 지지했던 수많은 사람들은 적지 않은 상처를 입어야 했다. 국민여론 또한 매우 부정적으로 흐르기 시작했다. 무엇보다도 경제정책의 실패가 큰 요인으로 작용했다. 그 결과는 2007년 대선에서 한나라당의 이명박 후보가 압승하는 것으로 나타났다.

하지만 노무현 정부가 긍정적으로 기여한 부분도 많았다. 무엇보다도 노무현 정부는 오랫동안 국민을 주눅 들게 만들었던 권위주의를 결

---

* 일반적으로 자유무역협정FTA을 구성하고 있는 주요 내용은 크게 세 가지이다. 첫째, 관세 및 비관세 장벽을 제거함으로써 무역을 촉진시킨다. 둘째, 공공영역 혹은 공공기관이 주도하고 있는 영역, 예컨대 의료, 교육, 체신, 미디어 등으로 자본의 진출을 허용한다. 셋째, 투자자 국가소송제 등을 통해 정부의 시장개입 능력을 무력화시킨다. 결론적으로, 자본의 자유로운 이동과 제한 없는 지배를 완전하게 보장하는 것을 목표로 하는 것이 자유무역협정인 것이다.

정적으로 걷어냈다.

노무현 정부는 한편으로 본의 아니게 권위를 상실한 측면도 있지만, 의식적으로 권위주의의 옷을 벗기 위해 노력하였다. 노무현 자신도 "어! 저 사람이 대통령이었나?"라는 말이 튀어나올 정도로 소탈한 모습을 보였다. (노무현이 2009년 5월 스스로 목숨을 끊었을 때, 대부분의 국민들이 기억에 떠올렸던 이미지도 바로 이러한 것이었다.)

그 결과, 노무현 정부를 거치면서 국가권력 기관과 국민 사이의 거리가 더욱 좁혀졌고, 국민들은 국가권력 기관 앞에서 한층 당당하게 자신의 주장을 했으며 정치인들을 향해 거침없이 질타를 퍼부어댈 수 있었다. 그럼으로써 한국사회는 주권재민 시대에 한걸음 더 다가설 수 있었다.

유쾌한 반란의 주역이 된 신세대

민주화 투쟁과 경제건설에서 성공을 거둔 구세대들은 자신의 경험을 절대시하면서 이를 바탕으로 미래를 탐색하는 경향이 강했다. 그들에게 과거와 현재, 미래는 일직선상에 놓여 있었던 것이다.

그러나 역사는 구세대들이 생각하는 것과 달리 불연속적인 단절과 반전을 거듭하면서 발전하였다. 진화론적 관점에서 보자면, 환경이 크게 달라질 때 이전과는 전혀 다른 종이 등장하였다. 민주화 투쟁의 승리와 경제건설 성과가 가시화되기 시작한 1990년대에 접어들어 바로 그 같은 현상이 나타났다. 역사를 일직선상에서 발전하는 것으로 접근했다가는 패착을 겪을 수밖에 없는 상황이 벌어진 것이다. 이 지점에서 우리는 역사가 아놀드 토인비의 말을 떠올릴 필요가 있다.

"역사적 성공의 반은 죽을지도 모른다는 위기에서 비롯되었고, 역사적 실패의 반은 찬란했던 시절에 대한 기억에서 시작되었다."

앞서 살펴본 대로 노동자 등 기층민중
이 유력한 세력으로 등장하고, 시민운동이 활성화되었으며, 민주정부
의 등장과 함께 군사독재가 청산된 것은 모두가 민주화 세력에 의해 수
행된, 민주화가 진척되는 과정의 일환이었다. 말하자면, 민주화 투쟁의
연장선에서 이루어진 것들이라고 할 수 있다.

그런데 민주화 세력은 앞서 이야기했듯이 신자유주의의 파고를 제
대로 넘지 못했다. 바로 그 점에서 뚜렷한 자기 한계를 드러냈다. 그러
한 한계는 2009년 오늘날에 이르기까지도 제대로 극복되고 있지 않다.
이는 곧 신자유주의 극복을 위해서는 새로운 패러다임과 감수성을 지
닌 세대의 출현이 불가피함을 암시하는 것이었다.

바로 여기에서 우리는 역사의 묘미를 느낄 수 있다. 유난히 변화속도
가 빠른 한국사회는 민주화 세력을 뛰어넘는 새로운 세대를 태동시켰
기 때문이다. 요컨대, 민주화 세력이라는 지층이 거대한 융기를 일으켜
병영국가의 지층을 무너뜨린 지 얼마 안 되어 그 밑에서 새로운 지층이
꿈틀거리고 있었던 것이다. 그 새로운 지층은 바로 기존 민주화 세력과

는 전혀 다른 패러다임을 지닌 신세대, 그 중에서도 여성이었다.

이들 신세대는 기존의 패러다임을 뒤집는 유쾌한 반란의 주역이 되었고 또 다른 반란을 촉발하거나 적어도 강력한 응원군이 되었다. 이러한 반란들은 신세대가 약동하는 에너지로 넘쳐나고 있으며 머지않아 한국사회 전체의 지각변동을 일으킬 수 있는 집단임을 예고하는 현상이었다.

1. 신세대, 패러다임을 뒤집다

구세대는 피와 눈물로 얼룩진 세월을 보내면서 민주화와 경제건설에서 동시에 성공을 거두었다. 바로 그러한 성공으로 하여 신세대가 등장할 수 있는 조건이 창출되었다.

1990년대 이후, 민주화와 함께 병영국가가 해체되면서 한층 다양한 가치와 문화가 공존할 수 있는 사회적 환경이 마련되었다. 또한 한국경제가 성공을 거두면서 이전시기에 비교해서 인간의 욕구를 충족시킬 수 있는 조건이 보다 풍부해졌다. 여기에 덧붙여, 세계적 수준에서의 냉전이 해체되면서 양자택일을 강요했던 극단적인 이념대결이 사라졌다.

이렇듯 변화된 환경 속에서 1990년대 당시 10대에서 20대 초반에 걸쳐 있던 신세대의 주된 관심사는 구세대가 맹목적으로 희생시켰던 지점으로 옮겨갔다. 그 과정에서 신세대는 특별히 의도하지는 않았지만 매우 자연스럽게 구세대와는 전혀 다른 패러다임에 기초하여 사고하고 행동하기 시작했다.

그렇다면 지금부터 구세대와 신세대는 구체적으로 어떤 점에서 패러다임의 차이를 보여주고 있는지 살펴보도록 하자.

구세대와 신세대 사이에 나타나는 가장 중요한 패러다임의 차이는 집단과 개인 중 무엇을 중심으로 보는가에 있다.

1960~1980년대 경제건설과 민주화 투쟁의 한복판에서 자신의 생을 불사른 구세대는 대체로 개인보다는 가족과 기업, 나아가 국가와 민족 등 집단을 우선시했다. 구세대에게는 집단을 위해 개인을 희생하는 것이 가장 아름다운 덕목이었다. 심지어, 휴가지에 가서도 회사걱정을 잠시도 떨쳐버리지 못하는 것이 구세대의 대체적 모습이었다.

한국이 빠른 시일 안에 경제건설에서 성공하고 동시에 민주화를 달성하였던 것은 바로 이 같은 개인의 희생을 바탕으로 한 것임에 틀림없다. 노벨상의 꿈과 높은 보수를 포기하고 해외에서 귀국했던 많은 과학기술자들도 그러한 희생의 일부였다. 이러한 분위기 속에서는 자기 문제에 골몰하고 자기를 앞세우는 사람은 쉽게 경멸의 대상이 될 수밖에 없었다. 단적으로, 이들 세대 사이에서 "저 친구는 대단히 개인주의적이다"는 것은 지극히 부정적 평가에 해당하였다.

그런데 1990년대 이후 등장한 신세대는 이러한 구세대와 달리 철저하게 개인으로서의 '나'를 중시하였다. 나는 모든 것의 출발점이었고 중심이었으며 또한 목표였다. 구세대가 잃어버린 나를 복권시키는 것이야말로 신세대의 가장 중요한 징표였다. 단적으로, 자기 주장이 앞서는 사람을 경멸했던 구세대와 달리 신세대는 당당하게 자기를 주장하는 것을 선호하였다. 이렇듯 나를 중시하는 신세대의 등장에 가장 민감하게 반응한 것은 바로 광고시장이었다. 다음은 신세대들을 겨냥하고 등장했던 광고 카피들이다.

"내 감각대로 내 개성대로 톡톡 튀는 나의 표현"

"천만 번을 변해도 나는 나"

"나는 세계의 중심"

이처럼 '나를 세계의 중심으로 사고하는 것'은 신세대의 진화과정에서 변함없이 유지되었으며 신세대를 신세대답게 하는 가장 본질적 요소가 되었다. 중요한 것은, 이 같은 신세대의 등장이 역사적으로 볼 적에 매우 합법칙적인 발전과정에 해당한다는 사실이었다.

근대화의 보편적 가치를 창출했던 서구사회에서 근대화의 출발점으로 삼은 것은 봉건적 인습에서 벗어난 '자유롭고 독립적인 개인'의 출현이었다. 이처럼 개인을 사회적 실체로 파악하는 관점은 마르크스주의에 이르러서도 그대로 유지되었다. 마르크스는 《공산당 선언》에서 미래사회를 '개인의 자유로운 발전이 전체발전의 조건이 되는 사회'로 요약하고 있다. 또한 자유롭고 독립적인 개체들의 연대와 협력이 국가의 강제를 대체하는 사회의 건설을 궁극적 목표로 삼았다.

그런데 한국사회는 식민지, 분단, 개발독재 등을 거치면서 이러저러한 이유로 온전한 의미에서 자유롭고 독립적인 개인의 출현이 계속 유보되어왔다. 이는 보수와 진보를 막론하고 공통된 현상이었다. 바로 그러한 역사와 경계선을 긋고 자유롭고 독립적인 개인의 출현을 전면적으로 선언한 것이 신세대였던 것이다. 신세대의 이 같은 선언은 이후 구세대와 비교하여 수많은 패러다임의 차이를 파생시키는데, 이에 대해서는 나중에 살펴보는 것으로 하자.

구세대와 신세대 사이의 패러다임 차이는 정치와 생활 중 어느 것을 중시하는가에서도 나타났다.

구세대는 생활보다는 정치를 우선했다. 구세대가 왕성하게 활동하던 시대는 국가가 압도적 규정력을 발휘함에 따라 정치의 풍향이 나머지를 결정하는 것이 일반적이었다. 밥 먹고 잠자는 것까지도 국가에 의해 규율되던 시대였던 것이다. 그러다보니 국가의 문제를 다루는 정치를 도외시하고는 그 어떤 문제도 해결할 수 없었다. 구세대가 정치적 무관심을 일종의 죄악으로 간주하였던 것은 매우 자연스러운 결과였던 것이다.

이러한 구세대와 달리 신세대는 정치보다는 생활을 중시했다. 신세대들은 자신만의 생활을 가꾸고 지키기 위해 애썼고, 자신의 생활이 침탈되는 것에 대해서는 강력히 저항하였다. 하다못해 부모가 자기 방을 허락 없이 들락거리는 것조차 싫어했다. 그러다보니 신세대가 등장하던 초기, 그들은 구세대와 달리 정치에 무관심하거나 애써 거리를 둔 채 자신만의 생활에 몰입하는 경향이 아주 강했다.

그런데 생활이란 삶이 펼쳐지는 영역으로서 생활이 정치에 복속하는 것이 아니라 거꾸로 정치가 생활에 복속해야 하는 것이 원칙이다. 그럴 때 정치는 삶의 질을 개선하는 데 기여할 수 있는 것이다. 나아가, 정치 자체도 생활과 분리된 영역으로 존재하는 것이 아니라 생활 속에서 구현되는 것으로 재정립되어야 한다. 1990년대 시민사회운동 진영에서 생활정치를 의제로 삼은 것도 이를 반영한 것이었다. 이런 점에서 보자면, 신세대가 생활을 중시한 것은 생활과 정치의 관계를 바로잡는 역사적 출발점이라고 할 수 있다.

구세대와 신세대의 또 다른 패러다임의 차이로서 생산과 소비를 대하는 관점의 차이를 들 수 있다.

구세대는 소비보다는 생산을 중시하고 그에 몰두했다. 구세대는 소비의 절약을 바탕으로 부단히 생산을 증대시키고 이를 통해 고도성장의 신화를 이어가는 데 자신의 모든 것을 걸었다. 그 결과, 이들 세대에게 '생산적이다'라는 말은 매우 긍정적 의미를 갖는 수식어였던 반면, '소비적이다'라는 말은 매우 부정적 의미를 담고 있었다. 이러한 이유로 구세대들은 너나 할 것 없이 심각한 '일중독'에 빠져들었다. 일을 할 때 마음이 편하고 그렇지 않으면 불안해지는 것이 구세대의 대체적인 모습이었던 것이다. 오죽하면 요즘도 하루에 2~3명씩 과로사로 죽어가겠는가.

신세대는 이러한 구세대와 달리 생산보다는 소비를 중시하고, 소비를 통해 만족을 추구했다. 신세대에게 소비는 자신의 존재를 확인하는 중요한 과정이었다. '소비한다. 고로, 나는 존재한다'는 소비에 대한 신세대의 관점을 표현하는 대표적 명제였다.

그런데 이러한 신세대의 모습은 자칫하면 낭비적인 것으로 오해될 수 있는데, 실상은 꼭 그렇지만은 않았다. 신세대의 소비에서 가장 중요한 비중을 차지하는 것은 대중문화를 향유하는 것이었다. 신세대들은 밥을 먹지 않아도 음악은 들어야 했고, 학교를 가지 않아도 공연장에는 달려가야 할 만큼 그들의 삶에서 문화는 절대적인 의미가 있었다. 문화는 신세대들에게 양식이요, 언어이며 삶의 목적이었던 것이다. 또한 신세대들은 문화를 단지 소비하는 것에 그치지 않았다. 그들은 다양한 형태로 문화를 창작하고 이를 공유했다. 이 지점에서만큼은 신세대는 앨빈 토플러가 말한 그대로 온전한 의미에서 생산과 소비가 동일시되는 프로슈머였다.

결국 신세대가 소비를 중시하고 이를 통해 만족을 추구하는 것은 구세대가 일중독에 빠져 끊임없이 자신의 삶을 마모시켰던 것과 달리 인간 본연의 삶을 되찾고 이를 누리고자 했던 것으로 이해할 수 있다.

지금까지 살펴본 것처럼 구세대는 시대상황에 의해 개인을 희생하고 생활을 희생하고 소비를 희생시켰다. 그러한 희생은 너무나 극단적이어서 종국에는 누구를 위해 존재하는 집단인지 그리고 무엇을 위한 정치이며 무엇을 위한 생산인지가 묘연할 정도였다. 신세대는 구세대가 스스로를 희생시켰던 바로 그 지점들을 회복하였던 것이다. 즉, 신세대는 억눌린 개인(자아)을 되찾고, 생활을 복구하며, 삶을 회복하고자 했던 것이다.

이러한 맥락에서 신세대의 등장은 보편적인 인간의 자기해방을 추구하는 합법칙적 과정이라고 할 수 있었다. 한마디로, 신세대는 구세대에 비해 인간 본연의 욕구를 실현하는 데 보다 충실했던 것이다. 이 점은 구세대와 구별되는 선택의 기준을 통해서도 뚜렷하게 확인된다.

민주화 투쟁을 수행했던 구세대는 대체로 '무엇이 옳은가'가 판단과 선택의 기준이 되었다. 싫어도 옳으면 해야 한다는 강박관념에 내내 시달린 것이 구세대였던 것이다. 그에 반해 신세대는 '나에게 무엇이 좋은가'가 중요한 판단과 선택의 기준이 되었으며 그 점에서 매우 당당했다. 구세대가 옳지 않은 것에 대한 '분노'로부터 행동이 시작된 데 반해 신세대는 자신이 좋아하는 것을 향한 '열정'으로부터 행동이 시작되는 점 역시 같은 맥락에서 이해할 수 있다.

이러한 차이는 감각적인 것을 대하는 두 세대의 차이로 이어졌다. 구세대들은 비교적 논리적 사고를 중시하는 데 반해 감각적인 것을 추구하는 것을 매우 경박스러운 것으로 보는 경향이 강했다. 구세대의 입장에서 볼 때, '논리'는 옳고 그름을 판단함과 동시에 집단의 사고를 일치시키기 쉬운 사유의 형식인 데 반해 감각은 개인에 따라 천차만별인 만큼 옳고 그름과는 무관하면서 동시에 개인주의를 자극하기 쉬웠기 때문이었다.

　하지만 신세대는 달랐다. 신세대에게 감각은 좋다는 것을 판단할 수 있는 첫 번째 지점이었다. 좋다는 것은 일차적으로 듣기에 좋고, 보기에 좋고, 먹기에 좋다는 것을 의미하기 때문이었다. 즉 신세대에게 감각은 모든 것의 중심인 나와 주변세계가 가장 풍부하게 만날 수 있는 지점이었던 것이다.

　이러한 감각 중에서도 가장 중요한 의미를 가졌던 것은 단연 아름다움을 추구하는 미적 감각이었다. 신세대들은 아름다워지기 위해서라면 종종 빈약한 재정상태임에도 불구하고 아낌없이 지갑을 열었다. 또한 신세대들에게 '아름다움'은 사회현상을 보는 일차적 기준이기도 하였다. 한마디로, 불의는 참아도 추한 것은 참지 못하는 것이 신세대였던 것이다. 이는 곧 신세대로부터 지지받기 위해서는 무엇보다도 아름답고 멋지며 매혹적이어야 함을 의미하는 것이었다.

　신세대가 자신을 세계의 중심으로 파악하는 것과 관련하여 구세대 사이에서는 매우 심각한 오해가 존재해왔다. 구세대는 신세대를 다른 사람을 배려할 줄 모르고 오직 자신만을 생각하는 이기적 존재로 파악해왔던 것이다. 물론 이 같은 구세대의 판단은 어디까지나 오해에 불과한 것이었다.

　신세대가 자신을 세계의 중심으로 파악했지만 결코 자신만이 세계의 중심이라고 생각하지는 않았다. 신세대는 '나'가 세계의 중심이듯이 다른 사람 역시 세계의 중심일 수 있다는 것을 거리낌 없이 인정하고 존중했다. 즉, 세계에는 하나의 중심이 아니라 무수히 많은 중심이 존재한다고 본 것이다. 그에 따라 모든 사람의 가치, 개성, 습관은 똑같이 존중되어야 한다고 생각했다. 이는 곧 신세대가 다양한 사상과 가치, 문화를 인정하는 다원주의 사고를 체화하고 있음을 의미했다.

이 같은 다원주의(혹은 다극주의) 사고는 신세대가 구세대와 대비하여 뚜렷한 차이를 드러낸 또 하나의 중요한 지점이었다.

구세대는 오랫동안 억압적이고 폐쇄적인 사회에 살면서 독재냐 민주냐, 굴종이냐 저항이냐 사이에서 하나를 선택할 수밖에 없었고, 그에 따라 선과 악을 기준으로 세상을 보는 흑백논리(이분법적 사고)에 익숙해질 수밖에 없었다. 똑같은 맥락에서, 이념의 시대를 살면서 자본주의냐 사회주의를 놓고 끊임없이 고뇌하고 갈등해야 했다. 한마디로, 구세대는 대립되는 둘 중 하나를 선택할 것을 강요받는 시대를 살았던 것이다.

흑백논리에 사로잡힌 사람의 사물을 보는 시각은 매우 단순하다. 악은 어디까지나 악의 얼굴만 갖고 있을 뿐, 선의 요소가 있다고 하더라도 이는 기만일 뿐이다. 그로부터 구세대 사이에는 특정대상을 확실한 악마로 낙인찍지 않으면 안 된다는 강박관념이 생겨났다.

하지만 신세대는 보다 민주화되고 개방적인 사회에 살면서 다양한 가치와 문화, 행동양식이 공존할 수 있음을 직접 체험할 수 있었다. 신세대가 다원주의 사고에 쉽게 익숙해질 수 있었던 것은 바로 그 때문이었다.

신세대는 흑과 백 이외에도 수없이 다양한 색이 존재하며, 나아가 전혀 새로운 색을 창조할 수 있다는 것을 잘 알고 있다. 또한 개별 사물도 하나의 얼굴만이 아니라 다양한 얼굴을 지니고 있다는 생각을 갖고 있다. 바로 그러한 이유로 신세대들은 (구세대가 맹목적 거부감을 갖고 있던) 일본의 문화에 대해서도 별다른 선입관 없이 접근해왔다. 신세대는 일본이라고 해서 나쁜 점만 있는 것은 아니라고 보는 것이다.

이러한 맥락에서, 신세대는 사물은 다양할수록 좋다고 보며 각각의 개성을 존중하는 가운데 소통하고 융합함으로써 새로운 것을 창조하는 것을 선호한다. 신세대가 주축이 된 인디 음악계에서 세계 각국에 존재하는 수많은 장르의 음악을 수용하고 이들의 융합을 통해 새로운 음악을 창조하는 것은 그 중 한 예이다. '우리 음악이냐, 외래음악이냐'라는 이분법적 접근은 신세대에게는 전혀 어울리지 않는 사고틀이다.

탈냉전 시대를 살면서 이념갈등도 거의 사라졌다. 신세대는 자본주의 체제를 이념적으로 옹호하지도 않지만 구세대에서 종종 나타났던 자본주의 극복에 대한 강박관념도 별로 없다. 좋은 점이 있으면 인정하고 문제되는 지점이 있으면 고치면 된다는 비교적 실용주의적 사고를 하는 경향이 강했다. 자본주의조차도 자본주의-1, 자본주의-2, 자본주의-3 등 얼마든지 다양한 형태를 띨 수 있다고 보았다.

중요한 것은, 신세대의 다원주의 사고는 역사의 전진을 반영한 것이라는 점이다. 이는 민주주의를 보는 시각에서 단적으로 드러난다.

구세대는 민주주의를 다수의 의견이 반영되는 것으로 이해하고 절차를 중시하였다는 점에서 다분히 양과 형식을 위주로 접근하는 경향이 강했다. 그러나 신세대에게 민주주의는 다수의 지배가 관철되는 것은 분명하지만 그 때의 다수는 결코 균질적인 다수가 아니라 저마다 개성이 넘치는 다양한 다수라고 본다. 그렇기 때문에 신세대에게 민주주의가 실현된다는 것은 독재권력에 의해 억압되었던 다양한 개성이 존중되고 실현될 수 있는 세상이 열리는 것을 의미하였다. 말하자면, 신세대는 민주주의에 대해 질과 내용을 위주로 접근하는 경향이 강했던 것이다.

이렇듯 역사의 전진을 반영한 신세대의 속성은 궁극적으로 새로운 패러다임을 창출하는 것으로 이어졌다. 그것은 바로 '모든 존재는 세계의 중심이다. 그에 따라 존재 상호간의 관계는 기본적으로 수평적일 수밖에 없으며, 존재의 다양한 요소들이 소통하고 융합할 때 새로운 것을 창조할 수 있다'는 '공존의 패러다임'이었다. 쉽게 예상할 수 있는 바처럼 존재를 자연계로 확장하면 한 그루의 소나무도 세계의 중심을 이루고 있다는 생태주의를 낳는다. 그런 점에서 공존의 패러다임은 자연스럽게 생태주의를 포괄한다.

바로 이 공존의 패러다임이야말로 신자유주의를 넘어서는 미래사회의 기초 패러다임이 될 것이다. 더불어, 공존의 패러다임을 생래적으로 체득하고 있는 신세대야말로 신자유주의를 넘어설 수 있는 잠재력을 가진 세력이라고 할 수 있다. 앞으로 우리는 이 점을 좀 더 구체적으로 확인할 기회를 갖게 될 것이다.

지금까지 살펴본 것처럼, 신세대의 등장은 그 자체로서 명백한 하나의 반란이었다. 그런데 신세대들은 여기에 만족하지 않고 구세대의 영역을 점령하는 또 다른 반란을 시도했다.

1990년대 당시 신세대의 주축이었던 10대는 독립된 세대로 인정조차 되지 않았다. 그들은 예비세대에 불과했다. 사회는 그들만의 독자적 문화공간을 허용하지 않았다. 당연히 그들이 누릴 수 있는 문화 또한 빈곤하기 그지없었다. 그들은 오직 학교라는 제도 안에서 열심히 공부만 해야 하는 존재였다.

10대들은 대부분의 시간을 학교에서 보냈지만, 그곳은 문화적으로 삭막하기 그지없는 것이었다. 초등학교에서는 동요를 가르치고 중고등학교에서는 가곡을 열심히 가르쳤지만 그것으로서 노래에 대한 10대들의 욕구를 충족시킬 수 없었다. 그러다보니 10대는 심각한 문화적 공복감에 시달려야 했다.

그런데 앞서 이야기했듯이, 신세대는 소비를 대단히 중시했지만 그 소비의 가장 중요한 비중을 차지하는 것은 대중문화를 즐기는 것이었다. 결국 견디지 못한 10대는 어느 순간부터인가 대중문화의 바다 한가운데로 과감하게 뛰어들기 시작했다. 그 중에서도 연령등급으로 많은 제약을 받는 영화와 달리 가요는 10대들이 별다른 장애 없이 접근할 수 있는 최적의 대중문화였다.

10대들은 열정적으로 음반을 구입하였고, 음악 파일을 다운받았으며, 라이브 공연장과 TV 공개방송을 열심히 쫓아다녔다. 그 결과는 엄청난 것이었다. 1990년대 음반의 70퍼센트를 구매한 것은 바로 이들 10대들이었다. 또한 10대들은 '오빠부대'에서 확인되듯이 대중문화에 대해 다른 세대는 도저히 따라갈 수 없는 엄청난 '정열'을 쏟아냈다. TV방송의 공개 가요 프로그램의 경우는 10대들이 방청객의 90퍼센트를 차지하면서 분위기를 지배하기에 이르렀다.

사정이 이러하다보니 가요계는 10대들의 취향에 맞추어 노래를 만들었고 TV방송사 또한 10대들을 겨냥한 오락 프로그램을 제작하기 시작했다. 한걸음 더 나아가, 1996~1997년에 이르러서는 아예 고등학생 가수들이 가요계를 주름잡기 시작했다. H.O.T., 영턱스는 그 대표적인 경우였다. 급기야 TV채널 어디를 틀어도 온통 10대 가수들과 그들 팬들의 함성으로 가득 차기에 이르렀다. 이러한 상황을 두고 어느 팝 칼럼니스트는 1997년 봄 "이제 10대에게 그만 아부하자!"고 호소하기도 하였다.

이렇게 하여 10대들은 가요계를 점령하면서 가요계를 자신의 요구에 복속시키는 데 성공하였다. 10대들이 행동으로써 보여준 첫 반란 치고는 대단한 성공을 거둔 것이다. 이러한 과정을 통해 10대들은 자신들이 다른 세대와 대등하게 공존할 수 있는 독립적인 세대임을 선언하였다.

1990년대에 신세대가 일련의 반란을 통해 독립적인 세대로 자리잡음과 동시에 구세대와는 확연히 다른 패러다임을 기초로 사고하고 행동하는 경향을 보이자, 그에 대한 평가를 둘러싸고 다양한 입장이 엇갈렸다.

대부분의 구세대 눈에 비친 신세대는 그야말로 개인만 중시하고 소비에 몰두하는, 정치적 관심도 없는 지극히 속물적인 존재에 불과했다. 또한 깊은 고민 없이 감각적인 것만을 추구하는 정체성이 묘연한 세대였다. 1990년대 신세대에 대한 일반적 표현으로 사용되었던 'X세대'는 바로 이 같은 구세대의 시각을 반영한 것이었다.(X세대는 캐나다 작가 더글라스 커플랜드가 쓴 소설 《X세대》에서 유래한 것이며, 국내에 소개된 것은 신세대를 겨냥한 모 화장품 광고를 통해서였다.)

부정적이기 짝이 없는 구세대의 일반적 평가와 달리 신세대를 적극 평가하고 옹호하는 경우도 적지 않았다. 젊은 평론가들로 구성된 '미메시스' 그룹은 1993년 출간된 《신세대: 네 멋대로 하라》라는 책을 통해 신세대를 철없는 아이들로 규정하는 관행에 반대하면서 신세대 특유의 감성적인 열정과 만만치 않은 그들의 잠재력을 적극 옹호하였다. 또한 1993년 서울대학교 총학생회장에 당선된 후보의 선거운동 책자에는 신세대에 대해 다음과 같이 묘사하고 있다.

'신세대의 가장 큰 특징은 자신에 대한 당당함과 중심성이다. 자신을 소중하게 여기고 부단히 자신을 발전시키려는 노력을 하며 주위세계에 대해 합리적 태도를 취한다. 이러한 특징은 무한한 창조력으로 나

타난다. 제도와 이데올로기, 일상에 묶인 기성세대에게 숨통을 틔워줄 수 있는 가능성이 있다.'

이미 앞에서도 확인했다시피 신세대를 보는 구세대의 시각은 상당 부분 오해와 무지 그리고 자신의 패러다임을 절대적인 것으로 사고하는 아집에서 비롯된 것이었다. 무엇보다도 구세대는 신세대의 내면세계를 제대로 파악하지 못했다.

1990년대 신세대들은 구세대가 생각하고 있었던 바처럼 부모들이 이룩한 경제적 성과를 바탕으로 별다른 고민 없이 삶을 누리는 그런 존재가 결코 아니었다. 이전과 이후의 시기에도 크게 다르지 않았지만, 1990년대의 10대 역시 가정과 학교, 사회 모두로부터 가해지는 빈틈없는 억압과 끝없이 조여오는 무한경쟁 체제로 인해 극도의 불안에 시달리고 있었다. 신세대는 개인으로서 나를 중시했지만 현실의 모습은 한없이 고독하고 불안한 존재로서 '나'였던 것이다.

1991년 서울YMCA의 조사결과에 따르면, 중고교생의 74퍼센트가 '가출충동'을 느끼는 것으로 나타났다. 또한 1992년 체육청소년부 산하 상담기관인 '청소년 대화의 광장' 조사결과에 따르면, 12~18세의 청소년 중 61퍼센트가 '삶에 회의'를 느낀 바 있는 것으로 확인되었다. 10대의 내면세계는 구세대가 생각했던 것과는 판이하게 달랐던 것이다. 10대가 대중문화에 열광하고 그에 몰입하였던 것도 한편으로는 이러한 고독과 불안으로부터 탈출하고자 하는 욕망의 반영일 수도 있었다.

신세대들이 일상적으로 고독과 불안에 시달린 것은 상당정도 구세대의 독선과 무관심, 몰이해였다. 구세대들은 매사를 자신들의 기준으로 대하였고, 그에 무조건 따를 것을 요구하였다. 실제로 가정과 학교에서 신세대들은 구세대 어른들이 만들어놓은 틀 안에 갇혀 시간의 대부분을 보내야 했다. 그들의 일상세계에서는 자신들이 선택한 것이 거의 없었던 것이다. 그 결과, 신세대의 내면에는 구세대와의 갈등, 나아가 기성의 것에 대한 거부감이 싹틀 수밖에 없었다.

그런데 이들 신세대들은 한참 젊음을 만끽할 나이에 외환위기를 겪었고, 나아가 신자유주의 시대의 최대 희생자로 전락해야 했다. 그 과정 속에서 신세대는 혹독한 시련을 겪어야 했으며, 그 과정에서 영혼마저 신자유주의에 의해 저당 잡히는 모습을 보이기도 하였다. 하지만 신세대는 그러한 시련을 통해 더욱 단련되면서 그 어떤 세대보다도 자율적이고 독립적인 존재로 진화해갔다. 신세대는 여기에 한걸음 더 나아가, 다양한 중심간의 소통과 연대를 적극 추구함으로써 미래사회를 이끌 새로운 패러다임을 창출하였고, 스스로 그 담지자가 되었다. 이에 대한 자세한 내용은 경제 편에서 살펴볼 예정이다.

(모든 사물이 그러하듯이 신세대 역시 겉으로 드러난 모습과 이면의 모습이 상당히 다를 수 있다. 또한 풍부한 가능성과 함께 수많은 약점과 한계를 지니고 있다. 그에 대한 정확한 지적과 비판이 뒤따라야 함은 물론이다. 하지만 이는 어디까지나 신세대의 등장이 역사의 전진을 반영한 것이라는 긍정적 평가를 기초로 한 것이어야 한다.)

2. 여성, 세상의 중심으로

신세대와 함께 유쾌한 반란을 이끈 또 하나의 주역은 여성이었다. 그 중에서도 신세대와 여성이라는 두 가지 정체성을 함께 가진 신세대 여성은 민중의 일원으로서, 여성으로서, 세대로서 겪어야 했던 3중의 질곡을 일거에 돌파함으로써 1990년대 이후 한국사회에서 가장 혁명적 변화를 겪은 집단이 되었다. 이는 곧 신세대 여성들이 혁명적 감수성을 가장 풍부하게 간직한 집단으로서 이후 한국사회 변화에 가장 능동적이고 주도적인 역할을 할 수 있음을 암시한다.

여성이 반란의 주역일 수밖에 없었던 것은 나름대로 역사적 이유가 있었다. 군사독재를 특징지었던 병영국가는 병영의 속성 그대로 철저한 남성우월주의에 바탕을 두고 있었다. 병영국가 아래에서 여성은 극심한 차별과 억압의 대상이 될 수밖에 없었던 것이다. 그럼에도 민주화를 우선하는 분위기 속에서 여성해방의 의제는 전면에 부상하지 못했다. 그 결과, 여성은 이중의 억압상태에 놓이게 되었고 그만큼 반란으로 폭발할 에너지가 풍부하게 축적될 수밖에 없었다.

이러한 가운데 1970년대 이후 학생운동·노동운동·청년운동 등 부문운동을 발판으로 민주화 운동에 다수의 여성들이 참여하면서, 이후에 여성운동을 이끌고 갈 주체가 광범위하게 형성되었다. 마침내 1986년 부천서 성고문 항의투쟁과 KBS 시청료 거부운동을 주도하면서 여성운동 세력들이 결집하기 시작했고, 그 성과로 1987년 한국여성단체연합(여연)이 만들어질 수 있었다. 더불어, 민주화 투쟁이 승리하면서 여성 고유의 의제를 전면에 내걸 수 있는 환경도 마련되었다.

주·객관적 조건이 갖추어지자, 여성단체의 활동이 폭발적으로 증가하였다. 2005년 서울에서 개최된 '세계여성학대회'에 참석한 독일 카슬대 헬렌 슈벤켄 교수는 한국의 여성운동에 대해 "한마디로 경이롭다"고 말했다.

여성단체들이 본격적으로 활동을 전개하면서 중요한 과제의 하나로 삼은 것은 성폭력을 근절하는 것이었다.

여성단체들은 "나는 짐승을 죽였지, 사람을 죽인 것이 아니다"라며 21년 전의 성폭력 가해자를 살해한 김부남 사건(1991년)과 어린 시절부터 성폭력을 행사한 의붓아버지를 살해한 김보은·김진관 사건(1992년)이 발생하자 그에 적극 결합하여 성폭력의 심각성을 일깨우고 사회적 이슈로 만드는 활동을 전개했다.

1993년에는 그 때까지 낯설었던 성희롱에 대한 문제의식을 급속히 확산시킨 '서울대 우조교' 사건이 발생하였다. 여성단체들은 우조교를 적극 도와 손해배상 청구소송을 냈고, 1심에서 3,000만 원의 배상판결을 이끌어내었다. 성적 농담이나 신체접촉에도 '참는 것이 미덕'이라며 성희롱을 묵인해온 그 간의 관행에 쐐기를 박는 판결이었다. 이후 판결이 뒤집히는 우여곡절을 겪기도 하였으나, 소송을 제기한 지 무려 8년 만에 우조교와 여성단체들은 최종승리를 거둘 수 있었다.

일련의 사건을 계기로 여론이 확산되면서 성폭력과 성희롱을 방지하기 위한 법 개·제정 노력이 뒤를 이었다. 1994년, 여성단체들은 '성폭력은 여성이 유발한 것' '화간은 있어도 강간은 없다'는 등의 사회통념에 맞서 성폭력특별법을 제정하는 개가를 올렸다. 또한 여성단체의 여론화 노력에 힘입어 1997년에 남녀고용평등법이 개정돼 직장 내 성희롱을 금지하는 조항이 신설됐다. 2004년에는 성매매업에 종사하는 여성을 피해자로 보고 성 구매자를 처벌하는 성매매금지법이 제정되었다.

이러한 가운데 성폭력을 근절하기 위한 전문단체의 활동 또한 크게 증가하였다. 2005년 현재 전국적으로 110개의 성폭력상담소가 활동하고 있으며, 연간 상담건수도 총 6만여 건에 이르렀다.

여성단체들이 끈질기게 투쟁한 또 하나의 과제는, 전통과 관습이라는 이름 아래 성차별을 제도화하고 구조화하고 있는 지점들을 제거하는 것이었다. 그 중 가장 대표적인 것으로서 (남성 중심의 가부장제를 제도적으로 명시한) 호주제 폐지투쟁을 들 수 있다.

호주제 폐지를 처음 제기하고 추진한 인물은 최초의 여성 사법고시 합격생인 이태영이었다. 이태영은 1953년 호주제 폐지를 포함한 남녀평등가족법안을 제출했다. 그러나 반응은 싸늘하기 그지없었다. 김병로 대법원장은 이태영과 여성계 인사들에게 "1,500만 여성들이 불평 한 마디 없이 잘 살고 있는데 법률 줄이나 배웠다고 휘젓고 다니느냐"고 호통치기도 하였다.

그러나 여성단체들은 연합조직을 결성한 뒤, 수백 차례의 강연회와 간담회를 열고 국회의원들에게 전화와 편지로 호소하였으며, 가두 캠페인과 공청회 등을 쉬지 않고 개최하였다. 그 결과, 1980년대 말까지 네 차례(1958, 1962, 1977, 1989)에 걸쳐 가족법이 개정되면서 부분적인 성과를 거두었지만 호주제는 폐지되지 않고 끈질기게 살아남았다.

호주제 폐지를 포함한 가족법 개정운동은 결코 순탄치 않았다. 유림을 위시한 보수적인 사회의 흐름이 거세게 저항했기 때문이다. 여성단체들에게 '노처녀 과부 집단' '가족을 파괴하는 패륜녀' 등 독설과 폭언으로 가득 찬 편지가 날아들었고 "한국을 떠나라"는 협박전화도 끊이지 않았다. 특히, 호주제 폐지가 유림세력과 여성세력의 힘겨루기로 인식되면서 유림단체들은 조직적인 반대활동을 펴나갔다.

그럼에도 2000년 이후에 여성단체 이외에 시민단체·법학자·변호사 등이 가세함에 따라 호주제 폐지운동은 급속히 탄력을 받기 시작했다. 일부 인사들은 '고은광순' '오한숙희'처럼 부모의 성 함께 쓰기 운동을 통해 호주제의 부계 혈통주의에 한층 적극적인 행동으로 도전하였다.

마침내 2005년 국회에서 호주제 폐지를 골자로 한 민법 개정안이 통과되었다. 1953년 첫 개정안을 낸 지 무려 52년 후에 비로소 호주제가 역사의 뒤안길로 사라진 것이다.

같은 해 대법원은 결혼한 딸도 종중 회원이 될 수 있다는 판결을 내렸다. 용인 이씨 사맹공파의 결혼한 여성 여덟 명이 제기한 '딸들의 반란' 소송에 대한 최종심판이었다. 승리를 이끌어낸 이들은 여성운동가도 여성학자도 아닌 말 그대로 평범한 '보통 아줌마'들이었다. 이들은 소송제기로 인해 종중으로부터 엄청난 수모를 당해야 했다. 또한 소송이 "말도 안 되는 황당한 소송"으로 간주되면서 여덟 번 시도한 끝에 겨우 변호사를 구할 수 있었다. 1, 2심에서 연달아 패소했으나 6년간 끈질기게 물고 늘어지면서 결국 반란을 승리로 이끌 수 있었다.

성차별을 둘러싼 제도가 개선되는 가운데, 사회생활에서의 성차별도 서서히 해소되기 시작하였다. 적어도 교육에서만큼은 남녀 간의 차별이 거의 사라졌다고 해도 과언이 아니다. 1960~1970년대 교육에서 차별을 받았던 여성들이 자신의 자녀교육에 대해서만큼 남녀를 차별하지 않겠다는 다짐을 했고, 그 다짐이 그대로 실천에 옮겨진 것이다.

이를 바탕으로, 여성들의 사회진출이 한층 활발해졌다. 금녀의 영역이 빠르게 사라지면서 '최초의 여성' 시리즈가 끝없이 이어졌다.

2000년에 최초의 여성 철도기관사(강은옥)가 탄생했다. 2002년에는 최초의 여성 장성(양승숙)이 탄생했고, 이화여대 목동병원에 최초의 여성 비뇨기과 교수(윤하나)가 나왔다. 2003년에는 최초의 여성 법무장관(강금실)과 함께 최초의 여성 서울대 법대 교수(양현아)가 선을 보였다. 다음해인 2004년에는 최초의 여성 대법관(김영란)이 탄생하였다. 2005년에는 최초의 여성 해양경비정장(민꽃별 경위), 최초의 여군 군사법원장(이은수 중령), 최초의 여성 아이스하키 심판(이태리), 최초의 여성 특수 용접사(삼성중공업 정수점), 최초의 여성 태릉선수촌장(이에리사) 등이 잇따라 등장했다. 2006년에 이르러서는 최초의 여성 국무총리(한명숙)가 탄생하였으며 해군함정에 여군 소위(정형랑, 이현주)가 배치돼 '배에는 여자를 태우지 않는다'는 오래된 금기를 깨트리기도 하였다.

정치권에서도 새로운 바람이 불기 시작했다. 2004년 17대 국회의원 선거에서는 여성이 처음으로 두 자리 숫자인 13.4퍼센트를 기록하였다. 절대적으로 보나 다른 나라(2006년 현재 르완다 48.8퍼센트, 스웨덴 47.3퍼센트, 베트남 27.3퍼센트이며 세계평균은 16.7퍼센트임)와 비교해서 보더라도 여전히 낮은 수준이기는 하지만, 15대(1996~2000년) 때의 2.5퍼센트에 비해서는 크게 늘어난 것이라고 할 수 있다. 비례대표제 홀수를 여성 몫으로 하는 정당이 늘어가는 것도 의미 있는 진전이라고 할 수 있다. 여성 대통령의 등장이 점쳐지기도 하고 많은 사람들이 이를 자연스럽게 받아들이고 있는 것 또한 주목해야 할 지점이다.

일련의 과정을 거치면서 삶을 대하는 여성의 태도와 여성을 대하는 주변사람들의 시각 모두에서 질적인 변화가 일어났다.

사실 구세대가 집단을 위해 개인을 희생시켰다고 했지만 그 정도가 특히 심했던 것은 바로 여성들이었다. 결혼한 여성들은 가족의 생계를 위해 때론 들녘에서 때론 식당에서 때론 공장에서 하루 종일 일을 하며 집에서는 밥하고 빨래하고 청소하면서 그 많은 애들을 혼자 키우다시피 하였다. 그러다보니 여성들은 새벽부터 밤늦게까지 정신없이 움직여도 정작 자신을 위한 시간을 보낼 여유는 전혀 없었다. 구시대 여성

2009년 제6회 밤길 되찾기 시위 포스터

성폭력 가해자는 당당히 밤길을 다니고, 피해 대상인 여성이 밤길을 조심해야 하는 모순에 과감하게 맞서는 이른바 '달빛시위'. 여성들은 남에게 피해를 입히지 않는 한 누구나, 언제든지, 어디라도 갈 수 있다는, 당연하지만 여성에게는 당연하지 않았던 권리를 주장하기 시작했다.

들은 한결같이 (신세대 여성들이 보기에 답답하기 그지없는) '슈퍼 우먼'으로 살았던 것이다.

그러나 신세대 여성들이 부상하면서 양상은 크게 변했다. 신세대 여성들은 잃어버린 자아를 되찾고 자기만의 삶의 영역을 구축하는 데에 구세대 여성들과는 비교할 수 없이 적극적이었다. 자신의 직업선택을 이해하지 못하는 남자친구와는 과감히 헤어졌고, 결혼 후에 직업을 포기하지 않았으며, 자신만의 삶을 누리기 위해 '아름다운 솔로'를 선택하는 것도 주저하지 않았다. 당연히 남성과 주변사람들을 대하는 여성들의 태도 또한 당당해졌다. 여성이라는 이유로 스스로를 비하하고 기죽어 살던 삶에서 과감히 벗어난 것이다.

여성들의 변화를 가장 생생하게 보여주는 것은 (한 사회의 변화를 명시적으로 보여주는 텍스트 기능을 하는 것으로 알려진) TV 드라마가 아닌가 싶다. 과연 지난 몇십 년 동안 TV 드라마에 비친 여성의 모습이 어떻게 변화해왔는지 확인해보자.

1970년에 방영된 TBC(동양방송)의 드라마 〈아씨〉는 방영시간에는 수돗물 사용량이 줄었다고 할 정도로 폭발적인 호응을 얻었다. 극 중 아씨(김희준)는 남편(김세윤)이 신여성과 외도를 일삼는데도 여필종부, 삼종지덕의 가르침을 굳게 따른다. 시어머니와 시누이의 구박을 참아내며 남편이 밖에서 낳아온 아들까지 친자식처럼 사랑으로 키워냈다.

1972년 방영된 KBS 드라마 〈여로〉 또한 방영시간에는 서울거리가 한산했다고 할 정도로 대단한 호응을 얻었다. 〈여로〉는 가난한 집안의 착하고 예쁜 처녀(태현실)가 돈 많은 부잣집에 팔려와 바보남편(장욱제)과 시댁식구 아래에서 인고의 삶을 살아가는 모습을 그린 것이었다. 같은 해 MBC의 간판 드라마가 되었던 〈새엄마〉 또한 가족의 무관심과 냉대를 참고 견디며 사랑과 희생으로 대가족을 화목하게 꾸려나가는 주부를 주인공으로 한 것이었다.

이렇듯 1970년대까지만 하더라도 순종과 인내를 여성의 미덕으로 그리는 '속 터지는' 드라마들이 크게 인기를 끌었다. 여성들은 자기 이야기를 하는 것 같아서 눈물을 훌쩍거리며 빠져들었고, 남성들은 저런 여성을 아내로 두었으면 얼마나 좋을까 하며 넋을 잃고 보았다. 그렇다면 그 후 30년 이상의 세월이 흐른 뒤, 장면은 어떻게 바뀌었을까.

2005년 6월에 막을 내린 KBS 주말 드라마 〈부모님전상서〉를 보자. 남편(허준호)의 외도를 알아챈 아내(김희애)가 야구 방망이를 들고 남편이 딴 살림을 차린 집으로 찾아간다. 문이 열리자마자 아내는 가재도구를 다 때려 부순다. 남편이 싹싹 빌며 용서를 구하지만 아내는 한 번 무너진 신뢰는 다시 회복할 수 없다며 주저 없이 이혼의 길을 걷는다.

MBC가 선보인 역작 〈대장금〉은 주인공 장금(이영애)이 온갖 시련에도 굴하지 않고 꿋꿋하게 자신의 운명을 개척해나가는 당당한 여성상을 보여주고 있다. 장금의 삶에는 여성이기 때문에 쉽게 나타날 수 있는 수동성이나 자기 비하가 전혀 발견되지 않는다. 또한 MBC 드라마 〈내 이름은 삼순이〉에서의 삼순이(김선아)는 재벌 2세 꽃미남 앞에서도 욕을 해가면서까지 당당하게 맞선다.

시청자들은 이렇듯 당당하면서도 억척스러운 여성들에게 매료되면서 박수갈채를 보냈다. 30여 년의 세월이 흐르면서 멋진 여성상이 '순종'에서 '당당'으로, '청순녀'에서 '억척녀'로 바뀐 것이다.

지금까지 여성의 삶이 어떻게 변화해왔는지 살펴보았지만 여전히 과정 속에 있을 뿐이다. 그 동안 해결된 것보다 앞으로 해결해야 할 과제가 더 많다고도 볼 수 있다. 성차별을 재생산하는 가부장제는 아직까지도 곳곳에 검은 그림자를 드리우고 있다. 단적으로 남녀 간의 임금차별은 여전히 심각한 수준에 머물러 있다. 모든 성이 아름답게 공존하기 위해서는 넘어서야 할 장벽이 아직도 많은 것이다.

오늘날의 시대상황은 여성의 역할을 중심으로 세계를 재해석하고 재구성할 것을 요구하고 있다. 무엇보다도 정복과 파괴, 지배와 착취를 본성으로 했던 남성중심의 사회를 넘어 '상생과 조화', '나눔과 돌봄'을 가치로 하는 사회를 만들어야 한다는 열망이 높아지면서 여성의 역할을 강화해야 할 필요성이 높아지고 있다. '상생과 조화', '나눔과 돌봄'의 가치를 체화하고 있는 것은 바로 여성이기 때문이다.

아울러 디지털 시대의 도래로 근육 에너지에 대한 의존도가 크게 줄고, 동시에 다양한 역할을 수행하는 복합노동의 요구가 높아지고 있는 것 또한 여성의 주도성을 강화하는 데 기여하고 있다. 근대 이후 절대적 지위를 차지했던 이성을 대신하여 감성의 비중이 커지는 것 또한 여성의 주도성이 강화될 수 있는 근거의 하나로 제시되고 있다.

여성이 주도성을 발휘하면서 문화 자체가 여성화되는 현상은 부분적이기는 하지만 이미 현실이 되고 있다. 오빠부대로 표현되는 10대 여학생들의 영향력이 강화되면서 대중문화가 남성중심의 병영문화로부터 벗어난 것은 그 중 하나이다. 또한 2008년 촛불시민항쟁 때의 시위 문화가 현저히 여성화된 것도 그 같은 사례의 하나라고 할 수 있다.

중요한 것은 여성이 주도적인 역할을 할 수 있을 때, 모든 사람이 평화롭게 공존할 수 있는 사회가 된다는 것이다.

경험적으로 볼 때, 남성이 주도하고 남성문화가 지배하면 여성은 소외되거나 부차적 존재로 전락한다. 시위의 경우도 (남성중심의 군사문화라고 볼 수도 있는) 완력을 다투는 물리적 접전을 위주로 하면, 여성은 기껏해야 투쟁을 지원하고 응원하는 부차적인 존재로 전락한다.

하지만 여성이 주도하고 여성문화가 지배하더라도 남성이 소외되거나 배제되는 일은 없다. 여성이 주도하는 사회단체에서 남성과 여성은 아무 탈 없이 평화롭게 공존하며, 2008년 촛불시민항쟁에서 드러나듯이 시위가 상당히 여성화되는 양상을 보였음에도 불구하고 남성들이 소외되는 현상은 발생하지 않았다.

이러한 맥락에서 여성은 남성보다 보편적인 존재라고 할 수 있다. 한국사회는 이러한 여성성을 바탕으로 끊임없이 재구성되어야 하며 또한 그러한 방향으로 발전해 나아갈 것임이 분명하다.

3. 미디어, 독점에서 공존으로

군사독재를 거치면서 사람들이 가장 고통스럽게 느꼈던 것 중의 하나는 극단적인 언론통제였다. 눈귀가 있어도 진실을 알아볼 수 없고, 입이 있어도 진실을 말할 수 없는 것처럼 답답하고 고통스러운 것은 없었던 것이다. 그리하여 민주화의 큰 봉우리를 넘어서자, 민중은 〈조선일보〉를 위시한 보수언론을 비판하는 것과 함께 민주적이고 진보적인 언론매체의 창출을 위해 적극적인 노력을 기울였다.

'민주화는 한 판 승부가 아닙니다.' 이것은 1987년 대선에서 야권이 패배한 뒤 실의에 젖어 있던 국민들을 향해 〈한겨레신문〉 창간을 위한 모금광고에 실렸던 카피였다. 이 광고가 나간 뒤, 국민들의 창간기금이 물밀 듯 밀려들었고, 목표했던 창간기금 50억 원을 무난히 채울 수 있었다. 그렇게 해서 6만여 명의 국민주주들이 참여한 가운데 1988년 5월 15일 〈한겨레신문〉이 창간될 수 있었다.

〈한겨레신문〉의 탄생은 권력기관과 기존 신문사주가 볼 때는 참으로 불가사의한 일이 아닐 수 없었다. 국민주 형식으로 창간된 〈한겨레신문〉은 한 사람의 주주가 주식을 1퍼센트 이상 소유하지 못하게 함으로써 권력으로부터는 물론이고 자본으로부터도 완전 독립된 신문을 지향했다. 이러한 방식으로 창간된 신문은 전세계에서도 유례가 없는 것이었다.

민주언론을 창출하기 위한 노력에서 큰 축을 형성하였던 것은 일상생활에서 절대적 비중을 차지하는 방송을 민주화하는 것이었다.

전두환 정권은 출범 당시 언론 통폐합의 일환으로 기존 TBC(동양방송)를 KBS로 통합했을 뿐만 아니라 KBS가 MBC(문화방송)의 대주주로 되도록 함으로써 사실상 방송을 KBS로 일원화시켰다. 그런데 KBS는 시청료로 운영된다는 점에서 국민이 주인인 방송이다. 그럼에도 불구하고, 전두환 정권 내내 KBS는 정권의 앵무새 역할만을 수행하였다. 공영방송이어야 할 KBS가 관영방송으로 전락한 것이다.

이러한 맥락에서 1987년 이후 KBS를 본연의 공영방송으로 돌려놓고자 하는 노력이 이루어진 것은 매우 자연스러운 현상이라고 할 수 있었다.

방송민주화 투쟁에서 결정적 분기점이 되었던 것은 1990년 발생한 KBS의 총파업 투쟁이었다. 총파업 투쟁은 노태우 정부가 1990년 방송민주화에 협조적이었던 KBS사장 서영훈을 해임하고 그에 항의하는 노조를 탄압하면서 일어났다. 총파업은 4월 30일 경찰이 3,000여 명의 병력을 투입해 파업에 참여한 333명을 연행하면서 일단락되었다. 하지만 총파업 투쟁으로 불붙은 방송민주화 투쟁의 불길은 결코 꺼지지 않았다. 방송민주화 투쟁은 MBC까지 적극 동참하고 사회 각계의 뜨거운 지지성원이 이어지는 가운데 끊임없이 방송사의 새 국면을 열어나갔다.

그 결과, 군사독재 시절에는 비공개 영역에서 은밀하게 나돌던 이야기들이 방송 프로그램을 통해 공개적으로 다루어질 수 있었다. KBS의 〈심야토론〉·〈추적60분〉, MBC의 〈PD수첩〉·〈이제는 말할 수 있다〉는 그 대표적인 경우라고 할 수 있다. 이 같은 프로그램들은 2008년 KBS스페셜이 광우병의 실상을 다루었을 때 확인할 수 있었던 것처럼 수천만 장의 전단을 뿌린 것과 같은 효과를 발생시켰다.

숱한 난관이 앞을 가로막았지만 방송인들의 끈질긴 노력과 사회 각계의 지지와 성원을 바탕으로 KBS는 국민의 편에 선 공영방송으로서 위상을 정립해나갈 수 있었다. 아울러, 언론기관으로서의 영향력 측면에서 〈조선일보〉를 능가함으로써 민주주의의 전진에 커다란 기여를 하였다.

〈한겨레신문〉의 창간과 KBS의 공영방송으로서의 위상정립은 민주화 세력이 일구어낸 매우 의미심장한 지점이었다. 무엇보다도 언론이 권력과 자본의 독점적 지배에서 벗어나도록 하는 데 크게 기여하였다. 그러나 동시에, 〈한겨레신문〉과 KBS는 바로 그 지점에서 또 다른 한계를 드러내었다.

〈한겨레신문〉은 한국 신문시장의 구조적 특성상 수입의 절대적 부분을 광고료에 의존하면서 광고주인 자본의 영향으로부터 자유로울 수 없었다. 특히 최대재벌인 삼성에 대한 광고 의존도가 가장 높은 신문이 〈한겨레신문〉이라고 하는 것은 매우 아이러니한 현상이 아닐 수 없었다. KBS 또한 그 간의 치열한 노력에도 불구하고, 여전히 정권의 향방에 따라 양상이 크게 달라지는 한계를 드러냈다. 단적으로, 이명박 정부가 들어서면서 공영방송으로서의 성격이 상당히 약화되었다.

바로 이러한 한계를 돌파하면서 미디어 분야에서의 유쾌한 반란을 일으킨 것은 1990년대 후반부터 급속히 확산된 온라인 매체였다.

온라인 매체는 등장하면서부터 강력한 파괴력을 발휘하기 시작하였다. 온라인 매체는 짧은 시간 안에 기존매체의 주변부에 머무르지 않고 그것을 대체하는 독자적 영역을 구축하였던 것이다. 이는 온라인 매체가 기존매체를 뛰어넘는 다양한 강점을 갖고 있기 때문이었다.

무엇보다도 온라인 매체는 기동성에서 기존매체를 압도하였다. 온라인 세계는 관심을 촉발시킬 수 있는 이야기를 올리자마자 순식간에 확산된다. 가령, 서귀포에 사는 어느 네티즌이 결식아동에게 제공되는 말도 안 되는 도시락을 발견하고는 사진을 찍어 올리자 순식간에 온라인 공간 전체에 퍼져나갔다. 〈중앙일보〉가 분석한 바에 따르면, 오프라인 매체가 이러한 온라인의 움직임을 포착하고 기사화하는 데 보통 하루 이틀 정도 늦는 것으로 나타났다.

온라인 매체의 중요한 특성의 하나는 일방적으로 전달하는 기존매체와 달리 정보가 쌍방향으로 흐르며 동시에 다자간 동시토론이 가능하다는 데 있다. 이는 온라인 공간을 통해 누구든지 정보를 생산하고 유통시키며 폭넓게 공유시킬 수 있게 되었음을 의미하는 것이었다. 그로 인해, 오늘날 온라인에서의 토론은 여론을 형성하는 중요한 장으로 떠오를 수 있었다. 소수 언론권력이 여론을 기획하고 조작했던 것에서 벗어나, 다수의 시민들이 동참하여 함께 여론을 만들 수 있는 길이 열린 것이다. 포털사이트 '다음'의 아고라가 네티즌들의 성지로 떠오른 것도 이러한 이유에서였다.

이 같은 온라인 매체의 특성은 종전과는 전혀 다른 미디어 세계를 여는 바탕이 되었다. 가장 성공한 온라인 매체로 평가받은 〈오마이뉴스〉는 '모든 시민은 기자다'를 매체의 모토로 삼고 출발했는데, 실제로 누구나 기자가 되어 기사를 올릴 수 있다. 정보를 갖고 있더라도 언론사에 제보하는 것 이상의 역할을 할 수 없었던 시대에서 완전 벗어난 것이다.

온라인 매체는 여기에 머무르지 않고 빠른 속도로 진화를 거듭하였다. 대표적으로 1인 미디어인 미니홈피와 블로그가 폭발적으로 성장하면서 상당한 영향력을 행사하기 시작하였다. 일부 블로그는 하루 방문자 숫자에서 웬만한 전문매체를 능가할 정도였다. 스크랩 기능 등을 감안하면 실제 파급력은 훨씬 클 수도 있다. 말 그대로 누구든지 돈 한푼 들이지 않고 꽤 영향력 있는 미디어를 만들 수 있는 시대가 된 것이다.

이렇게 하여 미디어 독점시대에서 벗어나 누구나 기자가 될 수 있고 누구나 매체를 가질 수 있는 '미디어의 공존시대'가 열렸다. 다시 말해, 국민 모두가 뉴스 게릴라가 되어 전투를 전개할 수 있는 조건이 갖추어진 것이다.

그런데 미디어 공존시대의 주역인 온라인 매체에 가장 적극적으로 반응하고 열정을 보였던 것은 바로 신세대, 그 중에서도 여성이었다.

온라인 공간은 신세대와 기가 막힐 정도로 궁합이 잘 맞았다. 온라인 공간은 '나는 세계의 중심이다'를 액면 그대로 확인해주는 곳이었다. 그러면서도 다양한 중심이 공존하면서 소통하는 곳 또한 온라인 공간이었다. 이와 함께 온라인 공간은 오프라인 세계와 달리 성차별이 없는 곳이다. 온라인 공간은 여성들이 마음껏 자신의 영역을 구축하고 표현할 수 있는 곳이었던 것이다.

신세대들은 이러한 온라인 공간을 통해 왕성한 에너지를 쏟아내면서 자신들의 속성을 더욱 숙성시킬 수 있었고, 나아가 광범위한 네트워크 구축을 통해 강력한 힘을 비축할 수 있었다. 신세대가 온라인 공간을 매개로 한국사회 전체를 자신들의 패러다임에 맞게 변화시킬 수 있는 가능성을 더욱 키워간 것이다.

우리는 여기에서 10대들이 가요계를 자신들에게 복속시켰던 현상이 사회 전체적으로 나타날 수 있음을 예감할 수 있다.

4. 대중문화계의 거침없는 도발

대중문화의 가장 중요한 특징은 진보와 보수, 계급계층 모두를 뛰어넘어 인간의 보편적 감성에 호소하는 데 있다. 그럼으로써 대중문화는 모두가 함께 사랑하고 즐길 수 있는 것으로 자리 잡을 수 있었고, 이를 통해 사회를 한층 부드럽고 따뜻하게 만드는 데 기여해왔다.

만약 대중문화가 없다면 온갖 모순으로 가득 차 있는 우리 사회는 갈등과 대립, 투쟁만이 있는 험악한 곳으로 전락했을 것이다. 게다가 한국사람들은 '지독하기 그지없고, 유독 남에게 지기를 싫어하며, 성질이 급하기로 소문이 나' 있다. 한마디로, 대하기가 몹시 부담스러운 존재들인 것이다. 그런 한국인들 사이에 함께 즐길 대중문화가 없다면 그 얼마나 삭막하겠는가.

하지만 1980년대까지 한국의 대중문화는 팝송과 할리우드 영화의 그늘에서 벗어나지 못하고 있었다. 문화종속이 매우 심각했던 것이다. 그러한 가운데, 한국의 대중문화는 끊임없는 저질시비에 시달려야 했고, 고급문화와 대중문화 사이에는 넘을 수 없는 벽이 존재했다. '딴따라'라는 경멸 섞인 표현에서 드러나듯이 연예인들이 문화예술인으로 대접받는 경우는 거의 없었다. 여기에 덧붙여, 권위주의 정권이 가한 이중삼중의 검열은 대중문화의 자유로운 발전을 극도로 가로막았다.

그러던 한국의 대중문화가 1990년대에 이르러 양과 질 모두에서 폭발적 고양기를 맞이할 수 있었다. 그 과정에서 가장 풍부한 에너지를 공급한 것은 바로 신세대였으며 거꾸로 신세대는 빠르게 발전하는 대중문화를 거침없이 흡수함으로써 뛰어난 문화적 감수성을 지닌 '열렬한 문화주의자'로 성장해갔다.

이러한 상호작용을 통해 한국의 대중문화는 명실상부한 의미에서 르네상스기를 맞이할 수 있었다.

편성의 70퍼센트 이상을 팝송이 차지하였던 FM 라디오 방송도 우리 가요를 70퍼센트 이상 내보는 것으로 바뀌었다. 그만큼 가요의 수준이 높아졌다는 것을 의미한다. 밀고 당기는 과정을 반복하고 있기는 하지만, 한국영화 역시 할리우드 영화에 맞서 선전을 계속하고 있다. 이는 세계적으로 보더라도 미국의 대중문화가 획일적으로 지배하고 있는 상황에서 (다양한 문화가 공존하는 것으로서의) 문화적 다양성을 증진시킨다는 점에서 보편적 가치를 지니는 것이었다.

또한 드라마, 가요, 영화 등이 아시아권에서 크게 호응을 얻으면서 이른바 '한류' 바람이 부는 등 한국 대중문화의 국제적 위상도 매우 높아졌다. 대중문화를 보는 시선도 크게 달라졌다. '딴따라', 심하게는 '골빈당'으로 취급받던 연예인도 문화예술인으로 당당하게 대접받기 시작했다. 그에 따라 대중문화가 문화의 중심으로 확고하게 자리 잡았으며, 고급문화와 대중문화의 차이 또한 급속히 좁혀져갔다. 한국의 대중문화가 일취월장한 것이다.(여러 가지 한계를 지적할 수도 있지만 지면 관계상 생략한다.)

한국 대중문화가 르네상스 시대를 맞이할 수 있었던 것은 상당부분 기성의 것에 대해 거침없이 도전하는 일련의 반란 덕분이었다. 그러한 반란 중에서 가장 먼저 주목해야 할 지점은 단연 국가권력에 의한 문화억압을 상징했던 사전심의 제도를 폐지시킨 것이었다.

음반에 대한 사전심의제는 민주화가 되었다고 하는 1990년대 초에 이르러서도 여전히 폐지되지 않은 채 그대로 시행되고 있었다. 이러한 음반 사전심의제에 정면으로 반기를 들고 투쟁한 사람은 이 시대의 마지막 독립군이라고 불리었던 가수 정태춘과 그의 아내이자 투쟁동지인 박은옥이었다.

정태춘과 박은옥은 "공연윤리위원회의 사전심의는 예술의 자유를

침해하는 것으로서, 결코 받아들일 수 없다"며 사전심의를 통과하지 않은 '불법음반'을 제작하고 판매하였다. 정태춘과 박은옥은 1990년 사전심의 결과와 수정지시를 거부한 음반 〈아, 대한민국〉을 만들어 판매·배포했으며, 1993년에도 불법음반 〈92년 장마, 종로에서〉를 만들어 판매했다.

정태춘과 박은옥의 '도발'을 계기로 음반 사전심의제 폐지운동이 불붙었고, 마침내 1995년 헌법재판소가 음반 사전심의는 위헌이라는 재판관 전원일치 판결을 내림에 따라 음반 사전심의제는 폐지되기에 이르렀다.

그러면 영화로 눈을 돌려보자. 영화 역시 가요와 마찬가지로 사전심의의 폐해가 극심했다. 조금이라도 '문제'를 일으킬 소지가 있거나 심의위원의 마음에 들지 않으면 사정없이 가위질을 당했다. 결론적으로, 정권의 입맛에 맞는 영화만을 만들어야 했던 것이다.

이러한 영화 사전심의제를 폐지하기 위한 투쟁에서 정태춘의 역할을 한 것은 독립영화사 '장산곶매'였다. 장산곶매는 자체 제작한 16밀리 영화 〈닫힌 교문을 열며〉를 사전심의를 받지 않고 상영하였고, 그 결과 1993년 10월 대표 강헌이 불구속 기소되기에 이르렀다. 그에 대한 맞대응으로 강헌은 헌법재판소에 영화 사전검열 제도의 위헌심판 제청 신청을 냈다. 이를 계기로 영화 사전심의제 폐지운동이 불붙었다.

영화 사전심의제 폐지운동은 1994년 6월 14일 경찰이 〈파업전야〉를 제작한 독립영화사 '푸른 영상'을 압수수색하고 김동원 대표를 '음비법(음반 및 비디오물에 관한 법률) 위반'으로 구속함으로써 새로운 국면을 맞이하였다. 김대표가 구속되자, 광범위한 영화인 단체가 연대한 가운데 대책위가 발족되었다. 이후, 대책위는 7월 5일부터 명동성당 앞에서 〈상계동 올림픽)을 '불법상영'하는 운동을 전개하며 악법철폐에 정면으로 맞섰다. 악법은 철저하게 어겨서 깨뜨리자는 작전을 구사한 것이다.

그러던 중 1996년 제1회 부산국제영화제에서 수준 높은 예술영화로 칸 영화제에서 심사위원상을 수상한 바 있는 미국의 데이비드 크로넨버그 감독의 〈크래시〉가 한국의 영화 사전검열제도에 의해 20분 이상 삭제되는 (외국 영화인들까지 불러놓은 국제 영화잔치에서) 상상도 할 수 없는 사건이 벌어졌다. 이 사건은 영화인들에게 극심한 수치심을 안겨다주었고, 결국 영화 사전검열제도 폐지여론을 한층 고조시키는 계기가 되었다.

마침내 1996년 10월 4일, 헌법재판소는 영화 사전심의제에 대해 위헌판결을 내렸다. 한 영화평론가는 위헌판결이 난 그 날을 가리켜 "한국사회사의 기념비적 날이 될 것이다"라고 평가하기도 하였다.

거듭 이야기하지만, 1990년대 한국의 대중문화는 신세대의 열렬한 지원을 배경으로 기성의 것에 대해 거침없는 도발을 하였고, 이를 통해 일대 비약을 이룰 수 있었다. 이 점을 가장 명료하게 보여주었던 것은 바로 한국 대중문화의 한 획을 그었던 '서태지와 아이들'이었다.

1992년, 서태지와 아이들은 등장하는 순간부터 기성음악을 전면으로 거부하는 반란군의 모습으로 일관하였다. 그들은 평범한 것과는 무엇이 달라도 달라야 한다는 강박관념을 갖고 있으며 그런 '차이'가 사라지는 순간, 자신들의 존재의미 또한 없다고 굳게 믿는 것처럼 보였다. 그들의 이데올로기는 '일상성'과 '획일화'에 대한 반항인 것만 같았다.

서태지와 아이들의 기성의 것에 대한 도전은 리듬과 춤동작, 의상 등 외형적인 것을 넘어 노랫말이 담고 있는 메시지에서도 그대로 나타났다. 가령 3집 앨범 〈발해를 꿈꾸며〉는 통일을 염원하는 마음을 소담스럽게 담고 있으며, 600만 장 이상 판매된 4집 〈교실 이데아〉는 획일화된 교육현실과 타락한 사회를 비판하는 강렬한 메시지를 담고 있다. 4집 타이틀곡인 〈07 교실 이데아〉 노랫말 중 '왜 바꾸진 않고 마음을 조이며 젊은 날을 헤맬까. 바꾸지 않고 남이 바꾸길 바라고만 있을까'라고 절규하는 대목은 듣는 사람에 따라 10대 학생들의 궐기를 선동하는 느낌마저 든다.

서태지와 아이들은 1992년 등장하자마자 10대의 우상이 되었으며 20대의 젊은이들 사이에서도 높은 인기를 누렸다. 그러나 언론은 서태지와 아이들에 대한 평가에서 상당히 오랫동안 유보적인 태도를 취했다. 그러던 중 서태지와 아이들이 1994년 8월 13~15일 서울 올림픽공원 체조경기장에서 3집 신곡 발표회를 겸한 콘서트를 열자, 언론들은 이구동성으로 극찬에 가까운 평가를 쏟아냈다. 서태지와 아이들의 등장이 문화사적 대사건임이 확연해진 것이다.

그렇다면 서태지와 아이들이 왜 그렇게도 중요한가. 여러 가지 측면이 있을 수 있다. 가요계에 초점을 맞추어 보더라도, 서태지 이후 '유사 서태지'가 쏟아져 나오면서 이전과는 매우 다른 양상을 보였다. 하지만 여기에서는 이 책이 담고 있는 주제에 비추어 조금은 다른 각도에서 접근해보기로 하자.

서태지가 일순간에 10대들의 우상이 될 수 있었던 것은 10대들의 감수성, 고뇌, 열망을 가장 잘 포착하고 교감을 나누었기 때문이었다.

서태지와 아이들의 공연때 10대 팬들로부터 가장 열광적인 호응을 얻었던 노래 중 하나로서 〈시대유감〉이 있다. 〈시대유감〉은 '정직한 사람의 시대는 갔어', '거 짜식들 되게 시끄럽게 구네. 그렇게 거만하기만

한 주제에', '나이든 유식한 어른들은 예쁜 인형을 들고 거리를 헤매다 니네', '모두를 뒤집어 새로운 세상이 오기를 바라네'라는 노랫말에서 나타나듯이 기성세대의 위선과 허위의식을 신랄하게 비판한 노래였다.

그런데 〈시대유감〉을 부를 때, 10대 팬들은 '정직한 사람의 시대는 갔어'라는 노랫말을 함께 외치는 것으로부터 시작하여 청중에서 벗어나 완벽하게 서태지와 아이들의 일원이 되었다. 그 순간부터 가수와 10대 팬들은 혼연일체가 되어 전혀 새로운 느낌의 작품을 완성하였다. 두말할 필요 없이 이 모든 것은 10대 팬들이 〈시대유감〉에 담겨 있는 메시지에 대해 깊게 공감하지 않으면 절대 불가능한 일이었다.

이로부터 우리는 1990년대 10대의 내면세계가 기성세대와 기성의 질서에 대한 강한 불만과 거부감으로 가득 차 있었음을 거듭 확인할 수 있다. 그들은 결코 현실에 순응하는 얌전한 존재가 아니었던 것이다. 다시 말해, 새로운 삶을 꿈꾸는 에너지로 들끓고 있었던 것이다. 서태지와 아이들은 바로 이러한 10대를 향해 가장 호소력 있는 수단인 노래를 통해 뇌리에 쉽게 지워지지 않는 저항의 메시지를 던졌고, 가슴 속에는 자유롭고 독립적인 존재이고자 하는 열망에 불을 질렀던 것이다.

이 같은 서태지와 아이들의 영향은 10대들이 그들에게 열광했던 것만큼이나 광범위하고 강렬했을 것이다. '미메시스' 그룹이 서태지를 "우리 시대의 이데올로그이자 혁명가이며 시인이자 예술가"라고 평가한 것도 이를 반영한 것이었다.

1990년대 신세대의 주축인 10대가 어느 방향으로 진화하는가는 이후 한국사회의 진로와 관련지어볼 때, 대단히 중요한 의미가 있었다. 그런데 바로 그 길목을 지키고 있었던 것이 서태지와 아이들이었던 것이다. 그런 점에서 서태지와 아이들의 등장은 문화사적 사건 그 이상의 의미가 있었다고 할 수 있다.

한 나라의 문화역량을 가늠하는 척도는 영화이다. 영화는 모든 문화 장르가 집약된 것이기 때문이다. 영화의 생존 여부는 문화 전반의 운명과 직결되어 있는 것이다. 그런 점에서 1990년대 이후 할리우드 영화에 맞선 한국영화의 도전은 한국 대중문화의 운명을 건 대혈투가 아닐 수 없었다.

1987년 이전까지 한국 영화산업의 골격은 한국영화 4편을 제작하면 외화 한 편을 수입할 수 있는 권리를 부여하는 것이었다. 이러한 시스템은 이중효과를 발생시켰다. 먼저 외국영화 수입을 한국영화 제작편수의 4분 1 수준으로 자동적으로 억제하는 효과가 있었다. 아울러, 외국영화 수입으로 인해 발생한 수익이 국내 영화제작사에게 귀속됨으로써 한국 영화산업의 발전을 뒷받침할 수 있었다. 요컨대, 국내 영화업자들은 한국영화에서 적자를 보더라도 외화수입을 통해 돈을 벌 수 있었던 것이다. 그러다보니 외화 수입권을 따내기 위해서라도 최대한 많은 영화를 제작하는 현상이 지속되었다.

하지만 1987년 7월, 영화시장이 개방됨에 따라 외화수입 편수제한이 사라지고 미국 영화업체들의 직접배급이 가능해지면서 기존의 수익구조는 더 이상 유지될 수 없었다.

영화시장 개방의 효과는 곧바로 나타났다. 1987년 7월 이전, 대략 50 대 50의 비율을 유지하던 한국영화 관람객과 외국영화 관람객의 비율은 영화시장 개방 이후에 20 대 80으로 크게 기울더니, 1993년에 이르러서는 10 대 90으로까지 전락하고 말았다. 영화편수로 보면, 1993년에 제작된 한국영화는 64편이었으나 수입된 외화는 417편이었다. 외화로 관객이 몰리다보니 연간 5분의 2(140일) 이상 한국영화를 상영하도록 규정한 '스크린 쿼터제'도 거의 지켜지지 않았고, 관계기관도 수수방관하고 있었다.

이러한 상황에서 한국영화는 극히 일부를 제외하고는 파리 날리는 꼴이 되고 말았다. 1993년 제작된 64편의 영화 중 서울 개봉관 기준으로 5만 명 이상의 관객을 동원한 영화는 고작 7편에 불과했다. 최우수 작품상 등 대종상 6개 부문을 석권했던 〈두 여자 이야기〉도 고작 2만 명의 관객을 동원하는 데 그쳐 개봉 3주 만에 막을 내려야 했다. 그 결과, 대부분의 영화들이 제작비는 고사하고 홍보비조차 건지지 못하는 상태가 되었다. 한국 영화산업이 외화에 밀려 거의 고사 일보 직전에 이른 것이다.

한국영화의 위기는 한편으로는 영화시장 개방에서 비롯된 것이지만, 보다 근원적으로는 이전시기 정부의 보호막 속에 안주해 있으면서 경쟁력이 극도로 취약해진 데 따른 결과였다. 관객의 입장에서 볼 때, 한국영화는 너무 시시했던 것이다. 말하자면 한국영화의 위기는 상당 정도 자업자득이었다.

그러던 중 한국영화의 장래에 희망을 던져준 한 편의 영화가 나왔다. 바로 1993년에 개봉된 〈서편제〉였다. 판소리를 영화화한 〈서편제〉는 한국 영화사상 처음으로 1백만 관객을 동원하면서 한국영화도 잘 만들면 얼마든지 외국영화와 경쟁할 수 있다는 확신을 불러일으켰다.

이를 계기로, 영화인들은 한국영화를 살리기 위해 치열한 노력을 전개하기 시작했다. 먼저 영화인들은 '스크린 쿼터제 감시단'을 발족시켜 전국 극장을 돌며 상영일수를 일일이 점검하기 시작하였다. 영화인들의 끈질긴 노력 덕분에 스크린 쿼터제가 정착되어갔고, 이는 이후의 한국영화 부활에 상당히 큰 힘이 되었다.

영화 관련 잡지의 확산 또한 한국영화의 성장에 큰 도움이 되었다. 1995년 한겨레신문사는 주간지인 《씨네21》을 창간하였는데, 창간호는 완전 매진될 정도로 호응이 높았다. 주력 독자층은 단연 신세대들이었다. 이외에도 《스크린》, 《로드쇼》, 《KINO》 등 영화 관련 월간지가 창간되었으며 1996년 영화 관련 잡지는 모두 13개에 이르렀다. 이들 영화잡지들은 한국영화에 대한 관객들의 관심을 고취시키고 보다 높은 안목을 키우는 데 크게 기여하였다.

이러한 가운데, 이후 한국영화의 대도약에 많은 기여를 한 제1회 부산국제영화제가 1996년 9월 13일부터 일 주일 동안 진행되었다.

제1회 부산국제영화제에는 신세대 젊은이들을 중심으로 10만여 명의 관객이 몰려들었다. 한국의 한 영화감독은 밀려드는 인파에 대해 들뜬 목소리로 "이제 내 영화의 가장 든든한 후원자가 누구인지를 알았다. 실체를 확인했다"고 했고, 외국 영화인들은 이구동성으로 "젊은 관객이 이렇게 많은 영화제는 처음 본다"고 놀라워했다. 이렇게 하여 많은 영화인들이 영화에 대한 신세대 관객들의 뜨거운 열정과 수준 높은 안목을 접함으로써 많은 힘을 얻음과 동시에 풍부한 영감을 얻을 수 있었다.

이렇듯 신세대 관객들의 뜨거운 관심과 지지를 바탕으로 영화인들은 세계 영화계를 지배하고 있는 할리우드 영화에 맞서 위대한 반란을 도모하였다. 영화인들은 할리우드 영화와의 경쟁에 직면하여 "사느냐 죽느냐, 그것이 문제로다"라는 셰익스피어 작품의 구절을 끊임없이 되뇌이면서 수준 높은 영화를 만들기 위해 사투를 벌였다.

1999년은 이 같은 영화인들의 피눈물 나는 노력이 본격적으로 빛을 내기 시작한 의미 있는 한 해였다. 1999년 한 해 동안 관객 244만을 동원한 〈쉬리〉 이외에 〈주유소 습격사건〉(96만 명), 〈텔미 썸딩〉(72만 명), 〈인정사정 볼 것 없다〉(68만 명) 등 히트작이 나왔다. 한국영화의 시장 점유율 또한 36.1퍼센트로 높아졌다. 한국영화가 가능성을 보이기 시작한 것이다.

마침내 2000년대 접어들어서는 관객 1천만을 돌파하는 영화들이 연이어 선을 보였다. 〈태극기 휘날리며〉 〈실미도〉 〈왕의 남자〉 〈괴물〉 〈해운대〉 등이 바로 그러한 작품이었다. 비록 관객들이 좋은 영화로 몰리는 '쏠림' 현상이 빚어낸 결과라고 하더라도, 한국영화의 수준이 그만큼 높아졌음을 입증하는 것이었다. 무엇보다도 참신한 소재 발굴과 탄탄한 '스토리' 구성에서 할리우드 영화를 능가한다는 평을 받기도 하였다. 그 결과, 여러 해 동안 한국영화는 관객동원 수에서 할리우드 영화를 앞지를 수 있었다.

이 같은 양상은 세계 영화시장의 판도에 비추어보면, 매우 이례적인 것이었다. 그 동안 영화시장을 개방한 나라 치고 미국 할리우드 영화에 의해 점령되지 않은 나라는 거의 없기 때문이었다. 문화적 자존심이 세기로 유명한 프랑스조차 할리우드 영화에 시장을 내주고 말았다. 프랑스를 대표했던 영화배우 알랭 들롱이 자신이 설 땅을 잃어버렸다며 은퇴를 선언할 정도였다.

이런 점에서 한국영화의 선전은 세계적 주목을 받기에 충분했다. 칸 영화제 등에서 한국영화가 높은 관심의 대상이 된 것도 이러한 맥락에서였다.

사상 최고의 프로젝트, '통일'

이것 아니면 저거라는 식의 이분법적 사고에 익숙한 사람들에게 통일은 골치 아픈 과제로 다가온다. 극단적 수준에 이른 남북의 체제차이로 인해 통일에 가까이 다가갈수록 복잡한 문제가 야기될 수 있다고 생각하는 것이다.

그러나 다양한 요소를 융합하여 새로운 것을 창조하는 데 익숙한 사람들에게 통일은 흥미로운 도전의 영역이다. 그들에게 남북 간에 체제차이는 장애가 아니라 창조의 원천이다. 이러한 관점에서 볼 때, 통일은 그 어느 나라 사람도 누릴 수 없는 멋진 기회로 다가올 수 있다.

이렇듯 통일은 그 어떤 영역보다도 역발상을 바탕으로 한 창조적 접근을 요구한다. 그럴 때, 통일의 과제를 멋지게 성공시킬 수 있음은 물론이고 주변 강대국과의 관계에서도 극적인 반전을 이끌어낼 수 있다.

사상 최고의 프로젝트, '통일'

통일은 남의 체제를 북으로 연장하는 것도 아니고 거꾸로 북의 체제를 남으로 연장하는 것도 아니다. 또한 외국에서 도입한 모델을 적용하는 것도 아니다. 한반도의 특수한 사정에 걸맞은 모델은 세계 어느 곳에도 존재하지 않는다. 결론적으로 통일은 지금까지 없었던 전혀 새로운 모델을 창조하는 과정이다.

분명, 통일은 인류 역사상 보기 드문 창조적 과정이 될 것이다. 통일은 치밀한 계획을 바탕으로 정교한 프로그램에 따라 추진되는 사상 최고의 프로젝트인 것이다. 물론 이 책에서 그에 대한 구체적 내용을 다룰 수는 없다. 또한 그럴 필요도 없을 것이다. 다만, 이러한 관점에서 통일문제를 접근해야 한다는 것을 원칙적으로 강조하고 싶을 뿐이다.

중요한 것은, 사상 최고의 프로젝트를 위해 남과 북이 철저하게 공존을 바탕으로 창조적 융합과정을 거쳐야 한다는 것이다. 이는 분단과정에서 나타났던 현상을 완전 180도 뒤집는 것에 해당한다. 결국, 한국 현대사는 공존을 철저히 거부함으로써 분단으로 치달았다가 영욕의 세월을 거쳐 공존을 바탕으로 통일로 나아가는 대반전의 역사이다.

1. 지독히도 불운한 나라, 북한

북한은 가장 가까우면서도 가장 먼 나라이다. 가장 잘 아는 듯하면서도 가장 이해하기 어려운 나라이기도 하다.

북한을 이해하는 데 가장 우선해야 할 것은, 그 동안 북한이 객관적으로 어떤 처지에 놓여 있었는지를 파악하는 것이다. 북한의 처지와 조건을 이해하기 위해서 입장을 바꾸어 생각해보자. 예컨대, 다음과 같은 가정을 한번 해보는 것이다.

1960년대 중반, 남한의 우방국인 미국과 일본은 국교를 단절할 만큼 사이가 극도로 악화되었다. 한 쪽과 친해지면 다른 쪽이 거리를 두는 상황이었다. 결국 남한은 둘 모두하고 거리를 두고 독자적인 길을 걸을 수밖에 없었다. 그러던 중 1990년대 초, 자본주의 종주국을 자처했던 미국이 소련과의 경쟁에서 패하면서 붕괴하고 말았다. 이를 계기로, 전 세계는 소련을 정점으로 하는 사회주의 진영에 포섭되었다. 일본은 사회주의적 요소를 강화하면서 경제적으로 큰 성공을 거두었고 북한과도 수교를 맺고 경제교류를 확대하면서 남한을 일방적으로 옹호하지 않았다.

설상가상으로, 초강대국 소련은 자국 군대를 북한에 주둔시킨 상태에서 남한을 계속 위협했고, 중국 또한 남한과의 교류를 거부한 채 적대정책을 고수했다.

이러한 조건에서 남한이 계속해서 자본주의를 고수하면서 그 어떤 나라에도 의존하지 않고 독자적인 길을 걸으려 했다고 가정해보자. 과연 남한이 얼마나 버틸 수 있었을까? 그런데 바로 그 같은 상황에서 40년 넘게 버텨온 나라가 있다. 바로 북한이었다.

1960년대 중반, 북한은 말 그대로 사면초가의 상황에 빠져들었다. 앞에서는 미국을 중심으로 하는 자본주의 진영이 총체적 압박을 가하고 있었고, 뒤에서는 사회주의 진영의 두 축을 형성하고 있었던 중국과 소련이 국교를 단절하면서까지 극단적인 대결을 벌이고 있었던 것이다.

매우 곤혹스러운 상황에서 북한은 중국과 소련 그 어느 곳에도 의존하지 않고 독자적인 길을 걷기로 하였다. 그로 인해 북한은 생명을 위협할 만큼 과잉출혈을 감수하면서까지 막대한 군사비 지출을 감내해야 했다. 또한, 그로 인해 북한경제는 심한 압박을 받아야 했다.

그러던 중 1990년대 초, 소련마저 붕괴하면서 전 세계는 미국을 중심으로 하는 자본주의 시장경제로 일색화되다시피 하였다. 전통적인 우방국인 중국은 자본주의 세계시장에 깊숙이 편입된 조건에서 남한과의 경제교류를 확대하며 북한을 일방적으로 옹호하지 않았다. 이러한 가운데 북한에 대한 미국의 군사적 위협은 계속되었고, 일본 또한 대북 적대정책을 고수했다.

그럼에도 불구하고 북한은 사회주의를 포기하지 않았고, 그에 따라 국제적 고립이 더욱 심화되어갔다.

어느 모로 보나 북한은 지독히도 불운한 나라였다. 정말 어려울 때에는 하늘마저 돕지 않았다. 북한이 대내외적으로 가장 심각한 위기에 직면했던 1990년대 중반, 자연재해가 잇달아 발생했던 것이다. 심지어 한·미관계조차도 북한을 짜증나게 만들었다. 북한과 대화가 통할 수 있는 정권이 남한에 들어서면 미국에는 적대적인 정권이 들어서고, 반면 미국에 어느 정도 대화가 통할 것 같은 정부가 들어서면 남한에 적대적인 정권이 들어서는 엇박자가 반복되었던 것이다.

이러한 맥락에서 볼 때, 1960년대 이후 북한의 처지는 약간의 틈도 허용할 수 없는, 한 발만 헛디뎌도 벼랑으로 굴러 떨어질 수 있는 위기

상황의 연속이었다고 할 수 있다. 북한사회의 정치적 구심인 조선노동당이 1980년 6차 당대회를 개최한 이래, 30년 가까운 세월이 흐른 2009년 현재까지 당대회를 개최하지 못한 것은 이 점을 잘 말해준다.

북한의 정치체제를 특징짓는 '수령제'에 대해서도 똑같은 맥락에서 접근할 수 있다. 그 동안 북한의 수령제에 대해서는 극단적인 평가가 엇갈려왔다. 그러나 냉정히 평가하자면, 그것은 장기간에 걸쳐 지속된 위기상황을 헤쳐 나가기 위한 특단의 '위기관리 체제'라고 할 수 있다. 그에 대해 선과 악의 기준을 들이대는 것 자체가 별 의미가 없는 것이다.

북한이 매우 불운한 나라였고 위기의 연속이었다고 하는 사실은 무엇보다도 경제영역에서 집중적으로 드러났다. 과연, 그 동안의 북한경제를 둘러싸고 어떤 일이 벌어졌는지를 살펴보도록 하자.

중소분쟁이 격화되던 시기, 북한은 독자적인 길을 걷기로 결심한 이후에 자신의 선택을 뒷받침하기 위하여 주체사상을 체계화하고 이를 지도사상으로 정립하였다. 경제건설 노선과 관련하여 북한이 주체사상을 근거로 집중적으로 강조하고자 했던 것은 크게 두 가지였다.

먼저, 북한은 사면초가의 상황에서 무역에 대한 의존도를 최소화하면서 국내의 기술과 에너지, 원료를 바탕으로 경제를 건설할 수 있다고 자신하였다. 말하자면 자력갱생이 얼마든지 가능하다고 본 것이다. 한반도에 무진장 매장되어 있는 석회석을 원료로 비날론 섬유를 개발한 것은 그러한 자신감을 뒷받침했던 성공 사례였다. 이와 함께 북한은 지속적이고 체계적인 정치교육을 통해 인민의 자발적 참여를 이끌어내면 사회주의 경제 체제를 성공적으로 작동시킬 수 있다고 보았다.

적어도 1970년대 초반까지 북한의 이 같은 선택은 상당히 주효한 것

다큐멘터리 〈천리마축구단〉 포스터

〈천리마축구단〉은 영국인 영화감독이 북한의 잉글랜드 월드컵 8강 진출을 다룬 다큐멘터리 영화다. 월드컵 8강 진출은 1960년대 북한의 성공을 상징하는 사건이었다.

으로 나타났다. 북한은 막대한 군사비를 지출하는 악조건 속에서도 중공업을 중심으로 하는 사회주의 공업화에서 상당한 성공을 거두었다. 한 예로, 1972년 7월 12일자 〈경향신문〉이 발표한 자료에 따르면 북한의 공업생산은 남한보다 1.5배 앞서고 있었다. 또한 북한은 산악지대임에도 식량자급을 달성할 만큼 농업분야에서도 괄목할 만한 성과를 일구어냈다. 이러한 성과를 바탕으로, 북한은 비록 소비재 공급에서 발전된 자본주의 나라 수준에는 이르지 못했지만 교육, 의료, 주택 등과 기초생활 분야에서는 인민의 기본적인 욕구를 충족시킬 수 있었다.

아마도 한국인이 기억하고 있는 1960~1970년대 북한의 성공을 상징하는 대표적인 사건은 1966년 잉글랜드 월드컵이 아닐까 싶다.

북한은 아시아를 대표하여 잉글랜드 월드컵 본선에 진출하였다. 당시 본선에 진출한 팀은 모두 16개 팀. 북한은 예선에서 강호 이탈리아와 맞붙어 1 대 0으로 승리를 거두면서 1승 1무 1패, 조 2위로 8강에 진출했다. 당시 북한 팀은 장신의 벽을 넘기 위해 '사다리전법'이라는 특유의 전술을 사용함으로써 세계의 이목을 집중시키기도 하였다. 8강에서는 포르투갈을 맞이하여 전반까지 3 : 0으로 앞서가는 선전을 펼쳤지만 포르투갈의 영웅 에우제비오의 활약으로 3 : 5 역전패를 당하고 말았다.

그런데 그토록 잘 나가던 북한경제는 1970년대 중반을 넘어서면서 뚜렷한 정체현상을 보이기 시작했다. 무엇보다도 경제발전을 좌우하는 핵심요소인 기술이 더 이상 뚜렷한 발전을 보이지 않았다. 이유는 간단했다. 영국 케임브리지 대학의 장하준 교수가 집중적으로 강조했듯이, 기술은 본디 무역을 통해 외부세계와의 부단한 교류를 통해 발전한다. 그런데 북한은 자력갱생 노선을 추구하면서 그러한 외부로부터의 자극을 기대할 수 없었다. 기술발전의 정체는 예고된 결과였던 것이다.

북한의 지도층 역시 이와 같은 자력갱생 노선의 한계를 절감할 수밖에 없었다. 그 결과, 북한은 1980년대부터 무역제일주의를 앞세우고 외국의 자본과 기술을 도입하려고 사력을 다했다. 자립경제를 포기한 것은 아니었지만 대외 경제정책에서 상당한 방향전환을 시도한 것이다. 북한이 1984년 외국기업과의 합작을 위한 '합영법'을 제정하였고, 1991년에는 (남한에는 '두만강 특구'로 알려진) 나진선봉 지구를 '자유무역경제지대'로 지정한 것은 그러한 노력의 일환이었다.

북한은 자유무역경제지대를 자본주의 식으로 운영할 구상을 갖고 있었다. 100퍼센트 외국인 투자는 물론이고 관리인을 직접 투입할 수 있으며, 이익금도 마음대로 가져갈 수 있게 한다는 것이었다. 아울러, 국적에 관계없이 비자 없이도 자유로이 출입하고 머무를 수 있도록 보장하였다. 말하자면, 북한은 전일적 사회주의 체제에서 벗어나 자본주의 시장경제와의 공존을 꾀했던 것이다.

나진선봉 자유무역경제지대는 초기에 유럽과 일본 등에서 적극적인 진출을 타진하기도 하였으나, 얼마 안 가 모두 취소하고 말았다. 이유는 간단했다. 북·미대결이 격화되고 그에 따라 미국의 군사적 위협이 고조되면서 안정성이 전혀 담보되지 않았기 때문이었다. 미국의 경제 봉쇄가 지속되는 조건에서 물자반입과 역외로의 수출이 용이하지 않은 점 또한 크게 작용하였다.

미국은 북한을 '테러 지원국'으로 규정함으로써 국제사회에서의 금융지원을 원천적으로 불가능하게 만들었으며 적성국교역법 적용을 통해 북한 지역에 대한 각종 투자와 물자의 반입, 북한산 제품의 미국시장 진출을 철저히 차단하였다. 가령, 미국은 자국의 기술, 소프트웨어, 부품이 10퍼센트 이상 포함된 제품을 북한에 수출 혹은 반출할 경우에 전략물자 통제차원에서 사전에 상무부의 승인을 받도록 해왔다.

외부로부터의 자본과 기술도입이 차단된 가운데 북한경제의 체력은 갈수록 취약해졌고, 그에 따라 내재되어 있던 구조적 한계들이 잇달아 표면화되기 시작했다. 무엇보다도 경제의 기초인 에너지 공급체계에서 심각한 상황이 빚어졌다.

그 동안 북한은 전력생산에 필요한 설비와 부품을 주로 소련에 의존해왔다. 북한은 오랫동안 자력갱생을 추구하였지만 가장 기초적 과제인 에너지 생산기술에서 자립을 실현하지 못한 것이었다. 원유도 물물교환 형태로 소련으로부터의 공급에 의지하고 있었다. 그런데 1991년 소련이 붕괴되면서 이 모든 것이 급격히 차질을 빚기 시작하였다. 단적으로, 1988년 250만 톤이었던 원유 수입량은 소련의 붕괴 이후인 1994년에는 91만 톤으로 크게 줄어들었다.

에너지 공급이 차질을 빚자 북한경제는 휘청거리기 시작했고, 위기가 빠른 속도로 전 분야에 걸쳐 확산되어갔다. 북한 스스로 '고난의 행군 시기'라고 부른 심각한 경제위기가 불어닥친 것이다.

에너지난과 원료부족, 수송곤란 등으로 공장의 조업률이 급속히 떨어졌고, 아예 가동을 멈춘 경우들이 속출하였다. 이러한 과정은 연쇄적인 파급효과를 일으키면서 북한산업을 최악의 상황으로 몰고 갔다. 설상가상으로, 계속되는 자연재해는 농업생산 기반을 완전 파괴하였다. 그 결과, 식량난으로 수많은 아사자가 속출하는 가운데 일부는 국경을 넘어 외부세계로 탈출하였다.

북한 지도층은 군대를 앞세워 극한적인 위기상황을 헤쳐 나갔지만 적지 않은 혼란을 겪어야 했다. 그 중에서도 가장 큰 혼란을 안겨다 준 것은 다름 아닌 기대했던 것과는 다른 모습을 보여준 인민들이었다.

북한의 지도층은, 주체사상에 근거하여 지속적이고 체계적인 정치교육을 진행하면 인민이 집단주의 의식에 고취되어 생산성을 증대할 수 있다고 확신하였다. 즉, 개인에게 큰 이익이 없어도 집단을 위해 열심히 일하도록 만들 수 있다고 본 것이다. 그러나 시간이 흐르면서 그러한 확신을 흔들어놓는 현상이 널리 나타나기 시작했다.

국가가 모든 것을 책임지며 보장하고 있는 사회주의 체제 아래에서 인민들은 국가에 의존하는 경향이 갈수록 강해졌다. 심지어, 북한의 지도층이 표현한 대로 놀고 먹으려는 '건달'들이 빠르게 늘어갔다. 그러던 중 경제위기가 닥치자 인민들은 극과 극을 오가는 모습을 보였다.

경제위기 초기, 모든 것이 무너져 내리는 상황에서도 인민들은 국가만 쳐다본 채 스스로 문제를 해결하려 하지 않았다. 하지만 어느 정도 시간이 지나면서 국가가 개인을 책임져주기 어렵다는 것이 분명해지자, 인민들은 철저히 개인의 이익을 중심으로 사고하고 행동하기 시작했다. 심지어 북한 지도층이 개탄했듯이, 가격이 낮게 책정되어 있는 국가물자를 빼돌려 (경제위기 시기, 국가의 통제를 벗어나 자연발생적으로 형성되었던) 농민시장에서 비싸게 파는 행위가 확산되었다.

이 같은 인민들의 극적인 태도변화는 북한 지도층으로 하여금 모든 것을 근본적으로 재검토하도록 만들었다. 결국, 북한 지도층은 현실적 판단을 하지 않을 수 없었다. 마침내 북한 지도층은 적어도 경제는 인간의 욕망이 지배하는 영역으로서 정치교육만으로 (그렇다고 해서 정치교육을 완전히 포기한 것은 아니지만) 인민의 태도를 바꾸는 것은 결코 쉽지 않다는 결론을 내리기에 이르렀다.

일련의 과정을 거쳐, 북한은 2001년 7월 1일에 경제 시스템을 대대적으로 혁신하는 조치(7·1경제개선조치)를 발표하였다. 7·1경제개선조치는 시장경제 도입, 기업의 독립채산제, 차등임금제 등을 골자로 삼고 있었는데, 한가운데를 관통하는 기조는 '적은 것을 가지고 더 많이, 더 좋게 생산하는 것'을 의미하는 '실리'였다.

7·1경제개선조치가 발표되면서 종전까지 무상에 가까웠던, 쌀을 포함한 기본 생필품 가격이 대폭 올랐다. 그에 따라 본인이 노력하지 않으면 먹고 살기가 힘들게 되었다. 그와 함께 이전시기 북한체제의 우월성을 상징했던, 무상에 가까운 의식주 보장은 인민을 나약하고 게으르게 만드는 사회악으로 간주되기 시작했다.

이러한 가운데 독립채산제 및 차등임금제가 도입되면서 열심히 노력한 만큼 기업의 부가 확대되고 개인의 소득이 늘 수 있도록 보장하였다. 독립채산제 도입과 함께 노동자들은 기업 지배인을 자신들의 손으로 선출할 수 있게 되었고, 더불어 국가에서 배정된 의무량만 채우면 나머지를 시장에서 판매할 수 있었다. 그로부터 발생한 이익은 노동자들의 임금을 올리거나 투자확대에 사용하는 등 자유롭게 처분할 수 있었다. 그에 따라 기업의 소득향상에 필수적인 기술혁신과 설비갱신에 대한 책임 또한 종전의 국가에서 기업으로 이전되었다.

북한 당국은 이 모든 변화를 뒷받침하기 위해 농민시장을 흡수하면서, 농산물과 공산품 등 다양한 제품이 거래되는 종합시장을 대대적으로 설립했다. 2004년 기준으로, 이러한 종합시장에 소속된 점포는 1,400여 개에 이르렀다.

7·1경제개선조치는 북한 인민의 사고와 행동양식에서 상당히 큰 변화를 초래했다. 다음은 2007년 《한겨레21》에 소개된, 평양 양각도 호텔 매점에서 있었던 장면이다.

> "다음에 꼭 제가 일할 때 와서 사시라요."
> 홍 아무개 씨(26)는 빈 손으로 나가는 손님의 발길을 멈춰 세웠다.
> "물건을 더 팔면 생활비(임금)를 더 받는 겁니까?"
> "그렇습네다."
> 그래도 혹시나 싶었다. 나흘 뒤 대표단 안내원에게 조심스럽게 확인을 구했다.
> "그거야 당연하죠. 똑같이 8시간 일해도 실적에 따라 더 받고 덜 받는 거 아니겠습니까."
> 매출액이 높아지면 그만큼 '보너스'를 주는 것이 북쪽에서도 낯익은 풍경이다.

북한에서 과거 개인의 이익을 앞세우는 것은 철저한 경계의 대상이 되었다. 당연히 앞서 소개한 홍 아무개의 행위는 철저한 비판의 대상이 되었을 것이다. 하지만 위의 사례를 통해 알 수 있듯이, 7·1경제개선조치 이후에 그 같은 행위는 용인되고 있을 뿐만 아니라 권장사항이 되고 있다. 그런 점에서 7·1경제개선조치가 북한경제의 혁명적 전환의 분기점이 되고 있음은 매우 분명하다.

7·1경제개선조치로 북한경제는 활력을 되찾기 시작했고, 느리기는 하지만 조금씩 호전되어갔다. 2006년의 경우, 평양 시민 중에서는 생활비(급여)가 두 배로 오르는 경우도 있었다. 시장은 저녁시간만 되면 사람들로 북적거렸고 매대 역시 빠르게 늘고 있다. 매대에 진열되는 물품 또한 한층 다양해졌다.

그러나 북한을 방문한 경험이 있는 사람들이 입을 모아 이야기하듯이, 북한경제는 2009년 현재까지도 절대적 수준에서는 상당한 어려움을 겪고 있는 것이 사실이다. 공장들은 에너지와 원자재 부족으로 가동률이 여전히 낮은 수준에 머물러 있다. 한때 북한공업의 상징적 존재였던 대안 공업지대 역시 처연하기 그지없다. 수송의 주축을 형성하고 있는 철도는 시설 노후화로 시속 45킬로미터 수준인 평양-신의주 노선을 제외하고는 시속 20킬로미터 이상 속도를 내기 힘든 형편이다. 시속 20킬로미터라 함은 황영조가 올림픽 마라톤에서 금메달을 땄을 때의 달리는 속도이다.

물론, 드러난 현상과 감추어진 잠재력 사이에는 상당한 차이가 날 수 있다. 대륙과 해양을 잇는 요충지를 차지하고 있는 지리적 이점, 넉넉한 지하자원, 풍부한 고급인력 등은 북한경제의 잠재력이 만만치 않음을 말해주고 있다. 특히, 풍부한 인적 자원은 자본과 기술, 훈련 프로그램 등이 적절하게 공급되면 북한경제를 빠르게 도약시킬 수 있는 요소가 될 수 있다.

2. 북·미, 첨예한 협상과 대결의 드라마

냉전체제가 유지되던 시기, 북한은 대표적인 반미 국가로 손꼽혔다. 북한에게 미국은 한반도에서 축출해야 할 대상이자 궁극적으로 타도해야 할 '제국주의 수괴'였다. 북한이 보기에, 남한이 걸어가야 할 길 역시 미국에 대한 예속의 고리를 끊고 궁극적으로 사회주의 진영으로 합류해야 할 곳이었다. 냉전시대에 미국과의 관계를 단절하고 생존할 수 있는 길은 사회주의 진영에 합류하는 것밖에 달리 없었기 때문이었다.

하지만 소련이 붕괴하고 전 세계의 대부분이 미국을 중심으로 한 자본주의 시장경제로 편입되면서 사정이 크게 달라졌다. 이제 북한에게 가장 절실한 것은 미국의 타도가 아니라 고립에서 벗어나는 것이 되었다. 그 유일한 해답은 미국과 관계 정상화를 통해 두 나라의 공존을 꾀하는 것이며, 이를 통해 자본주의 세계시장에 적극 진출하는 것이었다. 미국을 가장 극렬하게 반대했던 북한이었지만 변화된 환경에서 살아남기 위해서는 도리 없이 미국과 친해질 수밖에 없었던 것이다. 이는 대미 전략에서 근본적 변화가 일어났음을 의미하는 것이었다.

이러한 맥락에서, 북한은 1992년 특사를 미국에 파견하여 고위급 회담을 통한 두 나라 사이의 관계개선을 타진했다. 하지만 미국은 북한과의 공존을 냉정하게 거부하였다. 미국은 방대한 군사비 유지를 위해 (그들 스스로 '악의 축'이라고 불렀던) 북한이라는 위협세력이 필요했던 것이다.

결국, 북한의 의사와 무관하게 미국의 대북 적대정책은 계속되었다. 그로 인해 미·소 간의 냉전이 종식되었음에도 불구하고 한반도는 북·미 간의 대결을 기본축으로 하는 냉전체제가 그대로 유지되었다. 이러한 조건에서 북한은 미국의 대북 적대정책을 폐기시키고 두 나라의 관계 정상화를 압박하기 위해서는 핵 카드를 사용하는 것이 불가피하다고 판단하였다. 미국이 북한의 핵무기 보유를 포기시키기 위해서는 불가피하게 두 나라 사이의 공존을 받아들일 수밖에 없도록 만들고자 했던 것이다.

그로부터 북한의 핵무기 개발 프로그램은 의연히 지속되었고, 그와 함께 운반수단으로서 대륙간탄도미사일을 개발하기 위한 노력이 경주되었다.

핵을 지렛대로 한 북한의 전략은 불가피하게 북·미 간의 첨예한 대결을 초래했다. 북·미 간의 대결은, 미국이 북한을 향해 의심이 가는 모든 시설을 검증할 특별사찰을 요구하고, 북한이 그에 대한 맞대응으로 1993년 3월 12일 핵확산금지조약NPT에서 탈퇴하면서 절정을 향해 치달았다. 급기야 미국은 1994년 6월, 남한을 기지로 북한에 대한 전면공격에 착수하기에 이르렀다.

전쟁이 기정사실화되는 가운데, 제임스 레이니 주한미국대사는 김영삼 대통령을 만나 주한 미국인을 소개疏開할 것임을 통보하였다. 실상 그 때는 많은 미국인들이 이미 한국을 빠져나간 상태였다. 학생들 역시 본국으로 돌아가버리는 바람에 미국인 학교는 조기방학에 들어간 뒤였다. 이러한 가운데 CNN은 한국에서 무력충돌이 벌어질 것을 예상하고 휴전선에서의 생방송을 위해 MBC에 협조요청 공문을 보냈다.

또한 상황이 심상치 않음을 눈치챈 상류층은 전쟁상황에 대비한 비상물품을 구입하느라 바삐 움직였다. 그 결과, 서울 일부지역에서는 라면, 화장지, 부탄가스 등 생필품이 일시에 동나기도 하였다.

참으로 놀랍게도 상황이 이토록 긴박하게 돌아갔음에도 불구하고, 미국은 한국정부와 사전논의는 고사하고 통보조차 하지 않았다. 그로 인해 미국이 주한미군의 병력증강을 본격화하고 미국의 언론들이 영변 폭격설을 공공연하게 거론하고 있었는데도, 김영삼 정부는 사태파악을 전혀 하지 못하고 있었다. 김영삼이 '정말 장난이 아님'을 깨달은 것은 레이니 대사가 미국인 소개방침을 통보하면서부터였다.(김영삼은 그 직후, 클린턴에게 여러 차례 전화를 걸어 대판 싸웠고, 그렇지 않았더라면 전쟁이 일어났을 것이라고 회고한 바 있다.)

그런데 클린턴 행정부는 북한에 대한 군사적 공격을 추진하고 있었지만, 내심으로는 상당한 부담을 안고 있었다. 북한과의 전쟁으로 인해 입게 될 피해가 너무나 컸기 때문이었다.

윌리엄 페리 국방장관, 게리 럭 주한미군사령관 등 최고위급 군사관계자들은 클린턴 미국대통령에게 북한과의 전쟁 결과로 전체 사망자는 최소한 100만 명이 넘을 것이고, 미국인도 8만~10만 명이 목숨을 잃을 것이라고 보고하였다. 아울러, 미국이 부담해야 할 비용은 1천억 달러를 넘을 것이고, 남북한과 주변국의 재산파괴, 경제활동 중단 등에 따른 손실은 1994년 남한의 국민총생산 3,500억 달러의 3배 수준인 1조 달러를 넘을 것으로 집계하였다.

바로 그 때, 이 모든 상황을 간파하고 해법을 제시한 인물이 등장했다. 그는 정계은퇴를 선언하고 아태재단 이사장으로 있던 김대중이었다.

김대중은 6월 12일 미국 워싱턴 내셔널 프레스 클럽에서 행한 오찬

연설과 기자회견을 통해 미국이 지미 카터 전 대통령과 같은 원로 정치인을 북한에 특사로 파견할 것을 제안하였다. 아울러 김대중은 위급한 상황에서 취할 문제해결의 방안으로, 북한은 핵무기를 포기하고, 대신 미국은 북한에 대한 군사적 위협을 철회하며 경제지원을 약속하는 일괄타결안을 내놓았다.

이러한 김대중의 제안은 곤혹스러운 입장에 있던 클린턴 행정부의 마음을 움직였다. 그에 따라 1994년 6월 15일, 지미 카터 전 대통령이 판문점을 거쳐 평양에 들어갔다. 바로 다음날인 6월 16일, 김일성과 카터는 회담을 통해 극적인 합의를 이룰 수 있었다. 북한은 NPT 탈퇴와 영변 원자로의 폐연료봉 재처리를 유보하고, 미국은 핵공격을 포함한 무력공격을 하지 않되 그밖의 사항은 실무협상을 통해 보완하기로 하였다. 이러한 합의는 곧바로 워싱턴으로 전달되었고, 그에 따라 클린턴 행정부는 북한에 대한 군사적 공격을 철회하였다. 예정된 공격시간으로부터 정확히 한 시간 전이었다.

당시 미 국방장관이었던 윌리엄 페리는 1997년 한국에서 한 강의를 통해 당시 긴박했던 상황을 다음과 같이 회고하였다.

"1994년 6월 어느 날 클린턴 대통령은 재래식 전쟁의 위험을 감수하고 북한의 핵무기 보유를 저지하는 방안을 선택했다.…… 그런데 불과 한 시간 전, 김일성을 만나러 평양에 간 지미 카터 전 대통령으로부터 전화가 걸려왔다. 북한이 영변의 핵 연료봉 재처리를 중단하고 미국과 협상하겠다는 뜻이었다. 1시간 차이로 역사가 바뀌었다."

김일성과 카터의 합의를 바탕으로 북·미 간에 실무협상이 이어졌고, 그 결과 1994년 10월 북·미 제네바합의가 성사될 수 있었다.

제네바합의의 요지는, 북한은 영변 핵시설을 동결하는 대신 미국은 북한에 경수로 원자로를 제공하고, 매년 50만 톤의 중유를 공급하되 이 모든 것은 10년 안에 마무리 짓는 조건으로 북·미 두 나라의 외교관계를 정상화한다는 것이었다. 이러한 제네바합의에 따라 북한의 영변 핵시설이 봉인되었고 국제원자력기구IAEA 사찰 또한 재개되었다. 거의 동시에, 미국, 일본, 남한 등이 참여하는 한반도에너지기구KEDO가 구성되면서 북한땅 신포에 경수로 원자로를 건설하기 시작했다. 북한에 경수로 원자로를 제공하는 데 필요한 비용의 80퍼센트는 남한이 부담하기로 하였다.

그러나 북·미 제네바합의는 미국이 약속을 제대로 이행하지 않으면서 차질을 빚기 시작했다. 경수로 원자로 건설이 지연되고 중유제공이 중단된 것이다. 미국이 약속을 이행하지 않은 이유는 간단했다. 미국이 보기에, 북한은 심각한 경제난을 못 이기고 얼마 안 가 붕괴할 곳이었던 것이다. 그러나 미국이 기대했던 북한의 붕괴는 일어나지 않았다. 최악의 상황에서도 북한은 끈질기게 살아남았다. 뿐만이 아니었다.

1998년 미국이 금창리 지하에 핵시설이 있다는 의혹을 제기하고 있는 가운데, 북한은 장거리 로켓을 발사하였다. 로켓 발사와 관련하여 당시 북한은 광명성 1호로 명명된 인공위성을 발사한 것으로 발표하였고, 러시아 우주항공센터 역시 이를 뒷받침해주었다. 반면, 서방세계에서는 장거리 미사일인 대포동 미사일을 시험발사한 것으로 표현했다. 그러나 인공위성 발사와 장거리 미사일 발사는 기술적 차이가 없는 것으로서, 그것이 지닌 군사·정치적 의미는 동일한 것이었다.

북한의 장거리 로켓 발사로 북·미관계는 극도로 악화되기에 이르렀다. 바로 그 때, 1998년 초에 출범한 김대중 정부는 당시의 위기상황을 호기로 판단하였다. 김대중 정부는 '포괄적 접근을 통한 대북 포용정책'을 미국 측에 제시하였다. 즉, 북한의 핵미사일 문제 해결과 한반도 냉전체제 해체를 함께 추진하는 방향에서 미국 스스로 줄 것은 주고, 받을 것은 받는 '빅 딜'에 나서도록 유도한 것이다. 달리 뾰족한 수가 없었던 미국의 클린턴 행정부는 김대중 정부의 제안을 적극 수용하였다.

1999년 10월, (1994년 한반도 전쟁위기 때 국방장관을 역임한 바 있었던) 윌리엄 페리는 대북정책 조정관 자격으로 북한문제에 대한 포괄적 해법을 담은 이른바 '페리 프로세스'를 제출하였다. 클린턴 행정부의 대북정책의 골간을 담은 페리 프로세스의 내용은 김대중 정부가 제시한 내용을 그대로 반영한 것이었다. 그리하여 작성자인 페리 자신은 이를 가리켜 남한정부의 대북정책 총괄기획자였던 임동원의 이름을 붙여 '임동원 프로세스'로 표현하기도 하였다.

클린턴 행정부가 협상을 통해 문제를 해결하는 것으로 가닥을 잡자, 북·미협상을 최종목표로 하였던 북한은 적극 호응하고 나섰다. 그에 따라 빠른 속도로 현안문제들이 해결되어갔다. 금창리 지하시설은 현지방문 결과, 핵시설이 아닌 것이 판명되었고, 북한은 장거리 로켓 발사실험을 유예하기로 하였다. 더불어, 2000년 하반기에 북한의 조명록 특사와 미국의 올브라이트 국무장관이 상호 교환방문하는 가운데 관계개선을 천명하는 북·미공동성명을 발표하였다.

북한은 특사교환 과정에서 특유의 이벤트를 통해 외교적 효과를 극대화했다. 우선, 미국을 방문한 북한의 조명록 특사는 1973년 이집트에 파견되어 이스라엘을 제압했던 북한 공군조종사의 최고책임자로서 국제사회에서 상당한 명성을 얻고 있던 인물이었다. 북한은 그러한 인물이 워싱턴 한복판에 모습을 드러내도록 함으로써 자신이 결코 호락호

락하지 않다는 것을 과시할 수 있었다.

북한은 올브라이트 미 국무장관이 평양을 방문했을 때에도 특유의 이벤트를 준비하였다. 올브라이트 국무장관이 평양에 체류할 때, 김정일 국방위원장과 함께 찾은 곳은 능라도에 있는 최대 20만 명을 수용할 수 있는 5·1경기장이었다. 그곳에는 2~3만 명이 연출하는 카드 섹션(북한말로는 배경대)이 펼쳐치고 있었는데, 얼마 전 조선노동당 50돌 기념행사에서 선보였던 작품이었다. 카드 섹션에는 '주체조선'이라는 글자가 선명히 새겨진 인공위성 발사장면이 연출되었고, 곧바로 붉은 붓글씨체의 구호가 나타났다. '우리를 잘못 건드리는 자, 이 행성 위에 살아남을 자 없다!' 미국이 북한을 잘못 건드리면 미국 역시 크게 당할 것이라는 것을 암시하는 구호였다.

특사교환에 이어 최종적으로 클린턴 대통령의 평양방문과 북·미 정상회담이 추진되었다. 그러나 클린턴의 평양방문은 2000년 말 미국 대선의 결과가 혼미를 거듭하고, 중동의 사정이 복잡해지면서 결국 공수표가 되고 말았다.

이어서 등장한 부시 미 행정부는 클린턴 행정부가 합의한 사항을 모두 무효화시키고 대북 적대정책으로 돌아섰다. 그로부터 북·미 두 나라 사이에는 밀고 당기는 치열한 공방전이 계속되었다. 부시 행정부는 북한에 대한 핵 선제공격을 추진했고, 그에 대해 북한은 핵무기 제조로 맞섰다. 이를 바탕으로 2005년 2월, 북한은 핵무기 보유를 공식 선언하였다. 당혹감을 느낀 부시 행정부는 협상에 임했고, 그에 따라 일정한 합의에 이르기도 하였다.

그러나 또 다시 합의사항 이행이 차질을 빚으면서 북한이 핵실험과 장거리 로켓 발사실험이라는 초강수를 두었고, 이를 계기로 보다 진전된 합의에 이르기도 하는 등 북·미 간의 관계는 호전과 악화를 반복했다. 2003년 이후, 남·북한과 미국, 중국, 일본, 러시아의 6개국이 참여하여 6자회담을 운영함으로써, 북핵문제를 평화적으로 해결할 가능성을 키웠지만, 북·미 두 나라의 대결을 조절하기에는 많은 한계를 보였다.

북·미 간의 대결은 궁극적으로 협상타결과 북·미관계의 정상화로 이어질 것이다. 이유는 간단하다. 그렇게 하는 북·미 모두에게 이익이 되기 때문이다. 그러나 그 과정은 한없이 복잡하고 지난하기 짝이 없을 것이다. 이 과정에서 남한정부가 어떤 역할을 하는가도 매우 중요한 변수이다. 민중이 북핵문제에 관해서 국외자, 관찰자에 머무를 수 없는 이유가 바로 여기에 있다.

핵을 지렛대로 북·미 간의 대결이 펼쳐지자, 남한사회는 매우 복잡한 반응을 보였다. 북한의 핵무기 개발을 평화의 적으로 간주하는 것에서부터 민족의 자존심을 드높이는 것으로 받아들이는 것에 이르기까지, 문제를 보는 시각은 극과 극을 달렸다.

진보진영 안에서조차 북한의 핵무기 개발을 대하는 입장은 첨예하게 엇갈렸다. 한 편에서는 미국의 대북 압박정책에 대한 정당한 자위권 행사로 보는 반면, 다른 한 편에서는 미국에 대항하기 위해 핵무기를 갖는 것이 정당하다면 궁극적으로 모든 나라가 핵무기를 가질 수 있다는 것인데 이는 매우 위험천만한 논리라는 입장을 취했다.

그럼에도 불구하고, 초강대국 미국과의 맞대결 과정에서 보여준 북한의 외교력에 대해서만큼은 긍정적 평가가 지배적이었다. 심지어, 보수언론조차 종종 북한의 외교력에 대한 경외심을 표시하는 것을 주저하지 않았다. 한 예로, 2007년 2·13합의가 발표된 직후에 〈동아일보〉

에는 '초강대국 미국도 쩔쩔…北외교의 원천은' 제하의 기사가 실렸는
데, 다음은 그 중 일부이다.

중국 베이징北京에서 13일 타결된 6자회담은 북한의 외교력을
새삼 되돌아보는 계기가 됐다. 지난해 7월, 미사일 발사와 10월
핵실험으로 국제사회의 제재에 직면했던 북한이 미국·일본·중
국·러시아 등 강대국과의 다자협상을 통해 기사회생의 전기를
마련했기 때문이다.

북한이 위기를 딛고 이번 회담에서 중유 등 에너지 지원 확보
와 조건부 북-미관계 정상화라는 실리를 챙기는 '반전'을 이끌어
낸 것은 그들의 외교역량이 결코 간단치 않음을 보여준다. 정부의
한 당국자가 "핵실험을 하고도 2005년 9·19공동성명에서 약속한
것을 모두 받아낸 것은 물론 결과적으로 미국의 태도변화까지 이
끌어냈다는 점에서 북한의 승리로 보인다"는 평가를 내린 게 무
리가 아니다.

이렇듯 북핵문제를 보는 시각이 매우 복잡하지만, 한 가지 분명한 것
은 북한의 핵무기 개발에 대한 평가는 그것이 빚어낼 최종결과에 의해
크게 좌우될 것이라는 사실이다. 즉, 동아시아 핵개발 도미노를 야기하
는 진원지가 될 것인가, 거꾸로 한반도 냉전체제 해체와 동아시아 평화
체제 수립의 지렛대 역할을 다한 뒤에 역사의 무대에서 퇴장할 것인가
에 따라 북한 핵에 대한 평가는 크게 달라질 수밖에 없는 것이다.

3. 남북, 서로를 향해 가슴을 열다

1972년 7월 4일 이후락 중앙정보부장이 기자회견을 하였는데, 그의 첫 마디는 "제가 평양에 다녀왔습니다"였다. 그 말에 충격을 받은 일부 기자들은 펜을 떨어뜨리기도 하였다. 이후락은 본인과 북한의 박성철 제2부수상이 각각 평양과 서울을 오가면서 통일의 3대 원칙 자주·평화·민족대단결을 명시한 7·4남북공동성명을 채택했음을 밝혔다.

그런데 이후락은 7·4남북공동성명을 전격적으로 발표한 뒤, 곧바로 "우리는 대화 없는 남북대결에서 대화 있는 남북대결 시대로 옮아가고 있다"고 말했다. 대화조차 대결의 한 방식임을 강조한 것이다. 달리 말해, 대화는 '총성 없는 말전투'였다. 실제로 7·4남북공동성명이 발표된 지 불과 4일 후인 7월 8일, 언론의 머릿기사를 장식한 것은 '반공교육을 강화하라'는 박정희의 지시였다.

이렇듯 남북관계는 서로의 존재를 인정하지 않은 채 극단적 대결을 장기간 지속하였다. 남북 모두 통일을 소리 높여 외쳤지만 정작 남과 북이 서로의 존재를 인정하고 받아들이는 것, 즉 공존은 꿈에도 생각지 못했던 것이다.

사정이 이러하다보니 남북이 만나더라도 온전한 의미에서 대화가 될 수 없었다. 1984년 4월 30일 오전 10시, 판문점 중립국감시위원회 사무실에서 제2차 남북체육회담이 열렸을 때의 일이다. 회담의 의제는 그 해 7월 미국 로스앤젤레스에서 열리는 올림픽에 참가할 남북 단일팀을 구성하는 것이었다. 그러나 의제토의에도 들어가지 못하고 회의장은 난장판이 되었다.

남측 대표: 버마 아웅산 테러와 최은희·신상옥 납치를 사과하세요.

북측 대표: 발언 취소하세요.

(이후부터 두 대표는 격앙돼 반말로 대화하기 시작했다.)

북측 대표: 당신, 남산(국가안전기획부)에 있는 모양인데, 남조선 인민
들을 얼마나 핍박한지 잘 안다. 피 묻은 손이나 씻어라.

남측 대표: 그래, 나 남산에 있다. 당신 남산 지하실에 와서 맛 좀 볼래.

두 사람은 이렇게 5분여 동안 속사포로 말을 주고받았는데 구체적으
로 무슨 말을 주고받았는지 모니터를 할 수 없을 정도였다. 급기야 남
측 대표가 "김일성 독재체제" 운운하자 북측 대표가 책상 위에 있는 성
냥갑을 남측 대표에게 던지는 사태까지 벌어졌다. 결국, 남북은 한 차
례 회의를 더 갖기는 했으나 아무런 성과를 거두지 못했다. 이것이 남
북관계의 실상이었다.

분단의 장벽을 허문 민간 통일운동

1988년 3월 29일, 서울대 총학생회장 선거유세에서 김중기 후보가
'사랑하는 동포, 김일성대학 청년학생 여러분! 안녕하십니까'라는 인
사말로 시작되는 공개서한을 발표했다. 공개서한은 뜻밖에도 '남북한
국토순례 대행진과 남북 청년학생 체육회담 개최'를 제안하고 있었다. 학
생운동의 통일운동을 향한 대진군을 알리는 신호탄이 솟아오른 것이다.

각 대학에서는 '제안'을 지지하는 의사표시가 잇따랐다. 마침내 5월
14일, '전국대학생대표자협의회'(전대협) 주최로 전국의 60여 개 대학
1만 7천여 명의 학생이 모여 남북청년학생회담 실무회담 날짜를 6월민
중항쟁 1주년이 되는 6월 10일로 하기로 하고, 회담에 참여할 대표를

선출하였다. 이에 발맞추어 북한에서는 5월 17일 1백50개 대학 5만여 학생들이 남북학생회담 제안을 환영하는 집회를 개최하였다. 뿐만 아니라, 5월 24일 일본 도쿄에서는 일본 내 54개 대학에 재학중인 교포학생(재일거류민단과 재일조총련연합) 대표 250명이 '6·10남북학생회담'을 지지하는 결의문을 채택했다.

하지만 남북학생회담은 당국의 원천봉쇄로 무산되고 말았다. 6월 10일, 당국은 판문점으로 향하는 학생들을 무차별 연행했고, 서울 홍제동 거리에서 누운 자세로 농성중이던 5천여 학생의 머리 위로 최루탄을 사정없이 퍼부었다. 하지만 당시 학생들의 얼굴을 뒤덮은 땀과 눈물은 고스란히 통일운동의 열기를 증폭시키는 에너지가 되었다.

마침내 1989년 통일운동 역사에서 길이 기억될 두 개의 사건이 연속적으로 발생했다. 두 사건 모두 기나긴 세월 남북을 갈라놓았던 분단의 장벽을 온 몸을 내던져 돌파한 것이었다.

1989년 3월 25일, 평양 순안비행장에 오랫동안 민주화 투쟁에 헌신해온 문익환 목사가 그 모습을 드러냈다. 문목사는 북한 방문기간 동안 김일성 주석을 포함한 북한 고위당국자와 일련의 접촉을 가졌으며, 이 과정에서 통일방안에 관한 폭넓은 의견교환이 이루어졌다. 그 결과, 문익환 목사와 북한의 조국평화통일위원회 허담 위원장이 서명한 공동성명이 채택되기에 이르렀다.

공동성명은 통일방안으로서 연방제안을 채택하였으며, 다양한 방법에 의한 연방제 실현과 정치·군사문제 해결 및 교류협력을 동시에 추진할 것을 결의하였다. 이로써 비록 문익환 목사 개인자격이기는 하지만 남북의 관계자가 구체적인 통일방안과 경로를 합의하는 중대한 진전을 이룰 수 있었다. 특히, 합의된 내용이 한반도의 현실에 맞는 한층 유연한 내용을 담고 있어 그 의의가 더욱 컸다.

단적으로, 북한은 고려연방제를 고수하던 입장에서 다양한 연방제를 고민하기 시작했고, 마찬가지로 정치·군사문제 해결 우선을 강조하던 종전의 입장에서 교류·협력의 동시병행을 수용하였다. 상당 부분 문익환 목사의 의견을 수용한 결과였다. 이후의 남북관계 진전은 바로 이러한 방향에서 이루어졌다. 그런 점에서 남한정부 역시 문익환 목사에게 상당한 빚을 졌다고 할 수 있다.

그럼에도 불구하고, 노태우 정부는 문익환 목사가 남한에 돌아오자마자 구속·투옥했을 뿐만 아니라, 이를 빌미로 공안정국을 조성함으로써 민중운동 진영에 대한 대탄압의 회오리를 불러일으켰다. 하지만 아무리 차가운 공안바람도 뜨거운 통일의 바람을 잠재울 수는 없었다.

불과 얼마 후, 공안기관을 머쓱하게 만든 사건이 발생하였다. 한국외국어대학교 임수경이 전대협 대표의 자격으로 평양축전(제13차 세계청년학생축전) 참가를 결행한 것이다. 임수경 대표는 6월 21일 서울을 출발, 도쿄와 서베를린을 경유하여 6월 30일 평양에 도착하였다. 자동차로 불과 4시간이면 갈 수 있는 곳을 꼬박 열흘이나 걸려 간 것이다.

임수경 대표가 평양에 첫 발을 내딛자마자 처음으로 마주친 것은 평양시민의 엄청난 환영열기였다. 수십만의 평양시민들이 거리로 쏟아져 나와 임수경 대표의 뒤를 따랐다. 그들은 다투어서 임수경 대표의 손을 부여잡았고, 그 결과 임수경 대표는 손이 아파 붕대를 감아야 했다.

평양축전 개막식에는 180여 개 나라에서 온 대표단들이 제각기 플래카드를 들고 입장했는데, 가장 많이 적혀 있는 구호는 'KOREA IS ONE'(코리아는 하나다)이었다. 마지막으로 입장한 것은 전대협 깃발을 앞세운 임수경 대표였다. 비록 혈혈단신으로 참가했지만 전대협 대표로서 갖는 무게는 그 무엇과도 비교할 수 없었다.

평양축전이 끝나자 임수경 대표는 곧장 '한반도의 평화와 통일을 기원하는 국제평화대행진'에 참여하였다. 애당초 국제평화대행진은 세계의 평화인사들이 참여하는 가운데 백두와 한라에서 각각 출발하여 판문점에서 만날 예정이었다. 하지만 한라에서의 출발은 남한 정부의 저지로 무산되고 말았다.

7월 20일, 백두산에서 출정식을 가진 국제평화대행진에는 3백여 명 정도가 참여했는데, 그 중에는 5대륙 30여 국에서 온 70여 명의 평화인사들도 포함되어 있었다. 행진단이 백두산에서 출발하여 판문점을 향하는 길목마다 이를 환영하기 위해 쏟아져 나온 주민들로 가득 찼다. 너무나 많은 인파가 몰려 행진단이 더 이상 움직일 수 없는 사태가 종종 발생했다. 인종과 국적을 가릴 것 없이 통일을 향한 절규 앞에서 뜨거운 눈물을 흘리지 않을 수 없었다.

임수경 대표는 모든 방북일정을 마치고 자신의 보호를 위해 입북한 문규현 신부와 함께 판문점의 군사분계선을 넘어 남한으로 되돌아왔다. 임수경 대표는 분사분계선을 넘어 남측 지역으로 들어서자마자 곧바로 연행되어 구속되었고, 이후 5년간에 걸친 긴 수감생활을 해야 했다.

임수경의 평양축전 참가는 통일운동 역사에서 매우 획기적인 것이었다. 임수경은 수려한 외모, 거침없는 행동, 감동적 언사 등으로 남과 북 모두에서 열광적인 환호를 받았다. 해방 이후에 한 사람이 남과 북 모두에 걸쳐 이토록 인기를 끈 것은 매우 보기 드문 경우였다. 자연스럽게 임수경 대표는 한반도 허리 위에 피어난 한 송이 '통일의 꽃'이 되었다. 더불어, 남북의 겨레는 임수경 대표를 매개로 폭넓은 정서적 공감대를 형성할 수 있었다. 이렇게 하여, 임수경 대표는 남북의 아름다운 만남이 철옹성 같았던 분단의 장벽을 어떻게 허물어뜨릴 수 있는지를 감동적으로 입증하였다. 그 결과는 통일운동의 대중적 토대의 비약적 확장으로 나타났다.

다음해인 1990년, 남과 북 그리고 해외동포는 남한의 전국민족민주운동연합(전민련)의 제안에 따라 8월 15일 판문점에서 범민족대회를 개최하기로 합의하였다. 범민족대회는 기대 이상으로 폭넓은 호응을 얻었다. 문익환 목사와 임수경 대표가 방북을 통해 겨레의 가슴 속에 심어놓은 '우리는 만나야 한다'는 열망이 일거에 폭발한 것이다. 비록 남측 대표단이 노태우 정부의 방해로 판문점의 본대회에 참여하지 못한 채 2만여 명이 연세대에서 모여 범민족대회 서울대회를 개최하는 것으로 그쳤지만, 통일열기를 확산하는 데에는 조금도 부족함이 없었다.

범민족대회는 이후 남과 북, 해외가 온전히 함께하기는 어려웠지만 해마다 8월 15일에 개최됨으로써 통일의지를 모아내는 장이 되었다. 하지만 통일운동은 1990년대 중반을 거치면서 중대한 시련에 봉착하게 되었다. 북한의 경제적 위기가 심화되자, 통일운동 진영 안에 적지 않은 동요가 발생하였다. 일각에서는 통일운동의 당면과제는 북한체제 붕괴에 대비하는 것이라는 견해를 공공연하게 내놓기도 하였다. 통일운동 진영 내부에 분열이 가속화되기 시작했고, 설상가상으로 정권의 탄압이 극에 달하면서 통일운동의 입지가 매우 좁아졌다.

1996년 8월 14일, 서울 연세대에서는 한총련 학생들이 참가한 가운데 범청학련(범민족청년학생연합) 통일대축전이 개최되고 있었고, 그 날 밤에는 범민족대회 전야제가 개최될 예정에 있었다.

바로 그 날, 경찰은 연세대를 빈틈없이 에워싼 뒤 중장비와 헬기까지 동원하면서 무자비한 공격을 가했다. 공격은 여러 날 계속되었다. 어느

덧 연세대는 전쟁터를 방불케 할 정도로 처참한 양상을 띠었다. 그 과정에서 다수의 학생들이 학교를 빠져나가고자 시도했으나 출구를 찾지 못했고 일부 학생들은 대기하던 경찰들에 의해 연행되었다. 경찰의 목적은 단순히 학생들을 해산시키는 데 있지 않았던 것이다. 경찰은 한총련 간부들을 조속히 검거하기 위한 전담반을 보강하는 등 이 번의 진압작전이 한총련 조직을 와해시키는 것에 있음을 분명히 했다.

마침내 8월 20일, 경찰은 대규모 병력을 투입하여 연세대에 진입한 뒤, 농성중이던 학생 대부분을 연행하였다. 연행된 학생수는 연세대에서 연행한 농성학생 3,499명을 포함하여 모두 5,848명에 이르렀다. 연행 규모로만 보면, 전두환 정권 당시 최대 탄압사건이었던 건대 사태를 훨씬 능가하는 것이었다. 검경은 그 중 462명을 구속하고 3,341명을 불구속 입건했으며 373명을 즉심에 회부하였고 1,672명을 훈방조치하였다.

이렇듯 민간 통일운동은 많은 시련을 겪었지만, 남북 간의 대결과 반목을 청산하고 민족의 화해와 협력을 실현하여 통일의 기반을 조성해야 한다는 요구는 꾸준히 확산되었다. 이는 곧 남북관계에서 일대 전환점이 마련될 수 있는 환경이 조성되고 있음을 의미하는 것이었다.

역사적 전환점이 된 6·15공동선언

1998년 6월 15일, 남북화해와 교류의 길을 여는 것을 목표로 내건 통일로와 통일대교가 개통되었다. 다음날인 6월 16일, 바로 그 길을 따라 현대그룹 명예회장 정주영이 500마리의 소를 트럭에 싣고 군사분계선을 넘어 북한으로 갔다. 소를 싣고 갔던 트럭 역시 북한에 제공하기로 되어 있었는데, 이는 현대자동차 노동자들이 특별한 정성을 기울여 제작한 것이었다.

북한 군부는 대규모 행렬이 군사 요충지를 통과하는 데 극구 반대했다. 그러나 현대의 사업 파트너였던 김용순 노동당 대남담당비서가 김정일 국방위원장에게 통과 허용을 요청하였고, 김위원장이 김용순 비서의 손을 들어줌으로써 역사적인 소떼 방북이 성사될 수 있었다.

정주영 명예회장은 4개월 뒤인 10월에 501마리의 소를 다시 북한에 보냈다. 합쳐서 1,001마리를 보낸 것인데, 이는 1,000으로 끝나지 않고 '새로운 시작'을 예비해놓자는 의미였다고 한다.

소떼 방북 장면은 TV로 생중계되었고 국민들 머릿속에 강한 인상을 남겨놓았다. 대부분의 국민들은 TV화면을 통해 소떼 방북을 지켜보면서 머지않아 남북관계가 획기적으로 변화할 것임을 예감했다.

예감은 적중하였다. 현대는 소떼 방북을 계기로 북한 측으로부터 금강산 관광 및 개성공단 독점 사업권을 확보하는 데 성공하였다. 그에 따라 2차 소떼 방북 직후인 11월 18일, 금강산 관광객을 실은 금강호가 첫 출항을 할 수 있었다. 이 같은 현대와 북한의 경제협력 사업은 2005년 내금강과 백두산 관광을 합의하는 것으로 더욱 확대되었다.

현대와의 경제협력 사업은 북한 측으로 하여금 남한정부의 승인과 지원이 필요하다는 것을 깨닫게 만들었고, 이는 남북 정상회담을 성사시키는 중요한 한 배경을 이루었다. 아울러, 북한과 현대그룹의 경제협력은 군사문제 해결 없이 경제협력은 불가하다는 종전의 북한의 태도를 크게 변화시키는 계기가 되었다. 한걸음 더 나아가, 경제협력의 증진이 남북 사이의 긴장을 완화하고 상호신뢰를 증진시킴으로써 궁극적으로 군사문제 해결을 촉진할 수 있다는 것이 입증되었다.

마침내 분단 반세기의 드높은 장벽을 일거에 뛰어넘는 남북정상회

2000년 6월 13일 남북 정상의 첫 만남

김대중 당시 대통령과 김정일 국방위원장의 이 만남으로 하여 남과 북은 화해와 협력을 바탕으로 통일을 지향하는 역사적 반환점을 돌았다.

담이 2000년 6월 평양에서 개최되었다.

남북정상회담은 민족 내부의 반목과 불신을 치유하는 일대 전기를 마련하였지만, 그 중에서도 가장 의미 있는 성과는 6·15남북공동선언의 채택이었다. 6·15남북공동선언은 당시 정세의 요구를 반영하면서 남북이 통일로 나아갈 수 있는 구체적 경로를 밝혔는데, 그 내용은 다음과 같다.

1. 남과 북은 나라의 통일문제를 그 주인인 우리 민족끼리 서로 힘을 합쳐 자주적으로 해결하기로 하였다.
2. 남과 북은 나라의 통일을 위한 남측의 연합제 안과 북측의 낮은 단계의 연방제 안이 서로 공통성이 있다고 인정하고 앞으로 이 방향에서 통일을 지향시켜나가기로 하였다.

3. 남과 북은 올해 8·15에 즈음하여 흩어진 가족, 친척 방문단을 교환하며 비전향 장기수 문제를 해결하는 등 인도적 문제를 조속히 풀어나가기로 하였다.

4. 남과 북은 경제협력을 통하여 민족경제를 균형적으로 발전시키고, 사회·문화·체육·보건·환경 등 제반 분야의 협력과 교류를 활성화하여 서로의 신뢰를 다져나가기로 하였다.

5. 남과 북은 이상과 같은 합의사항을 조속히 실천에 옮기기 위하여, 빠른 시일 안에 당국 사이의 대화를 개최하기로 하였다.

6·15공동선언에서 특별히 주목을 받은 것은 제2항이었다. 제2항은 그 동안 남북관계 진전에서 결정적 장애물로 작용하였던 통일방안의 차이를 크게 좁혔다. 그 핵심은 남과 북이 서로의 존재를 존중하는 입장에서, 낮은 단계에서 높은 단계를 향해 점진적으로 통일을 향해 나아가는 데 있었다.

6·15공동선언 채택을 바탕으로 하늘길이 열린 데 이어, 끊긴 경의선 철도를 잇기 위한 작업이 진행되었고, 금강산과 개성으로 가는 육로가 개설되었다. 더불어, 시범사업 수준이기는 하지만 개성공단이 본격 가동되는 등 사회, 문화, 경제 등 다방면에서의 교류협력 사업이 진행되었다. 2004년 아테네 올림픽에서는 남북의 국가대표선수들이 단일기(한반도기)를 들고 공동입장하여 세계인의 뜨거운 박수갈채를 받았다.

6·15공동선언 이후 7년간 남북을 왕래한 총인원은 금강산 관광객을 제외하더라도 35만 명 정도에 이르렀는데, 이는 6·15공동선언 이전의 수인 3천 명에 비해 100배가 훨씬 넘는 규모였다. 같은 기간 동안 이산가족 상봉은 1만 6천 명에 이르렀고, 금강산 관광객 또한 1백50만 명을

넘어섰다. 또한 1992년 80만 달러에 불과했던 남북 교역액은 2004년 6억 9,700만 달러로 871배 이상 늘어나면서 남한은 북한 교역의 5분의 1을 차지하는 2위의 교역 상대국이 되었다.

2000년 6·15공동선언 이후 남북관계가 어느 정도 달라졌는지는 이를 전후해서 벌어진 8·15통일행사의 양상을 비교해보면 좀 더 쉽게 알 수 있다.

1995년 서울대에서 개최된 8·15범민족대회는 경찰의 원천봉쇄 속에서 진행되었다. 경찰은 빈번하게 행사장 진입을 지도했고, 심지어 헬기까지 동원해서 최루가스를 뿌려댔다. 당연히 남·북·해외대표가 한자리에 모이는 것은 꿈도 꿀 수 없는 상황이었다. 단지 문서를 통해서만 공동의 입장을 확인할 수 있었을 뿐이었다.

그로부터 정확히 10년 후인 2005년 8월, 명칭은 바뀌었지만 똑같은 지향을 담은 행사가 서울 상암동 월드컵 경기장에서 개최되었다. 대회 명칭은 '자주·평화·통일을 위한 2005민족대축전'이었다. 대회는 남·북·해외추진본부가 자유롭게 회합하는 가운데 추진되었다. 굳이 정부 관계자를 통할 필요도 없었다.

8월 14일 저녁 개막식 행사에는 남·북·해외대표가 모두 참여했고 중요 행사일정으로 남북통일축구(남자)가 진행되었다. 행사는 경찰의 보호(?) 아래 합법적으로 개최되었으며, 통일축구는 TV에서 생중계까지 하였다. 그렇다고 해서 행사가 내용 없이 이벤트 위주로만 진행된 것은 아니었다. 명칭 그대로 자주와 평화, 통일을 향한 지향을 분명하게 담고 있었다. 10년 전에는 경찰의 원천봉쇄 속에서 이루어졌던 범민족대회가 합법적으로 개최된 셈이었다. 이 점에 관한 한 민간 통일운동은 매우 의미심장한 승리를 거두었다고 할 수 있다.

그 동안 통일운동에 헌신하면서 숱한 시련을 겪었던 많은 사람들이 비교적 편안한 마음으로 이 행사에 참여하였다. 하지만 이 행사를 10년 전 8·15행사와 비교해서 생각해보는 사람들은 그렇게 많지 않았다. 2000년 이후, 매년 합법적인 남·북·해외 공동행사가 서울과 평양, 금강산을 오가며 거듭 개최되면서 어느덧 그에 익숙해졌던 것이다.

이렇듯 2000년 남북정상회담을 거치면서 남북관계는 분단의 역사를 뒤로 하고 통일로 나아가는 반환점을 돌 수 있었다. 적어도, 남과 북이 서로의 존재를 인정하고 공존할 수 있는 큰 틀을 마련할 수 있었다. 통일은 더 이상 미래의 꿈이 아니라 헤치고 나아가야 할 현실이 된 것이다.

더욱 의미가 컸던 것은, 이 같은 변화가 2001년 이후 미국의 부시 행정부가 대북 적대정책을 고수한 상황에서 진행되었다는 데 있었다.

김대중 정부와 그 뒤를 잇는 노무현 정부는 미국의 대북정책으로부터 완전히 자유롭지는 않았지만, 그렇다고 하여 과거처럼 미국에 일방적으로 끌려다니지도 않았다. 부시 행정부의 대북 적대정책에도 불구하고 남북간의 교류·협력은 계속되었을 뿐만 아니라, 부시 행정부가 대북 경제제재에 동참할 것을 요청했을 때에도 남한 정부는 이를 거부하였다.

거대한 의식의 변화

6·15공동선언 이후에 남과 북이 서로에 대한 적대를 포기하고 화해·협력의 기운을 높여가자, 그에 맞추어 남한민중의 의식 또한 급격하게 변화하였다. 특히, 2000년 남북정상회담 직후에 남한민중의 북한 사회에 대한 인식전환은 가히 혁명적이라고 해도 과언이 아니었다.

언론이 다투어서 보도했다시피 그간 혐오의 대상이었던 김정일 국방위원장에 대한 인식은 짧은 시간 안에 우호적 분위기로 바뀌었다. 예컨대, 남북정상회담 직후에 MBC TV와 한국갤럽이 공동으로 실시한 여론조사 결과에 따르면, 응답자의 53퍼센트가 김정일 국방위원장에 대해 인간적으로 믿음이 간다고 대답하였다. 이산가족이 만나는 순간에도 비슷한 현상이 연출되었다. 남쪽 가족들은 북쪽에서 온 가족들이 사회적으로 성공한 것에 대해 남쪽에서 성공한 것과 똑같이 기뻐하였다. 가령, 가족이 북한 인민군의 고위간부라고 하여 결코 적대시하지 않았다.

2000년 10월, 북측이 조선노동당 창건 55돌 행사에 남측의 정부·정당·사회단체를 초청했을 때의 일이었다. 당시 남한의 보수언론들은 다투어서 우려의 목소리를 높였다. 북한의 초청은 남한 내부를 교란시키기 위한 통일전선전술의 일환이라는 것이었다. 그러나 정작 다수 국민의 생각은 보수언론의 그것과는 매우 다르게 나타났다. 단적으로, 2000년 10월 6일자 〈한국일보〉가 발표한 여론조사 결과에서 응답자 중의 75퍼센트는 북측의 초청에 응해야 한다고 답했으며 72퍼센트는 참관을 원하는 정당 및 사회단체가 있으면 정부는 방북을 허용해야 한다고 응답했다.

물론, 민심과 여론이라는 것은 시의성이 강한 것이기 때문에 위의 조사에서 나타난 현상들은 일시적인 것일 수도 있다. 실제로, 그 후 많은 출렁임이 있었다. 그럼에도 불구하고, 냉전시대에 형성되었던 극단적인 남북대결 의식은 6·15공동선언과 함께 급격히 허물어져내린 것은 분명했다. 가령, 2005년 8월 15일 〈중앙일보〉가 실시한 여론조사 결과에 따르면, 응답자의 69퍼센트가 남북관계가 좋아지고 있다고 대답했으며, 63퍼센트가 북한을 적대적 대상이 아닌 화해협력 대상으로 보고 있었다.

무엇보다도 그 동안 남한국민을 주눅 들게 하였던 '북한위협론'이 더 이상 통할 수 없게 되었다. 이러한 변화가 얼마나 극적인 것인지는 몇 가지 사례를 비교해보면 금방 알 수 있다.

1983년 2월 25일 오전 10시 55분, 갑자기 전국에 사이렌이 울렸다.

"여기는 민방위본부입니다. 인천이 폭격당하고 있습니다. 국민 여러분, 실제상황입니다."

다급한 목소리가 라디오 방송을 타고 5분여 동안 지속되자 온 나라가 발칵 뒤집혔다. 주부들은 동네 슈퍼로 정신없이 뛰어가 라면 한 상자와 20킬로그램 쌀 한 포대를 한꺼번에 사 날랐다. 곳곳에서 생필품을 둘러싸고 사재기 소동이 벌어졌다. 그러나 이 날 방송은 결과적으로 오보임이 드러났다. 북한공군 이웅평 대좌가 미그19기를 타고 북한을 탈출, 휴전선을 넘어온 것이 사건의 발단이었다.

앞서 살펴보았듯이, 유사한 상황이 1994년 6월 미국의 북한공격 시도로 인해 벌어졌다. 이렇듯 분단체제 아래 전쟁위기는 빈번하게 국민들의 넋을 빼앗았다. 그런데 어느 순간부터인가 상황이 달라졌다.

1999년과 2002년 연평 해상에서 남북 해군 간에 두 번에 걸친 교전이 발생하였다. 분쟁의 근원은 북방한계선NLL이었다. 한국전쟁 직후에 미군이 임의로 설정한 북방한계선은 실질적인 남북 사이의 군사분계선 역할을 해왔다. 북한은 정식 합의되지 않은 북방한계선으로 인해 영해권을 행사하지 못하는 점에 대해 극도의 불만을 품어왔다. 특히 매년 6월 꽃게잡이 철이 되면 그러한 불만은 더욱 고조될 수밖에 없었다. 꽃게는 북한의 주요 수출품목의 하나인데 연평 해상은 꽃게의 황금어장이었다. 그런데 북방한계선으로 인해 꽃게잡이에 제약을 받고 있을 뿐만 아니라 군사적 충돌을 막기 위해 설정해둔 중간수역에 중국 어선들이 대거 출몰하여 꽃게를 쓸어갔기 때문이었다.

결국 1999년 6월 15일, 북한 꽃게잡이 어선들이 연평도 인근 북방한계선을 넘어 남하하는 사태가 벌어졌다. 그러자 남한 경비정들이 북한 어선을 쫓아내기 위해 돌진하면서 북한 어선 몇 척이 손상을 당했다. 혼란스러운 상황에서 북한 경비정이 최고속력으로 북방한계선을 넘어 남진하였다. 그에 대해 남한 해군 2함대 사령관은 "표적(북한 함정)에 락 온Lock on 상태를 유지하라." "적이 사격하면 자위권 차원에서 격파 사격하라"고 명령하였다. 락 온은 함포의 조준점을 적의 함정에 맞춰놓는 것으로 레이더가 표적을 추적해 자동으로 공격하는 상태를 말한다.

얼마 후, 북한 경비정에 탄 저격병의 선제공격으로 연평 해전이 벌어졌다. 남한 해군이 보유한 초계함(1,200톤)은 함포사격으로 북한 경비정 두 척을 침몰시킨 뒤, 나머지 경비정을 추격했다. 남한 해군 함정이 북방한계선까지 쫓아가자 북한군은 해안에 배치된 실크웜과 스틱스 미사일 발사준비에 들어갔다. 이런 움직임은 즉각 포착되었고, 그에 대항하여 남한 공군기들이 북한 미사일 기지를 공격할 태세를 갖추었다. 전면전으로 치달을 일촉즉발의 위기상황에서 김대중 정부는 즉시 해군함정의 북한 경비정 추격을 중단시켰다. 이 날 해전으로 남한 해군은 11명의 부상자가 발생했지만, 북한 해군은 두 척의 경비정 침몰로 20여 명이 사망한 것으로 알려졌다.

그로부터 3년 뒤인 2002년 6월 29일, 북한 경비정이 북방한계선을 넘어오기 시작했다. 그러자 남한 해군 고속정 참수리357호가 '밀어내기'라는 당시 작전예규에 따라 북한 경비정 150미터 근방까지 다가갔다. 그러자 북한 경비정은 먼저 참수리호의 지휘실을 집중 공격해 기능을 마비시킨 뒤, 로켓포로 통신실을 사격하여 화재를 일으켜 침몰시켰다. 그로 인해 남한 해군 6명이 전사했다.

두 차례에 걸친 연평 해전은 남북관계의 현주소를 압축적으로 보여주었다.

먼저, 연평해전은 여전히 남북 간에는 군사적 긴장이 감돌고 있으며 언제든지 분쟁으로 치달을 수 있는 상태임을 보여주었다. 그런데 해전이라는 군사적 충돌이 발생했음에도 불구하고, 국민들 사이에는 심각한 동요나 혼란이 발생하지 않았다. 종전에 나타났던 사재기 소동도 찾아보기 힘들었다. 2차 연평해전이 발생했던 시기는 한일월드컵 기간이었는데 대부분의 국민들이 해전 소식에도 아랑곳없이 거리 응원전에 몰입하고 있었다. 그 날은 한국과 터키 간에 3·4위전이 있던 날이었다.

국민들은 분쟁이 발생하더라도 전면전으로 치닫지 않을 정도로 남북 모두 억지력과 자제력을 지니고 있다는 믿음을 갖고 있었던 것이다. 또한 두 차례에 걸친 연평해전이 발생했음에도 불구하고, 남북관계에는 별다른 영향을 미치지 못했다. 그만큼 남북관계 개선은 확고한 대세가 되어가고 있었던 것이다.

하지만 모든 변화가 반드시 좋은 방향으로 이루어지는 것만은 아니었다. 종전과 같은 북한에 대한 적대감은 크게 약화되었지만, 그 대신 북한에 대한 우월의식이 급속히 확산되었다. 그 연장선에서 통일보다는 평화공존을 선호하는 입장이 크게 강화되었다. 서로 체제가 다른 마당에 섣부른 통일은 복잡한 문제만 야기할 뿐만 아니라 북한의 경제현실에 비추어 볼 때, 남한의 부담을 가중시킬 수 있다는 생각에서였다. 그 결과, 일부 여론조사에서는 통일보다는 남과 북의 평화공존을 선호하는 경우가 다소 우위를 차지하기도 하였다.

물론, 이러한 현상은 통일을 낮은 단계로부터 출발하여 높은 단계로 나아가는 '점진적인 과정'으로 파악한 6·15공동선언 제2항의 취지가 충분히 공유되지 못한 결과일 수도 있었다. 많은 국민들이 남북 간의 평화공존과 통일이 결코 선택의 문제가 아님을 충분히 인지하지 못하고 있었던 것이다.

바람직한 남북협력 모델

6·15공동선언 이후 남북관계가 거대한 진전을 이룬 것은 사실이지만, 아직도 풀어야 할 숙제가 산적해 있다. 제대로 된 남북협력 모델을 창출하는 것도 그 중 하나이다. 먼저 남북합작 공단으로서 남북화해와 협력의 상징이었던 개성공단부터 되짚어보자.

개성공단은, 남한으로서는 사양화된 중소기업이 저임금 노동력을 확보하는 것을 목표로, 북한으로서는 절박한 외화를 조달하는 것을 목표로 조성되었다. 남한 기업이 진출하여 북한 노동자를 최대한 낮은 임금으로 고용한 뒤, 임금을 달러로 지급하는 시스템을 구축한 것이다. 출발 당시 북한 노동자에게 지급하는 임금은 월평균 55달러 수준이었다. 이러한 개성공단은 남과 북 모두에 이익을 안겨다주는 상생모델로서 통일촉진에 크게 기여할 것으로 기대되어왔다. 하지만 문제는 결코 간단치 않다.

개성공단은 초기 얼마 동안은 별다른 하자 없이 운영될 수 있을지 모른다. 그러나 시간이 지나면 노동자들의 불만이 쌓일 수밖에 없다. 북한 노동자들이 같은 일을 하고도 남한 노동자들에 비해 도무지 말이 되지 않을 정도로 낮은 임금을 받고 있다는 사실을 아는 것은 시간문제다. 당연히 때가 되면 불만이 폭발할 수밖에 없다. 최악의 경우, 개성공단에서의 노사분쟁이 자칫 남북 간의 감정대결로 치달을 수도 있다. 남북 간의 화해와 협력을 위해 조성된 개성공단이 거꾸로 남북 간의 갈등과 대립을 낳는 요소가 될 수 있는 것이다. 개성공단이 계속해서 '저임금 노동력 수탈'을 기반으로 운영된다면 그러한 상황이 벌어지는 것은 필연이다.

이러한 맥락에서, 개성공단은 처음부터 잘못 설계된 경우라고 할 수 있다. 원칙적으로 보면, 개성공단은 남북의 차별을 제도화한 것과 다를 바 없었다. 남북협력 모델과 관련하여 발상의 전환이 절실한 것이다.

남북합작 공단은 사양산업의 배출구가 아니라 첨단 대 첨단의 결합을 바탕으로 한반도 전체에서 생산성도 가장 높고, 가장 선진적인 시스템을 갖춘 선도적인 곳이 되지 않으면 안 된다. 그럴 때, 합작에 참여하는 모든 주체가 서로에게 플러스 효과를 안겨다주는 상생모델이 만들어질 수 있다.

따라서 남북합작 공단은 기본적으로 (처음 출발했을 때의 개성공단과 같은) 수직적인 것이 아닌 수평적 관계에 기초해서 구성되어야 한다. 남북합작 공단에서는 원칙적으로 남과 북 사이에 어떠한 차별도 있어서는 안 되는 것이다. 똑같은 능력을 갖고 똑같은 일을 한다면 북한 사람도 남한 사람과 똑같은 대우를 받아야 한다.

아무런 차별이 없는 조건에서 남과 북의 고급 두뇌들이 합작 연구단지를 구성한 뒤, 첨단기술을 개발하고 축적해가야 한다. 그 과정에서 다양한 기업 모델을 실험할 수도 있다. 북한의 기업에 남한의 기술과 경영 노하우를 접목시키는 것도 그 중 하나이다. 이를 통해서 향후 가장 생산성이 높은 기업 모델이 고안될 수도 있을 것이다.

더불어 합작기업에 지속적으로 인력을 공급할 남북합작 대학을 합작공간 안에 설립할 필요가 있다. 이를 바탕으로, 남북의 대학생이 함께 수업하면서 남북의 지식을 창조적으로 융합하기 위한 노력을 기울여야 한다. 유사한 방식으로 다양한 연구소들이 설립될 수 있다. 당연히 이들을 지원할 공공기관이 같은 공간 안에 자리를 잡아야 한다.

이처럼 남북합작 공단은 대학·연구소·기업·공공기관 등이 유기적 협력관계를 형성하는 하나의 클러스터*를 형성해야 하며, 그 속에서 남북 모두를 통틀어 가장 선진적인 시스템이 실험되고 창출되어야 한다.

첨단 대 첨단의 결합으로서 '통일 클러스터'는 참가자들이 남과 북을 떠나 통일 그 자체에 이해관계를 갖는 공간이 될 것이다. 아울러, 통일 클러스터는 가장 높은 생산성을 자랑하면서 남북 모두의 경제발전을 선도하는 공간이 될 것이다. 그럼으로써 통일 클러스터는 북한 경제의 빠른 회복과 도약을 선도하는 공간이 됨과 동시에 남한의 신자유주의 이후의 대안경제 시스템을 창출하는 또 다른 출발점이 될 수 있다.

바로 이러한 과정을 통해, 통일 한반도는 인류역사에 보기 드문 전대미문의 창조적 실험장으로 부상할 수 있다. 여기에서 가장 중요한 것은, 남과 북의 체제차이를 어떻게 보는가이다. 경우에 따라 갈등과 대립을 낳은 요소로 볼 수도 있고, 반대로 창조적 시너지 효과를 발생시키는 원천으로 볼 수 있다.

그런데 구세대는 체제문제를 보는 시각에서 여전히 이분법적 사고

---

* 클러스터는 특정 공간 안에 연관된 대학, 연구소, 기업, 정부기관이 모여서 정보, 기술, 인프라를 '공유'하면서 '협력'을 고도화하는 시스템이다. 클러스터는 이러한 공유와 협력을 통해 최고의 경쟁력이 확보될 수 있음을 입증해왔다. 현재 세계시장에서 경쟁력을 갖고 있는 경우는 대체로 클러스터에 입각하고 있다. 일본의 도요타 자동차 클러스터, 미국의 할리우드 영화 클러스터, 샌디에이고 바이오 클러스터, 중국의 상디 전자 클러스터, 핀란드의 울루 IT 클러스터 등은 그 대표적인 예라고 할 수 있다.

를 극복하고 있지 못하다. 요컨대, 북한은 자본주의 시장경제를 받아들일 수밖에 없을 것이고, 그러한 조건에서만 남북관계는 진전될 수 있다고 본다. 남과 북의 상이한 체제가 융합을 통해 새로운 시스템을 창출할 수 있다는 창조적 사고를 하지 못하는 것이다.

결국 통일 클러스터를 기반으로 남과 북의 창조적 융합을 주도할 수 있는 것은 다원주의 사고에 익숙한 신세대의 몫일 수밖에 없다. 거침이 없고 재기발랄하며, 이념대결에서 상대적으로 자유로운 신세대야말로 남북의 체제융합을 담당할 적임자인 것이다. 이런 점에서 향후 통일운동 역시 신세대 통일운동으로서 재정립되지 않으면 안 된다. 통일시대를 이끌어갈 리더십 또한 그 속에서 새롭게 창출될 수 있을 것이다.

4. 동아시아 공존의 허브, 한반도

참으로 신기하게도 세계 4대 강대국이 한반도를 빙 둘러싸고 있다. 노쇠현상을 보이고는 있지만 여전히 세계 최강인 미국, 세계 최대의 인구대국이자 실질 구매력 기준 세계 2위의 경제력을 자랑하는 중국, 경제대국 일본, 세계 최대의 영토대국이자 초강대국 소련의 유산을 이어받은 러시아가 한반도를 사이에 두고 세력을 형성하고 있는 것이다.

그 동안 한반도의 운명은 이들 4대 강대국과 어떤 식으로 인연을 맺었는가에 의해 크게 좌우되었다. 과거보다 그 정도가 약화되기는 했지만, 앞으로도 이들 네 나라와의 관계는 한반도의 운명에 절대적 의미를 가질 것이다. 그런 만큼 싫든 좋든 주변 4대 강대국이 어떤 모습으로 우리에게 다가오고 있고 우리는 그들을 어떻게 대해야 하는지 면밀하게 따져볼 필요가 있다.

그 동안 미국은 한국에 대해 절대적인 영향력을 행사해왔다. 한국은 사실상 미국의 식민지라고 해도 과언이 아니었다. 오랫동안 한국정부는 미국의 통제 아래 있었고, 경제 역시 미국의 자본과 기술, 시장에 크게 의존하였다. 특히 군사·통일분야는 미국의 입김에서 조금도 벗어날 수 없었다. 한 가지 예를 들어보자.

노태우 정부는 국제적인 냉전체제 해체를 기회로 임기 내에 남북관계에서 획기적인 변화를 이끌어내고자 고심하였다. 그 일환으로, 종전까지 북한을 주적으로 상정하고 있던 국방전략을 주변 강대국의 위협에 대처하는 것으로 전환시키고자 하였다. 하지만 상당히 구체적 수준에서 입안되었던 '신국방 전략'은 "당신들은 북한과 싸울 준비나 하라"는 미국의 한마디에 쓰레기통으로 들어가고 말았다.

어느 모로 보나, 한국이 미국의 절대적인 영향력 아래 있었던 것은 분명한 사실이었다. 하지만 한국은 끈질긴 노력을 통해 미국의 영향력에서 점차 벗어날 수 있었다.

무엇보다도 민주화가 꾸준히 진척됨에 따라 미국의 통제 아래 있던 한국정부가 국민의 통제 아래 들어가기 시작했다. 정치적 통제를 매개해주었던 군사분야에서도 변화가 일어났다. 군사독재 청산이 진전을 보이면서 평시작전권이 이양되었고, 전시작전권 역시 2012년 이양하기로 예정되어 있다. 외교관계에서도 미국에 일방적으로 경도되었던 상태에서 벗어나 중국, 러시아 등과의 협력이 강화되면서 어느 정도 균형을 맞출 수 있었다. 통일정책 역시 김대중 정부 이후 독자성이 크게 강화되었고, 그러한 독자성을 바탕으로 6·15공동선언이 성사될 수 있었다.

또한 이 책의 경제 편에서 자세히 살펴보겠지만, 경제적으로도 자립적 토대를 구축하는 데 상당한 성공을 거두었다. 자본능력은 2000년 이후 외환보유 세계 5위 안에 들 정도가 되었고, 기술은 많은 분야에서 세계 수위를 달리게 되었다. 시장도 전체적으로 대외 의존성이 높은 것이 문제이지만, 특정국가에 치우치지 않고 매우 다변화되어 있는 편이다. 2009년 현재 수출시장의 비중을 보면 중국, 유럽연합, 아시아, 미국 순이다. 미국이 세계 최대시장임을 감안하면, 한국의 미국시장에 대한 의존도는 유별나게 낮다고 할 수 있다. 이와 함께 외환위기 이후 금융종속이 심각한 문제로 제기되었으나, 2008년 미국 금융자본주의가 파국을 맞이하면서 그 정도가 많이 약화되었다. 도리어 미국이 쌍둥이 적자를 보전하기 위해 한국의 채권 매입과 투자에 의존하고 있는 형편이다. 금융분야에서 한·미 두 나라는 상호의존 관계에 있는 것이다.

미국을 보는 국민들의 의식 또한 상당한 변화를 겪어왔다. 대략적으로 볼 때, 1970년대까지 한국사회는 맹목적인 친미의식이 지배하고 있었다. 민주화 세력조차 미국이 한국의 민주화를 지원할 것으로 기대하고 있었다. 하지만 그 같은 생각은 1980년 광주민중항쟁을 거치면서 크게 뒤집어졌다. 1988년 서울 올림픽 때 미국과 소련의 남자농구 결승전 도중 한국의 관중들이 일방적으로 소련을 응원했던 것도 그러한 변화가 얼마나 광범위한 것이었는지를 확인해준 사건이었다.

2002년에 이르러 연이어 터진 두 개의 사건 또한 미국에 대한 한국인의 감정이 어떤 상태에 있는지를 확인해주었다.

그 해 2월, 미국 솔트레이크에서 개최된 동계 올림픽 남자 1,500미터 결승에서 한국의 김동성이 여유 있게 1위로 골인하였다. 그러나 심판은 김동성의 실격을 선언하고 2위로 들어온 미국의 안톤 오노에게 금메달을 선사하였다. 김동성이 오노의 진로를 방해했다는 것이다. 금메달 획득을 기뻐하면서 경기장을 돌던 김동성은 크게 허탈해 하면서 결국 태극기를 바닥에 내동댕이치고 말았다. 이 사건은 네티즌을 중심으로 격렬한 반발을 불러일으켰고, 급기야 미국에 대한 반감으로까지 발전하고 말았다.

같은 해 6월 13일, 의정부에서 길을 가던 미선과 효순 두 여중생이 미군 장갑차에 치여 목숨을 잃는 참변이 발생했다. 미군 당국은 두 여중생을 살해한 자들에게 무죄평결을 내렸고, 그 결과 전국은 일시에 미국을 규탄하는 물결로 넘실거렸다.(이에 관해서는 경제 편에서 다시 살펴볼 기회가 있을 것이다.)

물론, 미국에 대한 반감을 반미감정으로 볼 것인가 여부를 둘러싸고 논란이 있어온 것은 사실이다. 그럼에도 불구하고, 과거처럼 맹목적 친미의식이 한국인을 지배하는 시대는 지나갔음이 분명했다.

결론적으로, 북·미관계의 재정립과 주한미군 철수라는 큰 숙제가 남아 있기는 하지만 한국이 굴욕적인 미국의 식민지 상태에서 상당 정도 벗어난 것은 사실이다. 좀 더 엄밀하게 말하면, 한국은 그 동안의 피눈물 나는 노력을 통해 웬만큼 자주적 국가로 행세할 수 있는 힘과 주변환경을 확보하는 데 성공했다고 할 수 있다.

문제는 내부에 있다. 여전히 한국이 이 정도 발전한 것이 전적으로 미국 덕분이라고 착각하고, 미국을 등에 업으면 무언가 좋은 일이 생길 것이라고 생각하는 '친미 사대주의자들'이 (과거에 비해서는 세력이 현저히 약화되기는 했지만) 사회 요로에 둥지를 틀고 있는 것이다.

이러한 맥락에서, 친미 사대주의를 타파하기 위한 내부투쟁은 여전히 중요한 과제가 되고 있다.

그런데 반드시 염두에 두어야 할 것은, 대미관계를 냉전시대의 친미냐 반미냐의 구도 속에서 접근해서는 안 된다는 점이다. 만약 그러한 구도를 계속 고수한다면, 북·미관계 개선을 추구하는 북한은 반미에서 친미로 변절한 꼴이 된다. 이는 말이 안 된다. 탈냉전 시대 대미관계의 요체는 어떻게 자주권을 견지하면서 공존할 것인가에 있다.

결론적으로, 우리가 추구할 수 있는 최선의 길은 우리 자신의 요구에 맞게 방향을 설정하고 미국이 이에 동의하고 협력하도록 만드는 것이다. 우리는 김대중 정부가 미 행정부의 대북정책을 전환시켰던 경험을 통해 그러한 가능성을 발견할 수 있다. 잠시 뒤에 확인하겠지만, 남북이 손을 잡고 주변 4대 강대국에 대해 균형외교를 전개한다면, 그 가능성은 매우 커진다.

그러면 1992년 수교 이후 급속히 관계가 깊어진 중국에 대해 살펴보자. 중국은 짧은 시간 안에 한국의 최대 교역·투자국이 되었다. 1990년대 이후 한국경제가 지탱할 수 있었던 것은 상당 정도 중국시장이 열린 덕분이라고 할 수 있다. 여기에 덧붙여, 지리적으로도 가깝고 같은 한자문화권이라는 점이 작용하면서 한·중관계는 모든 방면에서 한층 밀접해질 수 있었다. 한국이 미국의 일방적 영향력에서 벗어날 수 있었던 것도 상당 정도 중국과의 관계가 깊어지면서였다.

이렇듯 한·중관계가 급속하게 발전하자, 미국은 자칫 한국이 자신의 영향력에서 벗어나 중국에 밀착할지 모른다는 우려를 품기에 이르렀다. 심지어 2006년 경, 미국의 어느 고위관리는 한국을 "중국의 손에 떨어지기를 기다리는 잘 익은 사과"라고 표현하기도 하였다. 그로 인해 적지 않은 한국의 고위층들이 미국을 방문할 때마다 중국으로 경도되는 '저의'에 대해 심문 아닌 심문을 받아야 했다.

분명 중국이 한국에게 새로운 기회의 땅이 된 것은 분명하다. 하지만 과연 한국이 중국을 제대로 이해하고 접근하고 있는지를 짚어봐야 할 대목이 많다. 무엇보다도 중국인들의 내면을 지배하고 있는 고뇌를 제대로 헤아리고 있는지 되돌아볼 필요가 있다.

먼저 주목해야 할 것은, 중국이 인구와 영토 크기에서 유럽 전체와 비슷할 만큼 거대한 나라라는 점이다. 유럽이 (그것도 러시아라는 큰 덩어리가 빠진 상태에서) 유럽연합을 향해 항해하고 있지만, 중국은 이미 수천 년 동안 유럽연합을 능가하는 정치적 통일을 구가해온 것이다.

13억이 넘는 중국의 인구는 세계인구의 5분의 1을 차지하는 수이다. 중국어의 사용인구 또한 영어의 그것을 훨씬 능가한다. 그런데 산둥성처럼 해안지역에 접한 성들 중에는 인구밀도가 한국보다도 높은 경우가 많다. 그러다보니 중국 어디를 가든 사람으로 넘쳐난다. 도로에서 경미한 접촉사고라도 나면 언제 몰려들었는지 구경꾼 인파로 인해 일대 교통이 순식간에 마비될 정도이다. 중국정부가 가장 두려워하는 것 역시 이 엄청난 인구이다. 오죽하면 중국의 고위관리가 "사실 중국이 자급자족하는 것만으로도 세계는 중국에 감사해야 한다"고 말했겠는가.

중국은 거대한 국가일 뿐만 아니라 18세기까지만 해도 세계 최고수준의 문명을 자랑했던 나라였다. 역사학자들이 정밀하게 연구한 결과에 따르면, 송나라 때 1인당 국민소득은 약 2천 달러 수준이었다. 당시 송나라는 유럽 등과 비교하는 것 자체가 무의미할 만큼 압도적 우위를 자랑하는 선진국이었던 것이다.

그러한 중국이 한국보다도 20년 늦은 2008년에 이르러서야 비로소 올림픽을 개최할 수 있었다. 중국인들이 그 동안 얼마나 깊은 자존심의 상처를 받아왔는지 능히 짐작할 수 있다. 중국인들이 1979년 개혁개방 이후 욱일승천의 기세로 경제를 발전시켜온 것도 그러한 자존심을 회복하고자 하는 강한 열망에 이끌린 것이었음은 두말할 필요가 없다.

중국인들의 내면을 이해하기 위해서 주목해야 할 또 다른 지점은 그들을 짓누르고 있는 생래적 공포이다.

중국의 역사는 분열과 통합을 반복해온 역사였다. 분열의 시기에는 예외 없이 북방민족의 침탈과 지배가 있었다. 중국 역사상 가장 번영을 누렸던 당나라와 청나라마저도 모두 북방민족들이 세운 나라였다. 그렇기 때문에 중국인들은 이 엄청나게 큰 나라가 언제 쪼개질지 그리고 언제 한귀퉁이가 떨어져나갈지 몰라 노심초사하고 있다. 티베트에 대한 강권지배와 위구르인들에 대한 유혈진압 등이 국제적 비난의 대상이 되고 있지만 중국 지도층이 국가유지에 대해 지나칠 정도로 강박관념을 갖고 있는 것은 충분한 역사적 근거가 있는 것이라고 할 수 있다.

중국은 역사적으로 제국주의 길을 걸은 경험이 없다. 명대에 이루어진 유명한 정화의 해외원정 사업도 얼마 안 가 파기되었다. 여러 가지 이유가 있었겠지만 무엇보다도 밖으로 눈을 돌리는 순간, 내부가 위험해질 수 있다는 생각이 크게 작용한 결과였다. 중국은 그 자체를 유지하기에도 벅찰 만큼 너무 큰 나라였기 때문이었다.

한국은 이러한 중국인들의 내면을 충분히 헤아리면서 접근하지 않으면 안 된다. 그들에게 아부하거나 무조건 옹호할 필요는 없지만, 그렇다고 해서 쓸데없이 자존심을 상처내거나 위기의식을 발동시킬 필요가 없다. 자칫 경솔히 대했다가는 기회의 땅 중국은 언제 한국을 멀리할지 모른다.

그 동안 중국인들은 '돈 많은 한국인들'이 자신들을 깔보는 것에 대해 몹시 기분이 상해 있었다. 그러던 중 2008년, 일부 몰지각한 네티즌이 쓰촨성 지진을 두고 비꼬는 글을 올리고, 한국의 어느 방송사가 북경 올림픽 개막식 장면을 사전에 공개하자 중국인들의 감정이 폭발하고 말았다.

2008년 베이징 올림픽 개막식 때의 일이다. 중국 관중들은 각국 선수단이 입장할 때마다 열광적으로 환영하였다. 북한 선수단은 그 중에서 가장 뜨거운 환영을 받은 축에 속했다. 그런데 남한 선수단이 입장하자 관중들이 약속이나 한 것처럼 일제히 침묵을 지켰다. 중국인들이 한국인들에 대해 어떤 감정을 갖고 있는지를 상징적으로 보여주는 장면이 아닐 수 없었다.

있는 그대로 이야기하면, 중국인들 사이에서 한국은 그다지 중요한 관심대상이 아니다. 중국인들의 머릿속을 지배하고 있는 목표는 일본, 나아가 미국을 넘어서는 것이다. 그들에게 한국은 경쟁상대로 간주하기에는 너무 작은 나라이다. 그런데도 한국인들이 자신들에게 오만한 태도를 보였을 때, 중국인들은 과연 어떤 생각을 하겠는가.

일본은 가장 가까운 이웃이다. 싫다고 멀리할 수도 없는 나라이다. 무조건 끈기 있게 사귀면서 좋은 관계를 만들기 위해 노력하지 않으면 안 되는 나라인 것이다.

식민지 지배라는 특수한 역사로 인해 한일관계는 좀처럼 풀리지 않은 영원한 숙제처럼 존재해왔다. 바로 여기에서 우리는 프랑스와 독일의 사례를 참조할 필요가 있다. 근대 이후, 프랑스는 독일로부터 3차례에 걸쳐 군사적 공격을 받았다. 그 결과, 두 나라는 오랜 기간 동안 앙숙으로 지내야 했다. 하지만 유럽연합 건설이라는 역사적 과제 앞에서 두 나라는 굳게 손을 잡았다. 덕분에, 프랑스와 독일은 유럽연합을 주도하는 중추적인 나라가 될 수 있었다. 마찬가지이다. 이후, 한국이 동아시아의 질서형성에서 보다 능동적인 역할을 수행하기 위해서는 어떤 형태로든지 일본과의 협력을 강화하는 것이 필수적이다.

그러나 넘어서야 할 산이 많은 것 또한 엄연한 현실이다. 한일관계 발전에서 가장 큰 위협요인이 되고 있는 것은 일본의 군사대국화 움직임이다. 무엇보다도 일본은 군사대국의 필수요건인 핵무장을 위해 끈질긴 노력을 기울여왔다.

일본은 오래 전부터 국제사회의 경계를 피하기 위해, 원전에서 나오는 핵폐기물을 영국이나 프랑스의 재처리 시설에 위탁해 플루토늄을 확보해왔다. 그 결과, 2005년 현재까지 5톤 이상의 플루토늄을 확보할 수 있었다. 이는 나가사키에 투하된 원자폭탄 5,000개를 만들 수 있는 엄청난 양이다.

여기에 머무르지 않고 일본은 독자적으로 핵물질 농축과 재처리 시설을 확보하기 위해 사력을 다해왔다. 일본은 미국의 동의 아래 1999년부터 20조 원이라는 막대한 예산을 들여 로카쇼무라 원전에 재처리 시설을 건설한 뒤, 2007년부터 정식 가동에 들어갔다. 또한 후카이 현에서 몬주 고속증식로를 가동하고 있는데, 고속증식로는 투입된 플루토늄보다 더 많은 플루토늄을 생산하는 '꿈의 원자로'로 불리는 기기이다.

이렇게 하여, 일본은 UN이 정의한 '90일 안에 핵무기를 만들 수 있는 준 핵보유국'이 되었다. 사실상, 일본은 핵보유국이나 다름없는 것이다.

핵무기 운반체 역시 마찬가지이다. 일본은 몇 차례의 실패 끝에 H2A 로켓을 발사하는 데 성공하였는데, H2A로켓은 핵무기 운반체로서 손

색이 없다. 또한 일본은 M-5라는 위성발사 로켓을 실전에 배치하고 있는 바 M-5로켓은 핵탄두를 탑재하면 곧바로 가공할 대륙간탄도미사일 ICBM로 전환될 수 있다.

가장 우려스러운 것은 일본인들 사이에서 핵무기 개발에 대한 거부감이 크게 약화되었다는 사실이다. 과거 일본인들은 핵무기에 대한 극심한 피해의식으로 인해 핵이라는 글자만 나와도 알레르기 반응을 보였다. 그 결과, 핵무기 개발의사를 표명한 정치인은 곧바로 물러나야 했다. 하지만 지금은 그렇지 않다. 핵무기 개발의 필요성을 역설하고서도 아무런 탈 없이 그 자리에 그대로 눌러앉아 있다.

뿐만이 아니다. 전후 수십 년 동안 일본은 사회당과 공산당의 견제기능으로 인해 '30퍼센트 민주주의 사회'를 유지할 수 있었다. 그러나 그 사회당마저 몰락함으로써 보수정당 독주체제가 확립되었다.(이 책을 마무리하고 있던 2009년에 자민당 체제가 몰락하고 민주당 정권이 들어서면서 새로운 가능성이 열렸지만, 이를 진보진영의 약진으로 보기에는 어려움이 많다. 민주당 역시 보수진영에 뿌리를 두고 있기 때문이다.)

전후 일본의 보수와 진보를 가르는 가장 중요한 기준은 '2차 세계대전 당시 일본의 전쟁행위를 어떻게 평가할 것인가?'였다. 진보좌파는 당시 일본의 전쟁행위는 명백한 침략전쟁이었고 일본은 이를 깊이 반성해야 하며, 따라서 일본의 교전권을 부정한 평화헌법 9조는 유지되어야 한다는 입장을 취했다. 반면, 보수우파는 일본의 전쟁행위는 동아시아의 발전을 위한 것이었고 이에 대해 긍정적으로 재평가해야 하며 평화헌법 9조는 폐기되어야 한다는 입장을 갖고 있다.

언뜻 보기에도 일본의 보수우파는 말도 안 되는 억지를 쓰고 있는 것이다. 그런데도 일본 사회에서 보수우파의 영향력이 절대 우세를 점해왔고, 좌·우 간의 불균형이 갈수록 커지고 있는 것이다. 도대체 어찌하여 이런 현상이 일어나고 있는 것일까.

보수우파는 중도적 성향의 시민들을 자기 진영으로 끌어들이기 위해서 진보좌파의 논리를 '자학사관'으로 몰아갔다. 말하자면 이런 것이었다. "우리는 언제까지 지난날의 일 갖고 스스로를 죄인취급하면서 고개를 숙이고 살아야 하는가. 언제까지 무릎 꿇고 두 손 들고 '잘못했습니다'를 반복해서 외쳐야 하는가? 이젠 지겹지 않은가?"

그렇다면 진보좌파는 어떠했는가. 일본의 진보적 지식인이나 양심적 시민들을 만나보면 눈물이 날 정도로 착하다는 느낌을 준다. 그들은 자신의 나라가 범한 과거의 잘못을 절대 잊으려 하지 않았고, 피해국 사람들에게 항상 미안한 마음으로 다가갔다. 정말 대단히 훌륭한 사람들임에 틀림없다. 하지만 이는 뒤집어서 말하면, 일본사회에서 진보적 입장을 견지하기가 그만큼 어렵다는 것을 의미하는 것이었다. 평범한 시민들이 가까이 하기에 진보는 너무나 원칙적이고 고결했던 것이다. 일본사회에서 진보좌파가 소수인 이유는 바로 여기에 있었다.

그런데 일본의 우익에게도 심각한 약점이 존재한다. 우익을 고민에 빠뜨리고 있는 것은 무엇보다도 일본이 국제사회에서 지독히도 인기가 없다는 사실이다. 과거 씻을 수 없는 침략경력이 일본을 불신과 경계의 나라로 만들어버린 것이다. 그 결과, 일본이 경제원조를 준다고 해도 대부분의 나라들이 거절하고 있는 형편이다. 경제대국 일본의 위상이 제대로 먹혀들지 않는 것이다. 군사대국을 지향하고 있지만, 이 역시 2차 세계대전 이전과는 상황이 크게 다르다. 중국과 러시아는 이미 쉽게 범접할 수 없는 군사대국이 된 상태이며, 한반도 또한 통일이 된다면 결코 만만치 않은 상대이다. 군사력의 우위를 바탕으로 패권을 행사하기가 불가능에 가까운 것이다.

　이러한 맥락에서, 일본의 진보진영은 지난날의 죄과에 대한 반성만 할 것이 아니라, 일본인들이 국제사회에서 긍정적 기여를 하고 이를 통해 자긍심을 느낄 수 있는 지점을 적극 모색할 필요가 있다. 당연히 한국은 그러한 일본 진보진영의 모색을 적극 지지하고 후원할 필요가 있다. 후쿠다 전 수상이 구상했던 '환경강국 일본'도 그에 대한 해답의 하나가 될지도 모른다.

　그러면 마지막으로, 러시아에 대해 살펴보자. 러시아는 한반도 주변 4대 강국 중에서 가장 적게 관심을 끌었던 나라이다. 그러나 앞으로는 가장 많은 관심을 보여야 할 나라가 될지도 모른다.

　한반도 주변 4대 강국 중에서 러시아가 다른 세 나라와 결정적으로 다른 차이점은 한반도 통일에 대한 입장이다. 이에 관해서 러시아의 한반도 전문가인 블라지미르 리 교수는 이렇게 말했다.

　"한반도가 통일되면 미국은 가장 큰 '잃은 자'가 될 것이다. 통일한국은 현재보다 미국에 덜 의존할 것이고, 한반도에서 미군이 되도록 떠나줄 것을 요구하게 될 것이다. 따라서 한·미상호방위조약은 변화할 수밖에 없다. 한편, 중국은 사회주의 동맹국인 북한을 잃게 되고, 일본은 강력한 잠재적 경쟁자를 얻게 될 것이다."

　실제로 미국·중국·일본은 내심 한반도의 통일을 원치 않는다. 표면상 한반도의 통일을 지지하는 중국도 가장 원하는 것은 현상유지이다. 세 나라 모두 한반도 통일로 인해 얻을 것보다 잃을 것이 많은 것이다. 하지만 러시아는 한반도 통일로 인해 손해볼 것이 없는 유일한 나라이다. 그런 점에서 러시아는 한반도 통일에 가장 적극적으로 협력할 수 있는 나라이다. 2002년 4월, 김정일 국방위원장이 특사자격으로 북한을 방문한 임동원 전 통일부장관에게 러시아를 특별히 주목할 것을 강조하고, 2차 남북정상회담도 러시아의 이르쿠츠크에서 개최할 것을 제안한 것도 이러한 맥락에서 이해할 수 있다.

러시아는 한반도 통일로 인해 손해를 볼 것이 없는 것을 넘어 많은 플러스 효과를 볼 수 있는 나라이다. 철의 실크로드로 불리는 대륙횡단 철도는 이를 상징적으로 보여주는 대표적인 사례라고 할 수 있다. 먼저, 한반도 입장에서 대륙횡단 철도가 어떤 의미를 갖고 있는지 살펴보자.

그 동안 남북한은 분단으로 인해 반도국가로서의 이점을 전혀 누릴 수 없었다. 남한은 대륙으로 진입할 수 있는 통로가 막히면서 사실상 섬나라와 똑같은 처지가 되고 말았다. 어느 나라로 이동하든 섬나라인 일본과 마찬가지로 비행기나 선박을 이용하지 않으면 안 되었던 것이다. 북한 역시 동해와 서해가 분리되면서 해군마저 따로 운영하는 기형적 상황이 되었다. 한반도 통일은 이러한 기형성을 극복하고 해양성과 대륙성을 온전히 회복하고 결합시킬 수 있는 계기가 된다. 대륙횡단 철도는 바로 이러한 기형성을 극복하고 대륙성을 회복할 수 있는 대동맥이 될 것이다.

한반도의 철도는 만주 혹은 연해주를 거쳐 시베리아 횡단철도와 연결되면서 궁극적으로 유럽의 철도와 이어질 수 있다. 이 대륙횡단 철도를 이용할 경우, 그 동안 해양 수송로를 이용했던 유럽으로의 물류수송을 기간과 비용 모두 4분의 1로 단축시킬 수 있다. 뿐만 아니라, 새로운 수송로를 매개로 러시아, 중앙아시아, 몽골 등과의 경제협력이 크게 활성화될 수 있다.

두말할 필요도 없이, 이러한 과정은 러시아에게도 커다란 이익이 된다. 대륙횡단 철도가 본격 가동되면 러시아는 명실상부한 의미에서 동아시아와 유럽을 연결하는 물류 중심지가 될 수 있기 때문이다. 아시아와 유럽에 걸쳐 있는 러시아의 지리적 특성이 커다란 장점으로 전환될 수 있는 것이다.

대륙횡단 철도의 가치를 그 누구보다도 잘 알고 있는 나라는 아마도 일본일 것이다. 일본은 섬나라임에도 불구하고 어떤 형태로든지 대륙횡단 철도와 연결을 맺고자 노력해왔다. 그리하여 한국의 거제와 일본의 규슈를 연결하는 해저터널 공사를 한국에 제안한 바 있으며, 러시아 철도와 한반도 철도의 궤도폭이 다른 점을 감안하여 자동적으로 폭을 조절할 수 있는 열차를 개발하기도 하였다.

한국과 러시아의 협력이 갖는 시너지 효과는 그 밖의 다른 경제분야에서도 매우 뚜렷하다. 한마디로 한국과 러시아는 경합부분이 별로 없는 데 반해 경제적 상호보완 효과는 매우 큰 나라이다. 한국은 러시아가 취약한 소비재 산업을 보완해줄 수 있다. 반면, 러시아는 한국이 취약한 기초과학 기술과 지하자원을 보완해줄 수 있다. 이 중에서도 세계 최고수준을 자랑하는 러시아의 기초과학 기술과 첨단 군사기술은 한국의 경제발전에서 매우 중요한 요소가 되고 있다.

2009년 현재 한국의 기업과 정부출연 연구소 등에서 기술개발에 종사하고 있는 러시아 과학기술자는 줄잡아 1천 명이 넘는 것으로 추정되고 있다. 또한 많은 기업들이 러시아 기술을 습득하기 위해 러시아 현지에 기술연구소를 설립하여 운영하고 있다. 한국은 미국과 일본 등 선진국이 원천기술 이전을 엄격히 통제하고, 자체 기초과학 기술 토대가 취약함에도 불구하고 1990년대 이후 기술축적에서 빠른 도약을 일구어낼 수 있었는데, 이는 상당부분 러시아의 과학기술을 흡수할 수 있었기 때문에 가능한 것이었다.

몇 가지 예를 들어보자. LG전자가 개발하여 세계시장을 휩쓴 휘센도 러시아 기술을 응용한 것이다. 노트북 PC로는 가장 두께가 얇은 삼성의 센트리노 노트북 'X10'이 충격에 구부러지지 않는 것도 러시아 군사기술을 적용했기 때문에 가능했다. 한국이 짧은 시간 안에 항공우주 산업에 진출할 수 있었던 것도 전적으로 러시아의 협력 덕분이었다. 많은 중소기업들이 짧은 시간 안에 세계 최고수준의 기술을 확보할 수 있었던 것 역시 러시아 기술을 흡수한 덕분이었다.

이러한 맥락에서, 향후 다방면에서 러시아와의 협력을 강화하는 것이 매우 중요하다고 할 수 있다.

러시아와의 협력이 집중적으로 강화됨으로써 한반도는 명실상부하게 주변 4대 강국과의 관계에서 균형을 이룰 수 있고, 나아가 통일을 이루는 데 한결 유리한 조건을 확보할 수 있다. 천연가스 등 에너지의 안정적 공급을 포함하여 경제분야에서 다양한 시너지 효과가 발생하는 것은 새삼 강조할 필요가 없을 것이다. 러시아는 한국이 미래세계로 나아가는 중요한 출구인 것이다.

그러면 이들 네 나라와의 관계에서 한반도는 어떤 위상을 가질 수 있는가. 그에 대한 종합적 결론을 내려보자.

1989년 미·소 정상이 몰타에서 회동하여 냉전종식을 선언하였고, 2년 뒤 소련이 붕괴함으로써 국제적 수준에서의 냉전체제는 종말을 고하였다. 하지만 한반도는 북·미 간의 대결이 계속되면서 냉전체제가 해체되지 않은 채 오늘날까지 이어져오고 있다. 한반도가 냉전의 마지막 희생양이 되고 있는 것이다.

바로 여기에서 우리는 상황을 극적으로 반전시킬 수 있는 묘수를 찾지 않으면 안 된다. 즉, 고난의 역사를 지렛대로 희망의 역사를 열어나가는 지혜가 필요한 것이다.

현재 한반도 주변 4강인 미국, 중국, 일본, 러시아는 복잡 미묘한 관계에 있다. 이들 나라들은 핵무기를 지니고 있거나 지닐 수 있는 군사대국들로서 서로를 공격하기 쉽지 않은 상황이다. 외교적으로도 상대방을 압도하거나 굴복시킬 수 있는 경우가 없다. 모두가 팽팽한 균형관계 속에 놓여 있는 것이다. 이런 점에서 보자면, 동아시아에 세력을 형성하고 있는 이들 네 나라는 어떤 형태로든지 공존이 불가피한 상황이다.

그럼에도 불구하고, 네 나라는 끊임없이 패권경쟁을 하고 있다. 그 과정에서 중국과 러시아가 북방동맹을, 미국과 일본이 남방동맹을 형성함으로써 상대진영을 견제 혹은 압박하고 있다. 중국이 '신냉전'이라고 부르는 경쟁구도가 형성된 것이다. 그러한 경쟁구도 덕분에 중국과 러시아는 1990년 후반 이후 역사 이래 가장 좋은 관계를 유지할 수 있었다.

동아시아 4강의 패권경쟁에서 결정적 변수가 되고 있는 것이 바로 한반도이다. 즉, 동아시아의 세력 교차점을 이루고 있는 한반도에 누가 보다 많은 영향력을 행사하는가에 따라 패권의 향방이 상당 정도 결정되는 것이다. 미국이 주한미군을 계속해서 주둔시키고 중국, 일본, 러시아 등이 한반도 문제의 당사자임을 강조하며 북핵문제 해결을 위한 6자회담에 참가한 것도 이러한 사정을 반영한 것이었다.

그런데 한반도의 분단은 역사적으로 볼 때, 국제적인 냉전체제의 산물이었다. 그런 만큼 한반도의 냉전체제를 해소하고 통일로 나아가는 과정은 필연적으로 주변국가의 협력을 요구할 수밖에 없다.

문제는, 남과 북이 손을 잡고 주도적으로 문제를 풀어갈 수 있느냐의 여부에 있다. 그럴 수만 있다면, 한반도 냉전체제를 해소하고 통일을 지향하는 방향에서 주변국가들의 협력을 이끌어내는 것은 결코 어렵지 않을 것이다. 협력을 기피한다면, 스스로 한반도에 대한 영향력을 상실하거나 약화될 가능성이 크기 때문이다.

주변 4강이 한반도의 통일에 협력하는 과정은 북핵문제 해결과정에서 확인되었듯이 집단안전보장을 위한 다자간 협력으로 나아갈 수밖에 없다. 그럼으로써 한반도의 통일은 동아시아 4강으로 하여금 높은 수준에서의 협력을 경험하도록 함으로써 평화로운 공존으로 나아가는 것을 매개하는 과정이 된다. 한반도가 동아시아 공존의 허브로 기능할 수 있는 것은 바로 이러한 맥락에서이다. (이 과정에서 남북의 관계가 빠르게 진전되고 러시아와의 협력이 크게 증진된다면, 주한미군은 더 이상 머무를 수 없을 것이다. 대다수 국민이 이를 허용하지 않을 것이기 때문이다.)

이 모든 것은 한반도가 주변 강대국들의 대결구도 속에서 분단의 비극을 겪었던 것에서 벗어나 주변 강대국들의 평화로운 공존을 매개하는 역사적 대반전을 연출할 것임을 예고하는 것에 다름 아니다. 세계역사에서 보기 드문 극적인 반전이 우리가 살고 있는 한반도에서 일어날 수 있는 것이다.

과연 누가 이 장엄한 역사의 주역이 될 것인가. 독자 여러분들은 스스로에게 질문을 던져보기 바란다.

단행본

- 강대석,《김남주 평전》, 한얼미디어, 2005.
- 강만길,《고쳐 쓴 한국현대사》, 창작과비평사, 1998.
- 강만길 외,《해방전후사의 인식》 2, 한길사, 1985.
- 강수돌,《살림의 경제학》, 인물과사상사, 2009.
- 강정구,《분단과 전쟁의 한국현대사》, 역사비평사, 2002.
- 강정구,《미국을 알기나 하나요?》, 통일뉴스, 2006.
- 강정구,《현대 한국사회의 이해와 전망》, 한울아카데미, 2005.
- 강준만,《노무현과 국민사기극》, 인물과사상사, 2001.
- 강준만,《한국현대사 산책》 1990년대 편 1, 2, 3, 2006.
- 국군장병을 위한 한국근현대사 간행위원회 엮음,《사실로 본 한국근현대사》, 황금알, 2008.
- 권태훈 외,《미국과 맞장 뜬 나쁜 나라들》, 시대의창, 2008.
- 김민웅,《자유인의 풍경》, 한길사, 2007.
- 김병오,《민족분단과 통일문제》, 한울, 1985.
- 감삼웅 엮음,《서울의 봄 민주선언》, 일월서각, 1987.
- 감삼웅,《한국현대사 바로잡기》, 가람기획, 1998.
- 김정원,《분단한국사》, 동녘, 1985.

- 김창수 외, 《한미관계의 재인식》 2, 두리, 1991.
- 김천영 편저, 《연표 한국현대사》, 한울림, 1985.
- 리영희, 《새는 좌우의 날개로 난다》, 두레, 1994.
- 민주화실천가족운동협의회, 《나의 손발을 묶는다 해도》, 거름, 1987.
- 박명림, 《한국전쟁의 발발과 기원》 1, 2, 나남출판, 1996.
- 박세길, 《다시 쓰는 한국현대사》 1, 2, 3, 돌베개, 2003.
- 박지향 외 엮음, 《해방전후사의 재인식》 1, 2, 책세상, 2006.
- 박현채 외, 《해방전후사의 인식》 3, 한길사, 1989.
- 반민족문제연구소, 《청산하지 못한 역사》 1, 2, 청년사, 1994.
- 브루스 커밍스, 《한국전쟁의 기원》 상, 하, 청사, 1986.
- (사)6월민중항쟁계승사업회·민주화운동기념사업회, 《6월항쟁을 기록하다》 1, 2, 3, 4, 2007.
- 5·18광주민중항쟁동지회 편, 《부마에서 광주까지》, 샘물, 1990.
- 오연호, 《더 이상 우리를 슬프게 하지 말라》, 백산서당, 1990.
- 우수근, 《중국을 이해하는 9가지 관점》, 살림, 2008.
- 우석훈, 《88만 원 세대》, 레디앙, 2008.
- 우석훈, 《혁명은 이렇게 조용히》, 레디앙, 2009.
- 이동현, 《이슈로 본 한국현대사》, 민연, 2002.
- 이수병 선생 기념사업회, 《암장》, 지리산, 1992.
- 이수원, 《현대그룹 노동운동, 그 격동의 역사》, 대륙, 1994.
- 이완범, 《38선 확정의 진실》, 지식산업사, 2001.
- 이원재 지음, 《주식회사 대한민국 희망보고서》, 원앤북스, 2005.
- 임동원, 《피스 메이커》, 중앙books, 2008.
- 임수경후원사업회 엮음, 《어머니, 하나된 조국에 살고 싶어요》, 돌베개, 1990.

- 임영태, 《대한민국 50년사》 1, 2, 들녘, 1998.
- 임영태, 《북한 50년사》 1, 2, 들녘, 2005.
- 장상환 외, 《제국주의와 한국사회》, 한울, 1991.
- 전남사회운동협의회 편, 《죽음을 넘어 시대의 어둠을 넘어》, 풀빛, 1985.
- 전상봉, 《통일, 우리 민족의 마지막 블루오션》, 시대의 창, 2007.
- 전태일기념사업회 편, 《한국노동운동 20년의 결산과 전망》, 세계, 1991.
- 정길화·김환균 외, 《우리들의 현대 침묵사》, 해냄, 2006.
- 정상용·유시민 외, 《광주민중항쟁》, 돌베개, 1990.
- 정욱식, 《북핵, 대파국과 대타협의 분수령》, 창해, 2005.
- 정지환, 《대한민국 다큐멘터리》, 인물과사상사, 2004.
- 정창현, 《CEO of DPRK 김정일》, 중앙books, 2007.
- 정희상, 《이대로는 눈을 감을 수 없소》, 돌베개, 1990.
- 조정래, 《한강》 2, 해냄, 2001.
- 조현민 편, 《역사를 다시 본다》, 만민사, 1989.
- 조희연, 《박정희와 개발독재 시대》, 역사비평사, 2007.
- 중앙일보, 《아! 대한민국》, 랜덤하우스중앙, 2005.
- 최일남 외, 《한겨레논단》, 한겨레신문사, 1989.
- 최장집 외, 《해방전후사의 인식》 4, 한길사, 1989.
- 패트릭 스미스 지음, 노시내 옮김, 《일본의 재구성》, 마티, 2008.
- 프레시안 엮음, 《우리는 무엇을 할 것인가》, 프레시안북, 2008.
- 편집부 엮음, 《반민특위: 발족에서 와해까지》, 가람기획, 1999.
- 하리마오, 《38선도 6·25도 미국의 작품이었다!》, 새로운사람들, 1998.
- 한국기독교교회협의회 인권위원회 편, 《고문 없는 세상에 살고 싶다》 1, 2, 1987.
- 한국기독교사회문제연구원, 《7·8월 노동자 대투쟁》, 민중사, 1987.

• 한국사사전편찬회 편,《한국 근현대사 사전》, 가람기획, 1990.

• 한승동,《대한민국 걷어차기》, 교양인, 2008.

• 한국사회학회 편,《한국전쟁과 한국사회 변동》, 풀빛, 1992.

• 한국역사연구회 현대사연구반,《한국현대사》 3, 4, 풀빛, 1991.

• 한용 외,《1980년대 한국사회와 학생운동》, 청년사, 1989.

• 한국전쟁 전후 민간인학살 진상규명 범국민위원회 엮음,《한국전쟁 전후 민간인학살 실태보고서》, 한울아카데미, 2005.

• 한홍구,《대한민국사》 1, 2, 한겨레신문사, 2003.

• 홍완석,《21세기 한국, 왜 러시아인가?》, 삼성경제연구소, 2006.

기사 및 논문

• 권태선,《한국전쟁… 2》 펴낸 브루스 커밍스가 밝히는 '새로운 사실', 〈한겨레신문〉, 1990. 12. 15.

• 노가원, 대전형무소 4천3백 명 학살사건,《말》, 1992. 2.

• 오연호, 6·25 참전 미군의 충북 영동 양민 3백여 명 학살,《말》, 1994. 7.

• 신경림, 6·25를 겪은 세대와 진실, 〈한겨레신문〉, 1990. 6. 28.

• 여경훈,〈7·1경제개선조치〉, 미발표 논문

• 정창현, 5·16군사쿠데타는 미국이 주도했다,《말》, 1993. 4.

• 류이근, 어둠 속에서도 강해지는 개방의 불빛, 〈한겨레신문〉, 2007. 5. 27.

• 한호석, '선군혁명 영도'와 '제2의 천리마 대진군',《민》, 2000. 1.

• 한홍구, 새로 쓴 북한 통사,《월간중앙》, 1988. 10.